中国人民公安大学
公安部公安发展战略研究所智库研究成果丛书
总主编　曹诗权

新时代"枫桥经验"与基层社会治安治理创新

中国人民公安大学　　　　"枫桥经验"研究中心　编
公安部公安发展战略研究所

中国人民公安大学出版社
·北京·

图书在版编目（CIP）数据

新时代"枫桥经验"与基层社会治安治理创新／中国人民公安大学，公安部公安发展战略研究所"枫桥经验"研究中心编.—北京：中国人民公安大学出版社，2020.6
ISBN 978-7-5653-3963-9
Ⅰ.①新… Ⅱ.①中…②公 Ⅲ.①社会治安—治安管理—研究—中国 Ⅳ.①D631.4
中国版本图书馆CIP数据核字（2020）第092712号

新时代"枫桥经验"与基层社会治安治理创新
中国人民公安大学　　"枫桥经验"研究中心　编
公安部公安发展战略研究所

出版发行：	中国人民公安大学出版社
地　　址：	北京市西城区木樨地南里
经　　销：	新华书店
邮政编码：	100038
印　　刷：	北京市泰锐印刷有限责任公司
版　　次：	2020年6月第1版
印　　次：	2023年4月第3次
印　　张：	20
开　　本：	787毫米×1092毫米　1/16
字　　数：	359千字
书　　号：	ISBN 978-7-5653-3963-9
定　　价：	60.00元
网　　址：	www.cppsup.com.cn　www.porclub.com.cn
电子邮箱：	zbs@cppsup.com　zbs@cppsu.edu.cn

营销中心电话：010-83903254
读者服务部电话（门市）：010-83903257
警官读者俱乐部电话（网购、邮购）：010-83903253
公安业务分社电话：010-83905672

本社图书出现印装质量问题，由本社负责退换
版权所有　侵权必究

新时代"枫桥经验"与基层社会治安治理创新

编委会

主　编：王　孟

副主编：姬艳涛　王建新

编　委：台运启　张小兵　王平原
　　　　杨昌军　姜厚宇　于　皓

总 序

"加快构建中国特色哲学社会科学，加强中国特色新型智库建设"是习近平总书记在党的十九大报告中提出的明确任务。依托中国人民公安大学，建设公安部公安发展战略研究所，展开公安智库研究，是公安部和公安系统对大学的期待、重托和信任；是大学的初心、禀赋和内涵价值；是大学服务行业、服务社会、服务国家的历史责任和时代使命；更是大学深入学习贯彻党的十九大精神和习近平新时代中国特色社会主义思想，激活人才优势、理论优势、研究优势，推进科研转型，增进研究效能，全面建设一流学科、一流大学的现实机遇和改革动力。

"必须提高政治站位、树立历史眼光、强化理论思维、增强大局观念、丰富知识素养、坚持问题导向，从历史和现实相贯通、国际和国内相关联、理论和实际相结合的宽广视角，对一些重大理论和实践问题进行思考和把握，做到坚持和发展中国特色社会主义要一以贯之，推进党的建设新的伟大工程要一以贯之，增强忧患意识、防范风险挑战要一以贯之。"习近平总书记的这一重要讲话精神，不仅深刻道出了治国理政的真谛，也应是我们学术研究、智库研究的方向指引和思维、方法的根本遵循。为此，在公安智库的具体建设和实践中，需要上观公安发展战略之天，下立智慧警务、公共警务、民生警务、法治警务、科技警务之地，进一步把握智库的科学属性，立足国际视野，贡献全球安全治理，促进人类和平；进一步把握智库的政治属性，立足国家视角，贡献维护国家安全大局,助力国家强盛;进一步把握智库的价值属性,立足人民视角,贡献社会治理创新,增进人民福祉;进一步把握智库的文化属性,立足文化视角,贡献文化传承创新,推进文明交流融通;进一步把握智库的"谋治"属性,立足法治视角,贡献法治国家、法治政府、法治社会,促进良法善治共治。

一、学习新理论,贯彻新思想,增强智库的先导性,提升智库研究的政治站位

智库研究必须具有厚重的思想性底蕴,要有正确的理论导引、科学的方法支撑和旗帜鲜明的政治目标与立场站位。中国特色社会主义智库就应该始终坚持以马克思列宁主义、毛泽东思想、邓小平理论、"三个代表"重要思想、科学发展观和习近平新时代中国特色社会主义思想为指导,以中国特色社会主义理论体系武装智库、武装头脑,认真研读党的十九大精神,深入学习贯彻习近平新时代中国特色社会主义思想。要通过新思想、新理论的学习研究,进一步坚守政治定力,坚定"四个自信",传导"四个自信",既不走封闭僵化的老路,也不走改旗易帜的邪路。公安发展战略研究必须旗帜鲜明讲政治,突出政治建设这一根本性建设,坚持"公安姓党"这一根本政治属性,坚持党对公安工作、公安改革的绝对领导这一根本政治原则,毫不动摇、毫不含糊地传导坚持和加强党对公安工作的绝对领导、全面领导。我们所有的研究遵循必须把握在:坚决维护以习近平同志为核心的党中央权威和集中统一领导,进一步增强"四个意识",不断强化忠诚核心、拥戴核心、维护核心、捍卫核心的思想自觉、政治自觉和行动自觉。无论是研究主体还是研究课题和成果,都要严格遵守政治纪律和政治规矩,增强政治敏锐性和政治鉴别力。公安智库研究在全面领会习近平新时代中国特色社会主义思想的基础上,应找准公安工作、公安改革的结合点、切入点,特别要注意传导、贯彻坚持党对一切工作的领导、坚持以人民为中心、坚持全面依法治国、坚持总体国家安全观、坚持推动构建人类命运共同体等新思想、新方略。

二、立足新时代，研判新形势，增强智库前沿性，提升智库研究的改革站位

智库研究必须具有鲜明的战略性品格，要有全球思维和国际国内大视野、宽视角，要有敏锐的形势感知力、洞察力、辨别力。中国特色社会主义智库应积极认知新时代，回应新时代，围绕伟大斗争、伟大工程、伟大事业、伟大梦想的时代坐标聚焦对表，把准有效应对重大挑战、抵御重大风险、克服重大阻力、解决重大矛盾的脉搏律动，为解决我国社会主要矛盾已经转化为人民日益增长的美好生活需要与不平衡不充分的发展之间的矛盾释疑解惑、开方施药；以全新的视野深化对共产党执政规律、社会主义建设规律、人类社会发展规律的认识，进行艰辛的理论探索，取得重大理论创新成果，致力于完善和发展中国特色社会主义制度，推进国家治理体系和治理能力现代化。

公安发展战略研究和警务改革研究应立足于智库的这一时代基准，秉持忧患意识和责任意识，全面学习、深入贯彻习近平新时代中国特色社会主义政法思想，提高政治警觉，增强工作预见性，不断创新理念思路、体制机制、方法手段，全面提升防范应对各类风险挑战的水平，确保国家长治久安，人民安居乐业；要把维护国家政治安全特别是政权安全、制度安全放在第一位，提高对各种矛盾问题预测预警预防能力。针对世界多极化、经济全球化、文化多样化、社会信息化深入发展，全球治理体系深度调整，不稳定性、不确定性上升的时局特点，特别注意分析研判五个方面的重大形势：一是国际反华势力变种隐匿、花样翻新、渗透加剧，不断严峻的"颜色革命"风险给公安工作带来的新压力；二是经济发展新常态下，国际国内经济风险、金融风险、市场风险向政治、社会和民众生活领域浸润传导，更加严峻的社会稳定风险给公安工作带来的新情况；三是社会结构深刻变化、利益关系深刻调整，人流、物流、资金流、信息流、数据流加快流动，犯罪的动态化、国际化、组织化、专业化、智能化、极端化、随机化特点凸显，日趋严峻的公共安全风险和暴恐袭击风险给公安工作带来的新问题；四是现代科技迅猛发展，互联网、物联网、云计算、大数据、区块链、人工智能泛在发力，新技术新业态快速发展，现实社会与网络社会平移交构，外部安全和内部安全、国土安全和国民安全、传统安全和非传统安全、自身安全和共同安全、现实安全和网络安全交融交织叠加，日趋严峻的网络安全风险变数给公安工作带来的新挑战；五是人民群众向往更加美好的生活和更高质量、更高标准的获得感、幸福感、安全感，给公安工作带来的新期待。

三、回应新需求，瞄准新问题，增强智库针对性，提升智库研究的科学站位

智库研究必须有鲜明的服务性价值，服务国家战略需求、服务经济社会发展需求、服务行业改革发展需求。这是智库生命力所在，也是智库做大做强做优做特的活力所在。公安战略研究既要遵循学术研究的普遍规律，重视基础性理论的深研，又要有强烈的需求导向和问题导向，精准发力、精细研究，产出精良的研究成果。要切实把握公安工作的规律特点，围绕公安中心工作和主要任务，开展管长远、应现实、可持续的课题研究：一是围绕着力营造安全稳固的政治环境，重点开展国家安全能力建设研究，在提高防范和抵御安全风险能力、严密防范和坚决打击各种渗透颠覆破坏活动、暴力恐怖活动、民族分裂活动、宗教极端活动、意识形态斗争等一系列问题上研深研透，提供政策和法治参考。二是围绕安定有序的社会环境，从建设新时代共建共治共享的社会治理格局的层面，深化对健全社会治安综合治理防控体系、创新社会矛盾预防和化解机制、增强城镇和农村社区等基层治理体系效能的研究，在打击传统和新型犯罪、树立新安全发展理念和保护人民人身权、财产权、人格权等方面发挥献计献策作用。三是围绕公平正义的法治环境，在推进依法行政、严格规范公正文明执法、深化司法体制改革等方面开展研究，探究揭示维护法律权威、彰显执法公信力、保障民警执法权和让人民群众在每一起执法案件中感受到公平正义的衡平机理。四是围绕优质高效的服务环境，在进一步转变公安机关服务理念和运行机制上开展研究，为公安机关和警务活动支持、保障深化供给侧结构性改革、加快建设创新型国家、加快完善社会主义经济体制、推动形成全面开放新格局等方面提供理论支撑和实践准据。五是围绕风清气正、干事创业的警营政治生态环境，在宏观层面关注警队纪律作风建设，促进监督体系和纪检督察惩防体系建设，在微观层面关注警察职业保障和民警个人的政治、思想、工作、生活等普遍性和群体性现象，用科学理论更好地引导、指导民警不断在警察职业生涯中提升学业、增进专业、享受职业、发展事业。六是融入科技强国、网络强国、数字中国、智慧社会建设的时代背景，围绕智慧公安、数据公安、智能警务和网络安全与执法创新研究，把顶层设计、理论设计与基层探索结合起来，科技创新与体制机制变革思考结合起来，指导公安实施大数据战略，大力加强智能化、专业化、科学化、系统化建设，提升构建网络安全、打击网络犯罪的能力，推动新时代公安政法工作质量变革、效率变革、动力变革。智库研究这些战略问题，一要源出公安，导出警务；二要走出公安，超越警务；三要融入公安，引领警务，防止褊狭、肤浅、闭锁。

四、担当新使命，贡献新智慧，增强智库实效性，提升智库研究的实践站位

智库研究必须具有实在的对策性效能，追求高、新、准、实、用效果；要求善于由表及里、去粗取精、去伪存真，抓住真谛、凝练经验、典型示范；切忌闭门造车、自说自话、生搬硬套；切忌一知半解、人云亦云。公安战略研究不应置于象牙塔，不应闭门于书斋学堂；而应置放在复杂的社会环境，置放在火热的实践场域，置放在相互关联的改革体系中，深接地气，涵养底气，才能真正担当引智、聚智、送智、创智的使命，才能献智于决策，转化为对策，指导实践，升华为公安智库声音、公安智库方案、公安智库贡献。为此，我们的智库研究，一要接理论地气，构建科学厚实的公安学、警学理论体系，厚植理论素养；二要接规律地气，探寻、梳理、归纳、提炼公安工作规律和警务活动规律，指导公安工作向规律要警力，靠规律支撑警力；三要接文化地气，在博大精深的中华文化传统宝库中有丰富的社会管理、社会治理、社会建设内容，值得我们深度挖掘、深度学习，扬弃应用；四要接法治地气，要在整个法治体系中学习研究，形成全新的整体性法治思维，摒弃条文化、部门化、学科化、碎片化法律适用选用取向；五要接科技地气，引导公安工作、警务活动向社会化、专业化、智能化、信息化、科学化发展，通过现代科技智能的应用，把民警从繁重烦琐的体力负荷和程式约束中解放出来；六要接基层地气，把研究的视角、思考的基点、探索的路径投放在一线实践中，掌握第一手资料，摸准真实的问题，贡献可学习、可借鉴、可推广、可普适的经验对策，为一线服务，为基层服务。

上述思考是公安发展战略研究的基本取向和本色定位，是本套丛书的创编主旨和努力追求的目标愿景。本着汇集研究人才、拓展研究渠道、打造研究平台、扩大研究影响、丰富研究成果、提升研究效能、增进研究贡献的"教库一体、校库一体、学库一体"建设风格，本套丛书将以开放兼容的内容形式吸纳成果、展现成果：可以是围绕某一问题深耕细作的专著，可以是针对研究对象的不同角度阐释的编著，可以是针对热点问题的专题研究报告或年度报告，可以是相关研究领域最新成果的译著，可以是举办高端论坛的高水平成果汇编的论文集，可以是系列问题智库报告的选编，可以是项目课题研究的成果转化发表，可以是全国各地改革试点、创新示范、实践典型的经验成果总结、凝练和推介。本套丛书形式多样、内容丰富，希冀对领导机关进行相关决策、各级公安机关开展相关工作提供智力支持和理论支撑，为新时代公安工作贡献智慧和力量，为建设研究型公安机关、学习型人民警察队伍提供精神营养。

编写智库丛书是一次探索和尝试，必然存在诸多不足和瑕疵，请广大读者宽谅理解并不吝赐教。希望在各界专家、老师、同人和读者朋友的指导和帮助下，公安发展战略研究不断开创新局面，取得新成就。

总主编　曹诗权
2020 年 5 月

编者的话

20世纪60年代初,浙江省绍兴诸暨枫桥镇干部群众创造了"发动和依靠群众,坚持矛盾不上交,就地解决。实现捕人少,治安好"的"枫桥经验"。1963年,毛泽东同志亲笔批示"要各地仿效,经过试点,推广去做"。由此开始,"枫桥经验"经数十年风雨洗礼,成为一面来自公安,源于枫桥,并根据形势变化不断赋予其新内涵的全国政法综治战线的旗帜。2003年11月,时任浙江省委书记的习近平同志在浙江纪念毛泽东同志批示"枫桥经验"40周年大会上就明确提出,要牢固树立"发展是硬道理、稳定是硬任务"的政治意识,充分珍惜"枫桥经验",大力推广"枫桥经验",不断创新"枫桥经验",切实维护社会稳定。党的十八大以来,习近平总书记更是多次对坚持和发展"枫桥经验"作出重要指示,强调要把"枫桥经验"坚持好、发展好,把党的群众路线坚持好、贯彻好,充分发动群众、组织群众、依靠群众,推进基层社会治理创新,努力建设更高水平的平安中国。

为贯彻落实习近平总书记的系列讲话精神,公安部于2019年3月印发《关于全国公安机关坚持发展新时代"枫桥经验"的意见》(以下简称《意见》),进一步部署推动新时代"枫桥经验"在全国公安机关开花结果、落地生根。2019年5月,中国人民公安大学和公安部公安发展战略研究所在全国公安院校中率先成立"枫桥经验"研究中心,组建专门团队,开展新时代"枫桥经验"的实践总结和理论研究工作。除积极开展实践调研和理论探讨工作外,研究中心还于2019年9月面向全国各地公安机关、公安院校以及相关院校、科研机构开展了"新时代'枫桥经验'与基层社会治理创新"主题征文活动。希望通过征文活动凝聚智慧，汇集资源，进一步推动和促进全国"枫桥经验"理论与实践发展。征文活动得到了各级公安机关的大力支持，得到了众多公安理论与实务工作者的积极响应。整个活动收到征文近百篇。通过严格审查和认真评议，最终选出31篇优秀文章分获一二三等奖。为褒奖优秀，交流成果，研究中心决定将这31篇获奖文章及1篇特约稿结集出版。中国人民公安大学领导极为重视，拨专款给予支持，中国人民公安出版社的领导和编辑也为此付出了大量心血，我们对此表示衷心感谢！

问渠哪得清如许，为有源头活水来。通观全部文稿，我们深刻体会到了实践对于制度与理论创新的重要意义。"枫桥经验"是由基层群众创造出来的、中国特色的社会治安综合治理典型，党的领导、群众路线与改革创新相结合，是"枫桥经验"历经半个多世纪的岁月洗礼而仍能焕发出旺盛生命力的根本原因。坚持和发展"枫桥经验"，同样也必须依靠全国公安干警与广大人民群众的创新努力。这次征文，来自公安实务部门、站在推广发展"枫桥经验"第一线的作者占了相当大的比例。从改革开放前沿的粤闽江浙沿海地区，到正为脱贫致富、实现小康努力奋斗的雪域高原与塞北江南；从东北的辽宁吉林，到中部的河北安徽，以及西部的四川陕西等，众多的公安理论与实务工作者以文会友，交流经验，传递思想。作者地域分布范围之广，充分证明"枫桥经验"不仅已经在具有五千年悠久历史的华夏大地生根发芽，并正在新时代建设中国特色社会主义道路上开花结果。众多的文章，从不同角度，用不同的方法，生动阐释了新时代"枫桥经验"的榜样模范价值与引领示范作用。作者直面新形势下坚持发展"枫桥经验"所面临的难题与困境，不仅在实践中积极探索，更是努力从思想理论上寻找答案。他们的文章不仅令人耳目一新，更让人为其创新精神所感动与鼓舞。"枫桥经验"出自公安，但绝不只限于公安机关与公安干警，来自国有大企业的获奖文章，介绍了将"枫桥经验"融合运用于企业改革发展、打造企业版"枫桥经验"的做法，也让我们进一步认识到了"枫桥经验"在社会治安综合治理的巨大作用，深深感受到了"枫桥经验"旺盛的生命力。

实践是理论的"源头活水",不断为理论创新提供着丰富的素材。实践更离不开理论指导,理论创新为实践的深入发展提供了强大精神动力。总结"枫桥经验"跨越岁月的长河、数十年坚持发展的辉煌历程,根据形势变化不断赋予其新的内涵是一条特别重要的经验。进入建设中国特色社会主义新时代,在新的历史条件下进一步挖掘与丰富"枫桥经验"的内涵与外延,是一个重要的理论课题。中国传统文化决定了"枫桥经验"的文化禀赋、社会主义文化引领了"枫桥经验"的正确方向、现代治理文化推动了"枫桥经验"的持续创新。新时代"枫桥经验"是否与中国的城市化进程相适应,怎样让其在市域、县域、城市社区、农村基层等治理中更充分地发挥作用?如何传承"枫桥经验",突破当前我国基层治理法治化面临着的法治权威缺失、法治整合作用式微以及法治福利增量不足等现实困境?如何迎接科技迅猛发展的挑战,让"枫桥经验"与大数据技术紧密结合,在网络社会治理中大显身手?韧性治理,融警务,"2+N"模式,众多来自实务部门的作者不仅系统总结了自己的创新实践,还作了更深入的理论探索,充分展示了其理论功底。特别需要指出的是,许多来自公安院校的年青教师积极参加了此次征文活动,他们多是在著名高校受过严格学术训练的博士硕士学位获得者,对现代治理与警学理论有很好的掌握,但他们并没有囿于书斋、囿于校园,而是勇敢地走出校园,走进公安实战与社会综合治理实际,深入调查研究,认真分析思考,娴熟地运用理论知识解读中国实践、解决中国问题,使研究成果来源于实践,又高于实践,具有了较高的理论预见性与实践指导性,可喜可贺。而一位还在公安院校读本科的学生从小处着手,探讨"枫桥经验"与新时代农村道路交通安全治理体制构建,让我们既感到了"后浪推前浪"的可畏,更为传承光大"枫桥经验"后继有人而欣喜。

当前,中国正处于近代以来最好的发展时期,世界正处于百年未有之大变局,两者同步交织、相互激荡。世界各国正通过以制度创新和经济科技军事实力为支撑、以重塑国际规则为主要手段的竞争博弈来重新划分利益和确立彼此地位关系。因应形势变化,党的十九届四中全会提出了坚持和完善中国特色社会主义制度、推进国家治理体系和治理能力现代化的总体目标。指出社会治理是国家治理的重要方面，必须加强和创新社会治理，完善党委领导、政府负责、民主协商、社会协同、公众参与、法治保障、科技支撑的社会治理体系，建设人人有责、人人尽责、人人享有的社会治理共同体，确保人民安居乐业、社会安定有序，建设更高水平的平安中国。自 2020 年初新冠疫情发生以来，习近平总书记在赴湖北、浙江等地的考察中，都指出了加强社会治理、化解基层矛盾的重要性。4月20日至23日，习近平在陕西考察时强调，要加强和创新社会治理，坚持和完善新时代"枫桥经验"，深化扫黑除恶专项斗争。公安机关、政法队伍和综合治理战线如何贯彻落实总书记的重要指示，加强和创新社会治理、坚持完善新时代"枫桥经验"？可以说，这次"新时代'枫桥经验'与基层社会治理创新与实践"征文活动是一次很好的热身。但热身并不等于真正的竞赛，而只是对我们的准备活动的一次检验。之江奔流，钱塘潮起，"弄潮儿向涛头立，手把红旗旗不湿。"我们感谢征文作者的参与，更希望借此动员号召更多的人积极投身于加强和创新社会治理、坚持完善新时代"枫桥经验"的热潮中，在实践与理论创新方面取得更多优异成绩。

是为序。

二〇二〇年五月

目 录

一等奖

"枫桥经验"下基层治理法治化的路径探索
——以社会组织的法治功能为视角 ………………………… 姬艳涛（3）
新时代"枫桥经验"的城市化适应性分析 ……………………… 师　容（17）
韧性治理："枫桥经验"的现代治理术 …………………………… 刘　蔚（30）
在"三个认同"中创新推进基层社会治理 ……………………… 黄华安（41）
论"枫桥经验"诞生与发展的文化动因 ………………………… 沈秋伟（53）

二等奖

融警务：新时代社会治理现代化的公安样本
——基于打造新时代"枫桥经验"升级版的实践与探索
　　………………………………………………………………… 陈福连（63）
新时代农村道路交通安全治理实践创新与思考 ……… 包庆瑶　何烈云（77）
深化基层社会治理现代化：南京公安民意110的探索与实践
　　……………………………………………………… 宋雅言　张　练（85）
新时代"枫桥经验"的创新发展与西藏平安建设
——基于西藏日喀则市的实证研究 …………………………… 吴　磊（97）
关于城乡社区网格治理"2+N"模式暨"社区（乡村）110"的
　　实践与思考 ………………………………… 漳州市公安局课题组（107）
新时代"枫桥经验"的公安实践与市域社会治理现代化
——以辽宁本溪城市民生警务战略为样本 ………… 王会奇　李英霞（115）
"枫桥经验"与公安基层治理相关理论初探 …………………… 高　山（122）
"枫桥经验"在企业维稳信访工作中的实践
　　……………… 汤长江　吕春阳　王小利　徐　成　冯治中　单东雪（131）
论"枫桥经验"在新时代基层治理中的创新和发展 …………… 张铧予（140）

社会资源参与群防群治的实践思考
　　——以宁国市公安局西津"蓝精灵"为例
　　………………………………………… 冯兴吾　刘　彬　童　进（150）

三等奖

论"枫桥经验"的法治发展……………………………………… 施俊镇（161）
论"枫桥警务模式"对基层社会治理的贡献…………………… 陈长风（168）
以新时期"枫桥经验"模式推进社区警务创新………… 于银凯　高　虹（176）
基层治理的实践　平安和谐的绿洲
　　——传承新时代"枫桥经验"在宁夏公安实践中的创新与发展
　　…………………………………………………………… 陈少宣　朱　敏（185）
转变网络治理逻辑　提升网络治理效能………………………… 孙柏霖（193）
新时代"枫桥经验"对营造共建共治共享社会治理新格局的实践与思考
　　………………………………………………………… 郑　阳　王　艳（205）
新时代"枫桥经验"对基层社会治理的启示……………………… 李　宁（215）
新时代"枫桥经验"对城市社区警务的影响探析
　　——以天津市公安局河西分局为例…………………………… 王若珺（224）
新时代公安调解面临的主要挑战与应对策略………… 叶　剑　曾　雄（234）
新自由社群主义下的警务治理……………………………………… 牛　旭（242）
新时代"枫桥经验"下县域社会治理的实践与思考
　　——以昆山模式为蓝本………………………………………… 秦开鑫（250）
在新时期"枫桥经验"指引下完善治安调解制度……… 曾　郁　龚亭亭（260）
以信息化爱民警务实现社区治理
　　——吉林省长春市东盛路派出所调研报告…………………… 赵　颖（268）
创新"枫桥经验"化解家庭内部矛盾………… 徐文新　姜志超　梅雪松（275）
以新时代"枫桥经验"推进农村基层治安治理创新…………… 缪金祥（282）
打造"红管家"党建联盟　创新社区治理新模式
　　——以浙江省杭州市临安区"临里红管家"党建联盟为例
　　…………………………………………………………………… 吕云平（289）

特约稿：以新时代"枫桥经验"引领社区警务战略发展……… 张跃进（295）

新时代"枫桥经验"与基层社会治理创新征文获奖名单…………（303）

一等奖

"枫桥经验"下基层治理法治化的路径探索

——以社会组织的法治功能为视角

姬艳涛[*]

摘　要：当前，我国基层治理法治化的践行面临着法治权威缺失、法治弥合功能弱化、法治整合作用式微以及法治福利增量不足等现实困境。作为法治"双向建构"下的民间动力，社会组织在法治精神培育、基层矛盾化解、社会共识凝聚、公共服务创新、政治生活社会化以及法治秩序构建等方面具有重要推动作用，成为实现共建共享法治蓝图的"第三种力量"。籍此，基层政府应为社会组织发展提供必要的制度空间，社会组织则应在提高自身代表、动员、自治等能力的过程中加强对法治国家建构的均衡反思和互动回应。

关键词："枫桥经验"　治理法治化　社会组织　法治功能　共建共治共享

党的十九大报告提出，"推动社会治理重心向基层下移，发挥社会组织作用，实现政府治理和社会调节、居民自治良性互动。"党的十八届四中全会《中共中央关于全面推进依法治国若干重大问题的决定》指出"推进基层治理法治化"，同时强调"发挥人民团体和社会组织在法治社会建设中的积极作用"。这是全面推进依法治国和国家治理能力现代化的重要内容，也是法治国家、法治政府和法治社会"一体化建设"的重要举措。那么，社会组织在基层治理法治化中处于何种地位？具有哪些功能和价值？其法治功能作用发挥的具体路径又是什么？基于此，本文试图通过对"枫桥经验"下法治创新举

---

[*] 姬艳涛，中国人民公安大学副教授，硕士生导师，法学博士，研究方向：警察法学。

措的实证考察和理论反思,分析社会组织发展与基层治理法治化的内在逻辑和外在关联,探索国家和社会"双向"构建与平衡治理的法治变革进路。

一、问题的提出:基层治理法治化中的践行困境

在"全面依法治国"的新征程中,基层治理法治化将是法治国家、法治政府和法治社会一体建设的坚实基础和重要内容。改革开放以来,虽然我国基层法治环境得到了逐步的提高和完善,但是受法律传统、社会结构以及制度环境等因素的影响,我国基层治理法治化的践行仍然面临着以下几个现实困境:法治弥合功能弱化、法治整合作用有限以及法治福利增量不足等现实困境。

1. 基层法治权威有待提升

所谓法治权威,指法律在公共管理和社会生活中具有至上性、权威性的崇高地位和支配作用。法治的核心表征之一就是"法律至上",即要求法治成为治国理政的基本方式、政治生活的重要准则以及社会行为的依据规范。在基层治理法治化的过程中,要求更加注重发挥法治在基层社会事务治理中的重要作用,取得相较于其他社会调整规范适用的优先性。这可称为法治的权威功能。

本质而言,从科学立法到严格执法和公正司法,从"依法性"到"合法性",从静态"纸面"的法到动态"现实"的法,实际上就是法治权威的生成过程。然而,基层社会治理中,基层政府依法行政能力的欠缺、法治队伍整体素质的低下以及执法规范化的不足,不仅给司法公正和当事人权益保护带来影响,而且还在某种程度上削弱了基层法治权威的生成基础。籍此,提升基层法治权威,已经成为新时代下推进"全面依法治国"和实现"乡村振兴战略"的重要前提基础。

2. 基层法治弥合功能有待巩固

依据社会学的观点,冲突矛盾的产生对于社会的凝聚和整合是不可或缺的,因为一定限度内的矛盾有利于缓解"社会结构紧张",使社会公众不至于将冲突矛盾累加到威胁社会基本框架的红线范围。"任何一个开放多元的民主法治社会,并不意味着没有'冲突',更不是人为地消灭'冲突',而是将'冲突'化解和限制于一定的规则和秩序之下。"事实上,法治的推进不是完全消除社会矛盾的存在,而是通过权利义务的设置和行为规则的指引降低矛盾纠纷产生概率,并在冲突产生后通过权威性和规范化的理性方式予以解决,使得社会公众在这种公正程序的制度安排下增强对社会的信任度和认同感,这就是所谓的法治弥合功能。

当前，我国城镇化进程和新农村建设不断推进，不仅造成基层社会生产生活方式的急剧变迁和传统文化的现代性转向，而且还使得以身份、宗族和血缘为纽带的农村同质社会结构开始瓦解。同时，在传统社会秩序不断消解而现代法治秩序尚未构筑成型的情形下，使得随之而来的利益分殊、阶层分化、矛盾纠纷以及社会结构紧张现象更凸显。虽然对于处于现代化深度变革和急剧转型中的基层社会而言，存在不同公民、群体之间的情感对抗和纠纷矛盾在所难免，但是"群访"、"闹访"、"信访不信法"现象的普遍存在，却折射出我国基层法治弥合功能有待增强。

尽管造成社会结构紧张的诱因很多，但最为核心的仍然是缺乏能够从根本上有效化解、协调和消除社会利益分殊和冲突纠纷的规范模式，而能够担当此任的只能是"法治"。显然，法治弥合功能对于社会多元利益的调整以及基层社会结构的重塑具有重要的作用和价值。然而，实践中，由于司法诉讼程序的复杂性以及基层司法体系自身法治能力建设的不足，使得法治在一些案例中没能有效承担起"定纷止争"和维护公平正义"最后一道防线"的应有功能。此外，在农村税费改革之后的后农业税时代，基层自治组织的自治功能不升反降，特别是伴随"村两委"的不断行政化，使其在乡村社会内部的情感沟通和矛盾化解功能日益弱化，并在与村民不断分化和对立中逐渐丧失了自组织体系应有的"自我调节"功能。

3. 基层法治福利增量有待拓展

法治之所以称之为良法之治，其核心在于法治秩序作为更为理性、和谐、开放、多元、发展、稳定的社会有机体，能够为社会公众提供更好的发展环境和更多的福利空间。据此，法治的福利增量功能是指，法治通过权利义务的安排以及责任体系的设置，能够有效降低社会复杂性和提高人们行为的可预期性，并在社会稳定和互信合作基础上促进社会福利的增加；同时，法治通过社会分工与合作规则的确立以及个人自由的保障和拓展，在激发社会活力和降低交往成本过程中推动市场经济的发展繁荣，并最终实现社会的福利增量。

法律能够界定国家权力边界和政府职能范围，并通过政府职能的转变特别是福利行政规范化和程序化的不断推进，在优化公共产品和公共服务的供给中实现公民生存状况的有效改善和社会福利的全面提升。同时，法治政府的建设能够有效抑制国家权力的恣意和失范，有利于提升基层治理能力现代化，维护基层政府的权威性，加强基层社会不稳定因素的排查，降低社会矛盾纠纷冲突的发生，进而从侧面促进基层社会的繁荣稳定和福利增量。然而，基层政府作为行政科层体系的末端以及连接国家和社会的最前沿，在基层治理实践中却将资源与精力聚集于各种行政指令的执行,忙于应付各项考核指标和检查任务,疲于应对社会维稳和群众信访工作。特别是在层层加码的绩效考核与行政问责压力下,使得基层政府任务重、责任大而职权小、能力低,在基层治理法治化进程中面临着"维稳"异化和权力"悬浮"的制度困境和现实难题,并导致基层法治建设无法适应人民日益增长的美好生活需要。

同时,在全面建设小康社会的进程中,法治原则的贯彻落实不仅有助于克服权力的任意性和专断性,而且其对国家权力和社会权利边界的合理划定,有助于激发社会公众和社会组织在追求美好生活中的能动性和创新性。"这是对社会福利的增加,社会的机体也因此而更健康,更有活力。"事实上,社会组织通过承接政府资源、整合自治资源以及动员组织共治资源,对于民主法治社会的形塑以及"共建共治共享"治理格局的构筑具有重要作用。然而,由于受现行法律规范和制度环境的制约,使得社会组织对于公共政策和社会事务的参与空间不足、参与渠道有限、参与程序模糊,影响社会内生秩序的自我构建以及汲取性机制风险的不断扩张。同时,因合法性登记而造成的"身份困境",还使得大量活跃在基层社会的社会组织缺乏必要的公信力和足够的自主性,并在"合法"与"非法"的制度夹缝中使其应有的资源整合、社会回应和民间建构功能不断弱化和消解。

4. 基层法治整合功能有待加强

不断的分化和整合是任何社会走向更高级阶段的必要步骤。按照功能学派的理论,任何社会要得以发展和进步,必须使其社会成员达成基本价值观的一致性,同时通过法律记忆功能发挥和法律技术性设置来实现基本秩序的维护。法治通过社会矛盾纠纷的解决、多元价值共识的促进以及社会集体记忆的型塑而实现社会的整合,这就是所谓的法治整合功能。

法治的实施需在价值一致性和多元性的互动博弈中取得均衡,价值一致性是指主流价值观应有广泛的社会共识并获得法律规范的认可与维护,进而使社会公众价值观念统一到主流价值观的范畴下,或者至少使主流价值观不至于受到社会亚文化的轻易瓦解。社会共识和价值一致性是社会整合的前提和基础。国家法秩序只有建立在社会广为信奉和遵守的共同信念、规范习惯和秩序基础上,其对法治秩序的成就才是可能的。当前,我国正处于全面深化改革的进程中,基层社会的整体转型不仅形成了自由、多元、个性化的"社会公众",同时也在乡土秩序效度衰变以及利益分化重组过程中造成价值震荡、文化冲突、信仰危机,特别是社会公众价值取向的异构发展使得"法律纸面化"和社会失衡现象更为凸显。

从法团主义的视角来看,社会共识和主导价值观的生成应当建立在民主框架和多元利益诉求均衡的基础上，而这种均衡的核心要素之一就是社会组织。作为连接政府、社会和公众的沟通桥梁和协调中介，社会组织能够通过社会活动的开展促进权利意识和法治信仰的培育，通过公共性社会资本的积累引领社会共识的凝聚，通过公众社会记忆的集体塑造推动社会的不断整合。然而，由于社会组织在我国尚处萌芽起步阶段，再加上乡村共同体的日渐消解和社区关联度的不断降低，导致国家法秩序整合缺乏"第三条道路"的耦合支撑，即无法通过自治组织和社会团体的内部效应，培养和提高社会成员的公共精神、法律认同和社会记忆，进而在基层治理实践中导致社会整合的弱化、集体行动的困境以及社会失范的加剧。

二、枫桥社会组织的发展现状

"枫桥经验"具有自身独特的传统，是人民群众在解决各种矛盾、实现自我管理的过程中创造性智慧的结晶。经过50多年的发展和创新，"枫桥经验"正在从矛盾纠纷的预防化解向共建共治共享的社会治理机制转型，从基层小治安向社会大安全重构，从群防群治向区域化治安责任共同体深化，从传统的人防、物防、技防向"传统方式+智慧警务"升级。事实上，"枫桥经验"在由传统实践智慧向现代治理资源的转型升级过程中，一直都以"群众路线"为主线和表征，并在乡村治理和基层法治建设中更加强调"公众参与"，而社会组织由于自身的志愿性、自治性、平等性和公益性等特征，使得其与"群众路线"和"公众参与"有着诸多的内在契合与外在关联，并在自我服务、自我管理和自我组织中成为"枫桥经验"自我革新的重要驱动。近年来，枫桥镇在十八大以来有关"激发社会组织活力"重要精神的指引下，大力培育、引导各类社会组织的发展和完善。调研发现，目前为止，枫桥镇培育和发展了社会组织239家，其中镇级社会组织46家，村级社会组织193家，参与人数达14500人（每万人拥有生活组织数27.5家），其活动范围涉及公益事业、民生建设、经济发展、环境保护以及社会调解和辅助性警务活动等领域。同时，本文在对枫桥社会组织进行实证研究的基础上，以其产生动因、发展路径、行为逻辑和功能作用为标准，将上述社会组织类型化为志愿类社会组织、调解类社会组织、文体类社会组织、社区新社会组织等。

1. 志愿类社会组织

志愿类社会组织，是指以利他为目的，在自愿性和无偿性的情形下，为促进社会发展繁荣而贡献自身力量的人所构成的团体组织。志愿类社会组织往往以非正式的组织结构而呈现，同时其具体的行为活动中往往透视出较强的集体主义色彩和社群主义精神。调研发现，在当前共建共治共享社会治理环境下,枫桥镇涌现了一批成熟而活跃的志愿类社会组织,如以"文明传播、社会服务"为宗旨的枫桥"义工"联合会,以"心系平安,社会防控"为宗旨的"红枫"义警协会,以"燃烧自我,奉献社会"为宗旨的"一米阳光"志愿服务协会,以"文明巾帼,崇法向善"为宗旨的"枫桥大妈"志愿队,以"关爱儿童,构筑和谐家庭"为宗旨的"反家暴"协会等社会组织。该类社会组织在广泛开展社会公益活动的同时,也成了政府管理和公民自治双向互动下推动基层治理能力现代化的重要辅助力量。

总的来说,志愿精神和公民意识往往是此类社会组织的生成动因,而无偿性、利他性和公益性的服务则是该类社会组织的行为逻辑。例如,枫桥大街小巷随处可见身着红白相间制服的"红枫义警",该组织最初就是由一群有志于"平安枫桥"建设的社会公众志愿形成的自发性社会组织,并且其一直以来的定位就在于"治安巡逻、文明劝导、法制教育、社会防控、纠纷调解"等辅助性警务活动,并在群防群治工作中成为了维护社会稳定和构建"平安枫桥"的中坚力量。事实上,该类社会组织不仅成为社会公众参与公共事务的重要平台和渠道,同时也在配合政府职能转变、提高社会有效治理和促进社会福利增量等方面具有重要作用和价值。例如,枫桥"一米阳光"不仅积极开展"情暖环卫行"、"文明劝导行"、"美丽乡村行"等环保、扶老、济困和社会救助等志愿服务项目,同时还在"恢复性司法"的倡导下通过社区矫正志愿活动的开展帮助服刑人员积极回归社会和家庭。"爱心蚂蚁"服务社和"枫桥大妈"志愿队针对社会弱势群体,通过结对帮扶、技能辅导、生活照料以及物资提供等公益活动,使该类群体受到了社会更多的关爱和帮助。

2. 调解类社会组织

调解类社会组织,作为一种具有正式组织结构的准政府系统,其旨在将社会矛盾纠纷纳入组织化的渠道,并基于自愿、平等和信任的双方对话与理性协商来化解社会中的矛盾冲突。该类社会组织在社会矛盾纠纷的调解中具有更强"自我管理、自我组织"的倾向,是一种理性化、组织化"定纷止争"的行为逻辑。当前,在基层治理法治化的进程中,调解类社会组织不仅承担起了公众权利保障和社会风险预警缓冲器的作用,而且还发挥着社会公众利益表达和社会共识凝集的积极效能。作为传承"枫桥经验""矛盾不上交"的重要载体形式,调解类社会组织的发展历史悠久、功效卓著,如枫桥镇调解志愿者联合会、枫桥娟子工作室、枫桥老杨调解中心等,成为了新时代彰显"枫桥经验"精神内涵的重要品牌。其中,枫桥镇调解志愿者联合会自成立以来,在"薪火代代相传,弘扬法治精神"宗旨下调处化解各类矛盾纠纷210件,调解成功率在93%以上。"有事找娟子,拨一拨就灵",成为当前很多枫桥家庭面对矛盾纠纷首先枫桥娟子工作室的生动写照，枫桥娟子工作室也以女版"老娘舅"的形象成为解决家庭纠纷和构建"平安家庭"的典型代表。

3. 文体类社会组织

文体类社会组织，是指社会公众基于共同的兴趣爱好、集体活动的心理需求以及对自身健康的关注而组建的各种文体娱乐型团体组织。作为一种自然系统，文体类社会组织具有非正式的组织结构，并在"利己"的自我驱动下开展各种文体娱乐项目。同时，该类社会组织以情感、信任、爱好等要素吸引和整合社会公众，使其组织成员在文体活动中凝聚力量和达成共识，因而其是一种以爱好兴趣和共同利益为枢纽的行为逻辑。枫桥文体类社会组织丰富多样，如以"促进民间艺术繁荣"为宗旨的枫桥镇古玩协会，以"画笔枫溪，以画会友"为宗旨的枫桥镇油画协会，以"弘扬盆景艺术传统"为宗旨的枫桥花木盆景协会，以"继承和弘扬枫桥乡风、乡情和乡土"为宗旨的"三贤"文化促进会。表面上看，文体类社会组织与基层法治化没有直接关联，但在传统基层秩序日趋消解和社会整体转型的背景下，该类组织基于爱好和情感将社会公众聚集，成为了社会基层再组织化的重构载体，并在文体娱乐的集体活动中不断推动了信任、规范、社会网络以及行为道德等社会资本的培育和凝聚。例如，枫桥三贤文化促进会和孝德文化研究会，将当代法治文化和法治精神吸收和融入枫桥"乡风、乡情和乡土"的本土话语体系中，其在传播和弘扬传统文化的同时也达到了法治宣传之目的。枫桥花木盆景协会、老年书画协会等以"法治枫桥"、"平安枫桥"为主题定期开展文化下乡活动，在为基层社会送去文化"食粮"的过程中实现了"送法下乡"和凝聚共识的目标。

4. 新社会组织

新社会组织，是指在社会理性指导下长期从事"利他"服务活动，并具有正式组织结构的社会团体。不同于上述社会组织，新社会组织并非由本地居民自发组成，其组织成员也并非都来自本地居民。但该类社会组织以本地居民为服务对象，其产生的动因主要在于解决因政府失灵和市场失灵而造成的基层权力"真空"和"集体行动困境"等社会问题。与国家的"行政理性"和市场的"经济理性"不同，社会理性是新社会组织的行为逻辑。并且，社会理性机制的运行机理在于社会公众基于对新社会组织的行动共识和理念认同而构建起的"信托关系"。新社会组织在基层社会中承担着共建共享共治的协同治理作用，并对于创新基层社会治理模式、推动公共服务社会化以及促进政府职能转变具有重要意义。作为社会治理创新的前沿，枫桥镇近年来大力探索和培育以社工组织为代表的新社会组织的发展,以弥补传统社会组织在职业化和专业化方面的不足。例如,该类社会组织定期开展的村淘创业、月嫂培训、劳资调解等服务项目,以更加专业的理念和专业的方法为社会福利增量与资源整合注入了新的驱动和活力。

三、社会组织对基层治理法治化的影响

1. 社会组织对法治权威功能的形塑

法治权威的本质是人们从内心对法治的信仰、崇尚、认同和遵守。现代法治之所以强调法律权威,并能够在此基础上形成普遍遵守的法治秩序,其根源在于以权利、公平和正义为导向的法治文化理念的确立以及其在司法实践中的严格执行。可以说,以法治理念为核心的社会共识的形成,是法治权威构筑的社会基础,其驱动着法律规范对权利的保障、权力的制衡以及平等自由的维护。籍此,通过对社会公众法治理念的培育来推动法治权威功能的形塑,已成为当前基层法治社会建设的重要内容。

"只有在全社会范围内形成了民众的法治理念和公共精神,法治和民主秩序才能得到切实有效的内在支撑。"事实上,国家机构、市场组织、社会团体都能够培养社会公众一定的公共精神和法治理念,但国家机构的"官僚性"、市场组织的"趋利性"使得其在思想观念的形塑中存在各自先天局限。社会组织作为公益性、志愿性、自治性、平等性和社会性的民间团体,其天然具有社会公共生活的内在属性,他们的组织生活能够有效地将社会公众组织动员起来,以公共服务、民主管理、行业自治、沟通对话等途径,使组织成员处于国家权力和公民权利、公共事务和私人领域、自我发展和利他行为的复杂场域中,进而在互动博弈、妥协平衡、理性协商和多元联动的自我管理、自我组织中,审慎地对待民主与法治、自由与秩序、效率和公平等价值抉择,并在"内化于心,外化于行"的社会践行中锻炼、培育和提升组织成员的公共品行和法治精神。

"一个自由民主的政府必须依赖于范围广泛的、多种多样的社团来培育方方面面的公民美德"。枫桥社会组织大多在成立伊始就以"传承'枫桥经验'、弘扬法治理念"为宗旨,并在参与新农村建设的各项社会事务中,特别注重将规则意识、程序理念、民主文化和公共精神等法治理念贯彻注入组织活动中,使其成员在法治环境的熏陶下不断增加对法治的认同、崇尚和信仰。例如,"枫桥义警"通过参与群防群治和辅助性警务活动,在"一路巡防、一路平安"的过程中使其成员更加深刻地感受到了法治秩序和共同体价值。同时,"枫桥义警"的街面巡查、防控和服务,实质上还以一种集体行动的形式

向社会公众诠释了社会责任和公共精神，进而使得更多的人在"枫桥义警"的感召和激励下投入"法治枫桥"的建设中。此外，枫桥镇调解志愿者联合会、枫桥"义工"联合会、"一米阳光"志愿服务协会、"枫桥大妈"志愿队等，不仅使其组织成员能够依托所属组织参与到司法行政和公共事务中来，而且通过民间调解、公益活动、慈善事业、社会服务等组织行动，还有效促进了社会公众对私人领域和公共领域的"双重"生活的体验和认知，使其更加直观感受规则秩序、权利保障、程序规范、权力制约的功效及途径，从而全面形塑了有助于推动法治权威构筑和符合基层法治建设进程要求的法治理念和公民文化。

2. 社会组织对法治弥合功能的促进

"枫桥经验"在50多年的发展中，历经了从"对敌斗争"到社会治安综合治理，再到"小事不出村、大事不出镇、矛盾不上交"基层矛盾纠纷解决化解的演进。在半个世纪的不断创新中，"依靠群众就地化解矛盾"始终是"枫桥经验"的核心精髓，而共建共享共治社会治理格局下社会组织等自治力量的发展壮大则为"枫桥经验"的升级创新和基层矛盾纠纷的治理提供了新的路径和活力。如上所述，社会的整体转型不仅造成基层社会生产生活方式的急剧变迁和传统文化的现代性转向，同时还使得利益分殊、阶层分化、矛盾纠纷以及社会结构紧张现象更加凸显。可见，基层矛盾纠纷化解已经成为当前基层治理法治化的一项重要议题，其不仅需要"建构主义"下公共权力的顶层设计，同时也离不开民间利益的理性汇集，即需要以社会化的方式来促进社会问题的解决。近年来，社会组织等自治力量的崛起，正是社会诉求和民间权利的自发整合与自我凝结，其有效构筑起了国家与社会的互动桥梁，不仅使得多元化的社会诉求能够理性组织化地进入公共权力的体系框架，受到及时回应和有效保障，而且还有助于促进不同利益群体以及群体内部之间的沟通和协调。这样，就实现了社会的信任合作与秩序整合，预防和化解了社会的矛盾纠纷，促进了基层法治弥合功能的强化，缓解了社会改革转型的失衡和动荡。

当前，枫桥在坚持和发展"依靠群众就地化解矛盾"的精神实质下，大力培育了民间调解性质的基层社会自治力量，如枫桥先后设立了60多个调解委员会，发展吸收400多名调解员，构筑了村、镇、企全覆盖的"纵向联动、横向整合"社会网格系统和"诉调对接"、"警调结合"的新机制。同时，枫桥镇调解志愿者联合会、枫桥娟子工作室、枫桥老杨调解中心等调解类社会组织的不断涌现，不仅成为享誉全国的"枫桥经验"新品牌，而且还因其90%以上的调解成功率而成为传承"枫桥经验"中"矛盾不上交"的重要载体。事实上，相较于政府部门，社会组织因"来源于社会，服务于社会"的表征，使其在矛盾调解和"定纷止争"方面展现出了更大的优势。"信任与权威是促进调解纠纷实效的必备条件。"与国家机关不同，社会组织来源于社会、服务于公众，对社会需求和公众需要具有先天的敏锐性，再加上其具备非营利性和公益精神，使其更加容易得到社会公众的认可与信任。例如，枫桥民间调解组织，积极吸收和培训当地威信高、热心公益的退休党员、老教师、志愿律师等，通过推进非正式干预角色的组织化使其成为专断"家务"的"老娘舅"。此外，"屋里屋外、田间地头、背靠背、面对面"的调解形式不仅增强了矛盾纠纷调处过程的"阳光化"，而且在很大程度上推动了当事双方"自愿的制度化服从"。可见，在枫桥调解的实践中，社会组织正是基于信任和权威而介入纠纷调解之中，并通过更加灵活和亲民的非正式机制有效实现了"矛盾不上交"社会纠纷化解目标。

3. 社会组织对法治福利功能的推动

经济权力向社会权力的转化是经济关系对社会结构产生影响的外在表现形式，具体途径是通过发展社会组织、形成利益集团并产生影响力和支配力。在利益多元化的社会中，国家权力唯有立足于协商共识和联动协作基础上，通过激发社会活力和公众参与，才能在政治分化的容纳性代表功能上实现促进法治权威和福利增量的目标。社会组织正是公众参与公共事务和多元利益诉求的代表者和体现者，其反映和维护本群体的权利诉求、社会愿景和整体利益，并在进行自我管理、自我组织和自我服务的过程中推动经济建设和公共服务的发展。

另一方面，国家在全面深化改革、加快政府职能转变和推进新农村建设的过程中，通过许可、委托、移交等法律机制将诸多国家公共服务职能转化为社会组织的自治管理权力。这样，通过"经济权力向社会权力"的转移，使得社会组织在基层社会治理中享有了更大的制度空间和法律基础，进而为其繁荣市场经济和实现福利增量提供了必要的合法性支撑。例如，枫桥当地政府先后出台了《诸暨市社区社会组织备案管理暂行办法》《政府向社会力量购买服务的实施办法（试行）》、《政府向社会力量购买服务指导目录（2016—2017年度）》、《关于进一步加强社会组织党建工作的通知》等规范文件，为推动社会组织发展和公共服务社会化提供了良好的制度环境。近年来，在当地政策引导和社会组织服务中心培育下，以枫桥乡贤联合会为代表的服务性、公益性社会组织，通过乡贤引领、风尚建设和协同治理，成为了新农村建设和"美丽枫桥"发展的重要力量。此外，乡贤联合会充分发挥其强大的经济社会力量，在贫困户、失学儿童、孤寡老人、残疾人等社会弱势群体中，广泛开展助力协调、扶贫帮困等活动，使得"家中生病有难有人帮"、"学生考上大学有资助"、"老人过年过节有慰问"在枫桥成为一种新风尚。同时，枫桥社会组织通过承接政府资源、整合自治资源以及动员组织共治资源，积极推进农村社区公共服务社会化，并在"共建共治共享"的指导理念下形成了"小事不出村，大事不出镇，服务提供在家门"的社会公共服务新模式，为基层社会治理带来了新一轮的法治福利。

4. 社会组织对法治整合功能的完善

社会组织的发展不仅与由管理走向治理的"第三条道路"形成呼应，同时在"自主性和回应性"框架基础上孕育了"内生性秩序"生成的社会运行机制，并通过社会成员公共精神、法律认同和社会共识的培育，为国家法治秩序提供必要的支撑、补充和均衡，进而在实践层面上有效促进了法治整合功能的形成和发展。"秩序是由协商而定的，而非通过服从赢得的。"国家法治秩序需要通过法律规范来维护，但是法律由静态的"纸面法"转化为动态的行为规范，除了依靠国家机器的"强制执行"外，还离不开社会公众对法律的普遍认同、信仰以及自觉服从。社会组织作为连接国家和社会之间的桥梁和枢纽，一方面，能够以组织化的形式进行利益表达、自我管理、行业自治和民主监督，在与国家权力进行协同合作与"柔性"分割的基础上促进民主进程和"良法"之治，形成国家与社会互动平衡、协调互补与耦合支撑的法治秩序；另一方面，能够有效防止权力滥用、社会失范和越轨行为，并在社群效应机理作用下成为法治精神培育和"公民性"塑造的关键平台。

现代社会治理基本是一种双向构建、多元协同治理的间接社会控制模式，如果没有配套性的政治社会化、公开化的社会平台，社会秩序难免会出现失衡和撕裂等现象。而社会组织作为一种中间形态组织，代表和承载着多元化的权利主张和利益诉求，能够通过法治践行、内部管理、社会自治和协调合作，有效化解矛盾纠纷，并在自律规范和社会集体记忆的构筑过程中实现共建共治共享的法治秩序。例如，在枫桥的社会治理过程中，社会组织规范、内部管理机制、行业自治章程以及乡规民约等"活法"的实施，在推动政治生活和社会生活多元化、公开化和民主化过程中同时也孕育出了一种内生的自治秩序，并在国家立法空白或缺位时成为法治整合功能的重要补充和替代。此外，"红枫义警"、"枫桥大妈"、"一米阳光"志愿服务协会、枫桥镇调解志愿者联合会等社会组织通过大量的法治宣传教育活动，使得符号化、抽象化、非人格化的法律规范更为具体、直观和生动，同时在矛盾预防、纠纷化解、社区矫正、治安维护等法律践行的过程，更进一步强化了社会公众对法律所倡导的法治精神和行为模式的社会记忆。不同职业、不同背景、不同时间的社会公众通过分享法律规范中的社会集体记忆而分享共同的价值，构筑起了新的更为全面和主动的社会认同和法律信仰。这样，法律规范就借助于社会组织进一步推动了社会的整合。

四、反思和启示

总的来说，我国的基层治理法治化不可能在短时间内通过社会公众的自觉和自发完成，也很难仅通过国家"建构主义"单向推进，只有在国家与社会"双向构建"驱动下才能在社会上构筑起夯实的法治根基和共建共享共治的法治秩序。就目前的社会结构和法律传统而言，国家法治向社会基层的渗透还需要在政府与公众之间寻求第三种力量。社会组织作为独立于党政体系之外的具有社会性、公益性、自治性的社会团体，能够通过法治弥合功能的强化、法治权威的形塑、社会秩序的整合、法治福利的供给以及法治文化的培育，促进基层治理法治化由国家主导向双轮驱动法治路径的转移。然而，作为一种新兴的社会自治力量，社会组织在社会公共事务和基层法治建设过程中依然面临着价值定位、能力建设、制度空间以及路径依赖等问题。

首先，社会组织发展的"路径依赖"问题。在历史惯性和文化基因的影响下，我国社会组织发展及其社会治理难免出现一定程度的路径依赖效应。当前，政府对社会组织往往采取"行政吸纳服务"、"嵌入式治理"以及"政府选择"等形式对社会组织的人事任命、组织运行、行为活动等进行间接支配，使得社会组织在"赋权性自主"的机制下呈现出了严重的行政化倾向。例如，在枫桥的治理创新中，社会组织大多是在社会组织孵化器的行政培育、财政辅助和制度支持下产生，并在基层政府的引导下参与到社会事务的各项治理中。诚然，社会组织孵化器的创新模式，在当前的社会背景下能够有效提高社会组织的创业成活率和降低其实际运作成本，同时也为政府应对社会组织迅猛发展的趋势提供了一种安全可控、富有成效的制度路径。但这种"以民治民"的社会化治理方式，在改革实践中衍生出了一些管理难题和现实困境，特别是在社会组织的"体制化"延伸或"再体制化"的过程中，弱化了其应有的互动回应、资源整合以及民主法治建设功能。

其次，社会组织的价值定位问题。社会组织之所以能够成为推进多元治理、权力制衡以及民间建构的重要力量，盖因为其来自于社会、代表社会、服务于社会，能够在对国家建构建进行均衡反思和互动回应的基础上发挥社会秩序自我构建的功能。然而，实践中政府往往基于稳定、权威和效率的考量，在工具主义和规划主义的导向下将社会组织定位成缓解社会结构紧张、分散政府压力、实现社会控制的"雇员"，而不是平等互动、合作治理的"伙伴"。也就是说，政府与社会组织的这种关系定位是一种纵向的"上下隶属"而非横向的"平等合作"，其实质仍是以"国家方式"来建构社会和整合资源。并且，这种价值功能导向的错位，不仅使得公共行政很难回应日益增长的多元化、社会化治理诉求，而且在社会组织主动"靠近"政府和相互强化的"路径依赖"过程中，使得其代表社会和建构社会的功能受到了进一步的消解和弱化。

再次，社会组织自身的能力建设问题。当前，虽然我国的社会组织在近年来得到了快速发展，但是其自身的能力建设问题特别是成员老龄化、组织独立性差、公信力薄弱、自治能力不强等成为了当前社会组织进一步参与社会治理和法治建设的重要瓶颈。调研发现，枫桥大多数社会组织发展层次偏低、组织规模较小、组织规范不够健全。其中，在193家村级社会组织中，61%的会员人数不足20人；46家镇级社会组织中，13家会员人数不足50人，23家会员人数则在50～150人之间。同时，社会组织缺乏规范有效的内部治理机制，239家社会组织中仅有31家制定组织章程，组织决策、财务管理和运行机制更多依赖于社会组织负责人的个人能力、热情和资源。此外，社会组织的社会动员和资源汲取能力有限，当前枫桥镇大多数社会组织或经费紧张或根本无资金来源渠道，具有3万元以上运行经费的社会组织仅有3家，而多达68%的社会组织则没有组织经费。事实上，这不仅反映了社会组织公信力的减弱，而且还在很大程度上限制了社会组织自治能力的发展。

最后，社会组织的法治参与空间问题。在我国，社会组织的民间治理已成为国家向社会转移权力，逐步实现民主参与、协商对话以及社会自治的重要渠道。但就目前参与领域和范围而言，大多数社会组织参与公共政策和社会事务的范围空间狭窄、参与渠道有限、参与程序模糊。例如，枫桥社会组织的活动基本集中于调解、环保、帮扶、教育等权力含量少和政治敏感度低的领域范畴，而除了个别具有官办背景的外，很少有社会组织能够涉及公共政策制定的中心地带。事实上，正是由于社会组织对公共行政反思回应和参与空间的严重不足，在很大程度上导致了基层治理实践中法治共识的缺位、制度认同的乏力以及汲取性风险的加剧。

党的十八届四中全会《决定》指出，"全面推进依法治国，基础在基层，工作重点在基层"。社会组织作为法治建设的民间动力，是培育法治根基以及促进法治工作机制力量下沉、重心下移的重要途径。籍此，为充分发展社会组织在基层治理法治化进程中的作用和功能，应当在坚持依法自治、平等发展和政社分开的基本原则上，有效改良社会组织民间建构活动的空间环境，使社会组织所处的法律、制度、文化、政策等符合社会组织的发展需求和成长规律。同时，社会组织应基于这种整体的空间环境，切实提高自身的动员力、公信力、代表能力以及自治能力，加强对国家建构的互动回应和反向塑造，在共建共享共治的秩序生成中促进从"国家主导"向"双轮驱动"的法治建设转型。具体而言，在社会组织的价值定位中，应将其角色从政府的雇员助理转变为合作共治的"伙伴"，切实淡化社会组织的附属性和行政化倾向，全面增强社会组织的独立性、社会性、代表性和公信力。在社会组织的治理能力建设方面，应通过立法赋权、政策优惠、政府扶持、实务培训等方式，有效提升社会组织在行动决策、内部管理、社会动员、资源整合以及社会自治等方面的能力。在公共事务的参与机制建设中，应完善公共决策沟通协商、咨询论证机制，确立人大代表的社会组织界别改革，健全社会组织司法参与的途径，促进多层次、多领域的法治化治理和共建共享的法治秩序构建。

新时代"枫桥经验"的城市化适应性分析

师 容[*]

摘 要： 伴随着城市的空间结构和居住模式被重塑，城市社区的解构、市民阶层的分化、社会资本的稀释等加剧了城市风险。城乡基层社会治理在空间结构、多元主体联动、社会关系网络以及制度供给方面出现明显差异。"枫桥经验"作为基层社会矛盾纠纷调解的典型方法，为乡村基层社会治理提供了实践样板，但是在适应城市外部挑战方面出现困境。因而，要破除城市社会问题的性质与"乡村枫桥"治理结构之间的张力，从系统治理、协同治理、服务人民、政策供给等方面将"枫桥经验"有效嵌入现代城市基层社会治理结构中。

关键词： "枫桥经验" 城市化适应 基层社会治理

1963年在浙江省诸暨市枫桥镇开展社会主义教育运动试点工作中，浙江省委组成的工作队在学习贯彻落实中央关于对坏人坏事"必须以教育为主，以惩办为辅"政策过程中形成了"依靠群众用说理斗争制服'四类分子'"的工作方法，最终在社会主义教育运动中实现了对地、富、反、坏"四类分子"的零逮捕。毛泽东同志在听到这个消息后说：这叫"矛盾不上交，就地解决"，指示各地效仿。由此，以"尊重人民主体地位，通过发动和依靠群众就地解决人民内部矛盾，实现矛盾不上交"为"枫桥经验"核心内涵的基层治理模式开始广为流传。"发动和依靠群众、坚持矛盾不上交，就地解决，实

---

[*] 师容，中国人民公安大学法学与犯罪学学院讲师，管理学博士，研究方向：公安学基础理论，基层社会治理。

现捕人少，治安好"，发展至今已经形成其固有的转型轨迹，从阶级斗争年代的"对敌"改造到社会转型时期的社会治安防范，再到2013年党的十八届三中全会以来的创新社会治理，"枫桥经验"在化解乡村基层社会矛盾纠纷方面成绩斐然，创绘了中国广阔政治地理空间"增量渐进式改革"的多元社会治理图景。2018年11月12日，纪念毛泽东同志批示学习推广"枫桥经验"55周年暨习近平总书记指示坚持发展"枫桥经验"15周年大会在浙江绍兴召开，大会从坚持党的领导、坚持以人民为中心、坚持三治合一、坚持预测预警预防、坚持基层基础建设五个方面给出续写中国基层社会治理现代化的方法路径。55年的发展历程，"枫桥经验"从理论和实践层面都呈现出巨大的治理优势，"小事不出村、大事不出镇、矛盾不上交"为各地创新完善基层矛盾纠纷源头预防、排查预警提供了思路指引，最大限度地把问题化解在萌芽、解决在基层。

一、研究背景与问题提出

改革开放后，我国的城市化进程不断加快，城市化水平不断提高，城市建成区面积大规模扩展，这种变化受到国家关于统筹城乡发展治理规划政策的牵引，不管是人口增长、城市功能区布局调整、城市经济高速发展，还是信息网络扩散，空间开始与权力、权利、文化、交通、信息等资源要素紧密联系在一起，城市社会治理方法在承载能力上日渐式微。2017年6月12日中共中央、国务院发布《关于加强和完善城乡社区治理的意见》提出，"实现党领导下的政府治理和社会调节、居民自治良性互动，全面提升城乡社区治理法治化、科学化、精细化水平和组织化程度，促进城乡社会治理体系和治理能力现代化"，"到2020年基本形成基层党组织领导、基层政府主导的多方参与、共同治理的城乡社区治理体系"，寻找适用于城乡基层社会治理的方法缓和由城市化发展带来的社会矛盾和风险已成为转型时期中国城市化治理的重要内容。

当资本、意识等这类具有社会政治特性的空间要素开始从乡村向城市转移，并且试图融合到城市社会关系中时，"枫桥经验"存在的社会语境发生了极大的变化。从乡村的自然经济社会转向城市的市民社会这一过程中，伴随着城市的空间结构和居住模式被重塑，城市社区的解构、市民阶层的分化、社会资本的稀释等加剧了城市风险。个人、群体、组织、机关等社会单位在城乡不同社会背景下的社会关系网络出现较大差异。来自人口流动、经济发展、政治生态变迁等社会基础在纵向历史与横向差异上的可复制性质疑，实际表现为"枫桥经验"具体的工作方法与社会基础变迁差异之间的张力。新时代"枫桥经验"正从乡村走向城市，从县域走向市域，其在城市基层社会治理过程中的适应性有待改观。

二、"枫桥经验"城市化适应过程中的困境

近年来，我国部分大中城市在提升推广新时代"枫桥经验"的过程中涌现出许多具有地方特色的做法，深入探索"矛盾不上交、平安不出事、服务不缺位"的城市样板，如北京开展"街巷吹哨、部门报到"改革、杭州的地区派出所打造"枫桥经验"城市中心区样板、绍兴市区开展管家式警务改革、宁波创立"老潘三十六计"调解室等，其中治理经验因地制宜，但仍然存在"乡村枫桥"向"城市枫桥"转变的约束性障碍。为了探究"枫桥经验"在城市辖区社会矛盾纠纷治理中的效果以及适应困境，作者以J省N市Y区派出所为抓手，与基层矛盾调解工作突出的调解员进行面对面无结构访谈，发现在处理多样化基层矛盾纠纷过程中，"城市枫桥"的适用存在治理空间局限、主体功能不平衡、制度供给不充分等问题。

（一）治理空间存在物理性局限

传统社会生活中的空间场所使用科学主义的方式具体化了空间观，社会治理范围只涵盖地域性的空间架构，现代空间思维突破了物理结构的束缚，探讨物理维度背后隐藏的由权力关系、利益关系、互动关系等构成的社会维度。"枫桥经验"在宏观上除了体现其化解纠纷"东方模式"的本土性之外，还应该突破其在枫桥镇域范围内生的民情、民俗、民风等要素，逐渐向城市社区蔓延发展。外来人口的涌入和原住人口的增长不仅使人们的居住需求发生变化，城市人口的居住空间也出现社会分化，地域环境不同导致的问题愈加严重。城市人口居住的时空区域根据自身的收入、受教育程度、籍贯、职业等等重新划分和集聚，包括因为旧城改造、郊区环境优化等带来的人口迁移混杂居住的改变，城市人口开始面对新的社会关系形态，老城区邻里守望相助的生活方式被打破、城郊居民的消费偏好被改变等。并不是每一个生活在城市社区中的主体都能够享受到城市空间带来的平等权利和公共资源，尤其是公共服务资源。J省N市Y区DL街道属于传统街坊式社区，入住人口多达7万，50%以上的警情属纠纷类，主要矛盾形式之一是群体性事件，这类纠纷的根源在于矛盾多方的各自需求或者利益未得到合理安排。城市和乡村的户外活动空间不同，市区内老人、儿童、孕病等群体容易发生抑郁、焦虑等症状，城市内的停车难、就业难、就医难、入学难等影响城市市民生活质量的城市病都源于市民权益的分配表达机制不平衡而导致的"空间焦虑"。

（二）治理主体功能不平衡

城市空间结构和功能的分化必然导致党政社管理权限的分割。党委和政府的社会治理行为具有行为边界，这种边界不仅体现在法律法规政策层面的边界，也体现在对行为的经济成本考量。政府行政权力与社会自治权力没有有效划分，基层政府耗时耗力搞调解，政府承担的其他服务职能没有时间和精力去做，其他职能部门释放治理资源的积极性和主动性严重不足，治理压力过大导致社会治理成本过高。因而城市基层社会治理较难让行政机关、司法机关、党委等主体均参与到矛盾调处和纠纷化解过程中来。J省N市Y区DL街道基层社会治理反映的根本问题在于多元治理主体的形式多元，"警调衔接"的办法在实际操作中会出现衔而不接。笔者在访谈中了解到，基层司法部门与公安机关在化解矛盾纠纷工作中的分工不平衡，司法部门只负责下发案卷调解奖励费作为调解员的补充保障，实际工作都交给派出所内设的人民调解室承担。

从"枫桥经验"的起源上讲，其受用主体主要是代表政府的公安机关和人民警察，基层民警已经成为化解矛盾纠纷的主心骨和第一道关卡，即使警情分流不论在实践中还是在理论探讨上都正在向科学化、合理化迈进，但承担解纷功能、调节社会冲突最快速高效的仍然是人民警察。目前，"枫桥经验"虽然初步形成多元主体治理格局，"社会协同、公众参与"的氛围很浓，群众参与群防群治的比例超过镇域总人口的10%，但其主要是通过体制内社会组织（如"村两委"组织、调解委员会、工青妇组织等）和个人（如村民代表、党员）等形式参与的，缺乏体制外社会组织的有效支撑。"城市枫桥"呈现出以街道、居委会、业主委员会、社区居民自治等为网点的网格化自治布局，这类基层群众性自治组织经常被行政事务包围，承接了由党政部门、群团、事业单位等下派的各类行政事务，如开具证明、协助排查、组织培训和学习等，真正参与矛盾调解的时间和频次是有限的。政府部门间、政府与社会间、社会与公民间的联动壁垒未彻底打通。

（三）忽视治理对象社会关系走向

在全面深化改革时期与城市化发展进程相伴而生的还有复杂的社会关系和利益格局，基层社会治理表面看来是在处理各类社会矛盾纠纷，实则是协调不同社会主体之间控制与被控制、管理与被管理、权力利益纠葛的社会关系。基层治理的成效受制于系统性的政治空间结构和社会空间结构，因而在塑造新的社会关系方面，"枫桥经验"对于伦理认同和地缘文化传承的积极作用还没有得到充分发挥。曾经"乡村枫桥"的落脚点在"政府依靠群众解决矛盾",群众既是纠纷主体也是解纷主体,现在的"城市枫桥"是"政府解决群众提出的矛盾",矛盾纠纷的主客体关系发生调转,主动变被动逐步偏离了"枫桥经验"的精神。"枫桥经验"中"坚持矛盾不上交,就地解决"的具体做法昭示了矛盾纠纷解决的乡土性和地方性。"为了群众,依靠群众"更体现了纠纷的解决应关照到群众之间既有的"共同体关系",这就需要纠纷解决主体全面整体地了解纠纷的社会事实和纠纷外的社会关系。"枫桥经验"的就地解决方法解决此时此地发生的矛盾纠纷,并未充分考虑彼时彼地的事件发展事实,以及当事人关系的发展走向,纠纷的全息性要求第三方在解决纠纷特别是熟人之间的纠纷时应关照到双方当事人既往社会关系的纠葛,现今纠纷产生的历史缘由和将来关系的修补。这种倾向于片段式地处理表象问题的模式,不仅无法从深层次挖掘问题产生的根本原因,还会使处理方式流于形式,对违法犯罪本源性的问题关注不够,社会心态继续处于失衡状态,没有达到社会关系的良性互动。

(四)"城市枫桥"制度供给不充分

党的十九大报告指出,"加强农村基层基础工作,健全自治法治德治相结合的乡村治理体系","加强社区治理体系建设,推动社会治理重心向基层下移,发挥社会组织作用,实现政府治理和社会调节、居民自治的良性互动"。显然,基层社会治理的重点按照地域划分需要一整套较完整的制度体系,"乡村枫桥"已经率先开始推进"自治、法治、德治"的融合建设("三治"融合),2013年起浙江省桐乡市越丰村和荣星村开展"百姓议事会"和"乡贤参事会"的治理探索实践是"三治融合"的乡村基层治理体系创新从零碎性、技术性走向集成化和成熟化的代表。但"自治、法治、德治"在城市社区中存在运用瓶颈问题,尚未形成健全的制度体系,主要表现在法治上不服从,市民法治意识增强的同时对法律条文疏漏的捕获能力也随之提高,执法行为的略微不规范都会被轻易放大带来非暴力性的反抗;德治上失范,原子型特点的现代陌生人城市中重德、重礼的传统心态越来越弱,"城市贤者"的角色没人来承担;自治上行政化,我国城市社区居委会从诞生之日起就具有法定群众性自治组织和行政管理的代理人的"双重身份",从承担行政事务数量和方式上来看,基层行政管理一元化的状态并未改变,对社区管理的过度行政干预使自治过程蜗步难移。

综上可知,基层社会治理区域的差异是"枫桥经验"适应城市化进程的外部基础环境,覆盖范围可大到地理空间小到行业专业领域,社会关系的差异和矛盾纠纷内容的差异从根本上会拣选治理手段和化解方法,"枫桥经验"作为一种传统基层社会治理的经验,它的发展变化就像原子物理学中的"裂变",会释放巨大的能量,这种能量既有"正能量",也有"负能量"。而治理主体在其中显得尤为重要,主体的性质能力以及主体间关系决定了矛盾纠纷化解的效度和力度。我国传统善治文化带来的乡贤治理经验将国家法律和乡村习惯相融合,形成具有强烈伦理特征的家族法规或村规民约,这在熟人社会的乡村行得通,但城市社区居民矛盾纠纷的潜伏期较长,不能短时实现"立足于早、立足于小、立足于激化前"的矛盾解决方式。

三、"枫桥经验"在城乡基层社会治理中的差异解构

党的十九大报告指出:"加强社区治理体系建设,推动社会治理重心向基层下移。"我国的基层社会是以城市街道和乡村乡、镇为基本单位划分的固定空间,是直面社会矛盾的第一个关口。及时回应和解决基层矛盾是基层社会治理的重要环节,是治国安邦的重点支点。不论是城市还是乡村,基层社会治理的内涵和目标是一致的,都是通过选择恰当的方式实现基层社会稳定有序的发展,预防和制止社会矛盾纠纷演变为不可逆转的恶性事件,最终健全共建共治共享的基层社会治理格局。但是在不同的时空环境下,"枫桥经验"的运行框架和运行方式是不同的,时间延续产生的负能量或许可以被逐渐消解,但伴有自然要素和社会要素的空间分割,制约着被治理者之间纠纷产生的原因和纠纷表现形式,制约着治理主体在不同的社会区域对资源的支配力度和可达性。"枫桥经验"城市化适应难以"延展"实践的深层次原因已经凸显,与其在乡村社会表现出的优越性形成强烈反差。

(一)城乡空间结构异质性明显

城乡基层社会治理最基础的差异在于因空间分割带来不同社会区域空间产生的结构性差异。城市基层社会是一个集地理、经济、政治、文化于一体,主要以公民为社会主体的共同生活和维系交往关系的空间地域实体,它通过社区载体沟通、协商并建立公民共同的议事规则和裁决机制。城市基层社会治理的重点在社区,即一个相对稳定、相对独立的地域空间界限。随着社会改革的深入推进,我国城市社区已经从"单位型"走向消解,代之而起的原子化组织、场所,形成个人与个人、个人与组织、个人与政府之间错综复杂的社会联结,城市社区也以传统街坊式社区、单一单位式社区、综合混合式社区、过度演替式社区、现代商品房社区等类型化形态存在。这是城市化过程伴随的城乡人口居住区域空间布局的重大调整,空间结构的重构每天都在城市社区上演,城市中反复出现高档社区与城中村或棚户区在城市区域共存,各类人员的空间居住差异性明显。

乡村基层社会是建立在自然村落和社队村组基础上的"村落型"社会实

体，其社会空间结构是以一定地域范围内村民日常生活的物质领域和载体为主的村庄（村落），村庄是一个非自由流动、非自由择业的封闭社会（一般只能向市区流动）。受到传统农业社会生产力的影响，我国乡村传统空间布局形态呈现出"聚居"发展的特定形态，以血缘关系为纽带的家庭聚居巧妙地适用村民自治、村级自治、组织自治的治理模式，改革开放后，乡村整体发展经历了从"传统社会"到"成熟发展阶段"的转型，乡村社区依据地理位置划分为乡镇、行政村、自然村三级，在新的生产力动力下不断优化和重构乡村空间布局，逐渐形成乡政村治、村社协同的基层村民自治模式。"枫桥经验"是适合乡村基层社会自治的样板模式，作为一种地方性经验，其产生和发展深深植根于枫桥镇当地的经济、政治、文化所塑造的空间结构，与城市和其他乡村相比，这种区域性的工作方法未必能作为普适的方法直接应用。

（二）城乡多元治理主体联动融合机制差异明显

党的十八大以后，党委领导、政府负责、社会各方面协同、公众参与、法治保障的治理格局逐步成熟，社会治理主体是党领导下的人民自己依法选举和运行的各级政府，以及设立和管理的各类企业、社会组织等，其演变为兼容政府和社会的两种力量，由基层党组织、基层政府、社会组织、城乡社区群众自治组织和广大群众构成最广泛的社会治理主体结构。显然，这种主体结构是在一个由官治和民治的空间下运行着权威和自治的秩序，介于国家、社会和个人之间的领域。从理论上讲，城市基层社会治理从整体层面上呈现多元主体共管的态势，党政、企业、社会组织和公民等多元主体对社会生活、社会事务、社会行为进行合作治理，而客观的治理现象是城市社区市民在多元和离散的利益追求下，面对利益摩擦将诉求选择性地投向街道办、辖区派出所、基层政府（信访）、法院等单一部门，他们依旧单向地选择适合自己的主体平息矛盾争端。城市市民与社会组织等公开参与调解纠纷的主体功能作用发挥不足，代表权威秩序的官方主体依托法律对不同利益诉求采取"反应型理政"的措施，部门联动与公私合作实践效果式微。

基层乡村社会是村民的社会，村民以行政村、社区为单位实行民主自治。乡村治理在村民自治制度的支撑下将基层治理的主导权交给村民，由村民组成的委员会、社会组织，由德高望重的村民担任的乡贤成为乡村基层社会治理的主力军。乡村社会遵循"贤人政治"传统，乡贤具有非常强的社会责任感，可以教化乡民、反哺桑梓、泽被乡里。"乡村枫桥"依靠的重要力量是德高望重的贤者，这类主体的培养和生成有其适应的空间环境和特点，是城市枫桥难以企及的。除了乡贤之外，枫桥当地的民间自治组织亦成为协同治理的主力军，如"枫桥镇乡贤联合会"、"枫桥镇应急志愿者协会"、"古镇枫桥三贤文化研究会"、"枫桥镇调解志愿者联合会"等，此类社会组织在安全防范、矛盾纠纷化解、风险管理、法治宣传等方面发挥了明显的作用，充分体现了本土的人缘和地缘优势。"枫桥经验"依托村民自治章程和村规民约这些共同意志的体现，带着原发地的"人文关怀"和"伦理认同"，增强了乡村民治主体间的认同意识和参与意识。自治主体和官治主体在一种自由合意的隐性契约关系中形成了治理共同体。

（三）城乡治理对象社会关系差异明显

由空间差异引起的城乡治理对象间社会关系的差异是直接作用在社会矛盾纠纷形成的一个重要切面。"候鸟式"的人口迁徙和大规模流动给城市发展带来巨量的劳动力之外，还由于市民和村民之间文化观念、行为方式、社会习俗等之间的差距和摩擦，给城乡社会人际交往空间造成巨大障碍。社会关系在城市空间中进行着再生产运动，在此过程中要统筹政治、经济、社会、生态、技术、文化等的关系，同时还要面对异质性、流动性、不确定性的城市风险纷至沓来。基层社会治理的主要内容是人际交往过程中产生的矛盾纠纷，从某种程度上而言，纠纷一旦产生便会使群体或个体之间原有社会关系受损抑或解体。但如果强行通过现代法治尤其是现代审判的方式解决纠纷，其结果往往是解决了暂时性和阶段性的问题，呈现出"程序化"和"非人格化"的法律"应然"景观。而这样一种"断面式"的处理方式未能令纠纷双方得到满意的结果。"枫桥经验"就体现了这种注重弥合原有社会关系的特征，而弥合的前提是社会关系在不同主体之间处于相对稳定的状态。

城市规模扩大，乡村人口大量涌入，增强了人们在空间结构交往中产生变化，社会主体间的关系结构突破物理、地理、血缘关系，进入到社会政治关系领域，包括空间关系、业缘关系、心理关系等。从亲密程度的方面看，城市人和乡村人之间的交往互动有着本质上的差异，乡村人与人之间的社会关系主要是以家人、玩伴、邻居为主的初级关系，这种关系的建立以生育或者婚姻为纽带，源于面对面的亲密接触和交往。城市人口的亲密程度产生在人们广泛参与的社交活动中，如同行、同事、生意伙伴等，由此形成具有交往目的性的次级关系。从相互合作的方面看，通过家庭亲属宗族连接的乡村社会关系有许多共有的相互依赖、合作与互惠帮助的信任关系，形成文化水平相似、行为规范一致、社会阶层相同的村落共同体。城市个人生活在主要承担居住功能的散户社区中，生活空间可以扩张到社会主体高度分化的工厂、办公室、学校等更多的职业空间内，人人关系疏远，个体性比较高，社会个人交往通过获利原则形成暂时合作的陌生关系。交往空间和交往关系的差异促使城乡居住的个体对国家治理和社会事务的知情达意偏差度变高，同样的类似"枫桥经验"的纠纷处理方法，接受者会更多地从自己所处的空间中获得信息，很难从认知上与处于其他空间的个体达成共识，城乡结合地区的个体更难在互惠的初级关系和获利的次级关系之中找到平衡，因此造成更多的失范行为。

（四）城乡治理制度供给差异明显

"枫桥经验"从诸暨起源就重视制度供给，这种制度供给主要体现在依托信任关系基础的村规民约，充分发挥社会规范的作用，通过村规民约建设，保障公民直接行使民主参与权利，对社会事务进行决策、自我管理和相互监督。"乡村枫桥"的制度性优势在于村规民约是社会规范最佳的非正式表现形式，通过契约形式形成村民之间的共同体意志，建立体现社会治理原则和精神的社会规范。诸暨市467个行政村全部制定有村规民约，以枫源村为例，《枫源村村规民约》共7条，《枫源村村规民约实施细则》共28项，高度凝练，具体明晰。村规民约及实施细则的修订程序严格：其一，村干部挨家挨户征求意见；其二，村干部拟定草案，再向全体村民征求意见，这是枫源村村级重大事项"三上三下"民主决策机制中的重要一环；其三，方案要重新修订，经民主恳谈会讨论、完善，再经党员会议审议，最后由村民代表投票表决通过才能实施。这种契约式治理方式在农村社会得以实现的前提是恰好存在人情环境对缺乏活力、刻板教条的规章制度进行润滑。

城市空间结构助推了基层社会向"陌生人社会"转变的速度，使法治和民主尚未健全的社会出现信任困境，难以有效形成长期的信任关系，即使城市社会已经有较完善的法律、政策、规范性文件等制度性资源，将"枫桥经验"这个镇域治理的经验推介到城市社区中也会出现适应障碍，因为调动社会多元力量参与城市基层社会治理需要制度供给支撑才能形成合力。

四、新时代"枫桥经验"在城市基层社会治理的适用逻辑

"枫桥经验"是基层社会治理创新的理论研究和实践热点，它基于较强内生性的基层社会政治经济生态而生，"群众首创、政府推动"是它的发生逻辑。"枫桥经验"所以会在不同时期得到创新发展，是国家层面的决策和干部群众实践方面的有机结合，从"小事不出村、大事不出镇、矛盾不上交、解决在基层"的调解方法到"矛盾不上交、平安不出事、服务不缺位"的治理现代化新样本，新时代的"枫桥经验"改变了以往的适用空间，扩大了适用功能，从公安版升级打造到人民法院、人民检察院等不同领域。正因如此，破除城市社会问题的性质与"乡村枫桥"治理结构的张力，真正拓宽"枫桥经验"在城市中适用的思路和方法，才得以让"枫桥经验"有效嵌入现代城

市基层社会治理结构。

（一）以系统治理为要旨，打破空间区域差异

城乡发展在空间地域范围的不均衡性不利于全面推进现代化建设，更不利于保障国内安全。人口长距离大规模流动、资源大跨度调运，不仅增加了经济社会运行的成本，而且将城乡居民的生活发展空间彻底融合，打破了以村落和社区为活动空间的地理社会结构。城市基层社会治理属于国家治理体系的一种治理单位，也是一种治理形式，它的本质关系到城乡基层社会经济、政治、文化、生态等能否在空间增长、修复过程中实现均衡化发展，无论是城市空间或乡村空间，现实空间或虚拟空间，都是完整社会空间结构的构成要素。创新城市空间治理结构、方式，统筹城乡发展中对治理空间资源的规划，要以省内或者跨省的区域规划编制为契机，推动城乡地理空间规划从城市、乡村走向全区域覆盖。探索建立以城市社区和乡村社区为单元的人口、职业、教育、市场、基础设施、环境等信息统计机制，科学推动和利用第三方组织对城乡区域共建、共享、共治的基金扶持。加大户籍制度创新和审批制度改革的力度，消除要素和资源流动的人为障碍，赋予城乡居民平等的国民待遇。"枫桥经验"来自枫桥，源于公安。新时代，"枫桥经验"一方面要跨出枫桥，是指"枫桥经验"的适用空间范围和社会面的扩大，从乡村到城市，另一方面要跳出公安，公安机关人民警察不过是在社会矛盾纠纷化解过程中的一个小的环节和主体，切勿过大、过多地夸大警察职能，将人民调解过渡为人民警察调解。

（二）以治理协同为导向，加快维稳主体向社会扩散

传统社会管理方式一直依靠自上而下的官僚强制力，而这种强制力在基层社会治理中显得效率低下，公安民警改用扁平化指挥模式处理尚未被激化的矛盾便足以为证。城市社会管理模式从行政一元走向多元共治首先要理顺不同主体的职责权限，化解矛盾纠纷变成公安"被独揽"或政府"独步天下"的行为方式并不是治理能力和水平现代化所要求的，也无法有效应对城市化进程带来的不确定风险，政府解决问题的能力没有与群众对问题反映的速度、反映问题渠道的发展相匹配。

党的十九大报告明确提出"打造共建共治共享的社会治理格局"，要在基层党政统合领导下有效提升社会组织等第三方间的协同力，将公安工作中"专群结合"的工作方针发展到"专专结合"，专群结合的最高境界是让配合辅助社会治理的非体制内主体变为具有较高专业素养的群防群治主体。利用处理市场和政府关系的方法，或者处理国家和社会关系的方法，来扩大真正

第三方主体。第一，大力引导和培育平安类社会组织。我国社会组织的整体发展水平落后于转型时期的发展需求，城市社会组织在数量上远远低于发达国家水平，以社区服务类和公益慈善类社会组织为主，但大多数都依附于行政机关，承担着政府转移的部分职能。城市基层社会治理应该结合城市社区的空间特点，在城中村、城乡结合部、新建社区、高档小区等人口聚集地成立邻里互助类、民生服务类、治安联防类和新兴行业类社会组织，将安全工作纳入各类组织的日常工作中，并且作为重点项目进行专业化的培训，由行政资源垄断向政府购买服务、激活市场活力、社会资源优化整合转变，大力支撑体制外维稳队伍，消除制度性障碍。第二，"枫桥经验"的突出亮点在于善于运用乡村社会民间调解的手段，其在乡村适用是满足乡土社会传统乡土精英等阶层社会治理力量的治理理念。在新乡贤回归的过程中不能忽视对城市贤者的储存和培育，立足城市文化，培养城市共同体精神，依托现代行业协会、基金会、理事会等现代组织，综合运用双选、下派、外联等方式将党员干部、经济专家、高校学者、道德模范等群体纳入城市贤者名录库，充分发挥城市精英阶层在化解基层矛盾纠纷中的巨大作用。

（三）以服务人民为纽带，践行群众路线的战略路径

"枫桥经验"产生发展创新的主线中贯穿着人本思想和人文精神，即使"枫桥经验"的空间范围变大、主体范围变宽、解决内容变复杂，依旧不能忘记其作为基层社会综合治理的第一道防线所承担的解纷功能，以及以人为本、以民为天的价值理念，这是协调城乡社会关系发展的精神纽带。空间分化极易带来社会关系纽带断裂，社会共同目标缺失，让建立在共同情感、道德、信仰、文化基础上的个体或群体失去结合或吸引的动力和机会。当前社会，我国的主要矛盾已经转化为人民日益增长的美好生活需要和不平衡不充分的发展之间的矛盾，基于这样的社会事实，基层社会治理的形式和方法必须满足全体人民对安全、幸福、获得感的追求。从"枫桥经验"化解矛盾纠纷的实践情况来看，基层社会的大量纠纷皆是根据道德、习俗、习惯、人情，通过调解的方式解决的。"城市枫桥"应该在改造人的思想、提高人的素质方面做出突破，加强在文体活动、教育服务、社会救助、养老服务、权益维护、污染防治等民生领域的制度支撑和建设保障，为个体人际交往提供培养有序社会关系的环境，从情感和文化认知上拉近人与人之间的社会关系，确保基层社会关系的和谐有序。

（四）以政策供给为基础，实现"枫桥经验"的制度性转变

社会治理创新本身也需要治理，制度化是这一治理的重要路径。制度是

约束人们行动的规则集合，规范的制度资源能够破除基层政权内卷化问题，有效地利用法治思维和法律文化来消解和释化复杂多变的城市纠纷。"枫桥经验"不单单是一个领域的经验，它已经演变成基层社会治理中宏观的、较为系统的经验集合。制度化的"枫桥经验"并不是指用制度规范将其固定，而是在总结"枫桥经验"在不同时期都呈现出的相似规律的基础上，国家、政府、社会将提高矛盾和冲突纳入制度轨道的能力，摆脱"枫桥经验"适用的地域限制，通过创新实现常态化的发展，即提高基层社会治理能力的现代化水平。公共事务跨域化和复杂化所要求的多元治理主体和权力的整合，实质在于强化顶层设计而形成整体治理局面，从而打破不同治理主体之间的壁垒，实现多主体的有机协作与协同，超越"九龙治水"的集体行动困境。

对社会矛盾的处理目的不仅仅在于定纷止争，更在于发现社会运转规律，并对其进行制度上的检讨。"乡村枫桥"的内部自我成长要与城市外部环境制度获得正当性互动以达到制度化的效果。第一，加强制度与规范的互动融合。党的十九大为基层社会治理提出明确的发展思路和政策供给，多元化的社会制度规范并非仅是指法律、道德、习俗、伦理等规范的多样性，还代表了与其相应的社会群体的多样性。"枫桥经验"在化解基层社会纠纷矛盾中"坚持矛盾不上交，就地解决"。"就地"不仅是指一个村或者一个地方等地理空间概念，它还特指一定区域内的社会规范。城市社区的区域性规范缺失，取而代之的是统一制定的法律条文，这类官方制定法需要大量民间社会制度规范的协调融合才能够从根源上结息止争。基层社会治理中的制度有其自身的特点，必须立足于地方性知识，立足于当地的历史文化传统。"如果一种法治、社会管理体制能够有效地实施，不仅仅是由于其'权威'的性质，还因为与特定法治、社会管理体制相适应的价值观念、伦理道德、风俗习惯、意识形态等非正式制度给这种有效的实施提供了社会心理学的基础。"因此，治理制度与规范的融合一方面要扩展地方立法以满足治理需要，另一方面要充实城市社会规范内容。第二，促进制度与组织的互动合作。迪马吉奥认为制度化是一种状态依赖过程，它通过限制组织的选择而减少组织的工具理性色彩，使组织实践获得规范认可。制度规范的实施和执行要以各类组织为载体，尤其是承担管理服务职能的政治组织。枫桥地区的各职能部门在党委的领导下，各司其职，分工合作，协调运转，而"城市枫桥"需完善以基层党组织为核心，政府层级间、部门间职责权力的合理配置，认真落实简政放权、优化服务改革的要求，统筹市、街道（社区）的条块力量，推进党—政—经—社—民的高度关联，将人民调解的任务彻底从人民警察调解中释放出来。

五、结语

"枫桥经验"在新时代的发展和表现不应局限于厘清它在当下特定的社会结构下的内在含义或意义,那这只是一种对经验的解读,而是要寻找"枫桥经验"在新时代的内在适应机制,或表达方式必须与其创立时的背景、意义、发挥效能的社会空间进行对话,实现基层社会治理从城乡分离走向城乡一体化的转变,充分发挥制度建设在社会治理中的根本性和长远性功用。新时代,坚持发展创新"枫桥经验",聚焦我国社会主要矛盾的历史性更迭,是适应现代经济社会高速发展之需,能够深入推进乡村镇级枫桥向城镇枫桥、市级社区枫桥、网络枫桥、民族枫桥等的彻底转变。

韧性治理:"枫桥经验"的现代治理术

刘 蔚*

摘 要:在基层社会治理体系和治理能力现代化建设中,"枫桥经验"不断融合时代发展要求、创新完善形成具有独特气派和普遍意义的中国经验。"枫桥经验"是观照国内国际两个大局,基于农村社会主义教育运动,螺旋式上升发展的本土经验。它既是地方"自下而上"推动和中央"自上而下"发展互动的结果,更是在韧性社会基础上构建起的以熟人关系为核心、与社会环境相调适、持续寻求内向平衡、实现自我反思与管理的实践经验。在现代社会基层社会治理创新中,"枫桥经验"给我们的启示是:扎根基层社会,构建半熟悉关系,动态调适个体与社会环境的关系互动秩序,导向特性时空群体范围的内向性平衡,在自我反思与管理中塑造韧性治理的良性社会运行。"枫桥经验"是从地方经验上升为实现"中国之治"的本土经验,体现了现代基层社会治理的理论自觉与实践自觉。

关键词:"枫桥经验" 韧性 韧性社会 韧性治理 中国经验

"枫桥经验",是我们党立足国内国际两个大局、扎根中国大地、依靠人民群众创造的影响深远且富有中国特色的社会治理方式之一。从社会主义建设时期,到改革开放新时期,再到中国特色新时代,"枫桥经验"在构建基层社会治理体系和治理能力现代化进程中历久弥新。"枫桥经验"的形成与发展过程,是中国社会上下结合、共同探索、互动创新的结果,既立足特定年代

---

* 刘蔚,中国人民公安大学国家安全与反恐怖学院讲师,首都社会安全研究基地社区安全研究中心副主任,社会学博士,主要研究方向:国家安全与社会治理。

国内的现实情况，又不断从人民群众的实践中提炼现实，既在我们党的斗争经验传统中不断挖掘，又超越传统形成新的经验，既有枫桥地区"自下而上"的推动，又有中央"自上而下"的发展，在各地方的实践中互动促进、协同探索。"枫桥经验"是融合时代发展要求、不断创新完善兼具中国本土独特气派的"中国经验"。

在党的十九届四中全会发布《中共中央关于坚持和完善中国特色社会主义制度、推进国家治理体系和治理能力现代化若干重大问题的决定》这一大背景下重新思考并认识"枫桥经验"更需理论自觉。在从社会管制、社会管理到社会治理的国家治理模式转变的不同时期，"依靠群众就地化解矛盾"的"枫桥经验"螺旋式上升发展，认识理解"枫桥经验"，不能脱离时代与中国现实，尤其不能忽视对特定时代中国社会的认识和把握。作为"中国经验"的关键亮点和支点，"枫桥经验"正是立足中国社会现实，在动态演变中完善塑形，也正是中国社会的"韧性"持续发展并延展丰富了具备韧性治理特质的"枫桥经验"。

一、韧性与社会韧性：概念脉络与内在涵义

韧性，在不同科学领域有着差异化的定义，总的来说，主要是强调各类主体对外界冲击、压力、风险、困境或是扰动所具备的抗压、恢复及持续发展能力。韧性，最初在物理学中强调物质材料的状态属性，后随时代发展延伸到工程学、机械学、心理学等学科领域中。在20世纪70年代，加拿大生态学家霍林（C. S. Holling）将韧性的概念引入生态学之后，韧性逐渐成为一个跨学科的概念。

霍林在韧性概念系统中，以区别于"工程韧性"的"生态韧性"的概念来解释生态系统稳定状态的能力，他将前者视为一种抵抗外部影响并使自身回到均衡状态的能力，将后者视为生态系统应对自然或人为原因引起的变化时的持久性能力。换言之，霍林认为，韧性不仅可以重新让系统达至平衡，同时还可以让系统从一种平衡状态过渡到另外一种平衡状态，而韧性在此过程中就是吸收干扰，重塑新的系统状态。这种思考与认识为社会科学的研究提供了基础，沃克（Walker）、福尔克（Folke）等人基于人与生态系统的互动关系提出了社会—生态韧性，认为系统韧性所呈现的时发展变化状态而非平衡状态，扰动是系统不断发展与变化的源头，也即演进韧性。此后，随着社会研究者对韧性的逐渐关注，在经济学、政治学、应急管理、社会治理、国际关系等研究领域。本文针对"枫桥经验"的阐释主要立足于社会系统中对于韧性的理解。

针对社会系统的研究领域中，洛伦兹（Lorenz）提出了社会系统的韧性解释，其将社会系统应对动荡的韧性概括为三大能力：适应能力、处置能力和参与能力。在此基础上，皮特·霍尔（Peter Hall）和米克尔·拉蒙（Michele Lamont）在社会领域更清晰地指出了社会韧性的概念。所谓"社会韧性"，强调的是缠结在某个组织、阶级、族群、共同体或国家内的人类群体在面对挑战时仍能够维持并推进它们福祉的能力，韧性是成功社会的基本特质，此种社会能够为其成员提供保障生命健康、安全、幸福生活的资源。在国内学者的研究中，社会韧性被视为一个与社会连带（社会团结）、社会整合、社会凝聚、社会调适等概念相联系的一个概念予以阐释，指的是"社会的结构性、各部分自建的连接性，社会结构在遭遇冲击和破坏时不至于解组和崩溃，而是继续维系结构和发展的力量与特征。"换言之，社会韧性是社会系统应对不确定或干扰时恢复平衡状态的能力，关系到个人、群体、组织等社会生活主体间的关系与行为。

在"枫桥经验"形成的本土实践过程中，中国社会所展现的社会韧性是"枫桥经验"的深厚土壤，也正是基于中国社会的韧性特质"枫桥经验"得以发展演变，并立足韧性社会的内涵特质，形成具有中国特色的韧性治理方式。从这个角度看，韧性社会与韧性治理所内含的"韧性"概念在实践中同样具有异质性。简单讲，韧性社会中的"韧性"更强调了社会系统的所具备的状态平衡能力，韧性治理中的"韧性"更强调了社会系统中基层社会的治理实践能力。

二、韧性社会："枫桥经验"形成发展中的社会基础

（一）脆弱性—低韧性—高韧性：不同社会形态中的本土社会韧性特质

无论是国家整体社会，还是某个地域社会，都是人们在特定生活中不断形成的生活共同体。任何一个社会的生活共同体，都要将自身置于历史发展变化的长河中来观照社会韧性。在从传统社会向现代社会转变的过程中，中国基层社会有着差异化的韧性特质，这种特质为"枫桥经验"在不同社会形态中的形成发展奠定了深厚的社会基础。

清末的中国传统社会分崩离析，这一具备内在震荡机制不断消除和压抑内在不稳定因素的超稳定系统解体。超稳定的传统社会并不意味着整体社会结构具备相应的社会韧性，相反维系传统社会保持稳定的内在机制是极其脆弱的，依靠宗法一体化以及强控制构建起来的传统社会基层生活共同体需要保持高度平衡。宗法一体化的结构需要苛刻的内稳定条件，这种条件不仅关涉政治、经济、思想的稳定性，还关涉基层生活共同体中的社会民众被高度

整合、缺乏流动的稳定性。保持宗法一体化不被瓦解，维持这种脆弱性平衡与宗法一体化相互配合的，是传统社会对社会系统的强控制。在社会系统动态发展中，一旦宗法一体化无法延续或维持内稳定性条件的强控制难以保持，整体社会系统将崩溃瓦解，包括社会个体在内的社会基础由此需要新的机制予以整合。因而，在传统社会形态中，社会系统虽是超稳定系统，但并不具备韧性特质。（参见表1）

表1 我国不同社会形态的社会韧性

时期	社会形态	社会稳定性	维系手段	社会韧性程度
传统社会	熟人社会	超稳定社会	宗法一体化强控制	脆弱性
新中国建立后	整体性社会	超稳定社会	强依附关系硬控制	低韧性
改革开放后	分化性社会	超稳定社会	共建共治共享关系软控制	高韧性

新中国建立后，新的社会秩序逐步建立，清末以来的总体性危机结束。与传统社会不同的是，国家与社会之间的关系实现了根本性的重组，总体性社会结构形成，强国家、弱社会的模式建立。原有依靠血缘、宗族、地缘构建起来的宗法一体化结构在新的社会生活共同体中以"单位制"和"人民公社"的形式重新整合，形成超稳定系统。新中国建立后至改革开放前，超稳定总体性社会系统的内在机制依靠强依附关系和硬控制加以维系。所谓强依附关系，指的是社会成员在"单位"和"人民公社"这种制度化的硬控制之上形成的业缘、地缘甚至血缘关系，以"单位"和"人民公社"构建起内向互动交流的生活共同体。所谓硬控制，强调的是制度体制上的固定性、单一性和高度合一性。与传统社会不同，总体性社会系统虽然有类似宗法一体化的强依附关系，但这种关系的社会基础在于社会成员通过硬控制的组织体系能够解决一系列社会生活需求，且是国家社会力量来源的基石。在硬控制之下，强依附关系内部的社会韧性来自于社会民众在"单位"和"人民公社"之下的广泛社会动员以及在社会动员中发挥出来的群众力量支持。广泛社会动员和动员中的群众力量又保持了民众在生活共同体内部的连结性和共生性。"枫桥经验"在诞生形成期正是立足于浙江诸暨"人民公社"的制度基础以及农村社教运动的广泛社会动员。但同时我们也应意识到，一旦社会形态随着历史进程发生改变，那么依靠强依附关系和硬控制所维系的社会超稳定性系统也将出现转变，因而整体性社会的社会韧性一定程度上呈现出了低韧性的特质。

改革开放后，原有的总体性社会已不适应社会发展的要求，中国的社会结构从总体性社会结构向分化性社会转变。中国基层的社会形态与基础急速变迁，"单位制"与"人民公社"的社会整合形式逐渐消失，分化性社会逐渐呈现个体化的陌生人社会特征，在这一社会中，新的社会组织与治理模式重新构建生活共同体。改革开放后，超稳定分化性社会系统的内在机制依靠共建共治共享关系和软控制加以维系。所谓共建共治共享关系，是指在党委领导、政府主导负责下，民主协商、社会协同、公众参与、法制保障、科技支撑的路径关系以及由此构建的基层生活共同体。所谓软控制，指的是制度体制上的灵活性、适应性和自我调适性。分化性社会中共建共治共享关系和软控制充分观照原子化、个体化的陌生人社会形态，社会的韧性更充分地体现在了在党委领导、政府负责的前提下，包括广大群众在内的多元主体构建的生活共同体共建共治共享，在这种关系中，软控制不断地为其提供更强的制度体制韧性，在多向和多元化互动中增强多元主体间的连结性与共生性，为分化性社会构建起高韧性的社会基础。在"枫桥经验"的不断发展完善以及各地的实践过程中充分体现了共建共治共享关系与软控制的协同。

（二）韧性社会："枫桥经验"形成的社会基础从何而来

历史地看，"枫桥经验"形成于社会主义建设时期的整体性社会，并在改革开放的分化性社会中发展完善。基于此，虽然两种不同社会形态的社会具有差异化的社会韧性特质，但只有在对"枫桥经验"形成时期社会基础的深刻认知上，我们才能具体思考新时代基层社会治理中"枫桥经验"能给予我们何种启示。

在"枫桥经验"形成时期，我国国内国际局势并不乐观，尤其是在国内面临诸多严峻的发展矛盾问题。在强依附关系和强控制手段下，基层社会是消化吸收社会不稳定因素和发展矛盾问题的主要空间，在"人民公社"的生活共同体内部，人民群众既是矛盾的载体又是克服矛盾的动力和主体。在特定的地域社会中，"枫桥经验"得以形成不仅是地方"自下而上"推动和中央"自上而下"发展互动的结果，更是在"人民公社"内部构建起以熟人关系为核心、与社会环境相调适、持续寻求内向平衡、实现自我反思与管理的生活共同体这一韧性社会基础上的结果。

在整体性社会，与传统社会依靠宗族血缘主导构建的亲疏熟人关系不同，"人民公社"内部的熟人关系更强调的是在特定地域以"公社人"形成的地缘、业缘联结，"人民公社"本身塑造并强化了人们的互动交往圈。各社会成员主体间关系的强化，除地缘、业缘联结之外，在特定历史时期的情感塑造也不容忽视。"人民公社"生活共同体内部经由戏剧表演、构建集体诉苦情境、动情入心教育改造以及真情实意"送温暖"等为代表的情感工作模式，更强化了社会成员之间在情感上的内向联结和向内的凝聚力。同时，地缘、业缘、情感联结使"人民公社"作为主体也更加有效地承接国家"自上而下"的任务。换言之，"人民公社"内部熟人关系的构建来自地缘、业缘与情感联结，其韧性即来自于"人民公社"内部社会成员主体间联结的力量和能力。

作为特定地域的生活共同体，"人民公社"在国家视域范围内不是完全封闭的主体，其内部社会成员也是带有一定开放性的主体，与整体国家社会环境具有动态性的关联，可以与社会环境相调适。农村"社会主义教育运动"是"枫桥经验"形成的社会大环境，基于这个环境，枫桥当地干部群众与国家下派的工作组互动讨论达成了以说理斗争方式对"四类分子"进行改造的经验，并最终促使"枫桥经验"的成形。换言之，作为生活共同体的"人民公社"与外部环境是在根据整体社会环境进行动态调适的基础上重新塑造了内部世界，同时对塑造外部社会又起到了一定影响，这种与社会环境相调适的动态过程也是其社会韧性的基础之一。

在以熟人关系为核心、与社会环境动态调适的过程中，"人民公社"生活共同体内部本身也需要持续寻求内在的平衡。在"枫桥经验"形成时期，地、富、反、坏"四类分子"既是大背景下的外部问题，同时也是枫桥地区内生性的内部问题，也即生活共同体内部的部分成员是矛盾的载体。基于此，"枫桥经验"要解决的并不是来自外部的威胁和挑战，而是内生性的、内部已有的矛盾问题，是生活共同体内部在消化吸收不稳定因素和克服矛盾的过程中不断对内部成员间关系加以融合改变并不断调适以重新对内部世界失衡状态再平衡的过程。在这个意义上，作为生活共同体的"人民公社"社会成员间也具有一个持续寻求并塑造内向性平衡的过程。

此外，"枫桥经验"的形成还在于"人民公社"生活共同体内部成员的自我反思与管理。针对"四类分子"的社会主义教育改造，本身也是社会成员主体自我反思的一个过程，这个反思过程不仅涵盖对敌斗争的经验，也包括"文斗"、"武斗"、少捕和多捕以及依靠群众专政还是单纯依靠公安司法部门专政等问题。经此，进而在自我反思基础上实现对"四类分子"的自我监督管理。事实上，社会成员作为生活共同体的主体，其本身所具有的自决性和韧性特质，在"枫桥经验"形成中就体现为社会成员在处理人民内部矛盾实践中的自我反思与管理，并经由反思和管理进一步促成生活共同体与外部环境的调适和持续向内的再平衡。

三、韧性治理:"枫桥经验"的现代启示

"枫桥经验"的形成与特定历史、特定地域生活共同体构建的韧性社会基础密不可分,在以熟人关系为核心、与社会环境相调适、持续寻求内向平衡、实现在我反思与管理的社会基础中,不可否认的是社会成员主体持续发挥着生命力,这充分体现了基层社会治理过程中"群众路线"的重要性。基层社会治理过程根本问题是处理社会成员个体与其所处世界的关系问题,而解决这个根本性问题正是需要运用"枫桥经验"所带给我们的"韧性治理"经验启示。

(一)半熟悉关系:基层社会治理中的关系构建

社会成员个体与其所处世界相对稳定的关系模式是韧性社会的核心所在。这种关系模式在传统社会表现为"差序格局",在整体性社会被描述为"朋友式关系"、"同志式关系"。而在现代社会中,社会已然表现出陌生化、原子化、个体化的特征,人际关系建立的重心逐步转向个体,人们不再致力于培育和营造一种长久的、无功利的和感性化的关系类型,交往日趋功利、短暂和间接。在流动的现代分化性社会中,国家在基层社会治理中需要引导构建半熟悉关系。

所谓半熟悉关系,指的是在特定时空和群体范围内形成的具有相对稳定性的熟人关系网络。在这种关系网络中,社会成员个体之间并非完全属于知根知底的熟悉,这种熟悉可以是社会成员个体单向的熟悉,也可以是成员间双向的了解,但同时它也具备特定时间段、特定区域范围、特定群体范围、成员间关系在时空范围和群体范围内相对稳定的特质。换言之,在现代分化性的陌生人社会中,无论在何时、何地、处于何种情况均可构建起半熟悉关系。在半熟悉关系中能够促成成员间个体联结的可以是警务司法组织、社会企事业单位、社会组织、基层社区组织、兴趣爱好小组等诸多专群组织,在这样的专群组织间,社会成员个体本身也在不断处理并塑造着与周围社会成员、组织和社会环境之间的关系,在半熟悉关系中相互影响。

事实上,在新时代"枫桥经验"发展完善的具体实践过程中,各地坚持群众路线,专群结合、群防群治等方式方法都是在不断构建基层社会治理中的半熟悉关系,提升基层治理的社会韧性基础。诸如在"枫桥式公安派出所"创建活动中,湖北宜城流水派出所的"一核四融"社区共进活动、福建寿宁下党派出所"1警+5员"的工作模式、江苏泰州海陵城中派出所创建的"户籍背包客"等具体措施即是以专业力量为主导,扎根基层,进行的单向半熟悉关系构建。在社会组织力量方面,"西城大妈"、"朝阳群众"、"红枫义

警"、"西湖蓝盾"、"梅里哨兵"等均是在一定时间、空间、群体范围内对各自所在区域、街道或社区人、事、物等情况的相对熟悉,在一定空间和群体范围内编织起半熟悉的关系网络。在半熟悉的关系构建中,既有社会成员所处环境中外部机构组织搭建的平台,也有社会个体立足自身环境自发形成的组织,这些组织本质上是强化作为特定时空范围内生活共同体的内部联结,并借助此种联结在互动交往、情感交流、工作接触中加固半熟悉的关系网络。现代社会中,半熟悉关系的构建在基层社会治理中的重要性更加凸显。

(二) 动态调适:社会个体与社会环境的关系处理

古语有云:穷则变,变则通,通则久。社会成员个体在特定时空领域和群体范围内形成构建的半熟人关系,并非简单地以个体自身所具备的能力和社会资源来处理与社会环境的关系,在半熟人关系的生活共同体中,社会环境中所纳涵的其他机构、组织平台和成员个体也时刻与个体自身处于动态的联结。换言之,社会个体与社会环境关系的调适具有动态发展的双向互动性。从整体社会层面看,这种调适的特质又强化半熟人关系生活共同体的内部关联,而每一个处于不同时空群体范围内的半熟人关系共同体也像蜘蛛网一样强化了整体社会的韧性。

在社会个体与社会环境的动态调适关系处理中,有三个层面的动态调适:第一是在特定时空领域的生活共同体内作为整体对外部大环境的发展变化势态进行调适;第二是在生活共同体内部社会成员个体自内而外地对共同体的小社会环境互动关联;第三是生活共同体内部小社会环境中的机构、组织和成员个体与作为"己"的社会个体主动联结交往。应当注意的是,三个层面的调适不是采取硬性的强控制或要战胜任何一方,而是基于三个层面的互动不断重塑自身与周围的关系,是一个动态的、不断创新调整、塑造、调适的过程。社会个体与社会环境的动态调适既是整体性的过程,也是局部性的调适,既包括了个人和特定时空群体范围自内向外的调适塑造,也包括了个人与生活共同体内部要素由外而内的相互调适。

事实上,在新时代"枫桥经验"升级完善和推广发展过程中,各地"枫桥经验"的总结推广和创新发展本身就是在基层社会治理现代化水平中的动态调适。在推进国家治理体系和治理能力现代化建设的深刻变革中,基层社会治理体系与治理现代化的建设是基础性环节,社会成员个体与社会环境的动态调适更是基础环节中的应有之义。从这个角度讲,新时代"枫桥经验"从乡村跨界延伸至城市社区治理,从枫桥一地经验铺展至全国各地,在基层社会治理创新中不断发挥效能是必然结果。从"枫桥经验"形成与新时代各地探索创新"枫桥经验"的实践中,我们都会注意到在基层社会中对于个体与社会环境的矛盾关系调处、对基层社会生活共同体环境的调适以及对特定时空范围群体内部关系的动态塑造，这也正是社会运行良性互动的基层善治所在。

(三) 内向性动态平衡：基层社会生活共同体的韧性保障

分化性社会是由一个个特定时空和群体范围内的生活共同体构成的，这个共同体在时间、空间和群体范围上都具有动态延展性，基于这种特质，我们认为基层社会治理过程中的社会成员个体与社会环境在互动塑造中产生的矛盾、问题和风险实则属于社会环境或社会系统内部性问题，外部的风险和挑战在某种程度上必然会在生活共同体内部有所显现。从这一点来看，内向性动态平衡也是在处理基层社会治理复杂关系问题中动态调适达至平衡的必经过程。

在特定时空和群体范围的生活共同体内部，内向性动态平衡不仅需要社会成员个体自身的能动性、自为性和为他性，也需要在与社会环境的互动中具备韧性保障。达至平衡的韧性保障除共同体内部的自治之外，法治与德治不可或缺。分化性社会的良性运行和内向性动态平衡实现需要规则与秩序，首要的便是法治秩序，法治秩序不仅是社会成员个体在共同体内部法治理念和法治意识的提升，也包括基层法律制度或村规民约的覆盖实践，与之相辅相成的便是德治秩序，德治秩序建立在生活共同体内共同认可的风俗习惯乃至历史和文化传统之上，对社会成员个体行为具有规范和约束力。除上述所讲自治、法治与德治之外，我们同样认为，现代社会中基层的组织领导、科技手段、社会组织等内化平衡的力量也同样重要，尤其是要充分确保党委领导核心以及政府主导性的作用，以点带面、从线到片、点面结合确保基层社会生活共同体的韧性保障。

在现代社会"枫桥经验"的发展和创新深化实践中，总体的一条就是内向性平衡生活共同体的关系规则秩序，而在这个基础上能够给予保障支持的便是具有党委领导、政府负责、社会协同、公众参与、法治保障的治理体制构建，同时深挖自身历史文化传统、形成当地的"乡村典章"，利用现代科技和互联网技术强化预测预警预防，以专业的社会调解组织相配合，共同提升基层社会社会化、法治化、智能化和专业化的治理水平。在社会环境的动态发展中既关照到社会成员个体，也关照到个体与社会环境关系的内向性平衡调适，实现"枫桥经验"的螺旋式创新上升发展。

(四) 自我反思与管理：基层生活共同体能动性的生命力

有韧性的社会是具有自我修复并不断实现良性运行的社会，有韧性的治理是能够立足现实社会具有一定程度自治且具有自我反思和管理的治理。基层社会生活共同体自身生命力来自于社会成员个体与社会环境关系联结互动的张力，这种张力是在互动调适的内向性动态平衡中的自我反思与管理，更强调的是在互动关系网络中、动态发展中的实践互动，而这也是在复杂社会环境中不断实现自我调适和融合。

处于当前现实复杂的世界中，韧性治理最终目的在于动态调适塑造社会成员个体与社会环境之间的关系。社会成员个体在生活共同体中是作为开放系统存在的，社会成员既受特定时空和群体环境的影响，生活共同体也同样在开放性的前提下不断与复杂世界相融合。自我反思与管理，不仅涉及生活共同体整体的反思与管理，也涉及共同体内部相关机构、组织的反思与管理，也还涉及作为个体的社会成员与周围关系的思考调适。三个层面的调适融合，不是单一的线性逻辑或演化，中间可能有反复、交织，但总体看属于螺旋式上升的一个经验过程，且是在动态调适中内向性平衡的自我反思和管理。如此，在社会成员个体与社会环境关系动态调适融合中，矛盾纠纷、安全防控等基层治理现实问题才可有途径得以缓解。

在基层"枫桥经验"的实践过程中，随着时代与社会日新月异的需要变动，能动性的社会成员个体以及社会环境中的专业力量、社会组织等都应时而动、应势而行。在基层治理中，各地出现的"西城大妈"、"朝阳群众"以及"红枫义警"等群众性自组织以及基层派出所矛盾化解、综合治理工作创新正是立足特定时空群体内部扎根当地社会环境、立足当地现实情况进行自我反思、自我管理、自我推动的塑造，自我反思与管理是基层秩序良性运行的生命力所在，社会成员个体与社会环境联结互动中的关系矛盾亦是良性运行螺旋前进的动力所在。基层生活共同的自我反思与管理既是能动自觉，也是实践自觉。

四、结语

"枫桥经验"的形成与发展立足于中国社会的"韧性"，也即韧性社会；而运用"枫桥经验"或者说基于"枫桥经验"的广泛实践而达至"中国之治"的基层治理是一种韧性治理。应当注意的是，韧性社会与"韧性治理"中的"韧性"内核存在着差异性，在韧性社会中，我们强调的"韧性"更着重于作为整体的社会系统在应对内外部的不确定性或种种干扰时，能够自我恢复平衡的能力并进而实现社会的良性运行；而在韧性治理中，我们所指的"韧性"是在基层的社会治理中以半熟悉关系构建为基础、社会个体与社会环境之间动态调适，实现基层社会生活共同体的内向性动态平衡，并且立足基层不断地自我反思与管理。不可否认，韧性社会是韧性治理的社会基础，韧性治理是在复杂基层社会中动态维护韧性社会良性运行的具体实践，二者相辅相成，且均在历时性的社会发展进程中相互塑造，螺旋式地前进上升。

面对新时代基层社会治理的新特点与新趋势，"枫桥经验"扎根中国本土不断创新发展，是刚柔并济与情理法的兼顾，在动态调适基层社会个体与所处环境的关系中塑造着生活共同体的内向性平衡，这既是韧性社会的特质所在，也是"枫桥经验"作为韧性治理的现代治理术所体现的理论自觉与实践自觉。在从低韧性的整体性社会迈至高韧性的分化性社会中，在分化性社会的发展转型中，"枫桥经验"立足不同社会的社会形态，从乡村跨至城市，从一地经验扩展至全国各地，从现实中来，从实践中来，从群众中来，这是"枫桥经验"发展创新的根，到现实、实践和群众中去，这是"枫桥经验"螺旋式发展的生命动力。我们对"枫桥经验"的探索研究，不应局限于其作为一地之经验来挖掘，而应从更广阔的理论与实践视角来讨论。"枫桥经验"是从地方经验上升为实现"中国之治"的中国经验与中国话语，具有深厚的本土社会特色、本土理论实践价值。在实现中国之治的国家治理体系和治理能力现代化进程中，"枫桥经验"从来都是一座值得深入挖掘的富矿。

在"三个认同"中创新推进基层社会治理

黄华安[*]

摘　要： 按照"推进国家治理体系和治理能力现代化"目标要求，漳州在基层社会治理中学习借鉴"枫桥经验"治理元素，探索融入新时代"漳州110"精神，建立以网格员、警员"二员"为主干，若干支专门队伍为支撑的城乡社区网格治理"2+N"模式暨"社区（乡村）110"，形成了"政治认同、情感认同、身份认同"的"三个认同"体系。通过加强党的领导、主体责任和制度建设等三个方面实现政治认同，增强基层各级组织的战斗力；通过构建"新熟人社会"、发挥"老邻居力量"、推广"微调解模式"和开展"护小家行动"等四项举措实现情感认同，提升基础工作的向心力；通过搭建共治平台、突出集体归宿和加强人文建设等三种途径实现身份认同，汇聚基层群众的凝聚力，并结合制度保障和规定约束，形成良性反馈和正向激励，实现了社会治理意志的高度集中和力量的最大整合。"2+N"模式暨"社区（乡村）110"作为市域社会治理现代化的实践和探索，为基层社会治理新格局提供了漳州方案。

关键词： 社会治理　"枫桥经验"　漳州110　三个认同

党的十九届四中全会对"坚持和完善中国特色社会主义制度、推进国家治理体系和治理能力现代化"明确的目标要求，吹响了时代的号角。"枫桥经验"作为中国基层社会治理的典范，是党领导人民对社会治理的成功实践，是新时代政法综治战线必须坚持和发扬的"金字招牌"，对社会主义现代化建

---

[*] 黄华安，福建省漳州市副市长、公安局局长。

设和新形势下党的建设产生了广泛而深远的影响。

2019年1月6日,国务委员、公安部长赵克志亲临"漳州110"调研指导,之后多次在全国公安系统工作会议上将学习新时代"枫桥经验"与新时代"漳州110"精神同部署、同要求。作为"漳州110"精神的发祥地,漳州始终坚持在融合中实践、在实践中创新,通过学习借鉴"枫桥经验"治理元素,探索将新时代"漳州110""忠诚使命、止于未发、更快更灵、共治善治"的时代特征融入社会治理过程,创新建立了城乡社区网格治理"2+N"模式暨"社区(乡村)110",以网格员、警员"二员"为主干,治安巡防队、法律援助队、志愿服务队等若干支专门队伍为支撑,构建了"政治认同、情感认同、身份认同"体系,为基层社会治理新格局进行了有益探索。

一、认同的概念及现实需求

(一)认同的基本概念

"认同"一词,在《辞海》解释为"人们在交往过程中为他人的感情和经验所同化,或者自己的感情和经验足以同化他人,彼此之间产生内心的默契",是人们意义与经验的来源。它是一个内涵和外延都非常复杂的概念,最早是由奥地利精神分析学家弗洛伊德·西格蒙德从心理学角度提出,他指出"认同"是通过接受、模仿,在感情上和心理上趋同的过程。随着社会的发展进步,"认同"的探讨也涉及多个领域,从政治学上看,"认同"作为一种主观心理体验,是相互理解、相互信任、分享知识、相互依存,是人与人之间产生的一种感情和意识上的依赖感,也是社会成员的重要凝聚力。认同的源泉在于需要,本质在于利益,即自我对自己需要的接受和选择。

在诸多的认同中,"政治认同"无疑具有主导地位,它体现了社会大众和政权之间的关系,决定了认同的基本方向和价值取向;"情感认同"作为社会生活的感性需求,体现了个体之间的联系联接;"身份认同"作为群众参与社会生活的基本定位,体现了个体和社会的关系,情感、身份的认同问题也是主我、客我的认知。因此,政治认同、情感认同、身份认同是政权、社会、个体三者之间的关系,从这个角度来分析、处理基层社会治理中的问题具有重要的普遍意义。

(二)政治认同、情感认同与身份认同由来

关于政治认同、情感认同和身份认同的理解和定义可谓百家争鸣、各有千秋,许多学者专家根据自己的学术研究和理解给出了概念,认清三个基本概念也是凝聚认同意志的前提。

1. 政治认同。根据《中国大百科全书·政治学》解释，政治认同是"人们在社会政治生活中产生一种感情和意识上的归属感。人们在一定社会中生活，总要在一定的社会联系中确定自己的身份，如把自己看作某一政党的党员、某一阶级的成员、某一政治过程的参与者或某一政治信念的追求者等，并自觉地以组织及过程的规范来规范自己的政治行为"。由于人们的社会地位不同，生活经历不同，从而会出现政治认同方面的差异。但是不论怎样，政治认同都要最终落实到对政治权威、政治思想意识上来。任何一个政治组织只有得到成员广泛的认同，才能获得充沛的生命力并长期存在下去，一个人只有在产生认同感的基础上，才能对一个政治组织或一个政治信念表现出最大的热忱和忠诚。

2. 情感认同。马克思在《1844年经济学哲学手稿》中论述，情感是可以外化于物质的商品之中，从而在内在感受和经济、物质实践活动之间打进了一个楔子。它揭示了人与物质世界的感性关系与产生和发展起来的意义之间的辩证关系。情感认同可以理解为：在对一事物有了深刻全面的了解的基础上，在情感上对其产生的满意、喜爱以及肯定的态度。在社会实践中，情感认同搭建起理论与实践的桥梁，它是人与人之间的心理相容性在情感上的体验。

3. 身份认同。身份认同在哲学上分为三种研究模式：一是以主体为中心的启蒙身份认同，二是以社会为中心的社会身份认同，三是后现代去中心化身份认同。社会学领域中，身份认同意味着主体对其身份或角色的合法性的确认，对身份或角色的共识及这种共识对社会关系的影响。英国社会认同理论创始人Tajfel认为，一个人的社会群体成员身份和群体类别是一个人自我概念的重要组成部分，并主张人们努力地获得和维持积极的社会认同，从而提升自尊。所以，身份认同是个体对自我身份的确认和对所归属群体的认知以及所伴随的情感体验和对行为模式进行整合的心理历程，它回答了两个问题：我是谁，我归属于哪个阶层。

（三）认同的现实需求与"三个认同"的定位

大规模的社会转型必然会产生阵痛与风险，改革过程中必然会导致问题丛生，致使社会矛盾逐渐趋于激烈。美国著名政治和公共行政学者派伊总结了一个民族国家在现代化转型过程中会出现五种危机：认同性危机、合法性危机、渗透性危机、参与性危机、整合性危机。认同性危机是排在首位的。哥本哈根学派的代表人物奥利·维夫指出，"社会安全的主要威胁来自于竞争性的认同"。从这个角度看，社会安全实际上是认同的安全，问题的来源最为核心的在于"认同的分裂"。

进入新时代，社会主要矛盾发生了根本性变化，社会结构的变动、经济体系的转型、利益格局的调整、思想观念的转变给社会治理工作带来新挑战，社会治理元素也发生从"一元"到"多元"的变化。"认同"不仅仅是理论问题，也是现实问题，更是推进社会治理体系和治理能力现代化中需要解决的问题。

基于现实需要和以上考虑，漳州在基层社会治理中加强顶层设计，着力构建"政治认同、情感认同、身份认同"的"三个认同"体系。其中，政治认同是根本，保证了党的集中统一领导下的社会治理方向和"以人民为中心"的发展思想在基层落实；情感认同是根基，在法律法规的规定内发挥情感优势，让自己的人办自己身边的事，促进社会更加和谐稳定；身份认同是动力，增强各群体的集体感召，激发其参与社会治理工作积极性。通过构建"三个认同"体系，充分发挥认同理论的力量，最大限度凝聚共识，不断唤醒党政主体构建"社会治理共同体"的责任意识、各级组织以主人翁姿态行使"人民当家做主"的权利意识和广大群众"我爱我家"的荣誉意识，并通过制度保障和规定约束，形成良性反馈和正向激励，有效提升治理能力和水平。

二、以政治认同增强基层各级组织的战斗力

政治认同作为当代中国政治改革与社会发展所面临的重大课题，是构筑中国梦、凝聚党的各级组织的重要诉求，是强化"党建引领"这个社会治理"定海神针"的前提。基层社会治理中要注重突出党的领导这个关键因素，突出主体责任这个关键抓手，突出制度建设这个有力保障，强化政治认同，推动实践行动和各项工作落实。

（一）坚持把党的领导摆在首要位置

党的领导是中国特色社会主义最本质的特征和最大的优势。加强和创新基层社会治理，坚持党对基层社会治理工作的全面领导是最根本、最可靠的组织保证。

一是严格政治建设。坚持挖掘和激活以基层党组织为代表的传统资源活力，持续深入推进"不忘初心、牢记使命"主题教育常态化制度化，通过经常性教育和集中性教育相结合，组织广大党员、干部深入学习习近平新时代中国特色社会主义思想，强化"四个意识"，增强"四个自信"，牢固"以人民为中心"的发展理念。二是严格教育管理。落实好新形势下党内政治生活准则和基本制度，加强党员教育管理，细化落实工作规范，健全完善考核考评机制，用信仰的力量、组织的力量团结最广泛的群众，真正使支部成为团结群众的核心、攻坚克难的堡垒、维护稳定的领导。三是严格党建引领。落

实网格员由社区（乡村）"两委"成员兼任，推动派出所所长兼任党政班子成员，社区民警参与竞选重要社区领导，乡村辅警（警务助理）参与竞选治保会副主任。截至2019年11月，漳州市共有44名派出所所长、106名民警、34名辅警成功兼任社区（村）居主干，通过这种双重身份、双向协同的方式指导社区（乡村）"两委"规范制度、带头落实组织生活，提升基层组织规范化水平。

（二）坚持把主体责任摆在关键位置

街道、乡、镇党的基层委员会和村、社区党组织作为最基础、最直接的领导，肩负着基层社会治理的主体责任，要通过强化政治功能、压紧压实责任，有效破解组织不力、监督不强、底线不明的问题。

一是强化组织领导。把加强和创新社会治理纳入各级党委和政府重要议事日程，纳入地方党政领导领导班子和领导干部政绩考核指标体系，按照党政主管、基层主责的原则，在各县级党委、政府成立领导小组，由各地党委或政府领导挂帅，统筹政法委、公安、信访、司法、城管、住建等部门齐抓共管，明确各乡镇（街道）一位领导负责。二是强化考核监督。把城乡社区网格治理工作纳入平安建设（综治工作）考核内容，充分运用问责、激励、调整等手段，逐级考核到乡镇（街道）、社区（乡村）和责任人，倒逼相关部门人员落责尽责。三是强化底线思维。按照"党政领导、条抓块管、属地主责、部门主管"的原则，创新建立风险防控责任链条，健全完善"滚动排查、清单管理、整改销号"的风险隐患监管模式，落实"党政同责、一岗双责、失职问责"，形成问题联治、工作联动、平安联创的工作大格局。

（三）坚持把机制建设摆到重要位置

机制建设作为社会治理的基本要求，是体系制度运行的基本保障。基层社会治理工作中，要充分发挥党总揽全局、协调各方的政治优势同政府资源整合优势、市场竞争优势有机结合，围绕"实战化"、"实体化"、"市场化"的要求，扎实推进三个机制的建设。

一是建立高效处置机制。全面整合县、乡两级的网格中心、调解中心、12345便民服务中心等，建立以"城乡社区网格化服务管理中心"为主体的指挥调度机制；区分各类事项明确办理标准，制定"网格员、警员（即'二员'）→社区（村居）→乡镇（街道）→县（市、区）"四级提请转办流程，明确非警务诉求事项网格员兜底处置原则，建立多部门、多层级联动的快速响应机制。漳州市"2+N"模式共划分网格2132个，选配网格员2216人、专职警员2744人，组建社区（乡村）治理专门队伍2018支15525人，建立警务室（站）484个，实现社区（乡村）全覆盖。二是落实经费保障机制。从所在社区（乡村）"两委"中选配网格员，警员由民警或统一招聘的辅警或警务助理担任，"二员"专司其职，建立专门办公场所，实施可量化考核评价机制，健全奖优罚劣导向，把社区网格治理经费纳入县级财政预算。2019年8月至11月，漳州市共纳入财政预算6244万元，已投入3141万元，"二员"年收入略高于社区（乡村）"两委"成员平均水平，有力保证了基本队伍的稳定性。三是发挥市场配置机制。采取购买服务的方式鼓励安保企业、物业、信息中介、律师、仲裁、调解等私营企业参与社会治理，将可以市场化的服务外包给企业，鼓励其在法治前提下开展有偿社会服务，为群众提供更多个性化的私人定制。漳州公安与中国电信"114"合作，分流挪车非警务事项，创新公共服务供给模式，提供更加方便快捷、优质高效的公共服务，2019年8月至11月，群众通过平台自助移车共8160起，第一时间获得及时、高效的服务，确保件件有着落。

三、以情感认同提升基础工作的向心力

"人情"和"感情"是中国社会的传统，也是难以绕开的运行基础，中国式治理离不开权威、道德和人情等基本元素参与的情感治理。发挥情感优势的前提是重塑情感认同，通过真心真意将党的群众工作方式真切地运用到实践中，用真情实感推动"一切为了群众，一切依靠群众"这一核心与灵魂的落地落实，形成情感对理性法制社会治理的有效弥补和补充。在"社区（乡村）110"运行中，通过群众身边的人带着感情干工作，用身边的规矩协调身边的事，让情感作为基层社会治理中的"润滑剂"，促进了邻里关系的融洽和谐。

（一）以构建"新熟人社会"为抓手，规范群众的事商量办

熟人以及"熟人社会"概念，由我国著名社会学家费孝通提出，是相对于"陌生人社会"而言的。"熟人"的行为模式作为社会的自然现象，如果过度发展必然弱化"法制"的功能，但"熟人社会"现象是人类生存本能所导致的具体体现，它只有发展完善，不存在消失。因此，用制度和规则来约束规范"关系"，并建立彼此的关系与信任是利于基层社会治理的。

一是规范基本制度。大力开展"党组织要引领、村民要知道、要参与、要做主、要监督、要满意"的"六要"工程建设，坚持村（居）民会议、村（居）民代表会议制度，鼓励和支持党员干部积极参与协商活动，引领城乡居民和各方力量广泛参与协商实践。二是拓展协商形式。以社区（驻村）警务室开放日、村（居）民论坛、妇女之家、党务村务网络平台、村干阳光平台、

夜间恳谈等为契机，开展灵活多样的村民议事会、道德评议会等协商活动，确保村级事务在党组织领导下，各类主体充分发表意见建议、形成协商意见。三是增进集体生活。以发展为主题，以富民为主线，开展"党旗引领、乡村振兴"主题系列活动，通过组织开展各种社区活动、推行互帮互助等措施，培养集体精神，将传统的老旧社区和农村、新产生的生人社区改造成治安基础设施齐全、集体活动丰富、公序良俗成风的新熟人社会。

（二）以发挥"老邻居力量"为牵引，推动身边人办身边事

俗话说"远亲不如近邻"，周围环境、人物一定程度上会影响、感染人的思想和行为方式，这得益于人们内心普遍存在的趋于和谐的安全关系期望。基层社会治理中要注重发挥"邻里效应"，通过这种影响和感染达到情绪上的传递交流，从而形成思想和行为的一致。

一是发挥"乡贤优势"。坚持德才兼备、选贤任能，动员当地颇有名望的族长、能人、高人等具有道德感召力的"乡贤"，按照网格化要求加入基层社会治理，充分发挥"家长"言传身教的巨大影响力解决纠纷、协管乡村事务。二是完善"土规定"。大力推动移风易俗活动，完善乡规民约、村规民约、家风家训等行为守则，运用约定俗成的"土规定"加强日常村民的行为约束。东山县石浦村大力加强村规民约规范建设，入选全国百篇优秀村规民约，村风民风进一步向好向善。三是用好"土方法"。以村组名望、号召老人表决等方式形成的"土方法"参与民间调解、司法调解、行政调解，不断培养群众相互尊重、恪守民约、崇法用法的习惯。

居住在漳浦县绥安镇府前唐街小区的刘进加同志，从县公安局刑侦大队长位置退休后继续发挥余热，发动退休老干部、老教师、转业老军人、老人协会代表等志愿者组成本社区的"夕阳红爱心志愿者服务队"，在"两员"的带领下参与小区各类矛盾纠纷的调处，2019年8月至11月，个人结合法律知识、办案调解技巧，通过接地气、有人情味的沟通方式先后调处非法搭建、邻里纠纷等各类矛盾纠纷20余起，在小区居民中的声望渐盛，经常作为居民代表与电梯、物业、开发商等相关公司代表共同商讨小区改造等各项公共事务，是小区居民的"主心骨"，"有事找老刘"已经成为小区居民的一句口头禅。

东山县铜陵镇12个社区支部书记、主任和网格员100%为女性，被当地群众亲切地称赞为"铜陵娘子军"。在"铜陵娘子军"与网格民警的共同推动下，铜陵镇充分发挥"邻里街坊"作用，打造"好邻居"、"和事佬"、"小巷管家"等社会治理的12个特色品牌，构建了"边巡逻、边宣传、边发现、边化解、边处置"的"五边"巡防服务模式，展示了邻里和谐、守望相助的

基层新风貌。

（三）以推广"微调解模式"为突破，实现身边事身边化解

调解是中国特色的非诉讼纠纷解决机制，"人民内部矛盾的有效处理"不仅要求将矛盾纠纷解决在基层，也要求通过多元方式化解在萌芽。因此在问题发生后，通过"小矛盾"第一时间得到"微调解"，最大限度减少矛盾的升级，为化解提供良好条件。

要紧紧扭住基层民主法治建设，推进"一村（社区）一法律顾问"，组建专业律师法律服务团和由司法所、人民调解员、法官律师等专业人员构成的法律援助队，开通24小时热线处理群众求助、矛盾纠纷化解活动；建立四大调解模式，以原有"公调对接"多元调解为基础，创新"网格员首接调解、社区（乡村）级组织调解、法律政策服务队支援调解、公调对接多元调解"的四大调解模式，发现矛盾纠纷后网格协管员和巡防队第一时间介入。截至2019年11月，"社区（乡村）110"通过社情亲情首接现场调处，社会管理、纠纷解决和法律法规进行有机结合，实现矛盾的层级化解，源头处置各类非警务事项近3万起，排查化解矛盾纠纷2836起，提供法律咨询服务1542人次，现场调解率达91.5%，实现了民事纠纷解决中的节约、高效和公正目标。

2019年11月25日下午，南靖县山城镇汤坑村"社区（乡村）110"治安巡防队在日常访查中，发现汤坑村第23村民小组共28人相约计划于次日早8点到漳州市政府上访。经了解，系因小组土地被镇某企业租用后部分土地赔偿款未能及时拿到，村民们心生不满欲通过上访表达诉求。治安巡防队队员立即向镇党委、政府及所在地派出所汇报，并指派法律服务队连夜入户开展劝解工作，与此同时，派出所马上联系该企业协调土地补偿款给付事宜。民警和法律服务队与村民代表恳谈至深夜，逐个耐心劝解，阐明利害关系，经过不懈努力，最终该小组村民同意与企业见面协商，双方于次日上午就土地赔偿款给付问题达成一致，一起基层矛盾被及时发现并化解。

（四）以开展"护小家行动"为代表，倡导共同家园一起守护

习近平总书记强调，"群防群治是一个很有效的手段，也是我们社会主义国家的体制优势、制度优势。"基层社会治理的基础离不开安全，要注重充分激发群众守护家园的热情，共同参与平安建设。以网格治理为最小单元，制定安防业务培训系列规章制度，对治安巡逻队、志愿服务队等进行业务指导，对社区、村居技防设施的使用管理维护工作开展培训，增强治安防范能力；从城乡社区巡防队员、物业保安、小区楼长、退役军人等人员中吸收政治素质好、参与平安建设积极性较高的人员，组织采集网格内人、地、物、事等

基本治安要素的信息，深入开展联勤联户联防等多种形式的"平安守护"行动。截至2019年11月，"社区（乡村）110""二员"和专门队伍协助公安机关先后排查、梳理提供各类违法犯罪线索503条，整治安全隐患4231个、捣毁窝点68个，协助抓获违法犯罪嫌疑人448人，协助破获案件209起，群众对安全的满意率98.79%，全市社会治安大局持续向好。

2019年11月14日上午8时，长泰县积山村农贸市场内一老人与一男子因小事发生争执，后老人摔倒在地，涉事的中年男子随即离开现场。"社区（乡村）110"治安巡防队员接到群众求救后及时安置好受伤老人，协助公安机关通过监控比对找到涉事男子，并约双方见面调解。在调解过程中，社区警员核对该男子信息时发现，其自称"姚某华"的身份信息在系统中显示为"死亡注销"，经研判、排查，并与其户籍所在地派出所进行联系，确认该男子为"姚某科"，系"姚某华"的哥哥，2009年3月30日因涉嫌故意杀人案被宁夏回族自治区银川市公安局兴庆分局上网通缉。2019年11月27日，姚某科被移交银川市公安局兴庆分局，至此一名潜逃十年之久的刑事犯罪嫌疑人落网。

四、以身份认同汇聚基层群众的凝聚力

加强和创新社会治理，要增强群体自我身份的确定，促进对所在区域共建、共治、共享的"平安共同体"认知，通过从单一管理到多元治理、从被动执行到主动实施、从视情参与到全面合作的转变，提升基层社会治理的效率效果。"社区（乡村）110"以身份、荣誉、文化为突破口，发动群众走出家庭、进入社区参与美好家园建设，让群众在平安建设中有参与感，合力共筑联防联治社会治理新网络，推进平安共同体建设。

（一）突出平台搭建，明确身份定位

实现多元治理主体的共同发力，必须要"筑巢引凤"、"孵化培育"，通过搭建协同共治的机制平台，实现社会治理力量的整合，克服结构松散、力量分散的难题。一是建设共治平台。研发网格员、警员、专门队伍、广大群众等四类主体使用的应用终端，将监控视频、服务事项、安全信息通过手机与群众共享。二是突出专群结合。整合医生、律师等专业人群、资源参与基层共治，在网上零距离提供更多定制服务。漳州市研发推广"芗里芗亲"APP，拓展线上"法律咨询"、"医疗咨询"等"网格服务"模块，设立"我来协作"、"群防任务"、"隐患排查"等10余项便民服务项目，实现网上动员、网上参与。截至2019年11月，"芗里芗亲"APP共有注册志愿者28.4万名，实时在线志愿者保持在3000人左右，高峰时段达1.4万余人，走出了专群结合的新路子。三是孵

化社会力量。因地制宜指导社会组织、群团组织等各类社会力量广泛参与、助力社会治理。漳州市引导孵化"古城厝边"、"东岳阿姨"、"龙溪猎鼠队"等十余支民间志愿组织,通过建立并落实培训、考核、表彰制度,有效发挥民间志愿组织功能。其中,"龙溪猎鼠队"作为民间志愿者队伍的杰出代表,自成立以来共挽回群众损失180万余元,年均抓获各类违法犯罪嫌疑人100余名,协助警方破获各类刑事案件近百余起,并入围中央宣传部等16个单位联合评选的学雷锋志愿服务"四个100"先进典型名录。

(二)突出集体归宿,实现双向认同

社会治理力量既要实现自己对身份的认同,为参与社会治理工作感到骄傲和自豪,同时要促进群众对骨干的身份认同、工作支持,通过双向认同形成良性工作循环。通过建立社区(乡村)"荣誉榜"、巡逻执勤"带袖标"、评选表彰"发奖状",统一配发巡逻电动车、信息采集终端和服装标识,增强荣誉感、责任感和归属感;基层治理骨干发扬"进万家门、知万家情、解万家忧、办万家事"优良作风,充分发挥群众"身边人"作用,为群众提供日常帮助服务,争取最广泛的工作支持。截至2019年11月,"社区(乡村)110"帮扶救助2184人次,代办代购服务1021人次,其他服务2245人次,群众满意率达96.61%,以实际行动得到社会广泛肯定和赞誉。

2019年10月5日晚,云霄县北园社区治安巡防队在片区例行巡逻中,发现一辆汽车严重泄漏机油导致路面易滑,存在明显的安全隐患,巡防队员立即向网格民警汇报,网格民警联系车主前来移车维修后,巡逻队员自发组织对路面进行清洗,确保行人行车的安全,第一时间消除了隐患。2019年11月12日晚,国道G357线+800m(平和县芦溪镇双峰村)路段发生山体滑坡,双峰村"社区(乡村)110"巡防队第一时间赶赴现场维持交通,搜寻救助受伤人员,并配合公安机关、公路局、消防救援部门等积极开展各项工作,后续每日组织队员对事故路段进行巡查,自塌方发生到恢复交通的4天内事发地段未发生一起衍生的安全事故。

(三)突出人文建设,激发深层动力

文化是一个民族凝聚力和创造力的不竭源泉,是一国综合国力的重要表征。文化治理作为继政治治理、经济治理之后的新治理维度,能够直面社会需求的多面性,准确而多元地反映民意,有效地消除文化分配鸿沟,实现经济价值、文化价值与政治价值的良性循环,弱化社会分层,创建和谐社会。

加强社会治理心理服务体系建设,注重发展戏曲书画、体育竞技、庙会歌会等各种健康的协会,在日常巡防、调解、帮助的运作过程向群众传达共治文化理念；在老年大学、社区（乡村）活动室、社区（农村）大讲堂、夜校等场所开展各种形式的公民教育，培塑群众对真、善、美的价值取向，推动核心价值要求和精神力量转化为具体的行动实践。漳州市积极探索以村为单位的 IPTV 电视台、广播平台、微信公众平台、短信平台、党群文化中心、主题公园等多平台宣传教育模式，先后拍摄"平安系列"微电影《凑阵话平安》、《利剑荡黑恶》木偶剧、防诈骗南词等作品，以闽南地区群众喜闻乐见的艺术形式讲述平安故事，让群众在文化活动中感受熏陶、自我教育，不断坚定文化自信，增进社会对共治理念的认同。

小结

目前，关于"认同"理论研究和创新基层社会治理方面的专著论文比较多，但从"认同"角度探索加强社会治理的研究还比较少。本文在党的十九届四中全会"推进国家治理体系和治理能力现代化"的时代背景下，围绕"坚持共同的理想信念、价值观念、道德观念，促进全体人民在思想上精神上紧紧团结在一起的显著优势"这一重要论点，以漳州在城乡社区网格治理"2＋N"模式暨"社区（乡村）110"建设为例，深入分析发挥"认同"力量的实践和探索。

文章第一部分简要论述"认同"的概念，分析了现实需求和漳州的顶层设计，并阐述了"三个认同"中的各自定位，即：政治认同是根本、情感认同是根基、身份认同是动力。第二、三、四部分是文章的重点所在，提出了"政治认同、情感认同、身份认同"体系的实现模型（如图所示）。

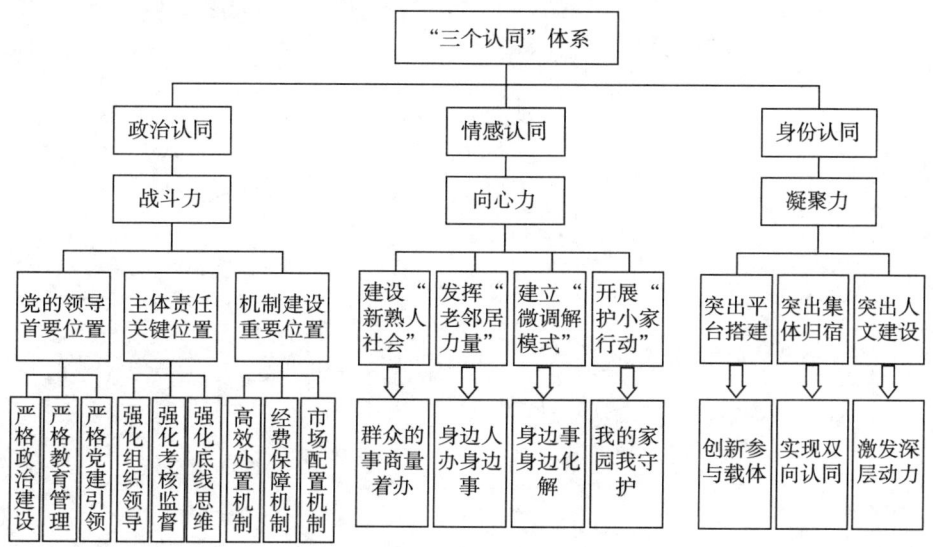

图　"三个认同"体系的实现模型

通过加强党的领导、主体责任和制度建设等三个方面实现政治认同，解决基层组织的战斗力问题；通过"新熟人社会"、"老邻居力量"、"微调解模式"、"护小家行动"等四项举措实现情感认同，解决基础工作的向心力问题；通过共治平台、集体归宿和人文建设等三种途径实现身份认同，解决基层群众的凝聚力问题。

论"枫桥经验"诞生与发展的文化动因

沈秋伟[*]

摘 要：本文从文化等概念入手，阐述了中国优秀传统文化、社会主义先进文化、现代治理文化是"枫桥经验"文化三大源头的观点；应用"文化三因子"理论，分析了物质文化、组织文化、精神文化在构筑"枫桥经验"文化底蕴中的作用；基于实践分析，得出以下基本结论：中国传统文化决定了"枫桥经验"的文化禀赋、社会主义文化引领了"枫桥经验"的正确方向、现代治理文化推动了"枫桥经验"的持续创新。

关键词："枫桥经验" 文化 底蕴 意蕴

考察"枫桥经验"的诞生和发展历程发现，文化的力量始终伴其左右，影响甚至决定着"枫桥经验"的走向和秉性。本文聚焦于"枫桥经验"的发源地——诸暨枫桥这一特定区域，解剖文化对于基层社会治理的作用。

一、文化、文化底蕴、文化意蕴

（一）关于文化

文化无处不在，与每个人息息相关。马林诺夫斯基"文化三因子"说将文化划分为物质、社会组织、精神生活三个层次。文化有广义和狭义之分，本文在研究"枫桥经验"文化现象时，更多地在狭义层面理解文化，包括三个层面：一是意识层面。人的意识的发展构成了文化。研究"枫桥经验"文化，应当力求揭示人们在形成和发展"枫桥经验"的过程中的自觉意识，它

---

[*] 沈秋伟，现就职于浙江省公安厅巡特警总队。

的觉醒、丰富、不断深化的过程。二是价值层面。文化具有创造价值、超越自我、超越经验而追求可能事业的功能。研究"枫桥经验"文化，应当带着文化学的使命感，去探讨"枫桥经验"对于民生福祉、对于国家昌盛的价值意义。三是实践层面。研究"枫桥经验"文化，直接目的就是要研究文化在经验诞生和发展过程中的独特作用，就是要努力探讨文化与社会实践之间的互动关系，并从中找到有益的启示。

（二）关于文化底蕴

文化底蕴是文化渊源、文化底子和文化修养，是人类精神成就的广度和深度，即人或群体所秉持的道德观念、人生理念等文化特征。习近平总书记在纪念毛泽东同志诞辰120周年座谈会上的讲话中指出："历史就是历史，历史不能任意选择，一个民族的历史是一个民族安身立命的基础。"作为存在了57年的社会实践的成功样本，"枫桥经验"在诞生和发展过程中，深深地打上了文化的烙印，形成了自己独特的风格。其文化底蕴包括：一是物质底层。所谓物质底层，就是位于文化体系底层的"物质实物，即人造的物质环境"。"枫桥经验"文化中的物质底层主要是枫桥山水文化和历史文化遗存的实物形态，如秦皇石刻、隋朝枫桥驿站、北宋东化城寺塔、南宋枫桥大庙、明朝小天竺等，以及杨维桢故居、王冕隐居地、陈洪绶纪念馆等。二是社会组织（制度）。一切文化现象都是社会现象，文化的物质性和精神性都不能从社会中独立出来。因而考察文化，必须考察构成社会的组织。"枫桥经验"发展到今天，党的组织、基层组织、社会组织（狭义的）和市场组织（企业、商业）合力发挥着作用，成为创造的多元主体。三是精神生活（语言）。枫桥人民素来勤劳智慧，要强好胜，耕读成风，诗礼传家，营造了一方文化胜地。历代名贤辈出，文风甚盛。早在南宋，陈氏始迁祖陈寿，兴建书院，收徒讲学，继有理学大师朱熹，慕名三访枫桥。这里曾诞生了艺术巨匠陈洪绶、王冕、杨维桢，皆品格高洁，才情横溢，成就辉煌。建国后，又涌现出了全国水利界特等劳动模范梁焕木等一批楷模级人物。

（三）关于文化意蕴

意韵，即事物的内容或含义，更多地应用在文学艺术，特别是文学当中。歌德的"意蕴说"把艺术作品分为三个因素：材料、意蕴、形式。意蕴即人在素材中所见到的意义，是理解文学作品时需要探索的最深层次的内容。从意蕴角度看，"枫桥经验"文化可以分成三个方面来分析研究，分别体现了民族性、先进性、时代性。一是从中国优秀传统文化角度看文化意蕴。"枫桥经验"的诞生脱胎于中国文化。研究"枫桥经验"的文化意蕴，首要的任务就是要揭示"枫桥经验"背后中国传统文化的力量。二是从社会主义先进文化角度看文化意蕴。"枫桥经验"诞生于社会主义教育运动，在极左做法盛行的年代，"枫桥经验"能够坚持社会主义先进文化基本方向，成为正确处理社会矛盾的典范，为后来改革开放处理社会治安问题、社会稳定问题作了前期探索。研究"枫桥经验"的文化意蕴，就要揭示"枫桥经验"背后社会主义先进文化的力量是如何发挥作用的。三是从现代治理文化角度看文化意蕴。所谓现代治理文化，是指人类进入到工业化后期和后工业化时代兴起、特别是进入到风险时代应对社会风险的一种政治文化，对于我国来讲主要是西风东渐的产物。"枫桥经验"面对的社会生活形态、面临的任务发生了深刻变化，现代治理文化已深刻影响到"枫桥经验"的创新发展，特别是新时代"枫桥经验"已经是现代治理语境下基层社会治理创新的一个典范，必须对此作出阐述。

二、"枫桥经验"的文化底蕴

"枫桥经验"诞生的文化背景，是中国传统文化投射到枫桥地域所形成的地域文化，它既是全国的，又是枫桥的。我们在展开讨论时，把"枫桥文化是中国文化的缩影"作为一个不证自明的道理来确认。

（一）枫桥物质文化底蕴十分丰厚

枫桥物质文化主要包括山川地理文化，以及附着于山川地理的人文遗迹。这些都为居住生活于此的后人提供了充足的精神养料，滋养一代又一代枫桥人才，让枫桥地域文化的培植和发展具备了先天条件。一是山川地理条件优越。枫桥以枫溪得名，枫溪是一条风光绮丽的山溪，东源黄檀溪，西源白水溪。会稽山脉向西北延伸过来许多大小山岭，让丘陵和河谷平原错杂其间，山川灵秀，水木清华，孕育了枫桥这块风水宝地，让枫桥人文蔚起，名贤荟萃。越国的国都，长期在枫桥附近，其中的重要原因，就是这里的地理优势。金伯中在《论"枫桥经验"的文化底蕴》一文中指出："以清丽枫溪江、秀美紫薇山及其历史遗存为主要载体的山水文化，记录和承载了辉煌而厚重的枫桥历史。"所言极是。二是人文遗迹量多质高。枫桥镇为浙江省历史文化名镇，是诸暨三贤故里，古迹星罗棋布。建于北宋元祐年间的东化城寺塔，为浙江省内仅存的六座宋塔之一，为全国文物保护单位；枫桥大庙为省级文物保护单位；小天竺、光裕堂等为市级重点文物保护单位。此外，还有义安县故址、永枫庵和永枫塔遗址、十里梅花旧迹等一大批人文遗迹。宋代陆游、辛弃疾、朱熹、吕祖谦，明代徐渭等名家曾优游于枫桥。1939年周恩来在枫桥大庙对民众进行抗日救国演讲。枫桥自唐宋形成集市并成为"会稽咽喉"

和"婺越通衢"重镇以来，交通便捷，商贾云集，呈现出"箬壳草鞋尖头帽，千根扁担进枫桥"、"车马填衙江满帆，旌旗动处酒俱酣"的场景。

(二) 枫桥社会组织文化渊源流长

枫桥历史悠久，是一个社会组织文化渊源流长的地方，政治、经济、思想活动开展较早，民间凝聚力较为强盛。一是枫桥的政府组织建置早。据《越绝书》、《史记》记载，早在四千多年以前，夏帝少康庶子无余，受封於越，以奉禹祀。其裔孙在大部建越城。於越国建都之地，就有勾乘、大部、埤中三处。光绪《诸暨县志》载："古越城在大部乡。"大部就在枫桥，埤中在今枫桥附近的店口一带。今天的枫桥，还留存有"大部弄"这个地名。我国著名历史地理学家陈桥驿教授说过："从历史传统来说，诸暨是代表浙江最早的历史记载出现的"。隋杨素置枫桥驿，北宋建置枫桥镇，南宋曾设义安县，元设巡检，明为驿铺，清设枫桥镇，民国元年设枫桥乡。新中国成立后枫桥一直是镇、乡、公社、区所在地。二是枫桥的民间凝聚力强。枫桥历史上有忠孝义安传统，在诸暨（包括枫桥）氏族家训中，许多社会矛盾都是通过家族内家长、房长、宗长、祠长秉公调解而大事化小、小事化了，最终达到"无讼"状态。三是枫桥治安有官民合作传统。清光绪年间，为争抢水上运输生意，枫桥镇出现了一帮强行"霸挑客货"的团伙（团霸）。当时枫桥商民黄明高等联名向县府控告了"团伙"霸挑客货等情，县府即"票饬传讯"，并令该镇士民陈烈新等"理令"，整饬处理此案。陈烈新等当地名望耆宿当即召集"两造（即原告和被告）"，进行调处，终使"两造允服，取结求息"，解决了"铺商（簰户）""脚夫"之间矛盾，恢复了安定局面。

(三) 枫桥精神文化根深叶茂

枫桥自古就是一个以学习为主流化和主导性生活方式的地方，是一个自古以来书声琅琅的地方。一是朱子理学开启了枫桥耕读传家的传统。枫桥自古重孝义，南宋时期出了大孝子杨文修。朱熹闻名，来诸暨赈灾时特到枫桥与他畅谈数日，乡人辟其地为"紫阳精舍"，旋修成"紫阳宫"。朱熹在枫桥讲学对后世影响深远。在朱熹的影响下，枫桥文风很盛，书院塾馆遍山村，"十家之村不废诵读，山间茅屋书声响"，枫桥人好说理之风日盛。史传朱熹三次莅临枫桥义安精舍传经讲学，儒学大师陈寿在枫桥隐草堂著书讲学长达20年。明朝枫桥名士骆问礼是朱熹理学的捍卫者和践行者，晚年"手订家礼，悉守朱子成规。居丧不作佛事，诫子孙世守家法"。张岱在《三不朽图赞》中称赞骆问礼"人称为朱紫阳之功臣，不愧为海忠介之高弟。"自南宋朱熹来枫之后，士人耕读之风世代相传。枫桥哺育了灿若晨星的历史文化名人。

据考证，宋、元、明、清四代，枫桥仅科举出身的有进士35人、举人68人、贡生50人，宋代有上舍生2人，元、明两代有荐辟11人，明、清时举人会试联捷成进士的有9人。二是王阳明思想对枫桥"好说理、杜争讼"产生直接影响。明代大儒王守仁（即王阳明）弟子众多，诸暨特别是枫桥与之渊源颇深。这一时期在诸暨的仕宦、文人学者中就有王阳明的年伯骆珑，门生骆骥、翁溥，再传弟子郦琥、骆问礼等。其中，骆珑是诸暨枫桥人，与王阳明为忘年交。骆骥是骆珑的族孙，枫桥人。翁溥是诸暨店口人。郦琥是诸暨后街人。枫桥小天竺见大亭内原置一块有关"立诚之说"的帖石，钤印"守仁"，史传系明正德十一年王阳明从江西返绍途中所书。明正德十二年王阳明被任命为南赣汀漳等处巡抚。明正德十五年，颁布的《南赣乡约》是一部道德公约，其中第三条即对社会教育的内容进行了规范：在家则遵孝悌之义，在乡里则相助相恤，劝善戒恶，讲信修睦，息讼罢争等。阿顺认为，"止讼息讼"是"枫桥经验"的宗旨，"民间自治"是"枫桥经验"的手段，"睦族和邻"是"枫桥经验"的基础，"忠孝义安"是"枫桥经验"的基因。费孝通在《乡土中国》里说，"在乡村里所谓调解，其实是一种教育过程。""调解是个新名词，旧名词是评理"。因此，"枫桥经验"更倾向于"评理"而不是"诉讼"。三是新文化运动和马克思主义思想在枫桥的较早传播提供了思想的先进性基础。戊戌变法前后，枫桥就有维新派人物陈凤锵，他积极主张废除八股，设立新学堂，普及教育，造就人才，以挽救民族危亡。辛亥革命爆发后，枫桥就有不少热血青年在上海、广东等地参加孙中山先生领导的学生军。枫桥是越中较早接受新思想新文化影响和传播马克思主义的地方。近代以来，从枫桥走出的救亡图存、寻求救国救民真理、以振兴中华民族为己任的仁人志士不在少数，其中尤以考取黄埔军校和保定陆军军官学校的军人为最（有名可查者达24人）。

三、"枫桥经验"诞生和发展的文化动因

前文已述，我们探讨"枫桥经验"的文化意蕴，既受文学意蕴概念的启发，更是对"枫桥经验"诞生发展过程中相关文化作用的一次全面抽象，是一次理解与阐释，是一次对未来的昭示。

（一）中国传统文化决定了"枫桥经验"的基本禀赋

中国传统文化对于人类文化的贡献，主要在两个方面，一是主张天人合一，二是主张和为贵。一是儒家的"仁者爱人"与墨家的"兼爱"思想决定了"枫桥经验"的文化底色。从全国其他地方"社教运动"和"四清运动"试点情况看，极左的做法比较普遍，打骂体罚现象突出，乱搜查、乱扣帽子

等情况严重。枫桥干部群众却能通过文斗方式教育转化对立面，既有中央政策的原因（一个不杀、大部不捉），也有文化的底蕴在起作用。"枫桥经验"体现了儒家之"爱"，更体现了墨家的"兼爱"。枫桥人崇尚睦族和邻、忠孝节义，崇尚"四维八德"，即"礼义廉耻"四维、忠孝仁爱信义和平"八德"，这是"枫桥经验"的文化底色：重仁义，爱众人。二是木柁精神、朱子理学和师爷文化的碰撞奠定了"枫桥经验"的文化禀性。诸暨人文化性格中的"率真倔强"是闻名于世的。诸暨人活得真实、坦荡、无私，刚直豪爽，争强好胜，有人称之为"诸暨木柁"。史传王冕在北游大都时，有人多次欲荐他为朝官，可他都断然相拒，且壁张梅花图，笔题梅花诗："和靖门前雪作堆，多年积得满身苔。疏花个个团冰雪，羌笛吹他不下来。"诸暨人诚实守信，号称"讲话能当铜钿用"，体现了诸暨人有约有诺必兑现，让人愿意、乐于、放心和诸暨人打交道。朱子理学与诸暨文化的碰撞，让诸暨文化多了一份致知格物的理性，中和了"木柁"特性。枫桥又介于诸暨与绍兴之间，必然带有绍兴师爷文化与诸暨"木柁"文化的混合体特征。这多重文化的碰撞奠定了"枫桥经验"的文化秉性：爱说理，讲信用。三是耕读传家优秀传统为"枫桥经验"诞生提供了人文基础。"耕读传家"指的是既学做人，又学谋生。耕田可以事稼穑，丰五谷，养家糊口，以立性命。读书可以知诗书，达礼义，修身养性，以立高德。耕读文化既是一种非常现实的生存之道，读书人总得先有饭吃；更是一种带有诗性的生活态度。枫桥的耕读传统，与朱熹的理学思想传播密切相关，但在生活态度的选择上未必是朱熹教化的结果。这种好的传统，也让枫桥的讲理斗争有了社会基础和文化准备，为"枫桥经验"的诞生和发展提供了人文基础：爱琢磨，找办法。

（二）社会主义文化引领了"枫桥经验"的正确方向

党的十九大深刻阐述了社会主义文化在当今中国的理论和实践，指出中国特色社会主义"源自于中华民族五千多年文明历史所孕育的中华优秀传统文化，熔铸于党领导人民在革命、建设、改革中创造的革命文化和社会主义先进文化，植根于中国特色社会主义伟大实践。""枫桥经验"是中国特色社会主义文化哺育的政治实践优秀样本，社会主义文化引导了"枫桥经验"的正确方向。一是社会主义意识形态决定了"枫桥经验"的政治属性。20世纪20年代末30年代初，中国共产党即在枫桥建立了比较完善的地下党组织，那时的国民党枫桥区党部10个国民党员中，同时又是共产党员的就有9人。1939年3月31日周恩来在枫桥大庙作抗日救国演讲，极大地鼓舞和坚定了诸绍前线和浙江人民抗战到底的决心和信心，浙江人民奋起武装自卫，诸暨、义乌、绍兴等县先后组建了抗日自卫队，并于1942年6月建立了以枫桥为中心的金萧地区抗日游击根据地。整个社会主义教育运动中出现了各种极左的做法，但枫桥与之相反，为中国共产党改造旧社会基础探索了一种正确方式。二是社会主义核心价值观丰富了"枫桥经验"的基本内涵。社会主义核心价值观覆盖社会道德生活的各个领域，是公民必须恪守的基本道德准则，也是评价公民道德行为选择的基本价值标准。"枫桥经验"从一开始就体现了党的主张与人民实践的高度契合。随着时代的变迁，内涵不断丰富，这种丰富完全符合社会主义文化的前进方向。2003年以来特别是党的十八大以来，枫桥镇干部群众在习近平新时代中国特色社会主义思想指引下，坚持以人民为中心，顺应经济社会发展深刻变化，创新基层社会治理，实现了"小事不出村、大事不出镇、矛盾不上交"向"矛盾不上交、平安不出事、服务不缺位"的跨越，呈现出百姓和顺、乡村和美、社会和谐的新景象，形成了新时代"枫桥经验"。三是社会主义道德文化实践为"枫桥经验"注入了强大生命力。这些年，枫桥镇在社会主义道德实践上用群众看得见、感受得到、参与得了的方法，大力推进道德文化建设。如打造文创枫桥，发掘本土人文优势，创设中国作家协会创作基地、中国文艺评论奖永久颁奖基地、明清诗词研究中心、中国美术学院创作基地、枫桥古镇影视基地、中国诗歌小镇等文创品牌等。全域提升历史文化、民俗风情、休闲旅游设施，建成镇村公园广场96个，民间文化团队150支，篮球场116个，其他球类场馆7个，大大丰富了群众精神文化生活，为新时代"枫桥经验"的孕育注入了强大的生命力。

（三）现代治理文化推动了"枫桥经验"的持续创新

本文所说的现代治理文化，既包含了以西方为主体的风险时代的治理思想，更包含了中国共产党领导下"兼容并蓄"创造性探索"中国之治"的智慧和力量，不断调整政府与社会关系的新型政治文化。风险社会理论背景下人类治理思想给我们带来了重要启示。福柯认为，中世纪以来国家形态经历了"司法国家"、"行政国家"与"治理化国家"三个阶段。从整个人类社会看，国家与社会关系经历了三个发展阶段，即国家对社会的统治、国家对社会的管理和国家与社会共治。这三个阶段对应于三种类型政府，即统治型政府、管理型政府和治理型政府。从生产力发展历程看，统治型政府大致对应于农业社会，管理型政府则是工业化、市场化、城市化产物，而治理型政府大致对应于后工业化时代风险社会的来临。在后工业化时代，人类物质产品极大丰富，社会生活形态更加复杂多样，伴生的社会风险交互叠加，"不安全"社会的价值体系取代了"不平等"社会的价值体系，焦虑型团结逐渐形成并构成了一股政治力量。政府公平保护和居间调停的难度加大，市场和社会力量不再满足于被"安顿"，要求成为决策力量的一部分的呼声日益高涨。

治理成为西方应对国家统治模式、管理模式失灵而提出的一种新的理论范式。在治理的模式下，它更强调社会作为自组织的核心作用，国家被定义为"调节人和社会力量的伙伴，它通过协商和对话来调节和参与各种社会力量解决社会问题的努力"，治理主体、治理手段和治理依据从单一走向多元，共治是这一阶段的基本特征，善治是共治的状态目标。当然，西方治理理论和思想并不是直接转化为"枫桥经验"的发展动力的，它是通过中国共产党广泛吸收人类社会发展理论和经验，汇入到"中国之治"的主流中而发挥作用的。党中央关于社会治理的决策部署唤醒了枫桥干部群众的治理意识。"枫桥经验"在诞生当初，单纯解决阶级冲突问题，采用的是从战争年代就开始实行的党的群众路线。用毛泽东同志的话讲："实践证明，群众起来了，并不比你们做得差，并不比你们做得弱。"在随后的历史进程中，"枫桥经验"经历了解决社会治安、社会稳定、社会管理问题等不同阶段，枫桥坚持走群众路线，群众的组织化、自治化得以发展。党的十八大以来，习近平同志以马克思主义的巨大理论勇气和政治远见卓识，提出了一系列相互联系、相互贯通的治国理政新理念新思想新战略，形成了系统完整、逻辑严密的科学理论体系。2019年10月，党的十九届四中全会审议通过了《中共中央关于坚持和完善中国特色社会主义制度、推进国家治理体系和治理能力现代化若干重大问题的决定》，全面回答了在我国国家制度和国家治理上，应该"坚持和巩固什么、完善和发展什么"这一重大政治问题。枫桥干部群众在认真学习贯彻习近平总书记系列重要讲话精神基础上，大胆探索实践，开展了"六个创建"、"六个全面提升"，反映了枫桥镇现代治理意识的全面觉醒，为新时代"枫桥经验"的孕育提供了重要的思想基础。近年来，枫桥镇充分发挥基层社会自治的作用，在加强对社会组织管理监督的同时，放宽登记管理条件，加快推进登记管理体制改革，加快建立社会组织孵化基地，促进基层社会治理力量的发展壮大，"红枫义警"等平安类社会组织大量涌现并走上基层社会治理的舞台。从基层社会治理的机制来看，构建程序合理、环节完整的社会协商体系，拓宽基层社会协商的平台与渠道。"三上三下"村民自治模式，非常具有发展前景，是"枫桥经验"在治理时代的深化发展，也是枫桥干部群众对中国现代治理、基层民主自治的一大贡献。

二等奖

融警务：新时代社会治理现代化的公安样本

——基于打造新时代"枫桥经验"升级版的实践与探索

陈福连[*]

摘 要： 大数据、人工智能新时代给公安机关社会治理和警务改革带来更多的机遇与挑战，也为我们探索融警务创造了有利条件。深入探索新时代融警务新机制，必须坚持以人民为中心、以善治为目标、以预防为基点、以创新为动力、以党建为引领，扎实推动"三共"、"三治"、"三防"、"三化"、"三感"的深度融合，全面打造新时代"枫桥经验"升级版、"平安中国"示范区、社会治理新格局。

关键词： 融警务 "枫桥经验" 社会治理 警务现代化

习近平总书记深刻指出，司法体制改革对推进国家治理体系和治理能力现代化意义重大，全国政法机关要坚定不移推进司法体制改革，把深化司法体制改革和现代科技应用结合起来，不断完善和发展中国特色社会主义司法制度。如何主动拥抱新一轮科技革命，坚持正确的警务改革方向，以敢啃硬骨头的决心涉险关、闯难关，下大力气把想了很多年、讲了很多年但没有做成的警务体制机制改革做成功、做彻底，积极探索融警务新模式、打造"枫桥经验"升级版、推动社会治理现代化，是当前摆在公安机关面前的一个重大课题。

一、融警务的概念提出及理论基础

当今世界已进入"大智移云"（即大数据、人工智能、移动互联网、云计算）新时代，既给国家经济社会和人民生产生活带来深刻变化，也给社会治

---

[*] 陈福连，浙江省绍兴市公安局越城区分局党委委员、政治处主任。

理特别是基层治理现代化带来重大机遇和挑战。习近平总书记指出，"信息是国家治理的重要依据"，"没有信息化就没有现代化"，强调"要以信息化推进国家治理体系和治理能力现代化"。中办国办印发的《关于全面深化公安改革若干重大问题的框架意见》提出，要完善与国家治理体系和治理能力现代化、建设中国特色社会主义法治体系相适应的现代警务运行机制。我们要从当代社会变迁以及国内外形势出发，坚持传承创新、中西结合，努力实现从传统型警务向现代型警务的转变，切实提升公安机关社会治理的能力与水平。

（一）课题提出

我们提出融警务这个课题，主要基于两大动因：一是基于国家战略的引领。2015年3月，李克强总理在政府工作报告中提出了"互联网＋"战略，国务院先后印发《积极推进"互联网＋"行动的指导意见》、《促进大数据发展行动纲要》，明确坚持开放共享、融合创新、变革转型、引领跨越、安全有序的原则，大力拓展互联网与经济社会各领域融合的广度和深度，打造精准治理、多方协作的社会治理新模式。大数据与云计算、物联网、移动互联网等新一代信息技术融合发展，也催生了大数据与传统产业协同发展的新业态、新模式，倒逼我们公安机关警务改革进入深水区，推动传统警务向精准化、数据化、指尖式、键对键方向转型升级。二是基于行业部门的探索。2014年8月，中央深改领导小组审议通过了《关于推动传统媒体和新兴媒体融合发展的指导意见》，要求在内容、渠道、平台、经营、管理等方面深度融合，尽快从相"加"阶段迈向相"融"阶段，着力打造融为一体、合而为一的新型主流媒体（即融媒体）。2014年以来，河南率先成立大象融媒体集团，浙报集团推出媒立方融媒体平台，光明日报创建融媒体中心，人民日报建设政务融媒体平台。此外，医联体、军民融合等方面深度融合发展，既发挥国家主导作用，又发挥市场积极作用，为经济社会发展提供了新动能。公安机关是政府重要组成部分、社会治理创新职能部门，如何借鉴融媒体、医联体、军民融合等成功实践，积极创新探索融警务建设，已成为当前全面深化公安改革重中之重的任务。

（二）概念引入

融警务是一个全新的概念，我们不妨从融合与社会融合、警务与警务融合等方面入手进行分析与描述。

1. 关于融合和社会融合。《百度百科》：融合，是指融解，熔化。《华阳国志·汉中志·涪县》："孱水出孱山，其源出金银矿，洗，取火融合之，为金银。"此为，熔成或如熔化那样融成一体。又指，调和，和洽。对社会融合，学术界目前还没有统一的定义，大致有三方面解读：一是欧盟关于社会融合的联合报告指出，社会融合是一个过程，确保具有风险和社会排斥的群体能够获得必要的机会和资源，能够全面参与经济、社会和文化生活以及享受正常的生活和社会福利；二是加拿大莱德劳基金认为，社会融合不单纯是对社会排斥的反应，而是一个符合社会规范的概念或者说具有价值取向的概念，是取消限制和理解我们想在哪里以及怎样到达那里的一种方式，具有受到重视的认同、人类发展、参与和介入、亲近和物质丰足等五个维度；三是萨拉森认为，共融社会或融合社会是指在那里成员积极而充满意义地参与、享受平等，共享社会经历并获得基本福利的一个积极过程，其基本特征是广泛共享社会经验和积极参与、人人享有广泛的机会平等和生活机会，全部公民都有基本社会福利。所以，社会融合应当是一个具有多层次、多维度、宽领域、动态性、包容性和反思性特点的概念，倡导顶层设计、复合治理、有序参与、平等共享、尊重多样性和协商对话的精神，以建立平等、参与、共享和负责任的融合型社会为目标，符合"共生、共建、共融、共享、共赢"五个阶段的人类发展和社会进步的趋势。

2. 关于警务和融警务。警务（Policing）一般是指警察勤务。广义的警务是指警察为了实现法律、法规、规章及政策赋予的职权，所从事的有利于政治稳定、社会安定的一切活动。融警务（Convergence Policing）意为警务融合，但目前《人民警察法》及警务工作相关法律法规中尚无对此概念作直接表述。融警务是基于社会融合基础上的广义警务，是"大智移云"背景下社会治理现代化的公安模式、公安样本，是具有中国特色的第五次"警务革命"的基层实践、地方尝试。为此，我们可以借鉴融媒体等新概念，将融警务定义为：根据法律法规赋予的警察职权和社会治理的功能任务，在人力、内容、手段等方面进行全面整合，创建以改革创新为驱动、以力量兼融为抓手、以资源互融为基础、以技术共融为支撑、以渠道通融为关键的现代警务新机制。

（三）理论基础

融警务的本质是警务融合，其主体绝不仅仅是公安机关本身，还应当包括各级党委、政府、相关部门、社会组织和广大群众。从这个层面讲，它是一种主动型警务、干预型警务、服务型警务、开放型警务、合作型警务，具有其赖以创新发展的理论基础。一是治理理论的支撑。融警务实质上是党委、政府、公安机关、社会组织与广大群众对公共安全、基层社会的多中心共同治理的"善治"过程，它更多的强调有限政府、各方合作以及公民积极参与，从而实现社会治理的民主化。二是协同理论的支撑。融警务强调发挥区域社会各子系统或组分的协同作用，使内部的人、组织、环境等各子系统内部以及他们之间相互协调配合，共同围绕公共安全、社会治理等目标齐心协力地运作，从而产生1+1>2的协同效应。三是共同体理论的支撑。融警务强调从公安机关参与社会治理的层面出发，以社区为最基本空间，以社会治安为最基本目标，以党政、部门、社会、公众为最基本参与主体，共同追求"平安梦"，致力打造区域化治安责任共同体和公共安全命运共同体。四是"互联网+"理论的支撑。融警务运用业已成熟的互联网等现代信息技术，以网络化、数据化、在线化等信息元素作为科技革命、社会变革的关键推动因素，把"互联网+"融入各项公安工作，成为以海量信息和数据挖掘为特征的大数据时代警务改革发展的潮流和趋势。五是一体化作战理论的支撑。融警务借鉴军队一体化联合作战的做法，致力在战略方向、作战理论、作战模式、作战行动等方面，全面实施情指行一体化合成作战体系。

二、融警务的实践价值及基本原则

（一）实践价值

公安机关探索融警务具有十分重要的意义。

1. 探索融警务是贯彻中央指示的需要。新时代要有新气象，更要有新作为。习近平总书记指出，要深入学习贯彻党的十九大精神，强化"四个意识"，坚持党对政法工作的绝对领导，坚持以人民为中心的发展思想，增强工作预见性、主动性，深化司法体制改革，推进平安中国、法治中国建设，加强过硬队伍建设，深化智能化建设，严格执法、公正司法，履行好维护国家政治安全、确保社会大局稳定、促进社会公平正义、保障人民安居乐业的主要任务，努力创造安全的政治环境、稳定的社会环境、公正的法治环境、优质的服务环境。探索融警务就是贯彻党中央和习总书记对政法公安工作的指示精神，坚持以人民为中心的执法思想，推动警务变革、建设"智慧公安"，努力实现由被动应对处置向预测预警预防转变，为全面建成小康社会创造更加安全稳定的社会环境。

2. 探索融警务是顺应时代潮流的需要。习总书记指出，科技创新就像撬动地球的杠杆，总能创造令人意想不到的奇迹。新一轮科技革命给政法公安工作创新发展带来无限空间和广阔前景。信息化不仅成为推进警务方式变革的重要引擎，也给公安机关创新社会治理提供了很好的条件。探索融警务就是认清时代大趋势、抓住发展大机遇，依托科技强警、网络强警、数字警务、智慧公安等建设，把顶层设计与基层探索结合起来、科技创新与体制变革结合起来，深入实施大数据警务战略、智能化警务建设，推动新时代公安工作质量变革、效率变革、动力变革，为推动公安事业跨越式发展打造新动能、探索新路径。

3. 探索融警务是创新社会治理的需要。习总书记强调，发展是硬道理，稳定也是硬道理，抓发展、抓稳定两手都要硬。新时代必须主动适应人民群众对平安的新需要，把专项治理与系统治理、综合治理、依法治理、源头治理结合起来，完善党委领导、政府负责、社会协同、公众参与、法治保障的社会治理体制，切实形成有效的社会治理、良好的社会秩序，努力实现社会善治。探索融警务就是抓住社会治理创新的核心与要义，把警务工作的重心放在基层、落到社区，深化基层组织建设，强化基础性制度建设，夯实平安建设根基，构建共建共治共享的社会治理格局，提高公安机关社会治理社会化、法治化、智能化、专业化水平。

4. 探索融警务是发展"枫桥经验"的需要。"枫桥经验"是浙江绍兴的金名片。浙江绍兴特别是枫桥始终坚持以人民为中心、践行党的群众路线、就地解决问题的基本精神不动摇，根据不同时期的形势任务需要，不断赋予"枫桥经验"新的内涵，使这面全国政法战线的旗帜高高飘扬。"枫桥经验"来自枫桥、源于公安。探索融警务就是对标平安建设、法治公安新要求，创新发展新时代"枫桥经验"，深入推进公安基层基础和治安防控体系建设，推动由管理向治理、管理向服务的转变，实现"矛盾不上交、平安不出事、服务不缺位"，着力形成人心和善、乡村和美、社会和谐的新景象。

5. 探索融警务是深化公安改革的需要。中办国办印发《关于全面深化公安改革若干重大问题的框架意见》及相关改革方案，明确要求完善现代警务运行机制、推进公安行政管理改革、健全公安机关管理体制、不断推进法治公安建设。为此，公安机关要坚持刀口向内、刀口向下，运用先进的科技信息化手段，打破壁垒、消除障碍，全面深化以基础信息化、警务实战化、执法规范化、队伍正规化为核心的各项公安改革，让群众办事更方便、民警办案更便捷。探索融警务就是搭上信息化快车道、抢占网络服务新高地，利用移动互联网、云计算、大数据等信息技术和平台，优化警力配置、推进警务变革，不断深化公安机关"最多跑一次"改革，切实"让数据多跑路、让群众少跑腿"；同时改革公安行政管理体制，寓管理于服务之中，实现公安大数据共享，反哺打防管控等各项警务实战。

（二）基本原则

公安机关探索融警务要遵循以下原则：一是必须坚持党的绝对领导。把旗帜鲜明讲政治作为最高原则，切实增强"四个意识"、坚定"四个自信"，不断提高忠诚核心、拥戴核心、维护核心、捍卫核心的政治、思想和行动自觉，善于发挥党的政治优势，统筹各方资源和力量，形成共商共建共治共享的良好局面。二是必须坚持以人民为中心。把党的群众路线作为生命线，主动适应社会主要矛盾发生的新变化,自觉把以人民为中心作为看问题、想对策、抓落实的出发点和落脚点,切实提升群众的获得感、幸福感和安全感。三是必须坚持维护安全稳定。全面贯彻总体国家安全观,发挥处在对敌斗争最前沿、维护稳定第一线的优势,坚持系统治理、综合治理、依法治理、源头治理,从源头上预防减少矛盾风险,确保人民安居乐业、社会安定有序、国家长治久安。四是必须坚持全面依法治国。坚定不移地走中国特色社会主义法治道路,紧紧围绕良法善治的基本取向,把公安法治作为公安工作的基本方式,实现严格公正执法与文明规范执法有机统一,切实提高公安执法公信力,让人民群众从中感受到公平正义。五是必须坚持改革创新发展。牢牢抓住新一轮科技革命的历史性机遇,坚持体制机制改革与现代科技应用双轮驱动、两翼发力,把科技创新作为公安工作改革发展的强大引擎,切实增强公安工作的预见性、精准性、科学性、高效性。六是必须坚持跨界融合共享。以跨界思维审视和深化警务供给侧改革,把公安工作重心放在提高警务供给质量上,推动互联网、大数据、人工智能与公安工作深度融合,助力城乡社区警务融合发展,努力在维护稳定、打防犯罪、服务群众、创新引领、平安共享等领域培育新增长点、形成新动能。

三、融警务的绍兴实践及基层探索

浙江是改革开放先行地、革命红船起航地;绍兴是"枫桥经验"诞生地。绍兴公安始终坚持以人民为中心的发展思想,致力在"改"字上下功夫、在"融"字上做文章,积极探索具有地方特色的融警务新机制,进一步重塑警务流程、优化警务机制、提升警务质效,全面打造"矛盾不上交、平安不出事、服务不缺位"的新时代"枫桥经验"升级版,初步形成了新时代基层社会治理体系和治理能力现代化的公安样本。

(一)以改革创新为驱动,探索警务智能化

绍兴公安认真贯彻落实公安部、省厅关于全面深化公安改革的决策部署,从实施信息化实战警务到情指行一体化改革,全力打造警务现代化的"绍兴样本"。尤其近年来,在完成省厅"联勤指挥·合成处置"工作机制试点任务基础上,深入推进"七大警务"特别"智慧警务"建设,由市局部署到县局延伸到各派出所,以项目制、清单化和倒计时抓落实抓推进,形成了以改革驱动、实战引领、数据支撑的"1+6+7+X"情指行一体化合成作战体系,先后经受了G20峰会、党的十九大等重大安保任务的考验,同时制定治安防控体系等一系列三年规划,每年确定一批改革惠民重点任务、推进计划,每年组织公安改革创新大赛和微改革微创新活动,以"最多跑一次"改革撬动各项警务机制改革,有力提升了绍兴公安的核心战斗力。

（二）以力量兼融为抓手,建强实战指挥部

绍兴公安以大部门大警种制改革为方向,固化G20峰会等重大活动安保实战指挥体系,按照"集中、统一、高效"的要求,围绕"决策、指令、执行、监督"的职能定位,打破部门界限,整合警务资源,集成全市最优警力资源、最全数据应用和最高手段权限,着力构建一体化安保实战警务新机制。一是组建"一部"。依托情指联勤中心设立安保指挥部,由总指挥、执行指挥、执勤指挥和工作专班组成,全权负责当日所有公安业务的常规处理和即时性、突发性案事件指挥处置。二是成立"一中心"。将原指挥中心更名为情指联勤中心,作为指挥部的常设机构,立足指挥调度、即时服务、情报研判、合成作战、监督管理等职责,负责指挥部24小时日常运行保障;同时配套侦查、反恐、维稳、舆情等6个分中心,整合情指技网图等手段,实施全天候、保姆式、一体化运作。三是形成"一体系"。在县局和交警部门等设立分指挥部,在派出所建立综合指挥室,形成横向联通、纵向贯通的全时空、全覆盖、全响应的情指行合成作战体系。

（三）以资源互融为基础,推进基础信息化

绍兴公安建立健全基础信息常采常新机制,推动上升为市委市政府重点改革项目,被公安部授予全国14个之一的、浙江唯一的"全国公安机关基础信息化建设示范单位",为公安机关基层社会治理现代化创造良好的基础条件。一是基础信息全要素采集,以身份信息和标准地址为"信任根",专门列出派出所"一标三实五表"和10大警种24类采集要素"两张清单",明确63项必采项目。尤其结合G20峰会、党的十九大安保需要,制定重点要素采集名录,落实党政、公安"双签字双背书"。二是重点信息非接触采集,针对客运寄递物流等重点行业,研发6大类社会信息化采录平台,实现联网管理、实名管控;建立"天网"采集机制,利用视频卡口、人脸识别、城际系统等"多机共杆"手段,实现基础信息非接触、无感知、不扰民采集。三是警种信息专业化采集,针对"三所三队"及窗口单位专门设计采集标准格式,落实身高、人像、指纹、手机等"九必采",做到办理即采集、采集即录入,确保入库信息标准化、可共享。四是数据信息标准化采集,出台信息常采常新评估办法、信息质量奖惩问责规定,定期考核评估并纳入年度绩效,同时明确对八类重大恶性案件实行信息倒查、同案同奖,对准确率不达80%的信息"回炉重采"。

（四）以技术共融为支撑,盘活公安大数据

绍兴公安按照信息流、业务流、管理流"三流融合"要求,分期投资

3500万元量身定制情指行合成作战平台及八大模块,关联省厅25类资源、整合市局10大系统、汇集100亿条数据资源,成为盘活大数据的实战平台。一是"一图展现"。对110警情、巡防点位、车辆GPS及移动终端,实行一张图展示、可视化管理。同时,研发警情建档模块,自动关联110接处警系统,确保每起警情纳入监督;研发人员管控模块,逐一建档并实现轨迹管控,确保稳控在当地。二是"一网支撑"。研发请求服务模块,引导实战部门发起即时查询、合成分析等请求,一网式获取资源和手段调用,对基层开展即时支撑;研发情报研判模块,实现动态监测,服务支撑决策。三是"一键指挥"。研发指令核查模块,实行指令跨警种、跨层级点对点实时下发及响应;研发指挥调度模块,对全市跨区域重大警情实行可视化指挥、一键式布控,特别是封控指令已到秒级响应。四是"一体作战"。研发合成作战模块,指挥部根据各地各部门请求,同步上案、合围处置,形成"一点发起、全网响应、体系作战"的局面。

(五)以渠道通融为关键,打造警务共同体

绍兴公安创新发展新时代"枫桥经验",推广应用常采常新平台、群防云APP等应用软件,不断发展壮大"绍兴群众"、"红枫义警"、"越城好邻舍"等平安志愿者队伍,形成"人民治安人民管"警务共同体。一是社会化巡防。借助党政"四个平台",建立网格化巡防机制,发动13万"绍兴群众"以及5000名平安志愿者开展社会面治安巡防。二是法治化设防。在全市建成166个市际、县际、城际治安检查卡点,密织61个"1.3.5分钟"快速封控圈,部署25车553人"越剑"特战队,实行24小时常态化武装巡逻。三是智能化布防。发挥各警种优势,对进入监管场所违法犯罪嫌疑人员延伸时空开展分析研判,从中发现防控漏洞并跟进打击;建立涉毒驾人员及车辆的专题数据库,实现定期研判、精准布控、联勤抓捕;研发境外人员核查模块,实现合成研判、精准打击。四是专业化打防。完善绍兴公安"网上警校",建成全国一流的室内实战靶场和战术训练场,建立"训练日、射击日、集训日、比武日"等制度,组织全警警务技能大训练大比武,同时梳理明确系统开放、平台融合、情报共享、专业打防等33项警种入轨清单,创新情指行一体化合成作战打防训练体系,进一步提升专业化打防能力。

四、融警务的创新路径及具体措施

习近平总书记指出,要加强社会治理制度建设,完善党委领导、政府负责、社会协同、公众参与、法治保障的社会治理体制,提高社会治理社会化、法治化、智能化、专业化水平。我们认为,毛泽东思想催生了"枫桥经验",

习近平新时代中国特色社会主义思想孕育、发展了新时代"枫桥经验",同时也为新时代创新融警务新机制、打造"枫桥经验"升级版、推动社会治理现代化注入了强大动力。我们要牢牢把握对党忠诚、服务人民、执法公正、纪律严明的总要求,坚持政治建警、改革强警、科技兴警、从严治警、从优待警,不断创新融警务新机制,全面防控各类风险、化解社会矛盾、筑牢安全防线,不断增强人民群众获得感、幸福感、安全感。

(一)坚持以人民为中心,推动"三共融合",打造新时代社会治理新格局

党的十九大提出要打造共建共治共享的社会治理格局,体现了以人民为中心的发展思想,指明了新时代社会治理现代化的目标、方向和实现路径。公安机关必须坚持以人民为中心、以需求为导向,充分发挥"枫桥经验"为了群众、依靠群众的核心要义,推动共建、共治、共享的深度融合,打造新时代社会治理新格局。一是推动平安共建。主动适应人民群众对平安建设的新需求,把专项治理与系统治理、综合治理、依法治理、源头治理结合起来,打好扫黑除恶攻坚战、网络贩枪围剿战、暴恐犯罪速决战、民生问题保卫战"四大战役"结合拳,提高社会治理社会化、法治化、智能化、专业化水平,不断增强群众的获得感、幸福感和安全感。要发挥政治优势,推动形成党政牵头、各负其责、齐抓共管新局面,尤其要最大限度地把群众发动起来,打好专项斗争的人民战争,形成强大合力;坚持打早打小,进一步摸清底数、找准病灶、持续打击,形成压倒态势,严防坐大成势;推动标本兼治,把专项打击与基层治理结合起来、与反腐败"打虎拍蝇"结合起来、与基层政权建设结合起来,坚决铲除各类违法犯罪滋生土壤。二是推动多元共治。积极探索新形势下化解群体性事件新机制新手段,充分发挥公安机关职能作用,深入开展重大社会稳定风险防范化解专项行动,努力做到发现在早、防范在先、处置在小,防止经济领域安全风险向政治安全领域传导。要强化监测预警,会同金融、财政、住建等部门,运用数据化资源和手段,积极参与排查化解金融风险隐患,提高预测预警预防能力;讲究方法策略,按照化解存量、防控增量、讲究策略、有序可控的要求,依法查处金融、财税、资本市场、社会民生等领域经济犯罪案件,坚决惩戒违法违规活动;回应群众诉求,综合运用教育及民事、行政、刑事等多种手段,切实做好追赃挽损、维护稳定等工作。三是推动网络共享。牢固树立正确的网络治理观、网络安全观,切实把防控好网络安全风险作为推动融合共享的重大工程来抓,进一步维护网络政治安全、提升网络治理能力、构建网络治理体系。要加大对自媒体和网络直播平台的监管和执法力度,深化网上防范、管控和打击等措施,规范网络信息传播秩序,最大限度地挤压网络谣言和有害信息滋生空间;紧紧抓住

群众反映强烈的网络贩枪、网络传销、电信网络诈骗等新型网络犯罪，深化打击整治行动、网上巡查执法，坚决打掉网络黑灰产业链；着眼网络安全动员和依法管网治网能力建设，建立健全网络生态治理中心，不断完善政府监管、网站自净、网民自律、社会监督等多主体协同治理模式，构建多领域、多层次、多形式的互联网行业自律和共同治理新规则，努力让互联网在法治轨道上运行，成为推动社会治理融合共享的基础平台。

（二）坚持以善治为目标，推动"三治融合"，形成新时代社会治理新体系

党的十九大报告指出，加强农村基层基础工作，健全自治、法治、德治相结合的乡村治理体系。推动自治、法治、德治的深度融合，是新时代"枫桥经验"的精髓，也是新时代社会治理创新的发展方向。公安机关要以新时代人民群众新需求为导向，把依靠群众、服务群众作为着力点，尊重人民主体地位，引导群众增强自主意识，积极参与社会治理，尤其要善于在加强与群众的沟通联系中增进与群众的感情，善于在真心为群众办实事、解难事中赢得群众的信任，进一步打牢社会治理的民心基础。一是以自治为基础。推动党委、政府健全以群众自治组织为主体、社会各方广泛参与的新型社区治理体系，促进民事民议、民事民办、民事民管。公安工作的重心在基层，基层稳，则全局稳；基层强，则全局强。从某种意义上讲，基层的实力决定了公安机关的战力，基层的活力决定了公安机关的效率。要推动机关减肥瘦身、基层强身健体，把工作的重心放到基层、精力用到基层，静下心来、扑下身子、肯下苦功，尤其要进一步解放派出所，让派出所回归到服务群众、管理基层、化解矛盾等主业上来，不断增强基层实力、激发基层活力。二是以法治为保障。引导社会成员养成在法治轨道上主张权利、解决纷争的习惯，发挥好执法司法、法律服务、法治宣传教育在崇法尚德、移风易俗中的积极作用，努力使循法而行成为全体公民的自觉行动。公安机关要聚焦"法治公安"目标，深入推进公安执法规范化建设，努力让人民群众感受到社会公平正义。更新执法理念，善于运用法治思维和法治方式维护稳定、化解矛盾、处理问题，及时研究推出相关法律法规和政策指导意见，尽可能减少对经济、民生的影响，最大限度地稳定人心、争取民心，也为基层一线民警依法履职提供有力支撑；规范执法程序，紧紧围绕以审判为中心的诉讼制度改革，合理划分公安机关办案层级管辖范围，推动刑事办案机制改革，健全完善执法标准、执法细则和实战指引，为民警执法执勤提供精确指导；强化执法监督，全面推行执法全流程记录和网上执法巡查机制，确保所有执法活动都有据可查、可回溯式管理，不断提升公安执法管理水平。三是以德治为引领。充分发挥传统文化优势，大力弘扬社会主义核心价值观，通过乡贤的力量、乡规民约

的权威、生活礼俗的教化,引导人们行为、规范社会秩序、平息矛盾纠纷,努力把社会和谐稳定建立在较高的道德水准上。尤其要发挥党政"四个平台"作用,深入推进"三调联动"、"公调对接",推广"群蓝星"、"乡贤会"、"红枫义警"等做法,做到自己的事自己办、大家的事商量办。

(三) 坚持以预防为基点,推动"三防融合",构建新时代社会治理新模式

党的十九大报告指出,要建设平安中国,加强和创新社会治理,维护社会和谐稳定,确保国家长治久安、人民安居乐业。新时代"枫桥经验"的重心是预防。公安机关要牢固树立以人民为中心的公共安全观,紧密结合立体化、信息化社会治安防控体系建设,统筹推进人防、物防、技防的深度融合,织密织牢公共安全网,让社会更安定、百姓更安宁。一是要以打促防。坚持"什么犯罪突出就重点打击什么、哪里治安混乱就重点整治哪里"的原则,因地制宜、毫不间断地开展打击整治行动,切实增强针对性、主动性。严厉打击枪支爆炸物品不动摇,持续开展缉枪治爆专项行动,坚决遏制涉枪涉爆犯罪高发势头;严厉打击盗抢骗等多发性侵财犯罪,不断提高破案率、挽损率;严厉打击黄赌毒、食药环等专项行动,着力营造清朗的社会风气、清和的治安秩序、清亲的警民关系;同时要建立健全打击犯罪新机制,善于运用多警种协调联动、多手段同步办案新打法,形成全国一盘棋的一体化作战格局,提高打击跨区域犯罪和新型犯罪能力。二是要化解矛盾。大力推进警务共同体建设,积极构建集调解、仲裁、行政、诉讼等于一体的多元化矛盾纠纷解决体系,总结推广"网上枫桥经验",推动社情民意在网上了解、矛盾纠纷在网上解决、正面能量在网上聚合,使社会治理从单向管理向双向互动、线下向线上线下融合、单纯部门监管向社会协同转变,努力做到矛盾不上交;加强对扬言报复社会人员、涉邪教人员以及矛盾突出、生活失意、心态失衡、行为反常的特殊人群动态排查、思想教育、心理疏导,并落实管控措施;积极做好刑满释放人员安置帮教、肇事肇祸严重精神病人免费救治、青少年违法犯罪深化预防,以及吸毒人员教育矫治、戒毒医疗和康复训练等工作,防止危害社会。三是要防范风险。始终坚持防控优先不动摇,完善落实社会稳定风险评估机制,把决策的过程变成尊重民意、化解民忧、维护民利的过程,最大限度地把风险隐患消除在萌芽状态、控制于始发未发阶段。以重点领域、行业、物品全链条安全监管为目标,毫不松懈地抓好学校、医院、商场及大型综合体等公用设施的安全防护,防止发生重大公共安全事故;深入开展消防隐患排查整治,严防高层地下建筑、"三合一"场所、群租房等火灾高发场所失控漏管;以防事故、保安全、保畅通为目标,健全重点单位、车辆、道路的常态监管机制和疲劳驾驶、超时行驶等突出问题的查控机制,严防发生

重特大交通事故;健全公交企业安全生产经营主体责任机制,全面落实视频监控、快速安检、监测报警、应急处置等措施,确保人民群众出行安全;按照G20安保标配,不断完善寄递物流安全风险分级管控和隐患排查治理机制,严格安全准入条件,落实收寄验视、实名收寄、过机安检制度,筑牢源头防范关口,最大限度地预防减少公共安全事故。

(四)坚持以创新为动力,推动"三化融合",提升新时代社会治理新水平

党的十九大报告指出,创新是引领发展的第一动力。当前,以互联网、大数据、人工智能为代表的新一轮科技革命方兴未艾,为新时代"枫桥经验"插上了科技的翅膀。公安机关要认清大趋势、抓住大机遇,把顶层设计与基层探索结合起来、科技创新与体制变革结合起来,深入实施公安"大数据"战略和"智慧警务"建设,推动一体化、智能化、网络化的深度融合,为新时代公安工作赶超发展打造新动能、开辟新境界。一是实行情指一体化。习总书记指出,要打造坚强高效的战区联合作战指挥机构,构建中国特色现代作战体系,担当起党和人民赋予的新时代使命任务。对公安机关来说,就是要坚持问题导向、实战引领,加快构建扁平化管理、专业化建设、实战化运行的现代警务机制。特别要深入推进情指行一体化合成作战体系建设,不断推进机制融合、业务融合、数据融合,充分发挥技网图侦的手段、信息和资源优势,形成纵向贯通、横向集成的可视化、一体化指挥决策落地体系。坚持高起点规划,紧紧抓住国家实施大数据战略的机遇,不断完善公安信息基础设施建设,统一技术规范标准、基础数据标准、数据开放标准,努力构建物理分散、逻辑统一、管控可信、标准一致的科技信息化资源体系;坚持高水平建设,统筹制度优势和技术优势、科技人员和公安力量,通过共同研发、项目外包、购买服务等方式,抢占公安智能化建设制高点;坚持高共享发展,按照共建共享、互联互通、开放兼容的原则,积极搭建快速便捷、安全可靠的公安大数据平台,深入推进"雪亮工程"建设,推动城乡视频监控连接贯通,促进技术融合、业务融合、数据融合,发挥体系作战效能。二是实施警务智能化。习总书记指出,要加快军事智能化发展,提高基于网络信息体系的联合作战能力、全域作战能力。公安机关要坚持从实战出发,推动由信息采集、数据汇聚、线索串并等浅层次应用,向全面展现、精准预测、智慧决策等深度应用转变,尽快实现规模化应用,促进公安工作跨越式发展。要精准防控,建立以社情、警情、案情、舆情为基础的社会治安指数平台,自动对风险隐患作出定性定量分析和分级分色预警,努力提升公安机关预测预警预防的能力和水平;高效打击,加强公安专业侦控手段建设,加快对传统侦查手段的智能化改造,创新侦查、研判、指挥一体化实战机制和网上网下一

体化打防管控模式，实现对各类违法犯罪的高效、精准、规模打击；科学决策，通过公安大数据分析，准确把握执法运行态势，科学调配公安执法资源，提高决策科学化、精准性、高效性。三是实现服务网络化。习总书记指出，要着力推动互联网和实体经济深度融合发展，以信息流带动技术流、资金流、人才流、物资流，让亿万人民在共享互联网发展成果上有更多获得感。公安机关要牢记人民公安为人民的庄严承诺，善于运用"互联网+"的思维，深入推进"最多跑一次"改革，为群众提供全天候、零距离、无障碍的公共服务。要实行一证通办，以居民身份证为唯一信任根，让群众只凭一张身份证即可办理全部业务；实行一站通办，依托公安综合服务平台，打通各地各警种信息资源壁垒，让群众在公安机关的任何一个窗口均可办理所有涉及公安的服务业务；实行一网通办，结合"互联网+政务服务"建设，把所有可拓展上线的公安窗口服务延伸到网上，形成建设集约、服务集聚、数据集中、管理集成的"越警管家"等公众服务平台和"微警务"集群，推动公安服务事项跨区域远程办、跨层级联动办、跨部门协同办，努力让群众在掌心里、指尖上就能办成事、办好事。

（五）坚持以党建为引领，推动"三感融合"，筑牢新时代社会治理新防线

党的十九大报告指出，党政军民学，东西南北中，党是领导一切的。坚持和完善党的领导，是党和国家的根本所在、命脉所在，是全国各族人民的利益所在、幸福所在。公安机关要紧紧抓住党建引领这个"牛鼻子"，深入实施"五星示范、双强争先"等系列创建活动，推进群众获得感、幸福感、安全感的深度融合，努力为筑牢新时代社会治理新防线打好坚实的思想基础。一是以新思想来武装。牢固树立"一切工作到支部"的鲜明导向，发挥好基层党组织的示范引领作用，深入组织开展"不忘初心、牢记使命"主题教育，教育引导广大民警把学习贯彻习近平新时代中国特色社会主义思想转化为对党忠诚、为党分忧、为党尽职、为民造福的实际行动，推动党建与队建同部署、同落实、同考核，切实增强组织力、感召力、影响力，使其成为服务群众、凝聚人心、化解矛盾、促进和谐的坚强战斗堡垒。二是以新技术为引领。坚持干什么学什么、缺什么补什么，健全大学习大训练机制，确保民警跟上时代节拍、担当时代重任。尤其要以宽广的视野、敏锐的眼光、多维的角度，综合运用科技信息化手段，提高有效防控风险的能力；善于从法律视角和社会视角通盘考虑法理、事理、情理，既要严格依法办事又要注重社会效果，提高运用法律政策的能力；以开放包容的心态面对新媒体、接受新媒体、应对新媒体，善于运用公众的感受、记者的视角、新媒体的话语体系，推动正面宣传更积极、政策解读更深入、舆论引导更有效，提高把握新媒体自媒体

的能力。三是以新机制促保障。以情指联勤中心为龙头，完善机制、搭建平台，统筹好各方资源和力量，把社会成员组织起来，形成社会治理工作合力。特别是要用足用好公安自身力量，进一步优化选人用人机制，按照好干部标准和高素质专业化要求，突出政治标准、坚持优中选强、强化实战磨炼，把好干部培精心养起来、及时发现出来、合理使用起来；优化人才培养机制，结合大学习大训练，健全常态化轮岗交流、锻炼培养、人才储备，着力提高队伍专业化职业化水平；优化暖警关爱机制，坚持严管与厚爱并重，健全完善表彰奖励制度和入警宣誓、从警年限、光荣退休等职业荣誉仪式制度，打造"民警管家"服务中心等为民警服务的综合保障平台，解决民警就医、子女入学、配偶就业、执法维权等优抚措施，旗帜鲜明地为民警撑腰鼓劲，不断增强民警职业认同感和归属感。

新时代农村道路交通安全治理实践创新与思考

包庆瑶* 何烈云**

摘　要：农村道路不仅是农村与城市两个空间的连接纽带，也是农村和城市经济沟通、文化交流的桥梁，在促使农村迅速发展的过程中功不可没。但是在农村经济发展的同时，农村道路安全问题开始凸显，并且变得多样化、严重化。由于道路规划建设与交通发展要求的矛盾不断强化，道路基础设施落后，警力不足，农村道路交通安全管理工作的开展变得举步维艰。"枫桥经验"坚持了党的群众路线，旨在发动和依靠群众的力量去化解矛盾，实现社会的长治久安。践行"群众路线"是农村道路交通安全治理的核心思想，将农村道路交通安全工作由管理转变为治理的举措，是"枫桥经验"在新时代下的传承与发展。

关键词：乡村振兴战略　"枫桥经验"　群众路线　农村道路　交通治理

"天下之治乱，不在一姓之兴亡，而在万民之忧乐。"自新中国成立以来，中国共产党通过采取四十年改革开放等系列措施，助力7亿多农村人口消除贫困，全面建设小康社会的进程在此向前迈进了一大步。然而，农村经济的发展也导致了道路交通安全问题恶化。道路现状与出行需求的矛盾持续强化，在基础设施落后，警力不足的背景下，农村道路交通安全管理工作的开展举步维艰。

＊ 包庆瑶，浙江警察学院本科在读。
＊＊ 何烈云，浙江警察学院讲师，硕士。研究方向：城市组织规则，道路交通安全，道路交通管理。

"枫桥经验"是党治理理念创新实践的成果,通过共建共治共享实现社会的长治久安。借鉴"枫桥经验",将其主要思想运用到农村道路安全治理体制的构建中去,顺应当前局势,将单一的交警管理转化为警民共治,构建新时代农村道路交通安全治理体制,是解决当下农村道路问题的良策。

一、农村道路交通要素及特征

人、车、路作为道路交通的三大因素,改革开放四十年来,农村的出行工具种类、驾驶人构成及农村道路通行条件发生了翻天覆地的变化。

(一)车辆种类和数量

改革开放初期,农村居民出行普遍依靠畜力车。随着经济条件的改善,自行车开始流行起来,随后三轮车、电动车、摩托车、小货车、小轿车都陆续出现在农村的道路上。国家统计局官方网站公布了2017年中国居民汽车保有量,全国每百户家用汽车拥有量29.7辆。而在浙江省第三次农业普查主要数据公报中,农村常住居民家庭每百户家用汽车拥有量就达到了47.5辆。另外,摩托车、电瓶车均成"指数型"增长,平均每百户拥有摩托车、电瓶车高达113.0辆。新时代农村交通流量增长快、节假日交通拥堵现象、交通工具多样化的特点由此凸显。基数不断增大,而道路条件极度有限,这给新时代农村道路车辆的管控工作造成了极大的困扰。

(二)驾驶人组成和数量

尽管农村人口总数在城镇化建设的推动下显著下降,但我国仍处在农村人口过半的历史阶段。农村人口年龄两极分化,交通素质和安全意识普遍较低是农村交通多样化的一个重要原因。老年人、农民、中小学生及学前儿童、外省驾驶人等特殊交通群体更需要引起关注。据统计,浙江省60岁以上的老年人发生交通事故死亡1624人,占死亡总数的40.9%。其中老年人步行发生交通事故死亡657人,骑(乘)电动自行车发生交通事故死亡362人,骑(乘)三轮车发生交通事故死亡232人,骑(乘)自行车发生交通事故死亡115人。驾驶员素质参差不齐,年龄跨度大,道路交通管理难以开展,是当下农村道路安全管理亟待解决的一大难题。

(三)道路通行条件

自2004年"村村通"计划开始实施以来,"想要富,先修路"的理念不断深入人心,农村城镇化建设持续加速,一条条公路承载着村民发家致富的愿望开始从农村通往外面广阔的世界。以浙江省为例,10多年时间,浙江省完成新改建通乡通村及农村联网公路9万公里,年均增长近30%,投资369

亿元，超过以往 50 多年农村公路投资总和。浙江省公路总里程 12 万公里，农村公路总里程 10.8 万公里（其中，县道 2.9 万公里、乡道 2 万公里、村道 5.9 万公里），占公路总里程的 90%。浙江第三次农业普查数据显示全省有高速公路出入口的乡镇占 25.3%，99.9% 的农村建设了公路。"村村通"给农村带来便捷，却也让生活在农村里的人们时常抱怨，交通部门重建轻管使原本的幸福路变得千疮百孔，农村道路路面损坏严重，安全设施不到位的弊病没有得到彻底解决。

二、新时代农村道路交通安全面临的三大矛盾

（一）农村道路交通高速发展与农村道路交通安全隐患的矛盾

随着"村村通"、平安中国建设和城乡一体化建设的推进，农村公路里程不断快速增加。但是新的道路建设规划却无法满足农村道路高速发展的要求，使得道路交通事故频发。一是道路设计与布局不科学。在设计主干道衔接时没有考虑到车流量的变化、急弯陡坡视角阻挡、临崖临水路段缺少安全防护设施、贯穿农村的道路车道功能定位不准确，机动车、非机动车与行人混杂通行，造成了极大的交通安全隐患，很容易造成重大交通事故。二是道路建设质量与后期管理不够格。道路建设部门将工作重心放在建造更长的公路，而没有注重道路的质量和后期的维护。家家户户门前通上了路，可过一段时间路面就变得坑坑洼洼；村内道路建成之后无人管理，农民沿街晾晒谷物、摊贩沿街摆设摊位，凡此种种，严重影响到车辆的正常行驶，修建道路的初衷很难得以维持。三是道路基础设施设置与配备不到位。道路的狭窄、道路护栏、标志标识的缺失以及停车位的不足导致了一系列问题的产生。例如上下学时间段的交通流量变大，校门口缺乏有效的交通导流和停车管理，人车混杂，不仅通行效率低而且安全隐患极大；节假日的返乡潮，停车位设置不能满足激增的车辆数需求，私家车随意停靠，道路更易出现堵塞；主路与支路的衔接处、急转弯处没有警告标志，有建筑物阻挡到驾驶员视野处没有凸面广角镜，都是导致重大交通事故频发的原因。

（二）农村道路交通复杂环境与农村交通参与者意识落后的矛盾

"扶困脱贫"工作不断推进，农村的经济持续稳定地发展，但是农村交通参与者交通安全意识和交通法规意识并没有随着经济的发展而进步，这与农村地区缺乏交通法律知识的宣传有很大关系。首先，一些一直生活在农村的老人，在他们的观念里没有"一停、二看、三通过"，对机动车道路、非机动车道路与人行道路的区分也没有深入认识。其次，电动车驾驶人骑车没有明

确的交通秩序观念，不戴安全头盔、车辆违法载人、逆向行驶、不按交通信号灯通行等交通违法行为层出不穷。再者，农村机动车驾驶人的驾驶技能无法适应农村复杂的交通环境。农村道路上车辆行人混杂通行，远不如有明确功能划分的城市道路来的秩序井然。很多城市已经形成了礼让行人的交通氛围，而农村地区还时有因为车辆与行人抢先通行造成的交通事故。

（三）农村道路交通多面管理与农村交通管理力量薄弱的矛盾

农村车辆数呈"指数型"增长，农村道路里程与日俱增，但农村道路管理力量却增长缓慢。首先，我国 3.7 万多个乡镇仅有 1 万多个乡镇中队，农村公路里程连年上升，而农村地区交警编制基本不变，实际警力没有增加反而减少，出现了许多"无警中队"。农村交通管理力量的巨大欠缺使原本艰巨的农村道路安全管理工作雪上添霜。其次，传统思想下的交警与公安工作分配进一步加重了交警的负担。由于近几年来各地城市道路排堵保畅工作、各种形式的城市创新创优工作牵制了大量人力和物力，导致原本就警力不足的公安交通管理部门更加手忙脚乱，势必会影响到农村道路日常交通管理工作的质量。再者，交通管理工作开展形式化、教条化，效率日趋下降。走马观花式的路面巡逻不能察觉显而易见的安全隐患；形式主义的宣传教育不能做到让交通安全意识深入人心；简单化的车辆登记管理无法确保时时动态管控；千篇一律的交通事故处理无法总结发现事故频发背后的原因。另外，农村交通管理人员的专业程度和技术能力不尽如人意。乡村道路安全环境更为复杂，管理者和执法者不仅要在事故现场有更多的处置经验和技巧，更要有丰富的法律知识和交通专业知识去发现和解决安全漏洞，预防交通事故的发生，从源头降低事故的发生率。

三、"枫桥经验"下新时代农村交通治理体制的构建方向

1963 年浙江省诸暨县枫桥区公安机关首创"小事不出村，大事不出镇，矛盾不上交，就地化解"、"帮扶刑满释放人员"、"外来务工人员管理新模式"三大工作方法，并通过不断的推广和发展，形成了"枫桥经验"。"枫桥经验"贯彻了党"一切为了群众，一切依靠群众，从群众中来，到群众中去"的思想路线，其最基本的两条经验就是依靠群众和化解矛盾。2018 年，习近平主席在纪念毛泽东同志批示"枫桥经验"50 周年大会上就坚持和发展"枫桥经验"作出重要指示，强调新时代"枫桥经验"主要内容是在开展社会治理中实行"五个坚持"，即坚持党建引领，坚持人民主体，坚持"三治融合"，坚持"四防并举"，坚持共建共享。

党的十九届四中全会首次将"枫桥经验"写入中共中央全会《决定》。

在农村交通迅速发展的新时代下，传统的由交警单独负责的交通管理方法已经不再满足当下农村道路交通安全工作的需求。要实现提高道路通行能力，保障道路通行安全，确保道路事故处理效率，必须坚持以"枫桥经验"为指导思想，贯彻执行"五个坚持"，充分调动和发挥农村群众的力量，防治结合，加快构建新型警民关系，积极推动农村道路安全工作由单一的交警管理向党政推动、警民共治转换。

（一）坚持公安机关在"枫桥经验"下开展新时代农村交通治理的主导地位

1. "枫桥经验"是由公安机关深入开展群众工作，践行群众路线总结提炼出来的。道路交通治理涉及公安、城建、卫生、交通、宣传等多个方面，要改变交警"单打独斗"的局面，要求落实部门分工，实现多警联动，强化部门协作，共同推进农村道路管理多元化，这就需要有一个能涉及这些领域并且能沟通协调的组织来领导全局。党政机关作为领导，要积极沟通协调各部门力量，整合社会资源，努力搭建一体化管理平台，确实保证管理高质量。

2. 走进群众生活，倾听群众诉求，全心全意为人民服务是"枫桥经验"在新时代下的弘扬与发展。公安机关农村道路安全治理工作中要强调对路况的管控监测，及时发现各类道路交通安全隐患。首先要对农村内道路情况进行普查，对问题隐患整理汇总，通过走访、问卷等形式切实了解群众出行的需求与面临的问题，整合资源，统筹全局，集中整治。其次要规范农村交通标志标线设置，充分考虑农村居民的出行特征，结合当地自然条件，对农村道路规划提出合理化建议和意见。第三要针对农村群众生活中迫切需要解决的问题，结合资源与路况，完善农村道路配套设施，实现现有资源的最大利用。例如农村学校上下学期间的道路堵塞，可以采取"限时限量"的政策，在特定时段减少周围居民的出行量，对道路进行合理规划，拓展停车位数量。对农村内的主要道路，要加强日常管理，严格取缔非法停车位，合理设立交通信号灯，优化路网结构，提高出行效率。

（二）发挥农村基层自治组织在新时代农村交通治理中的积极作用

1. "枫桥经验"来源于基层，基层对于"枫桥经验"的传承创新发展占据举足轻重的地位。农村道路安全管理是一项艰巨而繁杂的工作，需要细致、精确、到位的管理。村民委员会作为农村中的基层自治组织，与群众有着最直接最密切的联系，直接反映了人民群众的利益需求，有利于增加群众参与的积极性。在农村交通治理工作中，将道路按照自然村划分，各村村委会对于自己负责的路段建立"一村一册、一路一档"管理机制，把自己村内的道路总长、平均车流量和人流量、日常道路维护检查情况、重大交通事故和事故频发路段记录在册，做到心里有底。定期展开路面情况检查，及时发现、登记、处理道路问题，做到"矛盾就地解决"。

2. 基层自治组织是践行"枫桥经验"的重要载体。《道路交通安全法》第4条规定："各级人民政府应当保障道路交通安全管理工作与经济建设和社会发展相适应。县级以上地方各级人民政府应当适应道路交通发展的需要，依据道路交通安全法律、法规和国家有关政策，制定道路交通安全管理规划，并组织实施。"在农村这样警力单一薄弱，部门之间缺乏联系沟通的地区，基层自治组织要根据自身实际，在公安机关领导下，积极配合，填空补缺，贯彻执行中央决议，建立健全农村交通自治体系，实现农村交通的群防群治。确保交通管理延伸到每一条街，把责任落实到每一个人，消除管理盲区，实现管理全覆盖。四川省南充市南部县公安局建立健全农村交通管理体系，成立了"农村交管工作站，形成一村一警管点，片区联合执法中队管线，乡镇交管办管面，县交管办统筹管理"的三级管理网络，开创了"一个中队、一个交管办、一村一警、一社一劝导员"的农村交通安全治理新体制。

3. 发展新时代"枫桥经验"，发挥"村两委"干部先进带头作用，党建引领基层治理。在农村基层自治工作中，村干部应积极发挥先锋模范作用；在农村道路交通安全治理工作中，村干部要走在前列。村干部要带头遵守法律法规，执行党的决议和政策，自觉维护社会秩序。在社会需要的时候，党员要主动承担维护秩序的责任，吃苦在前，享乐在后，要把农村各界的党员和退休党员的力量汇聚在一起，发挥各自的优势，深入群众，克己奉公，关心群众冷暖，为创造和谐社会不断努力。例如，在农村交通事故纠纷中，村干部充分考虑群众的立场，对双方的问题进行调解，尽量做到"矛盾就地解决"；在节假日期间，农村车辆数增多，道路通行率下降，极易造成交通堵塞，村干部要主动站出来担任"义务交通疏导员"，参与交通治理工作，组织车辆正常通行。

（三）提高群众在"枫桥经验"下开展新时代农村交通治理的参与程度

1. "依靠群众，发动群众"始终是"枫桥经验"的核心灵魂。农村地区邻里之间相互熟悉，发动居民的力量进行道路交通治理，不仅更加高效地制止交通违法行为，而且能加强对居民自身的宣传教育。对此，要突出重点，对交通违法行为严抓严打。设立"严管路"，组织群众参与到每周开展的专项整治活动中去。让群众成为交通治理的一分子，就像交管部门长了"千里眼"和"顺风耳"，能更加及时准确地听到群众的心声，解决群众的困难，同时提高群众的安全意识，形成"不敢违，不能违，不想违"的有效机制，切实做到发挥群众的力量做好群众工作。浙江温岭的"平安温岭"建设的内容之一就是道路交通安全治理活动。当地交警充分发挥了群众的力量，创办"百万群众当交警"。一方面由交警带领志愿者，在重要路口制止劝导不文明的交通行为，起到了很好的宣传教育作用，另一方面加强了对行人、非机动车闯红灯、不戴头盔等交通违法行为的惩治。活动开展后，全市同年交通事故死亡人数减少了106人，交通违法行为大幅度减少，群众交通出行素质普遍提高。

2. 多元共举，拓展治理新途径，打造"枫桥经验"新平台。微信作为一种新兴媒体，传播范围广，传播效率高，交通宣传部门可以充分利用微信群、公众号、朋友圈的功能，引导群众主动参与到道路交通自治工作中来，实现交通管理双向互动。云上公安，智能交通的运用有效缓解了警力紧张的问题，开创了群防群治新形势。这些新兴科技不仅适用于城市管理，同样适用于农村交通自治工作。强化农村道路电子化管理，加快视频监控和电子警察在农村道路安全管理中的普及，做到路口监控全覆盖，交通违法行为全记录，解放警力，提高能力，在朋友圈内发布实时路况，做到交通信息实时推送，提高农村居民对交通情况接收的及时性与准确性。创办农村交通公众号，针对路况、交通事故进行每周汇总、每月总结，将突出问题和建议对策以文章的形式发布，及时传达解读中央对道路管理实施的行动政策。同时也可以与电视台合作，把镜头对准马路，直播交警执法。一方面可以让群众监督执法，另一方面通过曝光交通违法行为，给交通参与者敲警钟，营造"不想违法"的交通氛围。鼓励群众将意见与建议发送到公众号或微信群，鼓励群众举报交通违法行为，设置专人负责，确保群众遇到问题有地方说，说出来就能解决。要让群众真正感受到自己是交通治理中的一员，既是公共交通的参与者，也是监督者。

3. "枫桥经验"始终坚持群众路线，从群众中来，到群众中去。农村交通安全治理要推动"源头管控"，想在事故前、做在事故前、防在事故前，提升公民交通安全意识是农村交通安全治理工作的治本之道。因此，交通安全工作的立足点也应是做强交通安全宣传。农村地区中老年人与未成年人占比较大，展开多形式、全方位宣传是增强其交通责任意识和交通安全意识的必要工作。农村老人多以独居为主，缺乏对新科技、新法规的认识，交通安全意识较低。对农村老人的宣传要强调"走进门去"，拉近与老人的距离，上门宣传。不仅要通过村委会、老年活动室协作展开宣讲，利用板画、视频、海报等形式，直观体现交通事故的危害程度之大，让老人认识到提高交通安全意识的重要性，更要切实解决老人出行中的问题，例如农村公车的班次少，整合利用私家车资源解决老人出行需求。只有使老人切实感受到生活上带来的便利，提升其幸福感，才能让老人真正地配合工作，信任公安。针对农村未成年人的交通宣传,要利用好校园资源,打造交通特色校园品牌。除了让交警到学校去面对面宣传教育,还可以组织学生到马路上切身体会,开展"红领巾在马路上"活动,增强学生的体验感,也可以通过学生向家里的长辈交流心得进行二次宣传。另外要借用传统新闻媒体的力量,结合农村主要交通问题,重点针对农村老人、儿童以及非机动车,拍摄播放交通安全宣传教育片,让交通安全知识深入人心。

4. 化解矛盾是"枫桥经验"最基本的经验之一,农村交通自治要进一步推进警调衔接机制。依靠群众的力量化解群众纠纷是新时代乡村交通安全治理的重要手段。农村地区家家户户都相互熟悉,相比交警而言村干部和党员对村民来说更具有说服力和可信度。遇到纠纷,农村居民最先想到的会是村干部,公安机关要以此为切入点,强化与村干部的沟通,遇到问题主动联系村干部进行调节。可以在村内建设交通事故纠纷调解室,由村民民主选举出调解员,候选人可以是村内的先进党员、退休干部或者德高望重的群众。有过交通违法行为但教育后及时改正,后期表现突出的人员也能作为义务调解员,结合自己的亲身经历,对新的交通违法行为人进行教育,献身说法。调解员要组成体系,强化对法律知识的学习,相互沟通交流自己的调解之道,定期展开调解业务培训,不断提升调解能力,时刻准备好为村民化解矛盾纠纷,排忧解难,提高村民的幸福感。另外要整合资源,运用科技,构建矛盾纠纷线上化解平台,突破传统调解模式,跨越地理障碍,使调解变得更便利,打造特色品牌。坚持"以人民为中心"的根本立场,化解矛盾,解决纠纷,降低纠纷和上访数量,提升农村人民的安全感和满意度。

四、结束语

党的十九届四中全会中再次强调了"乡村振兴战略"的重要性,农村道路交通治理是影响农村发展的重要因素,是农村的重要民生,是"中国梦"、"美好乡村"建设的基石。而农村交通安全治理也是一项需要长期坚持、多方合作的艰巨工作,做好新时代农村道路交通安全治理工作,要充分借鉴"枫桥经验",践行"群众路线",充分发挥群众力量;要多方合作,协同共治,构建"共治+自治+普法+执法"农村道路交通管理体制,有效提高农村交通安全自治能力,从源头减少事故的发生,确实保障群众的生命安全和财产安全,努力打造和谐美好的农村交通环境。

深化基层社会治理现代化：
南京公安民意110的探索与实践

宋雅言[*]　张　练[**]

摘　要： 为着力解决公安执法服务工作中长期存在的不作为、慢作为、乱作为以及公众参与度较低、认可度不高、获得感不强等问题，南京市公安局探索建立了以民意主导警务为核心的"民意110"机制，建立健全执法服务"好差评"制度，将人民群众具象为每一个执法服务对象，创新了公众参与公安执法和社会治理的路径方式，充分保障了社会公众的知情权、参与权、表达权和监督权，有效提升了警务执行力和执法公信力，形成了基层社会治理现代化的南京样本。

关键词： 社会治理　民意110　公众参与　好差评

社会治理现代化是国家治理体系和国家治理能力现代化的重要内容，旨在用中国的话语来解释中国的社会问题，构建与当今中国社会的发展现状和目标要求相适应、为国家改革发展与治理能力现代化提供支撑的实践创新。随着市场经济的发展，以及工业化和城市化进程的加速，全面深化改革逐步深入推进，社会治理中的许多新现象、新问题也不断凸显，更多的治理痛点需要在改革创新中进行化解。维护国家安全和社会治安秩序，保护公民的合法权益，是公安机关的重要职责。在进行社会治理过程中，公安机关是维护社会公平正义的重要力量，公安执法服务是社会治理体系和治理能力的重要组成部分，群众参与率较低、认可度不高、获得感不强等问题是社会治理也

---

[*] 宋雅言，现就职于江苏省南京市公安局警务效能监察支队。
[**] 张练，现就职于江苏省南京市公安局警务效能监察支队。

是公安执法服务面临的共性难题。在社会多元化的条件下，全面深化改革，需要寻求和凝聚社会共识。卢梭在《社会契约论》中提出过"众意"和"公意"的观点，认为"众意"是基于私人利益的个别意志的总和，"公意"作为公共意志，则着眼于公共利益。但二者的基础都是民意，正确的民意才是社会治理的最高依据。对此，南京市公安局在执法服务过程中把民意作为第一信息源，聚焦民意诉求，落实问题整改，强化建章立制，持续提升警务效能，打造科学、高效、现代的民意主导警务模式，走出了一条尊重民意、汇集民智、凝聚民力、改善民生的新路径，为社会治理现代化中的公安实践提供了南京样本。

一、民意110的时代背景与实践需求

党的十八届三中全会首次提出"推进国家治理体系和治理能力现代化"，为国家治理能力的提高和基层社会治理的发展指明了方向。2015年7月，为进一步创新社会治理，南京市公安局按照深化公安改革总体部署，建立了民意110，使人民群众成为公安社会治理的合伙人、共同体，让治理更加精细、更为智慧、更具质量、更有温度。

（一）民意110的时代背景

从党的十七大报告到十九大报告，"社会管理"改为"社会治理"，一个字的变化反映党对群众需求变化的认识和重视。中共中央政治局委员、中央政法委书记郭声琨在坚持和完善共建共治共享的社会治理制度论述中提出，我国社会主要矛盾已经转化为人民日益增长的美好生活需要和不平衡不充分的发展之间的矛盾，人民不仅对物质文化生活提出了更高要求，而且在民主、法治、公平、正义、安全、环境等方面的要求日益增长，更加重视知情权、参与权、表达权、监督权，参与社会治理意愿强烈，希望在促进社会发展中更好地实现人生价值。这也符合马洛斯需求层次理论，当一个人满足了较低的需求之后，就会出现较高级的需求。

在当前社会矛盾和人民需求不断变化的时代背景下，现代社会治理不应只是某个单一主体主导，而应是由政府、企业、社会组织、公民等共同协商共同治理来实现的。传统的自上而下的管理学思维不再适用社会治理新要求，基层社会的治理离不开社会组织和广大人民群众的共同参与。在当下中国的政治实践语境下，社会治理是在执政党的领导下，由地方各级政府主导并负责，社会成员和社会组织等多种主体协调参与，共同管理社会公共事务、供给公共服务产品、维护社会秩序、化解社会矛盾和纠纷、满足社会公共利益需要的活动。在这个过程中，公安机关扮演的角色，由原来的国家机器重要

组成部分，逐渐转变为为人民群众竭力提供优质高效的公共安全产品和服务，并切实担负起维护社会公平正义的"守护人"。

当前我国正在加快推进社会治理现代化，社会治理要把提升老百姓的幸福感作为最高准则。幸福是指人类基于自身的满足感与安全感而主观产生的评价，习近平总书记也曾强调，"人民群众什么方面感觉不幸福、不快乐、不满意，我们就在哪方面下功夫，千方百计为群众排忧解难"。南京公安民意110，在规范执法服务的同时，扩大公众参与，在促进提升公安机关参与社会治理能力现代化上，进行了有益的探索。

（二）民意110的实践需求

社会治理创新的实践，必须基于当今国家发展和社会进步而展开。有学者认为，"目前我国已经进入超大规模陌生人群治理的新阶段和新常态"，这是理解和分析当代中国社会治理的现象基础。在社会学之父奥古斯特·孔德看来，社会秩序的建立与社会机体各部分的平衡与和谐一致。社会机体本身的庞大、复杂，不可避免地会产生各种社会矛盾。而在以"厌讼"文化自居的中国，老百姓遇到矛盾纠纷很多情况下不情愿去法院，而是往往选择报警求助于公安机关，这些最基层的社会治理问题最容易被疏忽，也正是应当引起重视的。

面对矛盾，社会管理者的主要职责之一是将矛盾控制在合理的范围内，维持社会的有序与动态平衡，以保证社会机体的健康发展。公安机关作为基层治理最前沿，执法服务涉及社会活动的各种矛盾冲突，在这个过程中必然涉及用权和监督的问题。孟德斯鸠说："一切有权力的人都容易滥用权力，这是万古不易的一条经验。有权力的人们使用权力一直到遇到界限的地方才休止。"有权必有责，用权受监督，这是公权力运行的基本原则。习近平总书记在全国公安工作会议上也强调，完善执法权力运行机制和管理监督制约体系，努力让人民群众在每一起案件办理、每一件事情处理中都能感受到公平正义。

围绕法治南京建设，南京市公安局从主动发现和整改问题入手，认真查找公安工作中存在的短板弱项，总结出以下三个方面的原因：一是执法服务规范化缺少外部评价机制，对工作中的突出问题，过多采用被动式的内部检查整顿解决。二是受理群众投诉监督的部门较多，多头管理、重复办理，监督效率不高。三是考核机制忽略了群众的参与和感受，常常出现业务数据考核成绩很高，而群众的安全感不强、满意度不高的现象。面对现实工作中民众需求与警务服务能力不匹配，南京市公安局创新社会治理、深化公安改革，探索实践民意警务，以期实现人民群众满意度、安全感和公安机关执法公信力双提升的工作目标。

二、民意110的理念设定

2019年3月5日，李克强总理在作政府工作报告时指出，建立政务服务"好差评"制度，服务绩效由企业和群众来评判。民意110树立用户至上的公共服务理念，把每一次执法服务视作产品，通过回访查找瑕疵，回应群众诉求，再推出更加适应民意的执法服务。南京公安民意110围绕"民意、实战、问题、效能、数据"五个维度，落实了以人民为中心的发展思想，推动了政府职能转变。

一是民意主导，坚持和完善"枫桥经验"。"治政之要在于安民"，习近平在全国公安工作会议上强调：把"枫桥经验"坚持好、发展好，把党的群众路线坚持好、贯彻好，充分发动群众、组织群众、依靠群众，推进基层社会治理创新，努力建设更高水平的平安中国。公民参与是民主治理的基础，公民参与程度越高，民主治理的程度也就越高。自古以来，儒家文化就是中国的主流社会观，在公元前的《尚书·泰誓上》就有提及："民之所欲，天必从之"，反映了儒家汉学文化对人民根本利益与社会发展规律一致性的认识。美国学者亨廷顿也曾明确提出，"民意是政府行为尤其是政策制定行为的合法性的来源"。同样，对于公安机关的执法服务，"没有公开便无所谓正义"。面对公众的需求变化，民意110树立民意主导，把以人民为中心作为基层社会治理的根本立场和价值取向，努力做到社会治理过程让群众参与、成效让群众评判、成果让群众共享。在中国社科院开展的2018年中国警务透明度评估中，南京在全国36个大中城市中排名第一。

二是突出实战，深化警务改革创新。党的十九届四中全会《决定》提出，坚持和完善中国特色社会主义行政体制，构建职责明确、依法行政的政府治理体系，必须坚持一切行政机关为人民服务、对人民负责、受人民监督，创新行政方式，提高行政效能，建设人民满意的服务型政府。信息化社会的到来和城市化进程的加速，给新时期的警务工作开展带了前所未有的挑战，同时也提供创新的契机。从传统的熟人社会，到现代都市的陌生人社会，再到网络上的虚拟社会，信息获取和交流方式发生了巨大变化，高风险社会已经从理论变为现实，平安中国建设面临新形势，面对新挑战。广泛、及时的群众需求信息和反馈，也成为南京市公安局开展警务工作的方向指引和决策依据。促进南京新时期警务工作从事后处理到事前预防，从粗放管理到精准服务，从被动应付到主动出击。

三是面向问题，防范化解社会矛盾风险。改革开放以来，我国社会冲突事件呈现高发、频发和多发的状态，已经严重损害到地方政府的公信力。正如有学者所揭示的那样,"在中国,总体上正是一个社会不断从国家中释放出来的过程,并且,在释放出来的社会与国家之间建立何种互动关系,面临着怎样的风险和机遇,则成为中国改革发展和法治建设中的核心议题。"社会风险作为习近平总书记强调的七大风险之一,是国家治理过程中基础性、广泛性、持续性的问题。民意110创新工作方法,尊重群众的表达权,在倾听诉求的过程中,把矛盾疏导化解在源头;尊重市民参与权和监督权,把小的不满意在基层一线化解,有效避免了不满情绪和矛盾日积月累而形成的群体性诉求。

四是注重执行力,建立回应型善治政府。随着信息化、城市化的发展,警务工作面临的社会环境、警民互动方式、信息获取的渠道等都发生了巨大变化。建立高效透明廉洁的回应型善治政府,是各级政府转变政府职能、提高服务效能的重要目标。习近平总书记在全国公安工作会议上强调,要着力锻造一支有铁一般的理想信念、铁一般的责任担当、铁一般的过硬本领、铁一般的纪律作风的公安铁军。公安机关作为参与社会治理的政府职能部门之一,要把自身高效的执行力转化为看得见的治理效能。按照基层社会治理现代化的理念,要打破市县乡村的层级界限,构建上下贯通的法治监督体系,市级监督部门必要时一竿子插到底,直接受理、处理基层问题线索,努力实现上下贯通。根据这一理念,民意110成立由一个处级单位、26名民警、30名文员组成的民意跟踪监测队伍,在全局形成上下贯通、职责明确的三级办理责任体系。实现了群众诉求在条线和属地流转顺畅,确保即时性、便捷性和共享性。

五是数据赋能,助推警务高质量发展。郭声琨强调,科技进步是社会发展的引擎,也是提高社会治理效能的推动力。要善于把大数据、人工智能等现代科技与社会治理深度融合起来,通过现代科技推进社会沟通、改进管理服务,打造数据驱动、人机协同、跨界融合、共创分享的智能化治理新模式。现实警务工作中,出现的民众需求与执法服务回应能力的不匹配,警务工作怠政懒政等现象,都迫切需要通过治理创新来进行解决。民意110通过四年多的全量汇聚社会评价数据,目前建成了共享共用的南京公安民意大数据库,实现智能分析民意热点,自动生成各级执法服务主体的"民意画像",并将民意数据同业务、队伍数据关联比对,查找制约警务效能增长的堵点,让民意大数据智能应用成为助推全市公安工作质量和效率提升变革的新引擎。

三、民意110的实践路径和机制保障

党的十九届四中全会《决定》提出,要优化行政决策、行政执行、行政组织、行政监督体制;健全部门协调配合机制、防止政出多门、政策效应相

互抵消。《决定》聚焦制度完善、机制创新,对坚持和完善共建共治共享的社会治理制度的重点任务作了具体部署。《决定》提到坚持和发展新时代"枫桥经验",要想实现"小事不出村、大事不出镇、矛盾不上交",关键是要把着眼点放在前置防线、前瞻治理、前端控制、前期处置上,通过畅通和规范群众诉求表达、利益协调、权益保障通道,努力将矛盾化解在基层。面对新形势,南京公安民意110改革创新社会治理模式,改变以往监督部门分散、监督方式被动的做法,在工作源头问政于民,全量回访、广泛征集民意,再将民意转化为公安决策的智库和信息源,为警务实践提供行动指南。

（一）实践路径

传统的公安工作模式属于典型的政府推进型,过分依赖国家（政府）单方面的努力,存在着先天的动力单一的缺陷,暗含着某种法治的悖论,同时也容易导致"法治共识不足、法律工具主义、制度认同乏力、司法公信缺失等困境"。面向新时代,警务工作想要达到社会稳定秩序的构建,需要拓宽利益表达渠道,建立健全利益协调机制。善治是使公共利益最大化的管理过程和管理活动,它的一个非常重要的基本要素是就参与（civic engagement）。为此,在创新公安监督方式、畅通群众诉求渠道、规范执法服务行为等方面,民意110进行了探索实践,建立了对时限、目标、考核标准化的流程做法（见图1）,能够更有效地满足社会治理的需要。

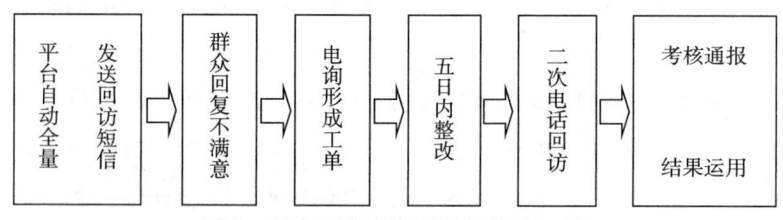

图1 群众不满意事项跟踪整改流程

一是对执法服务全量访评。根据政府善治的原则,一个科学、民主的政府决策要求实现决策参与主体的多元性,畅通民意表达渠道就成为提高政府科学决策水平和提高党的执政能力的需要。民意110建立公安执法服务的"好差评"制度,依托回访平台,对所有报过警、报过案、办理过窗口业务和处理过交通事故的群众,自动全量发送回访短信。对收集到的投诉和不满意事项,逐一询问制作成工单,附带电话访评录音,通过网上办公平台逐级推送到责任单位限期督办。相关责任单位在执法服务过程确有瑕疵的,应主动落实整改措施,并向当事人进行反馈。四年多来,民意110依托回访平台,累计发送民意访评短信2700余万条,同步电话回访70万人次,整改率达99.86%。

二是整合监督投诉热线。在畅通群众诉求渠道、提升公共服务效能上，南京市公安局归并整合全局7项社会评价资源，汇集违法违纪举报、市政务热线、督查投诉、窗口投诉4类监督方式，开通民意专线，对群众诉求实行一站式办理。对群众反映的意见、诉求，在24小时内形成电子工单，逐级推送至责任单位。热线开通以来，办理群众来电诉求5.7万件。

三是定期开展民意调查。民意的调查是公共决策民主化、科学化的基本前提，是通过了解公众对当前社会热点问题的感受、态度和思想观念来把握民心、民意及其发展趋势的一种调查研究方法。民意110每月定期开展社会治安满意度、公安队伍满意度、社区民警熟悉率调查，全市每个区各抽取200个有效样本，调查人群涵盖不同年龄段的不同行业人员。同时围绕市局重点工作、民生热点问题，开展专项调查，目前已开展了出租房、禁毒、扫黑除恶等工作的专项调查。四年多来，共计开展社会面调查14余万人次，覆盖了南京市常住、暂住和流动人口。图2即为近期开展的南京市创建全国禁毒示范城市专项调查，群众对于南京各区禁毒工作满意度的情况统计表。

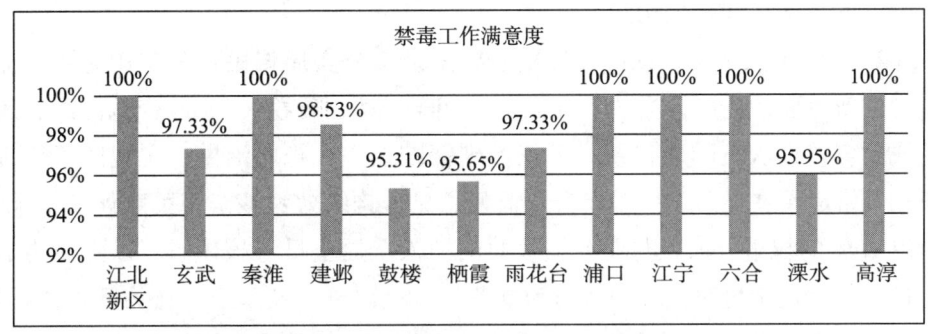

图2 南京市创建全国禁毒示范城市专项调查的各区评价图

四是创新公众直接参与的方式。共建的力量来自人民，共治的智慧出自人民，共享的成果为了人民。民意110注重开放共治、协商共建，不断探索公众参与的方式，创新新时代组织群众、发动群众的机制。主要是围绕市局中心工作、专项斗争以及警务工作中群众关注的热点问题、重点领域，依托警民恳谈、"向人民报告"系列活动、大走访等载体，常态化征集、反馈社会各界的意见建议。

（二）保障机制

民意110从规范执法行为、提升服务水平入手，主动发现整改问题，倒逼日常规范养成，以较低的财物和人力成本解决了人民群众的不满意事项。访评过程中，尊重民意但不唯民意，认为执法服务过程合乎规范的，责任单位可提出申诉复核。对恶意投诉、诬告诽谤等情况，民意110设置了申请澄清正名的机制。针对疑难复杂事项，建立警种条线的联席会商机制，共同研究解决对策。这些机制为担当者担当，切实打消了执法主体担心被投诉的顾虑。此外，在人员配置、考核奖惩、科技创新等方面，民意110经过四年多的探索实践，都总结形成了保障工作良好运行的机制。

1. 聚焦队伍建设，强化行政执行。民意110密切跟踪社会治理过程中的新问题、新情况，不断找差距、查问题、补短板。一是谁办理、谁负责，建立上下贯通、职责明确的三级办理责任体系，健全部门协调配合机制。中心为一级平台，将受理的投诉和不满意事项推送到相关责任单位，全程跟踪督办；各部门、分局为二级平台，负责接收推送电子工单，核实反馈整改情况；基层科、所、队为三级平台，负责上门走访群众，落实具体整改措施。二是专业化、常态化，有专门机构、专门力量，所有工作人员都经过了专业化的培训，以具有专业素质的专业人员从事专业性的工作，且全年常态开展、从不间断。三是更规范、更公正，科学设计了回访的问题、提问的方式，制定了规范的流程，特别是下交的不满意工单附有全程录音，对不满意事项允许民警申诉，认真调查核实。

2. 落实考核运用，回应百姓期盼。南京市公安局将民意110作为队伍监督的创新手段，让民警当"答卷人"，请群众做"阅卷人"，改变宽泛式、运动式教育整顿队伍的老传统，真正做到精准点穴、靶向治警，实现队伍管理抓在日常、严在经常。一是将群众监督意见挂钩绩效考核。将民意评价结果，赋以15%的权重分值，与业务绩效共同纳入全局全员考核体系，以强有力的考核杠杆倒逼全警执法和服务行为规范。二是以群众监督意见作为问责依据。针对群众反映安全感、满意度持续较低的单位，每季度会同纪委监察、督察等部门对单位负责人进行约谈，责成说明情况、帮助分析原因、研究改进措施。三是把群众监督意见纳入执法档案。将每一起群众不满意工单关联到具体责任民警，逐步建立与考核奖惩、职务晋升挂钩的执法服务档案，催生全市公安民警服务为民的内生动力和行动自觉。

3. 科技应用支撑，深化数据赋能。充分发动社会化力量、运用信息化手段、积极打造共建共治共享的社会治理新格局，推进社会治理智能化。将大数据理念深度应用于民意110工作，真正将民意民愿转化为公安机关科学决策的智库信息源，转化为南京治警、治安实践的行动指南。一是强化数据整合，努力把准民意。主动打破部门之间信息壁垒，全面导入纪检监察、信访、督察等部门征集的民意数据，实现民意数据全量汇集、深度融合，为警务决策提供最鲜活、最客观的第一手民意资料。二是强化数据挖掘，切实找准梗阻。在分析研判系统内，根据群众反映问题的类型和程度，对每一起群众诉求进行问题标注,以数据形式精确展示共性、突出、重点问题,为各级公安机关改进工作提供方向和抓手。三是强化数据应用,实现精准指挥。利用可视化技术,将群众反映的风险信息和短板问题,在研判系统内进行动态化显示和预警性发布,切实构建大数据条件下民意引领警务的新格局。

此外,2018年5月10日,江苏省质量技术监督局发布了《警务效能监察工作规范》,标准号为DB32/T 3393—2018,规定了警务效能监察工作的术语和定义、机构职责、监察环境、监察方式、监察流程、质量控制和结果应用。该标准适用于江苏省由县级以上地方人民政府公安机关设立专门机构开展的警务效能监察工作,其他组织可参照执行。《规范》详细阐述了机构职责、监察环境、监察内容、监察方式、监察流程、质量控制、结果运用。

作为一种创新,民意110在国内城市中属于率先开展,上述机制和标准也验证了该做法经过实践检验不断成熟,是新时代"枫桥经验"的基层治理样板,为全国形成了可复制、可推广的好经验、好做法。

四、民意110的成效与创新

国家安全、社会安定是政府提供的最基本的公共安全和公共服务,群众的安全感、满意度是衡量公安工作和队伍建设的根本标准,也是民意110的出发点和落脚点。市域层面具有较为完备的社会治理体系和解决社会治理中重大矛盾问题的资源能力,是将风险隐患化解在萌芽、解决在基层的最直接、最有效力的治理层级。南京作为长三角地区唯一的特大城市,城市规模和社会复杂程度较高,影响力直接辐射苏浙皖,南京公安民意110创新运用信息化手段,汇集各类外部监督评价资源,对公安机关执法服务工作进行全方位、全过程监测,及时发现群众不满意问题症结所在,督促问题逐个解决,整改落到实处。民意110具有很好的可复制性,创新理念在国内深远传播,安徽、四川、黑龙江、重庆等10多个省市已经参照建立民意监测中心并实际运行取得成效。

(一)成效显著

公安机关作为执法机关,直面基层冲突矛盾,受到社会公众的普遍关注监督,是赢得群众认可难度最大的部门之一。党的十八届三中全会在创新社会治理体制问题上提出:"坚持依法治理,加强法治保障,运用法治思维和法治方式化解社会矛盾。"2019年,南京大学政府管理学院组成课题组,对南京市公安局的执法公信力进行调查研究。通过建立指标体系分析发现,自2015年7月民意110成立以来,南京市公安局四年中的执法公信力水平持续提升,一直保持在90—95的较高水平,南京市公安机关的执法行为得到了南京市民的高度认同。下面这两个实例就表明了这一点。

案例一：

某日，居民报警："中学门口很多车辆违停，路堵。"交警及时到场劝离了违停车辆，次日群众评价不满意，原因是路堵没有根本性解决。回访平台将意见推送至责任交警大队，大队研究了解决措施，并向群众解释："该路段学校、居民区、企业集中，交通拥堵需由多部门协调逐步解决。"群众表示理解。

一个月后，校门口早晚有交警执勤，安装了抓拍监控，施画了黄色网格线、彩色斑马线，车辆通行明显畅通。群众来电致谢："他们的整改措施我很满意，我感到他们是真的用心在做事！"

案例二：

陈某与丈夫赵某系外来务工人员，陈某为全职主妇，赵某贷款跑网约车。某日双方因生活琐事争吵，陈某被打受伤，报警要求追究赵某法律责任。民警对赵某批评训诫，责令其陪妻就医，随后离开。陈某在次日评价不满意，派出所随即进行整改。

首先，民警上门与双方沟通，但丈夫拒不认错，认为老公打老婆是家务事。民警训诫告知赵某根据治安管理处罚法、婚姻法、反家庭暴力法，其对妻子的家暴行为已违法，被家暴人有权要求公安机关处理。经过普法，赵某对妻子诚恳道歉并承诺不敢再动手，该工单办理最终得到陈某的认可和赞许。

像这样的事例，每天都在发生。通过这种方式对每一次执法和服务行为进行实时监测，及时掌握民意，变被动监督为主动作为。自2015年7月运行四年多来，南京公安民意110督促整改群众不满意事项31余万件，群众不满意事项下降近40%。

在110接处警方面，接警推诿、出警迟缓现象得到根治，全市公安机关平均出警时间缩短30%；在案件办理方面，改革受立案制度，从源头解决了有案不立、立案不查等问题；在窗口服务方面，部分公安窗口态度不佳、效率低下现象得到纠治，南京市车管所推出通道式上牌，实现了人不离车、半小时挂牌。经过四年多的警务改革实践，多项社会治理基础工作卓有成效（见图3）。

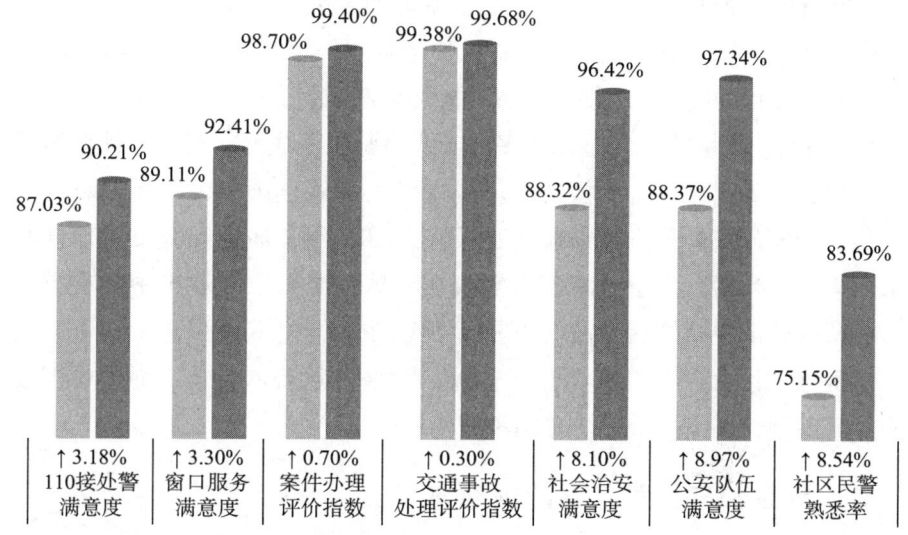

图3 各项工作指标变化

(二) 创新突出

郭声琨在坚持和完善共建共治共享的社会治理制度的论述中强调,新时代的社会治理主体,从政府主导转向党委领导、政府负责下的社会多元共同治理;治理方式,从过去自上而下的单向管理转向多元良性互动;治理目标,由过去偏重经济增长转向更加重视推动人的全面发展和社会全面进步。这有利于形成多元主体利益共享、风险共担、协同共进的社会治理局面,有效推进社会治理体系和治理能力现代化。这些论述,在宏观制度设计方面给新时期警务工作指明了方向,民意110的改革做法与公安机关传统的回访调查相比,具有三个明显的创新:

一是警务决策从本位主义到民意引领。紧盯影响群众安全感的突出问题,优化巡防体制,地面、空中三道防线纵深布建,刑事发案连续四年大幅下降;全面深化公安"放管服"改革,构建不见面办事模式,南京公安微警务、旗舰店实现169项审批服务事项100%网上运行。

二是执法服务从靠经验判断到让数据说话。根据群众反映问题的类型和程度,设置4个维度692个数据标签,对每一起群众诉求进行问题标注,利用智能化技术,发现群众反映强烈的共性、突出、重点问题,探索建立了集主动发现问题、受理投诉、整改反馈、研判问效为一体的智慧民意警务机制。

三是社会治理模式从管理型到服务型。经济高质量发展背景下,社会治理模式如何从管理到服务进而达致善治的转变,是我们必须面对的严峻课题。将群众对公安机关的评价意见落到人、见到事、算成分,并与绩效考核、表彰奖励、晋职晋升挂钩,引导全局民警始终聚焦民意、服务民生。

在坚持和完善共建共治共享的社会治理制度大背景下，南京公安将坚持聚焦人民期待的增长点，找准各方利益的结合点，更好满足人民群众多层次、差异化、个性化的需求，不断增强人民群众获得感、幸福感、安全感。民意110所采用的创新举措，经过四年多的实践检验不断成熟，对推进社会治理体系和治理能力现代化具有积极意义。先进做法荣获全国机关党建创新成果展示金奖、全国公安机关改革创新大赛银奖、2019年首届中国城市治理创新奖等系列奖项。当然，由于这种探索实践在全球主要国家和城市中鲜有类似做法，在国内城市中同样属于率先开展，所以在运行过程中民意110也遇到一些工作困惑，目前存在着刚性监督过重、网络民意获取不足、辅助决策效果不明显等问题，还需要进一步总结和完善。

五、南京公安民意110的规划与展望

郭声琨提出，共建的力量来自人民，共治的智慧出自人民，共享的成果为了人民。当前，智慧警务建设已成为新时代公安机关创新社会治理、实现高质量发展的必由之路，打造智能化精细化的民意警务新格局，是公安机关面临的新挑战。在信息化条件、城市化场景、智能化趋势下的探索实践中，民意110明晰了以民意大数据智慧应用为主导的新时代民意警务发展思路：

一是突出智能驱动，打造智慧感知的民意大脑。将督察、信访、12345政务热线、南京公安微警务、网络问政等各渠道民意数据及与其相关的业务、队伍数据实时全量接入平台，建成南京公安民意大数据库。对数据进行格式化、标签化、集约化处理，形成横向关联、条块融合、共享共用的大数据池，为分析研判提供必不可少的数据信息。

二是坚守民意导向，打造精确制导的民意智库。全面建设警务效能监察系统，采用语音转写、热词分析等前沿技术，基于模型和算法对民意大数据开展全要素比对、全维度挖掘。建成南京公安执法服务评价档案，自动生成各级执法服务主体的民意画像，深度解析民意数据背后多元化的群众需求，查找制约警务效能增长的梗阻和堵点，服务领导决策、警务实战和治理实践。

三是扩大社会参与，打造深层共建的民意阵地。探索创新公众参与方式，发动两代表一委员、行风作风监督员、社区干部、专家学者以及优质回访对象等群体，组建治理智囊团。借助微信公众号、二维码门牌等渠道，常态化征集、反馈社会各界的意见建议，建设一个让群众发声、共同治理的家园，真正让人民群众成为社会治理的最广参与者、最大受益者、最终评判者。

新时代"枫桥经验"的创新发展与西藏平安建设

——基于西藏日喀则市的实证研究

吴 磊*

摘 要：近年来，"枫桥经验"理论及其实践的创新发展标志着我国社会治理体系的不断成熟，特别是习近平总书记提出"把'枫桥经验'坚持好、发展好"总要求以来，"枫桥经验"已经成为学界研究的热点问题，也成为指导基层社会治理、维护大局稳定的重要理论。西藏日喀则市作为祖国西南边陲的重要门户，是"平安西藏"建设的重要环节之一，充分认清和破解西藏特别是日喀则市平安建设过程中面临的一系列问题与挑战，对维护国家安全、巩卫祖国边疆、实现长治久安具有十分重大的战略意义。本文以西藏日喀则市的平安建设现状及问题为切入点，借鉴"枫桥经验"的发展创新成果，采取实证研究方法，进一步提出"平安日喀则"建设的对策建议，旨在推动西藏社会的长治久安和平安建设事业的不断发展。

关键词："枫桥经验" "平安日喀则" 四大因素

西藏是祖国西南门户，自元朝始纳入中央政权管辖，1951 年西藏和平解放，1959 年西藏民主改革后中央政府开始对西藏进行全面直接管辖，1965 年成立西藏自治区。日喀则市位于西藏自治区西南边陲，与印度、尼泊尔、不丹 3 国接壤，是西藏第二大城市，长期以来处于反分裂、反渗透、反自焚、反恐怖斗争的最前沿阵地。面对严峻复杂的对敌斗争和社会治理形势，创建"平安日喀则"既是服务发展大局的现实需要，更是实现我国国家安全、边疆稳定的必由之路。本文以"枫桥经验"理论指导下的"平安日喀则"建设为

---

* 吴磊，西藏自治区日喀则市公安局办公室民警，二级警长，贵州大学行政管理学硕士。

实证研究对象，概括性阐述了该地区的平安建设现状，系统分析了影响西藏和日喀则稳定的主要因素，借鉴"枫桥经验"的发展创新成果，科学合理地提出了"平安日喀则"建设的对策建议，研究的整体思路是对象选择—问题分析—对策建议，创新点是首次从宏观、微观、时间、空间维度分析了影响西藏和日喀则平安建设的"四大要素"。

一、"枫桥经验"理论指导下的"平安日喀则"建设现状

（一）研究对象的选择

任何社会问题的研究，在明确了研究课题后，首先应该确定的是研究的对象。日喀则市是西藏 7 个地市中最具有藏区地域代表性和研究多样性的城市，其原因有四点。

1. 日喀则是藏传佛教的核心区域之一，西藏的平安建设离不开的话题是宗教领域的稳定，而日喀则是整个藏区的"后藏"地区首府（历史上，藏区分为"前藏"暨拉萨地区和"后藏"日喀则地区），是藏传佛教精神领袖之一——历代班禅的驻锡地，其宗教影响力仅次于拉萨。

2. 日喀则是我国重要的边境城市，其边境线长达 1753 公里，与印度、尼泊尔、不丹 3 国接壤，是西藏边境线最长、接壤国家最多、边境地区局势最复杂的城市（2017 年中印边境对峙的洞朗地区就位于日喀则市辖区）。

3. 日喀则是西藏经济社会发展最快的城市之一，作为西藏第二大城市，日喀则市辖区面积 18.2 万平方公里（约等于广东省的面积），常住人口约 85 万（西藏总人口约 349 万），人口规模、经济规模、基础设施建设水平、发展前景等要素都位于西藏前列。

4. 日喀则是西藏资源最为丰富的地区，其矿产资源、生态资源、人口资源、旅游资源（世界最高峰珠穆朗玛峰中国一侧位于日喀则市辖区）、交通资源（航空、铁路、公路通航能力仅次于省会拉萨）十分丰富。简而言之，日喀则市是西藏平安建设研究要素最齐全，最具备研究价值的地区之一。

（二）新时代"枫桥经验"理论指导下的"平安日喀则"建设现状

目前，在"枫桥经验"的理论研究方面，社会治理创新、"枫桥经验"法治化、新时代人民调解工作等都是热点课题。杭州市公安局课题组从平安建设的维度开展了一系列研究，中国人民公安大学王犇等学者系统性研究了"枫桥经验"的总体态势和前沿理论。经查阅，国内学者在知网等学术平台发布理论文献 2300 余篇，研究西藏"枫桥建设"相关理论的文献仅有 3 篇，西藏在这方面的研究十分滞后，但实质上西藏特别是日喀则市的平安建设与

"枫桥经验"相关理论的契合点较多,主要体现在以下方面。

1. "平安日喀则"建设借鉴了"枫桥经验"矛盾不上交的基层治理模式。日喀则市在平安建设中提出了"发展与稳定并重,富民与安民共进"理念,把基层社会治理摆在更加突出的位置。2008年西藏发生骚乱事件以后,为了提高基层治理能力,化解风险隐患和矛盾纠纷,西藏先后成立了698个便民警务站、6385个调解组织(39195名人民调解员)、92666个联户单位(涵盖全自治区80余万户、349万居民)。日喀则市也相应成立了108个便民警务站、1200余个调解组织及2.4万余个联户单位,还成立了村警务室477个、片警务室73个、矿警务室13个,下派驻村工作队430余个开展平安建设的多项工作。由此以来,基层的问题主要依托基层治理单位来解决,"矛盾不上交"的基层治理模式在西藏、在日喀则初步建立。

2. "平安日喀则"建设采取了"枫桥经验"充分发动人民群众实践路径。日喀则市近年来的精准扶贫、惠民工程、新区建设、高原特色产业发展等一系列经济领域"大手笔"让全市广大干部群众特别是农牧区群众不断增强了对党的政策的认同感、对平安建设的获得感。涵盖全市辖区治安、交通、教育、卫生等治理领域的58个社会组织在公安机关的监管下依法依规运行,在边境一线组织了数千名边民参与的爱国护边队伍,农牧区群众在党委、政府领导下成立了"红袖标"、"护村队"等群众治保组织,实现了全市18个县区、2个口岸、94个乡镇基层治保组织的全覆盖。

3. "平安日喀则"建设实现了"枫桥经验"预防在先的总体目标。"枫桥经验"创立之初,其主要目标及任务实质上就是防范对敌势力、防范风险隐患,把各类矛盾风险排查化解在萌芽阶段。习近平总书记深刻指出:"治国必治边、治边先稳藏",正如前文所述,西藏特别是日喀则市特殊的地理位置、历史文化、宗教习俗、文化风俗等决定了其在国家安全战略中的特殊地位。长期以来,西藏的社会发展始终受到"藏独"势力的分裂破坏,西方反华势力也长期热炒所谓的"西藏问题"来干涉我国内政。日喀则市恰恰就位于反分裂、反渗透斗争的最前沿阵地,对此,全市开展了以缜密细致的网格化管控体系、灵敏畅通的预警防范体系、规范高效的应急处突体系为内容的"三大防控体系建设",编织了城区防控网、农牧区防控网、边境防控网、空中监控网、"护城河"查控网、虚拟社会管控网、应急处突网"七张防控网",确保平安建设的着力点始终在预警防范方面。

4. "平安日喀则"建设体现了"枫桥经验"法治化的发展方向。"枫桥经验"之所以历久弥新,正是由于其理论价值和实践经验不断转化为法治化成果。日喀则市提出了建设"法治珠峰"的发展思路,在平安社区、平安校园、平安单位等创建活动中，统筹运用打击违法犯罪、整治治安乱点、管住重点人员、管牢边境一线、管好寺庙僧尼、强化公共安全、突出舆情导控、调处矛盾纠纷、加强应急处突等措施，深入推进基层治理法治化建设。例如在宗教管理方面坚持依法依规，既按照宪法规定充分尊重和保障群众宗教信仰自由，又严格管理具体宗教事务，在全市寺庙场所设置了寺管机构，僧尼及从事宗教活动人员全部纳入常态化管理。党的十九大以来，法制监督员、法律咨询员等公益事业在日喀则首次进社区、进村居，截至目前，为各族群众提供法律咨询1170余次，解决实际问题130余人次，广大群众知法、用法的意识不断提升。

二、新时代"枫桥经验"理论指导下的"平安日喀则"建设主要影响因素分析

目前，国内学者针对平安建设中的影响因素主要集中在社会治安层面，如廖志恒提出的一定时空点及其破坏力、控制力，杨俊峰提出的社会要素、人口要素、经济要素，以及普遍被公安机关采用的刑事案件数量、治安案件数量、群体性事件数量、治安灾害事故数量、矛盾纠纷数量等。笔者认为，基于西藏和日喀则特殊的历史成因和社会现状，新时代"枫桥经验"理论指导下的平安建设，其影响因素应从宏观、微观、时间、空间予以考量，宏观视角下应分析西藏的民族区域自治制度和特定的政策因素等，微观视角下应分析辖区重要的治安因素，时间视角下应分析边境因素及反分裂等内容，空间视角下应分析在西藏极具影响力的宗教因素。简而言之，这是由于西藏社会特别是日喀则具有的独特历史传统、现实状况以及与全国其他地区的普遍性所决定的。

（一）影响因素的设定

"枫桥经验"的理论内涵和实践举措都十分丰富，与"平安日喀则"建设的相互关联也十分紧密，笔者在深入借鉴国内学者的理论成果基础上，以日喀则市的现状分析为依据，进而提炼出新时代"枫桥经验"理论指导下影响"平安日喀则"建设的"四大因素"：政策因素、宗教因素、分裂因素、治安因素。

其中，政策因素源于西藏自治区党委提出的"十项维稳措施"，宗教因素源于藏传佛教在西藏社会中的重要地位，分裂因素源于日喀则市边境地区反分裂斗争的实际形势，治安因素源于与国内其他地区面临的诸如违法犯罪问题等共性特点。这四个方面的因素既相互影响，又相互作用，在"平安日喀则"建设中具有十分重要的影响（如图1所示）。

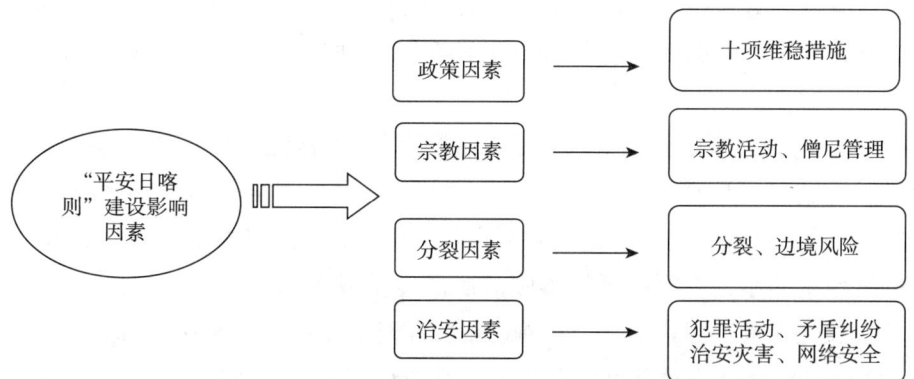

图 1　新时代"枫桥经验"理论指导下的"平安日喀则"建设四个主要影响因素

（二）影响因素的实证分析

1. 政策因素方面。西藏自治区党委提出"十项维稳措施"之后，西藏和日喀则的平安创建工作都是围绕驻村驻寺工作、城镇网格化管理、宗教管理、社会面管控、改善民生、民族团结进步创建活动、教育领域管理、意识形态管理、应急处突准备等十个方面展开。这十项内容的驻村、驻寺、城镇网格化、社会面管控等内容正是与"枫桥经验"强化基层治理的内在要求相契合，改善民生、加强民族团结等内容也与"枫桥经验"的群众路线相契合，意识形态、教育、宗教等领域的管控也与"枫桥经验"最初针对特定群体的管控相契合。政策方面的影响主要集中于西藏和日喀则平安建设的上层建筑领域，为平安建设提供了政策依据、总体思路，属于宏观影响因素。

2. 宗教因素方面。如前文所述，日喀则是西藏藏传佛教的宗教中心之一，辖区的扎什伦布寺、白居寺、萨迦寺等在藏传佛教中居于十分重要的地位，其中，扎什伦布寺也是历代班禅的驻锡地。西藏和日喀则的平安建设，其中最重要的影响因素就源于藏传佛教在西藏历史、社会发展进程中的特殊地位。西藏共有1700余座宗教场所，平均每1900余人拥有1座宗教场所，日喀则市共有340余座宗教场所，平均每2400余人拥有1座宗教场所，日喀则所在的后藏地区，每年还将举办藏历新年以及"驱鬼"、"跳神"、"展佛"、"朝拜吉祥天姆"等一系列大型宗教活动，加上群众日常开展的转经、朝佛、祈祷等宗教活动，藏传佛教在西藏信教群众生活中产生不可替代的重要影响力。宗教因素的影响是全空间域的，其影响着西藏社会特别是群众生活的方方面面，是分析和了解西藏社会的主要方面。

3. 分裂因素方面。如前文所述，新时代"枫桥经验"理论指导下的"平安日喀则"建设的影响因素不是孤立存在的，就分裂因素而言，每一次发生的以分裂祖国为背景的重大骚乱之后，随之而来的都会是西藏、日喀则社会的重要变革。分裂因素将长期是"平安日喀则"建设的一项重要的影响因素，其影响是长期存在的，在时间节点上具有阶段性特点，应属于时间上的影响因素。

4. 治安因素方面。治安因素是日喀则市与国内其他地方面临的共性问题，涵盖了违法犯罪活动、矛盾纠纷、治安灾害、网络安全等内容，共同构成了影响新时代"枫桥经验"理论指导下的平安建设的微观因素体系。之所以说是微观因素体系，主要源于日喀则滞后的经济发展水平以及地广人稀的地域特点，加之宗教等因素的普遍影响，治安问题并不突出。2018年全市18个县区、2个口岸全年的刑事犯罪立案数仅有600多起，经济案件在2018年以前更是保持极低的发案率，公安机关每年立经济案件仅1到2起，2018年受理的治安案件数量约1100多起，全市公安机关信访部门排查调处的矛盾纠纷数量不到100起，"扫黑除恶"专项斗争启动以来，打击侦办的涉黑涉恶团伙（组织）也仅有1个涉恶团伙，公共安全事故也始终保持低发态势。笔者查阅了国内其他地区的相关资料，以浙江省杭州市为例（该市2017年、2018年均入选中国城市竞争力研究会评出的全国最安全城市的前十名），杭州市有人口约940万，人口数量约为日喀则市的11倍，2017年立刑事案件6.2万多起，同年刑事案件立案数约为日喀则市的100倍，受理治安案件10万多起，同年治安案件数约为日喀则市的91倍。通过比对分析，相对于国内其他地区特别是人口密集的经济发达地区而言，日喀则市的治安状况总体是良好的，因而就目前来看，治安因素对整个日喀则的经济社会发展和平安建设影响属于微观层面的影响。但是，需要引起注意的是，西藏以及日喀则市的经济增长率近年来始终位居全国前列，刑事案件增量很大，2018年全市刑事案件立案数同比2017年增加约20%、治安案件发案数同比2017年增加约10%，同时，个人极端暴力犯罪、严重刑事案件、侵财性案件时有发生，人民群众普遍反映的治安乱点、公共安全等问题仍客观存在，危害食品药品安全、电信诈骗等新型犯罪也开始在日喀则出现，非法偷越国边境、毒品犯罪、网络犯罪等趋于隐蔽、趋于频繁，犯罪手段的智能化、专业化、组织化、流窜化特征越来越明显。寄递物流、特种行业、危爆物品、油气领域的快速发展与高效管理之间的矛盾突出，平安建设体系尚不够精细化、科学化。

5. 分析结论。通过选取分析要素，到每个要素的逐一分析，可以得出一个基本的结论，新时代"枫桥经验"理论指导下的"平安日喀则"建设，四大因素各自居于不同的影响地位，并且相互作用、缺一不可，共同构成了从宏观到微观、从时间到空间的立体化影响体系。

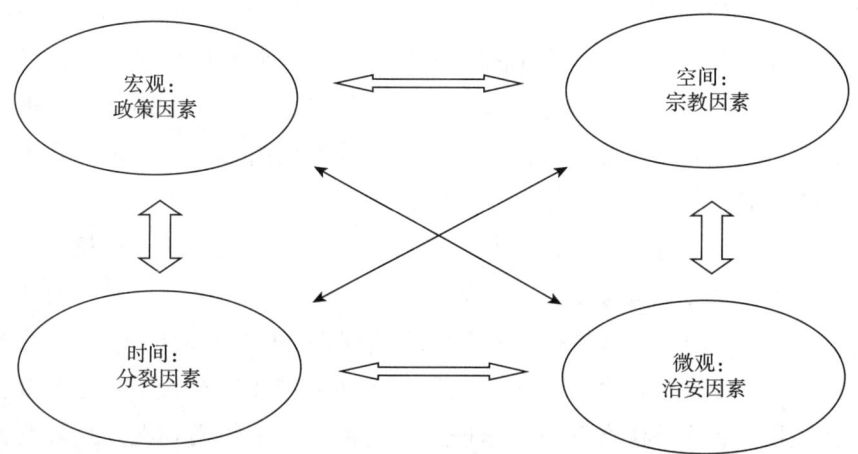

图2　新时代"枫桥经验"理论指导下的"平安日喀则"建设主要影响因素相互关系

三、新时代"枫桥经验"理论指导下的"平安日喀则"建设实现路径

"平安日喀则"建设,不仅关乎西藏各族群众的切身利益,更关乎祖国的和平统一、国家政治安全、边疆地区发展稳定大局,是西藏社会发展进程中的重要环节甚至是核心要务之一。笔者认为,日喀则市应充分吸取新时代"枫桥经验"的理论成果和实践经验,牢牢把握"四大影响因素",突出社会治理体系健全和治理能力提升,坚持"以人民为中心"的思想理念,做到预警预防在前,化解风险隐患在前,确保社会大局安定有序,西藏社会长治久安。

(一)抓住"一个主题"

历史和实践表明,"枫桥经验"不仅没有过时,反而历久弥新,为我们解决当代的社会治理问题和"平安日喀则"建设提供了理论遵循,应牢牢抓住新时代"枫桥经验"理论体系指导平安建设这一主题,把现有的管理管控机制特别是具有日喀则特色的管控办法融入平安建设当中,充分依托"枫桥经验"的重要理论创新,加快推进理论与实践相结合,探索理论创新服务稳定大局的新模式,变被动应付为主动出击,改变传统的事后处理工作模式,把"平安日喀则"建设的重点放到提前摸排、提前掌控、提前化解、提前消除风险隐患上,把社会组织、群众组织、社区组织等一系列基层单元纳入平安建设环节,不断打造完善政府主导、社会融合、群众参与的平安建设新模式。

(二)实现"两个转变"

1. 实现思维视角从"局部"到"全局"的转变。随着日喀则市经济社会的快速、持续发展,人流、物流、信息流的极速增长对平安建设也相应提出新的挑战，应不断强化全局意识，努力实现思维视角从封闭式向开放式转变，改变传统的政法维部门单打独斗的工作模式，把"平安日喀则"建设的视野拓展到意识形态、法律法规、社会道德、文化支撑等多个方面，眼光聚焦到经济发展、民生事业、教育宣传、民族团结等多项内容，思维延伸到治理体系、区域合作、安全防范、危机管理等多个领域。

2. 实现发展理念从"管理"到"治理"的转变。新时代"枫桥经验"的一项重大理论创新就是与社会治理理论的相结合，从"管理"到"治理"一字之差，但其内涵与外延却有根本变化，"治理"更加强调社会参与、多方互动，是社会发展理念上的一次质的飞跃。"平安日喀则"建设应逐步改变传统的自上而下甚至是居高临下的工作理念，这种旧的工作模式在基层社会治理方面还普遍存在。例如，笔者在基层调研中发现，相对于我国经济发达地区村民、居民自治组织的高度发达，NGO 组织（即非政府组织）的高度完善，西藏农牧区各项社会事业均是由政府主导、政府管理，日喀则市也没有实际运行的 NGO 组织，甚至 2019 年全市开展的村民专业合作社建设也是由当地乡政府、驻村工作队等帮助组建运营。建议应逐步变纯粹的政府主导为群众的自我治理，把激发社会活力、促进群众参与作为各项事业特别是"平安日喀则"建设的发展方向，进一步简政放权、畅通渠道，促进社会各类主体积极参与到维护全市稳定、实现日喀则长治久安的事业中来。

（三）突出"三个重点"

1. 突出大局稳定。新时代"枫桥经验"理论指导下的"平安日喀则"建设应置于实现西藏跨越式发展的战略高度统筹、部署，结合全国、全区维稳形势发展变化，不断健全工作机制、完善治理策略、创新治理手段，打造具有西藏特色、日喀则特点的平安体系。充分认识反分裂斗争的长期性、复杂性、艰巨性，贯彻好自治区的"十项维稳措施"，抓好源头治理、重点监管、综合防控、边境防控、应急处突等环节的工作，健全完善常态管理、敏感节点防控、联勤联动等工作机制，切实推动平安建设向规范化、制度化迈进。

2. 突出体制健全。抓住一个主题远远不够，还应不断发展新的子课题，如分析环节提出的"四大影响因素"，每一个都可以作为研究课题来进行具体分析。同时，应把握"平安日喀则"建设中具有战略性、前瞻性和地域性特点的时代课题，以服务发展稳定面临的突出问题为导向，重点在大型维稳安保工作长效机制、服务经济发展协调互动机制、重大事务治理决策指挥机制、改革举措落实问效机制、信息资源统筹整合机制等方面进行创新，总结吸取全国各地在平安建设机制体制创新方面的经验成效，不断提升新时代"枫桥经验"理论指导下的平安建设水平。

3. 突出深化改革。当前,"平安日喀则"建设面临着一批亟待解决的问题,应坚持问题导向,充分结合日喀则实际,在深化改革的大框架下,突出交管、户籍、证照、人口、边境等行政管理改革重点,抓住维稳防控体系、社会治理体制、行政管理职权、警务保障措施等重点领域,着力解决制约"平安日喀则"建设事业中的瓶颈性问题,以改革的突出成效促进平安建设长远发展。

(四)推进"三项工程"

1. 推进平安政策体系健全的工程。目前的政策体系应该兼顾"治标"与"治本"的相结合,将西藏自治区的"十项维稳措施"作为总的指导原则,日喀则市还应结合本地实际继续完善这一政策体系,具体应把基层治理要素细化,驻村、驻寺应形成常态化机制,宗教管理应从寺庙和僧尼进一步延伸至普通信教群众,社会面管控应做到张弛有度,重点放在敏感节点和公共安全方面等。值得关注的是,日喀则市在公共安全领域的政策及管理办法等较为滞后。例如,2017年,日喀则市建成了全市有史以来第一条高等级公路(类似于我国内地的高速公路,但无收费站),该公路由日喀则市区通往日喀则和平机场,全长40余公里,建成试运行后,仍没有出台具体的管理办法,甚至又出现因管理政策缺失、存在安全隐患等原因被迫临时关闭该道路的情况。从近年来全国发生的系列安全事故来看,平安建设的影响力十分重大,建议务必把好政策关、把好时效关,公共政策一定要跟上日喀则市的经济社会发展步伐。

2. 推进藏传佛教与社会主义社会相适应的工程。应大张旗鼓地在更大范围、更广维度宣传社会主义核心价值观,把不受境外势力的操纵作为藏传佛教管理的底线,深入挖掘藏传佛教中有利于社会和谐、民族团结、健康文明的内容和要素,重点应是教育引导广大僧尼依法依规开展宗教活动,以宗教为平台,弘扬正能量,牢牢把握宗教工作的主动权。

3. 推进社会治安综合治理的工程。应充分发挥城区派出所、警务站和农牧区"双联户"等基层力量作用,把网络空间管理纳入社会管理框架,建立网上巡查、落地查人、重大舆情预警、网上网下一体化机制,主动排查问题、发现问题、化解问题、解决问题,切实提高驾驭网络虚拟社会的能力。建立健全边境一线常态巡防、情报预警、查控堵截、联防联控、联勤联动等长效机制,进一步加强区域合作、单位合作、部门协作,健全维稳执勤专业力量与民兵、群众信息员、青年志愿者、"红袖标"等群防群治力量的联系,形成"平安日喀则"建设合力。针对增幅较大的犯罪活动,应科学认识当前日喀则市经济社会跨越式发展的实际情况,一方面严厉打击,一方面应部署防范策略，比如可以借助全市城镇化建设的有利契机，学习内地大城市的管理方式，加大"天网"监控系统和信息化系统建设，逐步实现城乡一体化、政府单位和社会单位一体化、警用系统和民用监控一体化，为提高治安管理效率、打击犯罪活动奠定坚实基础。

关于城乡社区网格治理"2+N"模式暨"社区（乡村）110"的实践与思考

漳州市公安局课题组

摘 要：本文结合学习贯彻党的十九届四中全会精神和"不忘初心、牢记使命"主题教育，着眼坚持发展新时代"枫桥经验"和学习推广新时代"漳州110"精神，针对当前基层社会治理中存在的问题和短板，就进一步加强城乡社区网格治理工作，构建基层社会治理共建共治共享格局，分析了推行城乡社区网格治理"2+N"模式暨"社区（乡村）110"的重要性和必要性，提供了城乡社区网格治理的漳州样板，具有一定的借鉴推广价值。

关键词：网格 "2+N" "社区（乡村）110"

党的十九届四中全会指出：必须加强和创新社会治理，完善党委领导、政府负责、民主协商、社会协调、公众参与、法治保障、科技支撑的社会治理体系，建设人人有责、人人尽责、人人享有的社会治理共同体，确保人民安居乐业、社会安定有序，建设更高水平的平安中国。社会治理，是国家治理的重要组成部分；加强和创新社会治理，是推进国家治理体系和治理能力现代化的重要内容；城乡社区治理是社会治理中最根本、最基础的组成部分。当前，如何将党的十九届四中全会精神贯彻到基层社会治理的"最后一公里"，坚持发展新时代"枫桥经验"，大力弘扬新时代"漳州110"精神，创新城乡社区网格治理模式，构建共建共治共享治理格局，提升治理体系和治理能力现代化水平，为经济社会的发展进步营造安全稳定的政治社会环境，是各级党委、政府特别是政法公安机关必须深入研究、积极探索的问题。本文结合漳州实际提出并试行了城乡社区网格治理"2+N"模式暨"社区（乡村）110"，为加强城乡社区治理工作提供了讨论交流的漳州样板。

一、创新城乡社区治理的重要性和必要性

社会治理的重心在基层，难点在基层，活力也在基层。创新城乡社区治理，事关党和国家大政方针贯彻落实，事关居民群众切身利益，事关城乡基层和谐稳定，是一项党委、政府有部署、形势发展有需要、人民群众有期盼的工作，具有极端重要性和必要性。

（一）创新城乡社区治理是贯彻落实党委、政府决策部署的客观需要

党的十八大以来，以习近平同志为核心的党中央高度重视基层社会治理工作。习近平总书记强调：社会治理的重心必须向基层下移，落实到城乡社区。城乡社区处于党同群众连接的"最后一公里"，做好社区治理工作十分重要。要推进社区治理体系建设，把更多资源、服务、管理放到社区，更好提供精准化、精细化服务，实现政府治理和社会调节、居民自治良性互动。强化农村社会治理，打造充满活力、和谐有序的善治乡村。坚持好发展好"枫桥经验"，争取做到"小事不出村，大事不出镇，矛盾不上交"。党中央、国务院先后出台了《中共中央、国务院关于加强和完善城乡社区治理的意见》（中发〔2017〕13号）和中共中央办公厅、国务院办公厅印发的《关于加强和改进乡村治理的指导意见》（中办发〔2019〕41号），国家质量监督检验检疫总局和标准化管理委员会先后联合发布了《社会治安综合治理基础数据规范》和《城乡社区网格化服务管理规范》，公安部就全国公安机关坚持发展新时代"枫桥经验"出台了《关于全国公安机关坚持发展新时代"枫桥经验"的意见》（公通字〔2019〕6号）。这些意见和规范，涵盖城乡社区治理的原则、目标、任务，包括机构设置、队伍建设、业务指标、工作运行等城乡社区治理的方方面面，在城乡社区落实过程中与社区警务工作紧密相连，要求各级党委、政府尤其是政法公安机关要切实担起创新城乡社区治理的政治责任，加快构建"党委领导、政府负责、基层主责、社会协同、公众参与"的社会共治体系，打通社会治理"最后一公里"。

（二）创新城乡社区治理是主动回应人民群众新期待的现实需要

进入新时代，人民群众对美好生活的向往更多向民主、法治、公平、正义、安全、环境等方面延伸，对一些矛盾纠纷、风险隐患要求做到早发现、早防范、早化解，对一些小事急事难事期盼能在一线解决、在家门口解决、在第一时间解决。而当前我市社区信息掌握难度大，乡村普遍分布零散、路程远，乡镇社会治理力量配备不足，一定程度制约了乡村治理效率，个别矛盾纠纷无法快速有效处置，容易引发群众不满或上访。如平和县芦溪镇，有8

个行政村距镇区需20分钟以上车程，最远的山岗村距镇区约25公里、需40分钟以上车程，一旦发生矛盾纠纷，民警出警耗时过长，易导致矛盾纠纷激化升级，甚至可能出现"民转刑"、"刑转命"案件。解决这些问题，需要基层党委、政府尤其是政法公安机关从群众最关心、最期待的问题抓起，建立实体化、实战化的工作力量，深入一线听民意、解民忧、纾民困、化民怨，对群众操心事、烦心事、揪心事做到"有求必应"，切实将社会管理与服务链条延伸到群众身边，努力实现"矛盾不上交、平安不出事、服务不缺位"。

（三）创新城乡社区治理是补齐基层社会治理短板的迫切需要

当前，面对各种群体利益诉求、价值追求多元交织的特点，我市基层社会治理特别是城乡社区治理仍然存在治理体系不完善、运行机制不健全等短板。这主要体现在：城乡社区治理资源比较分散，有关部门社会治理职能交叉重叠，社区（乡村）党组织统筹落实社会治理工作能力有待加强，社区（乡村）从事社会治理人员管理机制比较混乱、素质参差不齐，城乡社区治理工作的信息支撑不够，有关治安要素信息采集不够鲜活，工作流程、工作标准不够统一，工作经费保障差距较大，等等。据统计，目前全市各县在社区（乡村）从事与社会治理有关的工作人员有20多类，涉及政法、司法、卫健、民政、残联、国土、林业、农业、水利、交通等10多个职能部门，工作职能虽各有侧重，但大多是城乡社区网格化服务管理职能范围；人员成分有的是社区（乡村）班子成员，有的是普通群众，有的文化程度高，有的文化程度低，还有的年龄较大；工资待遇保障低的只有数十元，高的有2000多元，且有的由县财政保障，有的由乡镇（街道）保障，还有的由村（居）保障，缺乏稳定性、持续性、规范性，人员作用发挥和具体工作成效达不到预期效果。因此，需要各级党委把分散在党政职能部门、社会各界和人民群众中的治理职能、治理力量、治理资源，通过创新治理模式在治理末端进行高度融合，推动城乡社区网格治理实体化、实战化，让本地人参与本地社会治理、服务本地人民群众，实现治安防控、纠纷调解、平安宣传、法律服务等工作成效最大化。

二、推行城乡社区网格治理"2＋N"模式暨"社区（乡村）110"的探索和实践

2019年，按照漳州市委、市政府的部署要求，市委政法委、市公安局等部门深入贯彻落实习近平总书记关于"大抓基层、大抓基础"的指示精神，有机结合新时代"枫桥经验"和新时代"漳州110"精神，按照政治站位、组织谋划、资源整合、运作模式、科技应用、机制建设"六个到位"要求，3

月在芗城区、平和县两地先行试点城乡社区网格治理"2+N"模式暨"社区（乡村）110"工作，并于7月23日联合召开现场会并提请市"两办"发文全市推行，以"一中心指挥、一平台流转、一张网布格、一体化考核、一揽子保障""五个一"机制，构建起共建共治共享的基层社会治理格局。

（一）搭建实体化组织体系

在社区（乡村）一级建立以网格员、警员"二员"为核心、若干专门队伍为支撑的"2+N"社区（乡村）网格化治理组织体系，确保城乡社区治理各项工作落实到"最后一米"。一是整合网格员队伍。重新梳理原有综治网格员队伍，网格员原则上从所在社区（乡村）"两委"中选配，切实无法从社区（乡村）"两委"选配的，从所在社区（乡村）群众中招聘，确保网格员"人熟、地熟、情况熟"的优势得到最大限度发挥。二是健全警员队伍。按照"一社区（乡村）一警"要求，进一步健全城乡社区网格专职警员，社区警员原则上由属地派出所民警担任，警力不足的地方由1名民警负责1个重点社区，兼顾由辅警负责的2-3个普通社区；乡村警员一律实行"一村一警务助理"，由县一级党委、政府出台文件、县财政统一保障，从所在社区（乡村）统一招聘。三是建设专门队伍。围绕及时反映和协调人民群众各方面、各层次利益诉求，从城乡社区巡防队员、物业保安、小区楼长、退役军人、人民调解员、律师等专业人员中，吸收政治素质好、调解能力和法律素养较强、参与平安建设积极性较高的人员，因地制宜组建城乡社区治安巡防队、法律援助队、志愿服务队等若干支专门队伍。四是明确工作职责。"二员"从社区（乡村）产生，服从上级党委、政府统一调配、指挥，接受上级部门业务指导，由社区（乡村）"两委"实施管理，工作各有侧重、密切配合，主要是共同履行基础信息采集、社情民意收集、安全隐患排查整治、矛盾纠纷排查化解、社会心理服务疏导和危机干预、政策法律法规宣传、公共服务代办、开展数据分析、系列平安创建及上级网格服务管理中心交办的其他事项等10个方面工作职责；专门队伍在"二员"的主导和指导下，在所属的社区（乡村）开展社会治安基础防控、纠纷调解、行政服务、法律服务、志愿服务等工作，必要时可以不定期在全镇集中开展专项工作。

（二）建立实战化运行机制

建立健全一整套行之有效的实战化运行机制，确保城乡社区网格治理"2+N"模式暨"社区（乡村）110"高效运作。一是实行"一中心"指挥。依托各级综治中心，全面整合县、乡两级的网格中心、调解中心、12345便民服务中心等，建立多功能的"城乡社区网格化服务管理中心"，落实专门办公场所，配强专职工作人员，统一指挥调度城乡社区网格化服务管理工作。县级综治中心（网格服务管理中心），重点县（市、区）配备专职工作人员8-10名，其他地方配备专职工作人员6-8名；乡镇（街道）综治中心（社区网格化服务管理中心），按3-5名要求配备专职工作人员；社区（乡村）全部建设警务室（警务站），作为"二员"办公场所。指挥调度及情况处置过程中，自下而上建立"小区（小组）网格—社区（乡村）网格—街道（乡镇）网格中心—县级职能部门"四级提请转办流程，非警务诉求事项实行网格员兜底处置制度，紧急情况实行网格员、警员就近处置制度；自上而下建立限期处置机制，明确应急类、咨询类、投诉类等事项办理时限、答复要求，反馈环节实行随机抽查回访，确保事事有回音、件件有着落。二是实行"一平台"流转。坚持科技赋能，在畅通来访登记、日常巡查、电话反映等网下渠道的同时，按照数据流"终端—综治网格化服务管理平台—治安要素管控平台—大数据平台"的原则流程，全面改造升级综治网格化服务管理平台、治安要素管控平台和大数据平台，完善采集、分派、传输、统计等功能，研发供"二员"和其他小区网格员使用的采集终端APP，加大"雪亮工程"和"智慧社区"建设力度，做到城乡社区网格治理的采集建档、分流交办、检查督促、结果反馈等工作都在平台流转，实现诉求便捷化、采集信息化、调度可视化、考评自动化。三是实行"一张网"布格。坚持全市"一张网"运作，按照综治网格与公安网格一致的原则划格、布警，对全市综治网格、公安网格全面梳理调整，实现网格员与警员在一张网内"同格"运作，确保各项任务衔接到位。针对高校、景区和工业园区，结合实际划分专属网格，参照落实网格员、警员和专门队伍工作模式，提升治理工作的精准性、实效性。四是实行"一体化"考核。把城乡社区网格治理工作纳入平安建设（综治工作）考核内容，逐级考核到乡镇（街道）、社区（乡村），常态化开展督促检查、分类指导，健全奖优罚劣机制，充分运用问责、激励、调整等手段，倒逼职能部门和乡镇（街道）、社区（乡村）落责尽责，确保城乡社区网格治理工作落地见效。

（三）实行集约化综合保障

按照集约高效的原则，建立健全城乡社区网格治理"2+N"模式暨"社区（乡村）110"综合保障机制，实行"一揽子"保障。一是强化组织保障。在县级党委、政府成立城乡社区网格治理"2+N"模式暨"社区（乡村）110"工作领导小组，组长由各地党委（党工委）或政府（管委会）领导担任，成员由政法委、公安、信访、司法、城市管理、住建等单位负责人担任；各乡镇（街道）都确定一位领导负责，为各项工作落地提供强有力的组织保障。二是强化经费保障。各级党委、政府把城乡社区网格治理经费纳入财政预算，实行分级分类保障，其中警务助理工资待遇由县级财政统一保障，绩效考评奖励由乡级财政府统一保障，并统一配发巡逻电动车、信息采集终端和服装标识，进一步增强"二员"的荣誉感、责任感和归属感。三是强化力量保障。建立市、县两级公安机关挂钩联系城乡社区网格治理"2+N"模式暨"社区（乡村）110"制度，由各警种部门分别挂钩联系若干乡镇（街道）开展工作，强化部署落实、跟踪指导和总结宣传。建立"三级"兼任制度，积极推动公安派出所所长进当地党政班子，社区民警兼任重要社区领导，乡村辅警（警务助理）兼任治保会副主任，实现警员由"警务活动执行者"向"平安建设组织者"转变。

三、推行城乡社区网格治理"2+N"模式暨"社区（乡村）110"的成效和启示

通过半年多来的实践，全市"社区（乡村）110"在推进城乡社区治理和维护政治社会安全稳定方面发挥了重要作用，取得了明显成效。

一是基层社会治理体系更加完善。组织体系方面，通过整合职能部门、社会各界和人民群众中的治理职能、治理力量、治理资源，形成了"党委领导、政府负责、基层主责、社会协同、公众参与"的社会共治体系，做到"网中有格、格中有人、人员有责、落责到位"。目前，全市共划分网格2026个，选配网格员2213人、专职警员2744人，组建社区（乡村）治理专门队伍1972支共14916人，实现社区（乡村）全覆盖。经费保障方面，全市共纳入财政预算6244万元，已投入3141万元，"二员"年收入略高于社区（乡村）"两委"成员平均水平。

二是基层基础动态掌控更加及时。通过全面规范"二员"和专门队伍工作流程、工作标准，配套加强信息平台和"雪亮工程"建设，使网上网下采集的人、地、事、物、组织等各类治安要素信息做到实时、实数、实情。截至2019年10月31日，全市共采集登记流动人口63.15万人，其中，自7月全市推行后新增4.92万人、环比上升225.88%；出租房屋28.52万户，自全市推行后新增9805户、环比上升46.34%；用工人员23.57万人，自全市推行后新增8.1万人、环比上升31.43%；标准地址385.12万个，自全市推行后新增3.8万个、环比上升23.78%。

三是风险隐患排查化解更加高效。通过"二员"和专门队伍在所属社区（乡村）履职尽责，有效将矛盾纠纷、安全隐患消除在萌芽阶段，尽可能遏制事态恶化、避免安全事故发生。2019年以来，全市"二员"和专门队伍共排查化解矛盾纠纷2162起、排查整治安全隐患3129个，并为公安机关提供各

类违法犯罪线索343条，协助捣毁窝点54个，协助抓获违法犯罪嫌疑人404人，协助破获案件185起，这些风险隐患的排查化解，推进了全市社会治安大局持续向好。自推行城乡社区网格治理"2+N"模式暨"社区（乡村）110"以来，全市刑事案件破案率为51.3%，环比上升2.7%；治安案件立5200起，环比减少370起；交通事故发生78起，环比减少39起、下降33%，死亡人数42人，环比减少5人、下降11%。

四是服务保障广大群众更加到位。"二员"和专门队伍都来自于当地，能够更加敏锐了解掌握社情民意，能够动态分析梳理警情热点、难点问题；能够更快掌握不同人群的服务诉求，网上网下为当地群众提供精准服务，创造更好的生活体验，让群众有更多获得感。2019年以来，全市"二员"和专门队伍共为群众提供紧急救助服务2158人次、法律咨询服务1527人次、代办代购服务925人次，其他服务2145人次；群众满意率达96.61%、群众安全感达98.08%。

五是党务政务警务融合更加紧密。建立派出所长、社区民警、乡村辅警"三级"兼任制度，使基层党务、政务、警务更好融入服务，确保城乡社区网格治理"2+N"模式暨"社区（乡村）110"建设更加有力，有效提升了基层社会治理质效。目前，全市共有43名派出所所长落实兼任。

漳州的生动实践对构建城乡社区治理体系和治理能力现代化具有十分重要的经验和启示：

一是始终坚持党的绝对领导是社会治理的根本原则。城乡社区网格治理"2+N"模式暨"社区（乡村）110"的创新实施，使基层党组织成为社会治理的"领头雁"，使县级党委、政府、县直部门、乡镇（街道）、社区（乡村）、"二员"和专门队伍的"五级治理职责"更加清楚明确，充分发挥了党委总揽全局、协调各方的作用，提高了党在基层社会治理中的政治领导力、思想领导力、群众组织力、社会号召力，真正把党的领导优势转化为基层社会治理效能。

二是始终坚持以人民为中心是社会治理的核心理念。城乡社区网格治理"2+N"模式暨"社区（乡村）110"的创新实施，将治理触角延伸至城乡社区，把城乡社区治理的根基厚植于人民群众之中，坚持的是人民主体地位，贯彻的是"以人民为中心"的发展思想，着眼的是人民群众所忧、所需、所盼，体现的是全心全意为人民服务的宗旨。

三是始终坚持共建共治共享是社会治理的创新路径。城乡社区网格治理"2+N"模式暨"社区（乡村）110"的创新实施，压实了基层党组织和职能部门的治理责任，激活了社会组织和群防群治的社会作用，发挥了现代科技的支撑作用，提升了基层社会治理合力，达到了多方共赢、共治善治的效果。

四是始终坚持着眼止于未发是社会治理的目标追求。城乡社区网格治理"2+N"模式暨"社区（乡村）110"的创新实施，实质是以预测预警预防为根本任务，把社会治理的着眼点放到前置防线、前瞻治理、前端控制、前期处置上来，有效将各类矛盾消解于未然、各类风险化解于无形，最大限度地消除了经济社会发展中的不安全、不稳定因素。

五是始终坚持更快更灵更强是社会治理的效率准则。城乡社区网格治理"2+N"模式暨"社区（乡村）110"的创新实施，找到了新时代"枫桥经验"和新时代"漳州110"精神的结合点，既是新时代"枫桥经验"的创新落实，也是新时代"漳州110""四警四化"机制在社区（乡村）的补充完善，使基层群众特别是偏远社区（乡村）群众一旦遇到困难和危险，能第一时间找到求助渠道、第一时间得到受理、第一时间得到妥善处理。

新时代"枫桥经验"的公安实践与市域社会治理现代化

——以辽宁本溪城市民生警务战略为样本

王会奇* 李英霞**

摘 要：党的十九届四中全会明确提出加快推进市域社会治理现代化。市域社会治理现代化是国家治理体系和治理能力现代化的重要基石。辽宁本溪民生警务战略的公安实践与新时代市域社会治理的总要求高度契合。该战略做到"四个坚持"，即坚持党的领导、坚持以人民为中心的发展理念、坚持基层基础建设、坚持科技支撑；实现了"四个有机统一"，即坚持党的领导和坚持以人民为中心有机统一、坚持维权与维稳有机统一、坚持传统和现代有机统一、坚持政治效果、社会效果和法律效果有机统一，探索出符合本溪实际的城市警务治理新模式，也是新时代"枫桥经验"基层社会治理核心要素在辽宁的实践转换，为城市警务治理和市域社会治理提供了可供复制和推广的实践样本。

关键词：社会治理 市域社会治理现代化 民生警务 以人民为中心思想

党的十九届四中全会审议通过了《中共中央关于坚持和完善中国特色社会主义制度、推进国家治理体系和治理能力现代化若干重大问题的决定》（以下简称《决定》），这是迈向"中国之治"新境界的重要里程碑。《决定》中关于社会治理的关键词是：坚持和完善共建共治共享的社会治理制度、社会治理共同体。其中，关于构建基层社会治理新格局，明确提出了市域社会治

---

* 王会奇，辽宁省本溪市人民政府副市长、党组成员、市公安局党委书记、局长。
** 李英霞，辽宁公安司法管理干部学院公安司法发展战略研究所主任、副教授，公安部公安发展战略研究所城市警务研究中心研究员。

理现代化。基层社会治理现代化是国家治理体系和治理能力现代化的重要组成部分，市域社会治理现代化是基层社会治理现代化的有力抓手。辽宁本溪民生警务战略的公安实践与新时代基层社会治理的总要求高度契合，探索出符合本溪实际的城市警务治理新模式，为城市警务治理和市域社会治理提供了可供复制和推广的实践样本。

一、民生警务战略的时代价值

（一）民生警务战略是对"以人民为中心"思想的时代回应

以人民为中心的发展思想，是习近平新时代中国特色社会主义思想的根本立场和价值内核，是党的十八大以来，习近平总书记系列重要论述中的重要内容和创新提法。党的十九大报告中，习近平总书记专门对"坚持以人民为中心"进行了系统论述，特别指出："必须坚持人民主体地位，坚持立党为公、执政为民，践行全心全意为人民服务的根本宗旨。"民生警务战略是以人民为中心的思想在警务模式中的实践转换，是把人民作为实践主体、认识主体、价值主体，把人民需求作为出发点、落脚点和归宿点的必然要求。民生警务战略集中体现"民为邦本、本固邦宁"的思想，全面反映"政之所兴、在顺民心"的理念，完全符合"立党为公、执政为民"的要求，是党的根本宗旨对公安工作的本质要求，是党的群众路线在公安机关的价值体现，是践行以人民为中心发展思想的根本保证。

（二）民生警务战略是市域社会治理体系和治理能力现代化的重要抓手

社会治理，特别是基层社会治理，是社会建设的一项重大任务，也是国家治理的重要组成部分。推进国家治理体系和治理能力现代化的一项重要工作，就是推进基层社会治理体系和治理能力的现代化。党的十九届四中全会《决定》中指出，社会治理是国家治理的重要方面。必须加强和创新社会治理，完善党委领导、政府负责、民主协商、社会协同、公众参与、法治保障、科技支撑的社会治理体系。市域社会治理是国家治理在市域范围的具体实施，是探索具有中国特色、市域特点、时代特征的社会治理新模式的有效路径。全国市域社会治理现代化工作会议指出：市域是观察矛盾风险走向的晴雨表，是守住安全稳定底线的主阵地，是满足人民群众新需要的大平台。城市民生警务战略是市域社会治理在警务实践中的重要载体，是增强人民群众获得感、幸福感、安全感的主要路径。

（三）民生警务战略是共建共治共享的社会治理格局的现实需要

习近平总书记在会见全国社会治安综合治理表彰大会代表时强调，要

"坚定不移走中国特色社会主义社会治理之路"、"不断完善中国特色社会主义社会治理体系,确保人民安居乐业、社会安定有序、国家长治久安"。党的十九大报告中进一步强调,要"打造新时代共建共治共享的社会治理格局"。党的十九届四中全会《决定》中指出,要坚持和完善共建共治共享的社会治理制度。从"社会管理"到"社会治理",从"共建共享"到"共建共治共享",从"加快构建共建共享的社会治理体制"到"打造共建共治共享的社会治理格局"再到"共建共治共享的社会治理制度",这些变化一方面进一步拓展了新时代社会治理的理念与价值,凸显社会治理的公共性;另一方面,突出了社会参与的广泛性,促使了公民主体性地位的确立。这是中国特色社会主义进入新时代的客观要求,是解决我国新时代的社会主要矛盾的现实需求,是广大人民群众获得感、幸福感、安全感的内在渴求。

(四)民生警务战略是解决新时代社会矛盾和群众诉求的有效路径

党的十九大报告指出社会主要矛盾发生了历史性新变化,已经转化为"人民日益增长的美好生活需要和不平衡不充分的发展之间的矛盾"。精准识别人民群众的需求,及时把握公众的新需要、新诉求、新问题、新期待,是有效解决新时代社会主要矛盾的前提。群众安全感和满意度是新时代公安工作的晴雨表,城市民生警务战略以接处警零失误、执法办案零差错服务群众零条件、民警队伍零违纪、公安工作零投诉的"五个零"工作效果为目标,是对群众安全感和满意度的科学回应。本溪是一个老工业基地,也是一座生态旅游城市和正在蓬勃发展的生物医药产业新城。按照党的十九大决胜全面建成小康社会的决策部署,本溪抓住新一轮振兴发展机遇,积极融入东北振兴"一带五基地"建设和全省"五大区域发展"战略,全力推动"三都五城"建设。随着深化改革、经济转型、发展建设的不断加快,各种矛盾相互叠加、新老问题交织并存的特点更加凸显,反映在安全、稳定等民生领域的矛盾更为集中,也极易形成信访热点和难点。近年来,因经济转轨、社会转型、企业转制,以及动迁回迁、占地补偿而产生大量信访群体,个别群体诉求行为偏激,网上网下联动,相互抱团取暖,聚集煽动闹事,风险隐患极大,如果发现不及时、化解不力、处置不当,就会直接威胁到社会稳定和政权稳固。

二、辽宁本溪城市民生警务战略的公安实践——以扁平化警情"日清零"机制为样本

党的十九届四中全会《决定》中明确提出:"必须加强和创新社会治理,完善党委领导、政府负责、民主协商、社会协同、公众参与、法治保障、科

技支撑的社会治理体系,建设人人有责、人人尽责、人人享有的社会治理共同体,确保人民安居乐业、社会安定有序,建设更高水平的平安中国。"本溪城市民生警务战略正是探索出了坚持党委领导,突出人民主体,强化科技支撑的市域社会治理之路。本溪民生警务战略既是"以人民为中心"思想的时代呼唤,也是新时代警务改革的重要路径,是新时代"枫桥经验"基层社会治理核心要素在辽宁的实践转换,为城市警务治理提供了可供复制和推广的实践样本。本溪城市民生警务战略实现了"四个有机统一"。

(一)坚持党的领导和坚持以人民为中心有机统一

党的领导和以人民为中心的理念相辅相成,只有全面落实"以人民为中心"的理念,才能使"党的领导核心"地位更稳固;只有坚决维护好"党的领导核心"地位,才能使"以人民为中心"的理念得到全面贯彻落实。扁平化警情"日清零"机制一方面是基于顶层设计的自上而下的警务改革,源于市局党委对扁平化警情"日清零"机制的高度重视、坚强领导、有力组织,把扁平化警情"日清零"机制工作作为"一把手"工程,做到亲自谋划、亲自部署、亲自调度;一班人分兵把口、主动担当、恪尽职守。另一方面是基于警务实践中责任心不强、小事不当事、大事不担当等问题,提升民警执法的自觉性、规范性和时效性的有效警务改革实践,实现了"大案有人管、小案有人查、事事有人问"和"大事小事认真办、一切事情依法办、能办的事情马上办、特殊的事情登门办"的基层社会治理新局面。

(二)坚持维权与维稳有机统一

习近平总书记在2019年全国公安工作会议上指出,要积极预防、妥善化解各类社会矛盾,确保社会既充满生机活力又保持安定有序。要处理好维稳和维权的关系,维稳必先维权。既要解决合理合法诉求、维护群众利益,也要引导群众依法表达诉求、维护社会秩序。维稳是工作任务,维权是工作原则。维稳和维权必须有机统一。过分强调维稳而忽视维权,可能是越维越不稳。维权的核心就是要依法维护当事人的正当合法权益,实质是要对百姓的诉求进行科学定性,并体现"四个到位"。即诉求合理的要依法依规解决到位,不合理的要宣传解释到位,涉法涉诉的要剥离引导到位,缠访闹访的要依法处理到位。这样才能实现真正意义上的稳定。扁平化警情"日清零"机制的"日清零"正是维稳和维权的有机统一,其"五个零"的警务工作效果,即接处警零失误、执法办案零差错、服务群众零条件、民警队伍零违纪、公安工作零投诉正是在充分维护当事人合法权益基础上实现社会维稳的大格局。

(三) 坚持传统与现代有机统一

扁平化警情"日清零"机制充分体现了传统的群众工作方法和现代科技手段相融合的基层社会治理路径。"日清零"是对新时代人民群众利益诉求的最高承诺和最大回应。为了充分实现"日清零"的目标,广大民警发挥传统群众工作方法密切联系群众的优势,做实基层基础工作,强化矛盾纠纷化解,强化群防群治机制,实现了"矛盾不上交、平安不出事、服务不缺位"。"扁平化"的战略意义就是推进信息资源整合、共享共融,建立科技化系统作战体系,集约了人、地、物、事、组织等治安要素,建立了以警种联动、协同作战、统一高效的防控体系。"扁平化"强化科技保障,通过开发利用警务综合应用平台、警用地理平台、视频综合应用平台、电子围栏数据融合平台、智能交通平台和车辆轨迹系统、350 兆数字集群应用系统等平台系统,建立起具有本溪亮点的警务实战指挥调度应用平台,提升扁平化警情"日清零"机制的科技含量。在"数字公安"的基础上深度应用,提出了四个支撑子机制来支撑扁平化警情"日清零"机制的运行,即:接处警调度子机制、日警情研判子机制、日警情清零督导子机制、工作制度约束子机制。

(四) 坚持政治效果、社会效果和法律效果有机统一

扁平化警情"日清零"机制在具体的实践中取得了巨大的成就。2017 年 11 月 29 日,本溪市局启动了扁平化警情"日清零"机制,通过近两年的运行,进一步规范了警务流程、办案程序和执法行为,压实了领导干部担当负责、值班民警值守备勤和全体民警认真履职的责任意识,实现了警情全清零、群众零投诉、公安零信访的工作目标,收获了党委、政府的充分肯定、社会各界的广泛认可和人民群众的高度赞誉。据统计,该机制实施以来,全市共受理各类警情 397466 件,同比下降 39.7%;有效警情 113151 件,同比下降 50.7%;刑事类警情 6623 件,同比下降 41.5%;治安类警情 28171 件,同比下降 53.3%。该机制实施以来,受立案突出问题平均发生率为 0.45%,逐年平均下降 4.8%;疑似案件警情平均存在率为 0.55%,逐年平均下降 5.2%;受立案环节瑕疵问题发生率为 1.91%,逐年平均下降 5.7%。该机制实施以来,公安机关的整体实战能力大大提升,全口径破案率、电诈案件打处率、命案破案率均在全省领先。抓获各类违法犯罪嫌疑人 3313 人、破案 4209 起,有效防控各类现行案件发生 995 起;快速反应、妥善处置各类群体访 742 批次、1.6 万余人次;堵控欲赴省进京越级访群体 487 批次、1971 余人次;及时救助群众 350 余人次,取得了显著工作成效。全市 11.3 万个有效警情全部清零(办结或转入受案、立案、办案流程),没有发生一起因执法不公、不作

为引发的群众有理投诉问题，实现了公安零信访目标。通过回访报警人，群众对公安机关接处警环节的满意率达到了100%，扁平化警情"日清零"机制真正成为群众满意的惠民工程。

三、市域社会治理视角下城市民生警务战略的纵深发展

党的十九届四中全会《决定》中明确提出：加快推进市域社会治理现代化。城市民生警务战略必须服从、服务于市域社会治理现代化的战略目标，提升市域社会治理的水平和效能。

（一）以党的领导为统领，切实把党的领导优势和我国社会主义制度优势转化为城市民生警务战略的治理优势

党的十九届四中全会《决定》中指出：党是领导一切的，坚决维护党中央权威，健全总揽全局、协调各方的党的领导制度体系，把党的领导落实到国家治理各领域各方面各环节。思想是行动的先导。警务机制是基层社会治理的重要组成部分，准确把握党的领导与警务机制的关系，是坚持创新社会治理正确方向的前提。坚持党的领导是中国特色社会主义社会治理体制的最大特征和最大优势。必须坚持把加强基层党的建设、巩固党的执政基础作为贯穿警务机制改革的一条红线，以改革创新精神探索通过加强以党建促队建引领警务机制改革的路径。构建总揽全局、协调各方的党委领导体制，推动城市民生警务战略服务于市域经济社会发展全过程，形成对市域社会治理的有力支撑。

（二）以治理能力为核心，切实构建社会治安防控体系新格局

矛盾多元化解机制的逻辑起点和落脚点都在服务保障稳定、改革、发展大局，党的十九届四中全会《决定》中提出：坚持专群结合、群防群治，提高社会治安立体化、法治化、专业化、智能化水平，形成问题联治、工作联动、平安联创的工作机制，提高预测预警预防各类风险能力，增强社会治安防控的整体性、协同性、精准性。城市民生警务战略的提质增效要在以下几方面下功夫：一是在创新矛盾纠纷化解机制上下苦功夫，二是在提升社会治安防控的联动性上下真功夫；三是在提升预测预警预防能力上下硬功夫。

（三）以社会治理共同体建设为抓手，切实完善共建共治共享的社会治理制度

党的十九届四中全会《决定》中指出：建设人人有责、人人尽责、人人享有的社会治理共同体。我国当前的共建共治共享的社会治理制度面临的主要挑战是作为居民自治主体的公众和自治组织参与不足，这种参与不足主要

表现在参与意愿、参与能力、参与渠道不足三个方面。社会治安共同体不是几方主体的简单叠加，而是强调党委、政府、社会团体和公众相互认知、相互认同、相互融合、相互配合。在共建共治共享的社会治理制度中，务必处理好警民关系、警企关系，在法治轨道上统筹社会力量，调节社会关系、规范社会行为、化解社会矛盾。

（四）以科技手段为支撑，切实提高科技支撑市域社会治理现代化的能力和水平

党的十九届四中全会《决定》首次在社会治理体系中首次增加了"科技支撑"的内涵要求。大数据战略已经上升为国家战略，基层社会治理必须坚持数据治理，善于运用大数据思维，积极创新大数据的运用，让数据为社会治理精准化保驾护航。城市民生警务战略必须以"情指融合、情指一体、情勤对接的警务实战化"指导思想为基础，根据"警力跟着警情走"的原则，发挥好大数据、云计算、物联网、人工智能等新技术在警务治理中的效能，提升社会治理的科学化、智能化、信息化、专业化和精准化水平。

（五）以本土文化为涵养，切实打造市域社会治理的文化共同体

党的十九届四中全会《决定》中指出：发展社会主义先进文化、广泛凝聚人民精神力量，是国家治理体系和治理能力现代化的深厚支撑。"本是万物之根，溪乃四海之源，本本分分做人，点点滴滴做事"是新时代本溪精神的核心。本溪文化的"本"是东北人类起源之本、高句丽发祥之本、建州女真肇兴之本、东北道教兴起之本、近代钢铁工业之本、医疗产业培元固本、诚信厚道以德为本；本溪文化的"源"蕴含了衍水之源、两海之源、生态之源、抗联之源、工业之源等。新时代本溪精神是本溪人民共同的精神追求和价值认知，是体现了本溪历史、本溪思维、本溪风范的精、气、神，市域社会治理务必要与这种地域精神融合发展，城市民生警务战略必须凝聚基层社会治理的文化共识，打造文化共同体，用文化凝聚民心、用文化化解矛盾。

"枫桥经验"与公安基层治理相关理论初探

高 山[*]

摘 要："枫桥经验"与公安基层治理工作密切相关，其来源于公安工作，又对公安基层治理的实践发挥着巨大的指导和推动作用。综观既往文献，虽有百花齐放之格局，但缺乏理论深度和系统化的分析框架，不利于先进经验在更大范围和以更有效方式的推广普及。本文立足于公安基层治理工作，尝试从理论分析角度对"枫桥经验"与公安基层治理的内在逻辑以及"枫桥经验"之于公安基层治理工作的作用和意义两个维度进行探索研究，并提出了运用"枫桥经验"进行公安基层治理需关注的事项及后续研究方向。

关键词："枫桥经验" 公安 基层治理 理论

根据公安部《关于全国公安机关坚持发展新时代"枫桥经验"的意见》，坚持人民主体地位，贯彻以人民为中心的发展思想，创造性地贯彻落实好党的群众路线，坚持自治、法治、德治有机融合，统筹社会资源参与社会治理体系建设，积极构建多元化化解矛盾、全时空守护平安、零距离服务群众工作机制，加快形成共建共治共享的基层社会治理格局，是当代公安运用和发展"枫桥经验"提高治理的社会化、法治化、智能化、专业化水平的明确要求。围绕上述要求，广大学者和公安系统工作人员从不同视角开展了大量关于"枫桥经验"与公安工作的研究，尤其是公安基层治理相关的研究，并已形成一定规模，但综观相关研究成果，更多的是"点"的突破和"量"的累积，对"枫桥经验"与公安基层治理工作辩证关系的研究、内在规律与普适

---

[*] 高山，中国社会科学院法学研究所在职学员，研究方向：宪法与行政法学。

性价值的总结等成果稍显不足。针对上述不足，本文以公安机关利用"枫桥经验"开展基层治理为分析对象，尝试阐述以下问题：一是研究现状与存在的问题；二是理论研究的必要性与可行性；三是对公安机关利用"枫桥经验"开展基层治理工作的内在逻辑与理论内涵的解析；四是相关理论对实践的指导意义和后续研究方向。

一、"枫桥经验"之于公安基层治理的研究现状与问题

根据主流观点，有关"枫桥经验"的研究始于1964年《诸暨县枫桥区社会主义教育运动中开展对敌斗争的经验》一文，自此"枫桥经验"逐渐从浙江走向全国，成为处理基层社会矛盾的全国性经验。但2000年以前，关于"枫桥经验"的书面记载主要以经验分享和汇报材料的形式存在，直到2003年习近平同志提出"把'枫桥经验'坚持好、发展好"之后，针对"枫桥经验"的学术性研究才如雨后春笋般蓬勃发展。通过中国知网（CNKI）对以"枫桥经验"为关键词的研究文献进行搜索，共得到相关文献1368篇，其中关键词包含"基层治理"或"社会治理"的共132篇，其研究内容直接或间接与公安工作相关。

通过对已有文献的梳理，在宏观上，现有研究涉及归纳"枫桥经验"的起源与发展演化、在公安工作中的应用与价值等；在微观上，涉及"枫桥经验"在治安管控中的心得、在警群关系中的作用、在调解矛盾中的经验、在智能化辅助下的应用等。总体来看，这些研究通过对不同时期"枫桥经验"的外在形式和发展变迁的思考，进一步拓展和丰富了"枫桥经验"的内涵，加深了"枫桥经验"对加强基层社会治理及完善公安工作的理解和认识，探索、总结并推广了一系列切实有效的新模式、新经验。但同时，既有研究也在不同程度上出现了理论深度不足、缺少系统化的分析框架、观点零散、重宣传轻学术追索、边界过于泛化等问题。

具体来说，现有"枫桥经验"与公安基层治理研究主要分为三类：第一类是基于本地域、本辖区的实践成果描述，相关成果止步于特定情景下单个案例的做法和成效总结，缺乏对应用场景和实践模式的拓展研究，个案研究鲜有上升为普适性的规律，宣传效果大于学术价值；第二类是围绕"枫桥经验"的内涵寻找与公安工作的关联，运用"枫桥经验"的概念分析一些具体问题并提出相关措施建议，虽然在横向上丰富了案例数量和经验素材，但在纵向上普遍缺乏对运行机理的深入论证，只是停留在经验表面，缺乏理论支撑和系统自洽，措施建议的适用性和有效性无法证实，好的经验面对时代的变化无法得到真正的升级；第三类是因缺乏对"枫桥经验"的深刻理解导致

研究泛化，部分研究盲目聚焦时下流行的主题、舆论关注的事件，套用"枫桥经验"的外衣进行表面化论证，不仅不利于"枫桥经验"的推广发展，还会模糊"枫桥经验"的实质内涵，影响其作用的有效发挥。

二、理论研究的必要性与可行性

好的理论总是来源于实践，同时又为实践服务，指导实践活动的开展。从理论与实践的辩证关系看，实践是检验理论是否正确的唯一标准，反之，理论也可以检验实践。联系公安机关工作实践来看，利用"枫桥经验"开展本地化的基层治理实践活动，首先需要确定目的、步骤、方法以及预期结果，在采取行动前需要用相关理论加以判断，评估其正确性与合理性，预测其后果影响，提前做好预警机制和防范措施，否则将导致对"枫桥经验"的盲目追随，可能产生适得其反的结果；其次，任何实践活动都有成本，只有得没有失、只有利没有弊的实践活动是不存在的，所谓理论指导实践，就是要运用相关理论对实践过程的利弊得失进行权衡，通过"两利相权取其重、两弊相权取其轻"的方式进行取舍，而非不顾实际地照葫芦画瓢，对相关经验直接拿来为我所用；再次，对他人实践经验的运用往往会遇到各种主客观条件的变化，甚至出现未曾预期的复杂情况，此时需要利用相关理论重新审视最初制定的目标、步骤和方法并作出调整，保留与变化了的条件仍然相符的部分，抛弃不符的部分，重新匹配新的条件；最后，实践活动是否达到预期也需要理论给出评价标准，特别是对于运用"枫桥经验"就地化解矛盾是否会牺牲某些社会参与者的利益、又是否与法治化发展进程相匹配等问题的回答，尤其需要理论的支持。因此，"枫桥经验"不仅在措施、方式上需要与时俱进，更需要尽快形成"枫桥经验"的理论体系，以获得强大的实践指导力，促进先进经验的推广与普及。

同时，笔者认为，构建"枫桥经验"之于公安基层治理的理论体系不仅必要，目前也已具备充分的条件，使得理论探索工作具备可行性基础。具体来看，一是围绕"枫桥经验"的大量实践活动为理论构建提供了实践基础。"枫桥经验"历经50多年的实践转化，已成功内化于基层治理工作中，成为社会公认的经验典范。相当一部分社会治理主体在"枫桥经验"的复制和推广过程中通过试错和调整，已初步摸索到了一些经验之上的内在规律，特别是随着时代变化，针对新情况新问题，对基层治理中的"枫桥经验"赋予了新的功能与内涵，这些实践为理论的构建提供了大量的素材与案例。二是"枫桥经验"的研究现状为理论构建提供了研究基础。如前文所述，2000年以来学术圈对"枫桥经验"的关注度持续上升，再加上2013年、2018年两次周年纪念以及各类征文活动，吸引了不同专业、不同背景的学者共同参与到"枫桥经验"的研究中来，相关文献大量涌现，并脱离基层纠纷解决、犯罪预防等传统研究维度，为后续相关理论的构建拓展了研究视野，提供了思路和工具。三是习近平新时代中国特色社会主义思想为"枫桥经验"的理论构建指明了方向，提供了正确的方法论。习近平同志从2003年主政浙江以来，高度重视社会治理，作出了一系列关于坚持发展"枫桥经验"的指示与批示，发表了大量文章和讲话，并形成了具有深刻理论基础、丰富时代内涵的社会治理思想。习近平新时代中国特色社会主义思想特别是其中社会治理思想的提出和发展，为新时代"枫桥精神"的理论构建赋予了灵魂、确立了方向并提供了动力，是广大学者准确阐释"枫桥经验"的内在逻辑与理论内涵的方法论，确保了相关研究方向的正确性。

三、"枫桥经验"之于公安基层治理工作的内在逻辑与理论内涵

关于"枫桥经验"之于公安基层治理工作的理论探索，从理论指导实践的角度，需重点解决两大问题，一是"枫桥经验"为什么适用于公安基层治理工作，其适用逻辑与前提条件是什么；二是"枫桥经验"之于公安基层治理工作的作用与意义何在。对此，本文通过剖析"枫桥经验"与公安基层治理的一致性特征，寻找其内在逻辑关系，进而得到"枫桥经验"对公安基层治理工作具有普适性的特点；从"正式制度与非正式制度"视角分析"枫桥经验"之于公安基层治理工作的作用与意义，解释其存在的合理性与必要性。

（一）"枫桥经验"适用于公安基层治理工作的内在逻辑

"枫桥经验"强调发动和依靠群众加强社会综合治理、化解社会矛盾，实现"矛盾少、治安好、发展快、社会文明进步"的目标；而公安基层治理工作强调的是"打防结合、预防为主、专群结合、依靠群众"实现社会基层治理和社会治安秩序稳定。通过比较，二者虽然在实现方式和路径上存在差别，但在作用的客体、实施的基础、追求的目标等方面存在高度的一致性，具体分析如下：

一是客体一致。改革开放前后，我国城市基层治理范式发生了重大变化。改革开放前，以自上而下的"街居制"进行基层社会的整合与治理，封闭、同质、固化与非流动性是这一治理范式下的基本特征，此时社会成员间的矛盾主要通过单位协调解决；改革开放以来，随着市场经济的确立，社会流动阶层扩大，"街居制"难以满足大量"单位人"转变为"社会人"的多种需求，更难以有效承接由单位剥离出来的各项社会服务职能，于是"社区制"应运而生，完成了对"街居制"的迭代。这一转变下，基层成为公权力运行

管理职能的最基本单元，由于个人需求多样化、成员驻地流动化、生活工作空间松散化等原因，基层矛盾呈现出复杂、多变的特征，需要由内而外的协调和由外而内的规范相互配合，共同进行矛盾化解。在由内而外方面，"枫桥经验"对基层社会治理，尤其是群众矛盾纠纷解决具有显著作用；而由外而内方面，公安机关作为国家机器，通过国家意志的集中实现来达到规范社会成员行为的目的，在基层社会治理中开始扮演重要角色，其作用客体同样也是社会基层。因此，无论是"枫桥经验"还是公安工作，虽然其发挥功效的方式有所区别，但其作用的客体是一致的，并且两者存在相互配合的关系。

二是基础一致。新时代背景下，"枫桥经验"和公安工作对其一致客体（基层）发生作用和产生影响，均需要以获得民众的普遍认可作为基础前提。对"枫桥经验"而言，其本身即是发挥民众主体精神的典型，通过充分动员民众的力量，建立合理机制激发广大群众自觉参与到基层矛盾化解、维护社会治安稳定中去，从问题的发现、方案的制定，到具体措施的执行，无处不是民众意志的体现；对公安机关而言，其作为国家机器的重要组成部分，是落实国家政策和法令的主体，其权力由人民赋予，根本目的在于维护广大人民群众的利益，其行为需要人民群众的认可，并通过权力让渡与委托的方式实现。具体到公安基层治理工作，由于"枫桥经验"的运用与公安工作的开展具有一致的基础前提，因而两者具备天生的共融性，"枫桥经验"不仅为公安基层治理工作提供了方法思路，同时通过人民群众自觉参与到协助定纷止争、维护社会治安的行为，也进一步巩固了公安权力行使的群众基础。

三是目标一致。虽然"枫桥经验"与公安机关就基层治理采用完全不同的路径，但二者的目标都是追求国家长治久安、社会和谐稳定。公安机关作为国家权力在基层的代理人，通过运用国家法令和政策开展基层治理工作，有效促成国家意志和民众意愿的统一，从国家角度审视，这是实现基层治理的直接路径；相对地，"枫桥经验"开创了一种间接治理路径，在追求同一目标的前提下，根据现实需要灵活性地引入多元社会主体，通过不断调整权威体系，将国家意志、社会权力与民众意愿相适配，并统摄到基层治理之中，以达到长治久安、社会和谐的目标。虽然不同时代与不同地区对"枫桥经验"赋予了不一样的内涵，但其在公安基层治理工作中始终焕发着活力，其中关键因素就是其始终与公安工作保持一致目标并共同发展，这也是我们评价任何一种经验范式的基础。

"枫桥经验"的内涵与公安基层治理工作之间的高度一致性为"枫桥经验"的起源与推广发展提供了合理的逻辑基础，客观反映了"枫桥经验"对公安基层治理工作的普适性，以及其成为公安基层治理典型经验的必然性。

通过对"枫桥经验"与公安基层治理工作内在适用逻辑的研究，不仅有助于解释"枫桥经验"在公安基层治理工作中的适用性和持久性特征，也为理论联系实践，对进一步探索建立和推广"枫桥经验"的有效路径提供了理论指导。

（二）"枫桥经验"之于公安基层治理工作的作用与意义

公安基层治理工作关注国家公权力行使的公正、规范与效率，更强调顶层设计下的规范导向解决路径；而"枫桥经验"则立足现实，关注社会矛盾纠纷的具体形态及多元化解方法，是一种自下而上的问题导向解决路径。虽然两者作用的客体、基础和目标具有一致性，但在实现路径上却存在显著差异。公安基层治理为什么需要"枫桥经验"的加持，这两股作用方向相反的力量是如何实现统一的？笔者认为，上述问题可由"正式制度与非正式制度"理论进行分析和解读。

1. "正式制度与非正式制度"理论概述

社会制度分为"正式制度"和"非正式制度"，正式制度是国家法律正式规定的制度，包括法律、政策、规定等，其依靠国家强制力实现；非正式制度是社会中自发形成的自治组织制度，包括习惯、风俗、道德、惯例、意识形态等，具有自发性、广泛性、可持续性的特点。正式制度与非正式制度之间既存在着对抗，也存在着相互耦合的关系。一方面，非正式制度的存在源于正式制度的供给不足或适用性上的瑕疵，两者通过对抗，非正式制度被吸收或补充到正式制度中，达到新的平衡，从而实现现代社会治理秩序的螺旋式优化；另一方面，国家权力、法律等正式制度需要通过非正式制度才能得以有效运行和高效实践，在某些情况下，非正式制度可以被国家或正式制度所利用，成为实现特定目标的一种手段。

2. 基于"正式制度与非正式制度"理论的分析与解读

"枫桥经验"之于公安基层治理工作，其现实意义和价值可以从正式制度与非正式制度辩证关系的视角进行解读。从工作内容看，基层公安除需要打击违法犯罪活动，维护社会治安秩序外，还承担了繁重的群众矛盾纠纷调解工作，特别是受"有事找警察"、"人民警察为人民"等传统观念和社会导向的影响，除了《治安管理处罚法》规定的违反治安管理的行为外，基层公安实际工作中还承担了诸如家庭矛盾纠纷、债务纠纷、消费纠纷、合同纠纷等一系列职责范围以外的矛盾纠纷调解事务。对于大部分职责范围内的工作，因有相应的法律法规作为评判标准，并有体系化的接警处警流程，基层公安可以规范应对并实现高效处理。但对于大部分群众矛盾化解工作，不论是在调解流程还是标准上都缺乏统一规范，即在处理基层矛盾时存在正式制度供给不足的问题,需要借助非正式制度实现特定目的。"枫桥经验"强调发动和依靠群众加强社会综合治理、化解社会矛盾,从其起源来看,实质上就是公安在处理非警务工作时,因缺乏规范化处警流程和规范,充分利用多元化手段探索出的一种有效化解基层矛盾的方法与路径,这恰好体现了正式制度与非正式制度的耦合关系;另一方面,"枫桥经验"作为一种非正式制度,其理念被广泛传播和借鉴后,又对原有的正式制度产生了深远影响,促进了基层公安治理工作理念与方法的转变,处理好群众最关心的问题,妥善解决群众间的矛盾,有利于构建和谐的基层警民关系,基层公安在开展正式制度所赋予的重要任务时也更容易得到广大群众的配合支持,实现社会治安的高效治理,这又体现了现代社会治理秩序的螺旋式优化。

四、实践应用及后续研究方向

理论研究的意义在于为实践提供指导,提升实践活动的科学性和有效性。遵循这一思路,该部分将结合"枫桥经验"与公安基层治理工作的初步理论探索,提出在公安基层治理领域推广运用"枫桥经验"的必要条件,并结合实践需要,指出后续的理论研究方向。

(一)推广运用"枫桥经验"加强公安基层治理需正确处理两对关系

一是正确处理"枫桥经验"普适性与特殊性的关系。通过对"枫桥经验"之于公安基层治理工作内在逻辑的研究,归纳出两者具有客体一致、基础一致、目标一致的共同属性,从而得出"枫桥经验"在公安基层治理领域具备普遍适用性的特点。但是,"枫桥经验"受枫桥镇特殊地理位置、特定基层结构、人文历史环境、经济发展水平的影响,将导致"枫桥经验"的某些措施做法在其他地区推广普及时具有特殊性与局限性,盲目生搬硬套容易产生水土不服。首先,从作用的客体看,虽然"枫桥经验"与公安工作的作用客体均为基层,但不同基层所处的发展阶段与资源禀赋存在差异,是否具备具有专业治理能力且稳定的人员队伍,是否拥有快速搜集、分析与处理信息的硬件系统等均对"枫桥经验"的适用性将产生重要影响,必须进行提前评估;其次,从产生作用的基础看,由于地域和发展水平的差异,不同地区基层群众的核心利益与主要需求也存在显著区别,如东部沿海地区经济发展水平较高,人才大量流入,具备较好的自治基础,其基层主要需求是日益增长的多元化社会管理和社会服务需求,而广大中西部地区以农业为主,经济发展水平不如东部沿海地区,人口外流现象明显,部分农村基层处于"空心化"状态,其主要需求是增强基层发展活力、完善基础设施建设和健全公共服务能力,其基层治理的方式方法显然应与东部沿海地区存在显著差异;最后,从治理目标看，虽然终极目标一致，但受新时代基层矛盾主体多元化的影响，基层与基层之间及同一基层的不同发展阶段对治理目标的定位仍然会存在显著差异，如对于居民之间矛盾的处理方式应当不同于处理居民与法人及社会组织之间的矛盾，由于矛盾类型与复杂程度不同，在运用"枫桥经验"时应进行差别化考量。

二是正确处理法律规范与"枫桥经验"之间的关系。"枫桥经验"作为一项非正式制度，其有利的一面是具有较高的灵活性，可作为法律、法规与政策等正式制度的补充解决基层治理中的特殊问题，但如果不分边界地进行泛化应用，将可能影响正式制度在基层治理中本应发挥的作用。以基层矛盾化解为例，传统的基层矛盾以婚姻家庭、邻里矛盾为主，而伴随着城市化进程和人民群众维权意识的提高，出现了一系列诸如拆迁、环境污染、物业管理、企业欠薪等引发的新型矛盾，如果仅仅依靠基层的自发力量进行调解化解，不但缺乏专业性和权威性，还有可能浪费宝贵的基层治理资源，不利于矛盾的及时处理。对于日趋复杂化和多元化的基层矛盾，运用"枫桥经验"开展治理工作应首先加强矛盾的分析和归类，明确哪些事项应通过法律途径进行程式化解决，哪些适合灵活处理和就地化解。对于法律有明确规定的事项，应根据部门职责划分，按照规定的处理流程进行规范处理，在此原则下可加强基层公安与地方法院和检察院的协调对接与协同配合，进一步完善警调、诉调和检调机制，提高处理效率。

（二）后续理论研究方向

需特别指出的是，对一个问题或现象的解释存在诸多视角及适用理论，本文只是基于研究现状对"枫桥经验"基础理论的初步探索，更多的目的在于抛砖引玉，期待广大学者与公安工作者对相关理论研究的持续关注并逐步丰富和完善这一领域的研究成果，为更好地发扬"枫桥经验"精神服务现实工作提供科学指导和理论依据。从研究的实践意义及紧要程度看，笔者认为应着重加强以下方向的研究：

一是信息化时代下如何运用"枫桥经验"加强公安基层治理。传统社会条件下，由于信息传播受到物理隔离的限制，社会群体的活动和影响往往仅局限于特定区域范围内，但在信息化时代，局部冲突在网络的快速传播下，并伴随着社会情绪的交织感染，极易被放大化，造成冲突升级。于是，对公安机关而言，处理基层矛盾的难度将大为增加，不仅需要对调解方式进行创新，还需在舆情的传播和疏导上建立有效机制，这对新时代"枫桥经验"的内涵又提出了新的要求。

二是探索建立"枫桥经验"实施效果的量化评估指标体系。对于应用

"枫桥经验"进行基层治理的行为，是否实现了预期目标，与之前相比在多大程度上改善了基层治理状况？这些都需要建立客观而全面的量化指标进行评判。评估指标体系的构建，不仅有利于公安机关运用"枫桥经验"所取得成绩的客观展示与横向对比，也将对其适用性的评估提供有益帮助。

五、结语

本文从理论归纳视角，通过对"枫桥经验"与公安基层治理工作辩证关系的研究，总结了"枫桥经验"与公安基层治理工作"客体一致、基础一致、目标一致"三个共性特征，通过对两者的内在规律与"枫桥经验"普适性价值的归纳，提出了"枫桥经验"作为一种非正式制度对公安基层治理工作的作用原理与路径。在此基础上，发挥理论对实践的指导价值，结合"枫桥经验"的特点，指出在推广普及过程中应注意处理"枫桥经验"普适性与特殊性、法律规范与非正式制度两对关系，并结合当前实践中最重要与紧迫的需求，指出了后续的理论研究方向。正如笔者在前文中所述，上述研究只是对"枫桥经验"之于公安基层治理工作基础理论的初步探索，相关结论必然存在诸多瑕疵，更重要的意义在于抛砖引玉，引导"枫桥经验"向"枫桥理论"升华，进而形成"理论指导实践、实践丰富理论"的良性循环，这对坚持"中国之治"、实现国家长治久安具有重要意义。

"枫桥经验"在企业维稳信访工作中的实践

汤长江　吕春阳　王小利　徐　成　冯治中　单东雪[*]

摘　要："枫桥经验"在企业维稳信访工作中的实践主要是结合当前国家、中国石油集团公司对维稳信访工作的新形势、新要求，借鉴"枫桥经验"的先进经验和做法，探索"枫桥经验"在企业维稳信访工作中的融合与应用，通过丰富调解方法和手段，提高维稳调处水平，妥善处理历史遗留等各类疑难信访问题，推进各类群体稳定，提前化解企业改革、发展带来新的不稳定因素，使问题发现在基层、矛盾化解在基层、人员稳定在基层、机制固化在基层，努力实现"小事不出班组，大事不出车间，难事不出工厂"，建立企业版"枫桥经验"，为助推企业高质量发展创造和谐稳定的良好环境。

关键词："枫桥经验"　维稳信访

引　言

从当前社会和企业各层面实际情况看，影响企业和谐稳定的各类不利因素和问题主要是通过维稳信访渠道消除和化解。维稳信访工作是企业与员工群众联系沟通的桥梁纽带，是保障企业和谐稳定的关键途径和机制。维稳信访工作情况复杂、难度极大、困境重重，它直接面对的是有问题要反映、有

---

[*] 汤长江，中国石油天然气集团有限公司维稳信访工作办公室副主任；吕春阳，中国石油天然气集团有限公司维稳信访工作办公室总经济师兼法规指导处处长；王小利，中国石油天然气集团有限公司吉林石化分公司维护稳定工作办公室主任；徐成，中国石油天然气集团有限公司吉林石化分公司维护稳定工作办公室副主任；冯治中，中国石油天然气集团有限公司维稳信访工作办公室法规指导处副处长；单东雪，吉林石化分公司维护稳定工作办公室科员。

困难要帮助、有疑惑要解答、有情绪要疏导的员工群众，要解决的是员工群众最关心、最直接、最现实的利益问题。和谐稳定事关企业改革发展，事关员工和矿区群众的和谐幸福，事关社会和谐稳定发展大局。"枫桥经验"在企业维稳信访工作中的实践，就是寻求一种化解员工群众与企业、社会沉淀积累或创新变革中新老矛盾的最佳方式方法。

本论文研究的方向和主题是如何在企业落实"枫桥经验"，更具有可操作性，通过在中国石油、地区公司、吉林石化公司等企业试点，总结出一些经验和做法。

一、背景

在习近平新时代中国特色社会主义思想指引下，"枫桥经验"在弘扬传统中不断创新发展，在与时俱进中不断丰富时代内涵，焕发出蓬勃的生机和活力，走出了一条中国特色基层社会治理之路，推动实现了"中国之治"。党的十八大以来，习近平总书记提出了一系列社会治理的新理念新思想新战略，特别是对坚持发展"枫桥经验"作出重要指示，要求把"枫桥经验"坚持好、发展好，把党的群众路线坚持好、贯彻好。

国有企业是国民经济的主导力量，是社会主义经济的重要支柱。无论是中央企业还是地方国有企业，在国民经济和地方经济中都占有绝对优势，国有企业是维护和巩固社会主义公有制性质、引领国家经济发展的主导力量。国有企业不但提供了煤炭、石油、电力、钢铁等基础能源，承担着生产公共产品、建设重大工程项目、推动国家技术创新等职责，而且还肩负着优化产业结构、引领经济发展、带动其他所有制经济健康发展的重任，是推动经济发展当之无愧的主力军、排头兵和突击队。

习近平总书记强调："要使国有企业成为党和国家最可信赖的依靠力量，成为坚决贯彻执行党中央决策部署的重要力量，成为贯彻新发展理念、全面深化改革的重要力量，成为实施'走出去'战略、'一带一路'建设等重大战略的重要力量，成为壮大综合国力、促进经济社会发展、保障和改善民生的重要力量，成为我们党赢得具有许多新的历史特点的伟大斗争胜利的重要力量。"习近平总书记第一次用"六个力量"来定位国有企业，无疑给国有企业挺直腰板改革、发展指明了方向，也为我们理直气壮宣传国有企业提供了强有力的精神动力和理论支撑。

国有企业是共产党的执政之基，是维护政治稳定的核心力量。国有企业是党中央、国务院决策部署的坚决拥护者和忠实履行者，是保障国家政策贯彻落实的主要阵地。国有企业是社会稳定的"压舱石"，承担了大量社会功能和责任，提供大量的就业岗位，支持和帮助大学生就业，维护了国家的政治社会稳定。

国有企业一般有着多年的历史，在改革发展的进程中，特别是在计划经济向市场经济转轨时期，劳动用工、减员增效、企业改制等方面改革措施，积累了一些深层次矛盾，沉淀了一批历史问题，形成了多个不稳定群体。随着经济社会的迅速发展，社会转型各种矛盾不断凸现，国有企业一些原有的问题还没有完全解决和消化，新的问题又不断产生，深层次的矛盾逐渐呈现，维稳信访作为企业矛盾化解的重要手段承受着巨大的压力，总量庞大、情况复杂、行为无序、治理困难等问题始终没有更好的解决办法。如何践行"枫桥经验"，探索出符合时代特色和国有企业实际情况的矛盾化解调处机制，提前有效化解这些矛盾、节约企业成本，减轻企业改革发展和转型升级的阻力，更好释放有效资源，是国有企业当前面临的重要课题。

二、内涵

20世纪60年代初，浙江省诸暨市枫桥镇干部群众创造了"发动和依靠群众，坚持矛盾不上交，就地解决，实现捕人少，治安好"的"枫桥经验"，为此，1963年毛泽东同志就曾亲笔批示"要各地仿效，经过试点，推广去做"。"枫桥经验"由此成为全国政法战线一个脍炙人口的典型。之后，"枫桥经验"得到不断发展，形成了具有鲜明时代特色的"党政动手，依靠群众，预防纠纷，化解矛盾，维护稳定，促进发展"的枫桥新经验，成为新时期把党的群众路线坚持好、贯彻好的典范。

"枫桥经验"表现出的基层社会治理特征包括创新性、典型性和民主性等不同方面。这些特征使"枫桥经验"有别于其他经验，具有独到的价值。同时，"枫桥经验"的治理特征也使其有别于国家和政府治理的经验，体现了基层社会治理的特征。独特的治理方式是"枫桥经验"的重要标志。治理方式主要包括村民自治、政社互动、协商共治、乡贤参与、组织承接、司法保障及"互联网+"。治理的领域主要包括乡村治理、城市社区治理、企业治理、网络治理和生态环境治理等。其中，乡村治理是"枫桥经验"最成熟的治理领域，企业治理是"枫桥经验"的显著治理特色。基层社会治理体系的构建是一个系统工程。治理体系应当涵盖基层社会治理的主要方面，体现基层社会治理的特点。"枫桥经验"治理体系包括整体联动的组织体系、立体化的治安防控体系、全覆盖多元化的社会矛盾化解体系、向上向善的乡村文化价值体系、普惠化的法律服务保障体系。治理体系体现了"枫桥经验"基层社会的治理重心。基层社会治理必须坚持问题导向、目标导向、实践导向，取得良好治理效果。"枫桥经验"形成了自己独特的基层社会治理模式，将标准化的理念和手段导入基层社会治理全部环节，走出了地方性知识普适的重要路径。

中国共产党领导下的国有企业，始终履行社会责任、政治责任和经济责任，始终将做好维稳信访工作作为一项重要的政治任务，作为改进创新社会治理的重要抓手。针对企业历史遗留问题和改革过程中出现的新矛盾，在做好企业生产经营的同时，以不埋怨历史、不埋怨过去的态度，用历史的观点、时空的观点、现实的观点正确看待各类矛盾问题，在不增加企业管理成本的情况下，努力寻求一种能够有效化解员工群众与企业、社会沉淀积累或创新变革中新老矛盾的管理模式，通过对"枫桥经验"的思考和实践，积极探索把问题发现在基层、矛盾化解在基层、人员稳定在基层的管理思维和管理方法，找到了一条符合时代特色和企业实际情况的途径。

三、主要做法

国有企业一般组织架构分为集团公司、地区分公司、分厂、车间、班组，车间、班组作为企业的最基层管理组织，是实践"枫桥经验"党政动手、依靠群众、预防纠纷、化解矛盾、维护稳定、促进发展的最前沿阵地。坚持以各级党委为维稳信访工作核心，以各级党支部为堡垒，发挥基层党员干部、生产骨干的积极作用，以思想政治工作为抓手，层层落实责任和目标，形成维稳信访防控网络体系，探索维稳信访问题发现在基层、矛盾化解在基层、人员稳定在基层、机制固化在基层"四在基层"的新路径。

（一）问题发现在基层

当前，国有企业开展深化改革、利益调整，社会矛盾多发，牢牢把握做好维稳信访工作的生命线，就是在最基层构建信息网，第一时间发现、第一时间反馈、第一时间施策、第一时间调处。

1. 在车间班组发现问题。车间、班组是国有企业最基层的管理单位，在车间班组发现问题就能第一时间解决问题、化解矛盾。通过充分发挥基层党支部作用，坚持以班组为切入点，以随时掌握员工思想情绪变化为目标，在每个班组设观察员，在班组中由德高望重的党员、班长或劳模骨干担任观察员，通过日常工作中的接触，及时发现员工细微变化。通过制作方便快捷的"亲情卡"、"联系卡"，通过家属了解和掌握员工八小时以外变化，及时准确地反馈来自班组和家庭等问题，第一时间从源头上捕捉信息。

2. 在专用渠道上了解民意。国有企业一般包含在岗员工、退休人员、解聘人员等各类不同群体，掌握群体动向信息是保证企业维稳工作的关键。对这些群体按照离开企业前原单位分块管理，对每个人都明确三级包保责任人，实行厂级领导、车间级领导、班组级个人三级包保。通过包保人与被包保人的信息交流对称，企业出台的任何一项工作要求、政策规定等均通过包保人落实、传达给被包保人，客观上增加了包保人与被包保人在一起交流的内容和时间，使包保人和被包保人在交流当中形成了相互信任和依赖的关系，对掌握各种信息创造了良好的条件。同时，以街道、社区为依托，多层面设立信息员，建立信息传送渠道，发现不稳定因素和苗头，打好维稳信访的主动仗。

3. 在联系点化解矛盾。企业在生产经营过程中，与周边生产环境或周边居民生活环境都密不可分，因周边居民对企业生产经营不了解，可能造成对安全环保达标等方面的担心，提出各类问题。通过按装置分区域建立"联系点"，进户入门访谈，释疑解惑，使周边居民群众理解和支持企业和谐稳健发展。同时，以企业周边的村为单位，开展村企共建等活动，积极帮助村民解决实际困难，一方面组织村民到工厂参观，为居民讲解安全环保管理知识，让他们了解实际情况，安心放心生活。另一方面通过提前排查摸底，及时调处，处理各类矛盾，减小企业信访压力。

（二）矛盾化解在基层

国有企业坚持矛盾就地化解，保证矛盾不上交。建立以协商为主的调解平台，根据员工需求多样化、思想多元化、情绪多变化的影响，构建班组、车间、工厂、公司四级调解组织，搭建"沟通站、说事点、调解室、调解中心"等调处平台，建立信访事项协调会、听证会、对话会三会制度，化解生产经营管理过程中出现的各类矛盾。

1. 搭建调处平台。企业内部调解最接近问题、接近矛盾、接近员工，相较于其他调解方式，表现出沟通渠道最便捷、掌握情况最真实、调节手段最灵活的优势。班组建立沟通站，在班组设立调解员，以班组中个人影响力较大、威信较高的骨干、党员、老工人为调解主力，一起在生产工作和生活中化解员工的不满。车间建立说事点，让员工有地方诉说困难和困惑，有效化解了矛盾。同时，及时发现车间管理中的不足，提升管理水平。党支部书记、老干部、劳模成为主力，着重调处车间管理出现的奖金分配、工效挂钩、评先选优、岗位调整等矛盾。工厂建立调解室，将劳资、人事、安全、工会、法律等专业人员聘请为调解员，着重破解工厂薪酬分配制度、保险费用缴纳、工伤待遇、干部作风等政策性较强问题引发的矛盾。公司建立调解中心。公司聘请企业、社会在信访、法律、保险、工伤、仲裁等方面有影响力的专家为调解员，建立调解员人才库，着重解决员工群众不认可、不理解的问题，避免大量矛盾进入信访或诉讼渠道,减轻员工群众和企业的成本。通过"说事点"调处车间管理过程中出现的矛盾、"调解室"破解政策性较强的矛盾、"调解中心"消除员工群众不认可、不理解现象,从而实现"小事不出班组、大事不出车间、难事不出工厂,矛盾不上缴"。

2. 建立协商机制。建立以协商为主的调解机制,结合企业各类信访问题的具体情况,通过组织信访事项协调会、听证会、对话会三类会议解决各类信访问题。信访事项协调会主要受理解决员工群众反映的合理诉求,根据诉求具体情况,由信访部门组织信访人和相关职能部门或单位负责人、具体业务承办人、涉事单位负责人,依据国家法律和现有政策对信访事项制定解决方案,落实解决措施。信访事项听证会主要受理解决当前没有政策支持、缺少法律依据、难以还原事实真相、原始证据不充分、责任部门不明确、当事人不息访等特点的信访案件;或针对信访人不按法定程序信访,教育引导其必须通过法定途径解决问题,由信访部门召集信访人、信访事项处理(承办)人、听证人员(由上级主管部门工作人员、企业地方信访部门工作人员、员工代表、相应级别人大代表、政协代表、政府职能部门工作人员组成),对信访事项处理程序、内容、政策、法律依据、结论发表意见,提出建议,形成听证意见。信访事项对话会主要是针对信访事项进行办理、复查、复核三级终结程序。例如,信访程序已经完成,信访人始终对信访事项处理意见、复查复核意见不认同、不理解,始终不能息访,多次发生越级访、缠闹访的行为,信访部门组织办理部门、企业政府职能部门、社会监督人员等对处理意见进行解释、答疑,由涉事部门详细讲解处理意见,信访部门宣讲信访程序,政府信访、人社等部门阐述法律依据和信访人行为性质,公安部门进行法制教育。通过"三会"协商机制,多管齐下、多方发力,帮助信访人解开心结,回归理性,化解信访人的抵触情绪,提升了解决信访问题的综合能力和效率。

3. 完善例会制度。建立维稳信访工作领导小组,实行例会制度,充分发挥维稳领导小组例会作用,按照"属地管理"、"分级负责"和"谁主管、谁负责"等原则,协调督促相关部门及时研究影响稳定的突出问题,提出解决方案和具体措施,明确责任和工作分工,密切配合,形成合力,着重解决涉及人数多、群众反映强烈、关联多个部门的疑难复杂问题。

(三)人心稳定在基层

国有企业面对庞大的不稳定群体,坚持把了解民情、维护民利、凝聚民心作为党建工作的重要内容,哪里有维稳工作,哪里就有党组织的坚强保障。

1. "党建+维稳信访"。国有企业面对维稳和发展的双重压力,坚持党建引领,哪里有维稳工作,党建就跟进到哪里,就有党建"三融入",即通过党建项目化管理融入重点难点任务、通过"党员责任区"融入专业工作、通过"党员好管家"融入日常维稳管理,把党建工作嵌入企业管理链条,贯穿到维稳工作的全过程。通过"三融入",党委保工厂、支部保车间、党员保班组的维稳责任落实到位,员工群众获得感、安全感和幸福感提升,真正把党组织的关怀送到员工群众心坎上。

2. 建立大数据管理模式。针对减员增效、内部退养、社会职能剥离等易引发不稳定因素的实际,编制"双六清网络",即对信访人的诉求清、常驻地点清、经济来源清、活动情况清、信访经历清和家庭状况清的"六清",以及对信访事项的政策清、法律清、责任清、思路清、流程清和方案清的"六清"。以查动向、找原因、定措施为目的,对大型群体、各类人员进行全面排查,建立动态管理档案,制定维稳措施,为维稳工作奠定基础。

3. 清理历史遗留问题。国有企业往往存在各类历史遗留问题,针对这些历史遗留问题或历史积案,通过减存量、防增量,积极破解信访积案带来的不稳定因素,开展积案化解,重点单位主要领导牵头包案,成立专项工作组,从根源上解决信访积案,使信访人员息诉息访。

4. 开展走访活动。企业党委时刻把各类群体冷暖安危放在心上,坚持走进群众的生活、走进群众的家庭、走进群众的心里,创新员工群众利益无小事的具体实践,做到合理诉求解决、不合理诉求解释和生活困难帮扶"三个到位"。基层单位党政工团情系群众,职能部门通力协作,赢民心、汇民力,提升员工群众获得感、安全感和幸福感,把党组织的关怀送到员工群众心坎上,塑造具有社会责任的企业良好形象。

(四)机制固化在基层

国有企业坚持经验落地,不断健全完善五级责任、"三会协商"、"双六清网络"等多项管理机制,形成了多元参与、齐抓共管、共建共享的维稳信访工作新格局。

1. 构筑五级责任机制。企业牢牢把握党政领导这个关键,加强主体责任建设,制定《维稳信访工作责任制办法》,形成企业上下党政主要领导负总责、分管领导具体负责、主体单位实问责、相关部门抓落实和维稳信访部门严监督的五级责任体系。同时,把维稳信访工作纳入干部提拔使用、评先选优和绩效考核之中,激发各级干部工作热情,推动形成一级抓一级、层层抓落实的良好局面。

2. 完善依法信访机制。坚持运用法治思维开展维稳信访工作,处理好维权与维稳的关系。坚持用法治思维分析信访问题,用法律程序处理信访事项,努力构建高效规范、和谐有序的信访工作格局。按照依法逐级走访要求,明确了各个层面信访接待工作职责,坚持依法规范按程序受理办理,保证信访问题及时有效解决。

3. 建立稳定风险评估管理制度。将改革事项稳定风险管理嵌入企业改革重大事项审批管理链条,结合企业实际情况,建立稳定风险评估管理制度,科学识别、评价、应对、控制、化解改革中的稳定风险,保证了薪酬改革和岗位人员分流、企业"三供一业"移交等改革措施顺利进行。

4. 创新人员培训机制。紧抓人员素质提升,强化维稳、信访和民调人员基本理论、基础知识和基本功训练,不断创新培训管理,组织案件分析研讨,在实践中不断总结经验做法,通过案例交流、接访实践等多种形式开展培训,有效提升维稳信访人员业务知识和能力水平。

5. 构筑维稳防控联动机制。企业维稳信访工作与地方政府联动是分不开的。企业与地方和谐共建、资源和谐共享,构建企业与地方党委、政府横向联合、企业内部纵向联动,企业与辖区派出所、街道及社区间横向联动,实现重点人不越级诉求、不在重点时间段以访施压、不参加影响稳定事项,杜绝非正常进京访。

四、取得的成效

中国石油某地区分公司在改革发展进程中,历经了多次体制机制改革和管理调整,积累了一些深层次矛盾,遗留了一些历史问题。特别是在计划经济向市场经济转轨时期,从2000年起,相继有4万名全民所有制员工、3.3万名集体所有制员工与企业有偿解除了劳动关系。同时,现有在册合同化员工近2万余人,管理着4万名离退休人员、矿区内7万户居民,不稳定群体数量庞大,历史遗留问题众多,维护稳定风险大、成本高,始终是企业维稳信访工作的一个显著特征。三年来,通过积极探索"枫桥经验"在企业维稳信访工作中的实践应用,遵循就地解决原则,担当压倒一切的任务,履行高于一切的责任,使维稳信访工作的软实力成为企业发展的硬支撑,为助力企业发展提供和谐稳定的良好环境。

1. 信访总量大幅下降。通过"枫桥经验"在企业维稳信访工作中的实践,企业当地信访总量呈逐年下降趋势,公司信访总量同比下降37.1%,越级访、缠闹访同比下降69%和83%,公司维稳信访秩序发生了实质性转变,很好地维护了公司的大局稳定。

2. 重点时期保证稳定。通过"枫桥经验"在企业维稳信访工作中的实践,全国两会、新中国成立70周年等重点时期、重要节点、重大活动期间,与地方党委、政府、公安机关、信访部门密切配合下,信息联动,筑牢"企业、企地、企警"三道防线,有效形成维稳合力,没有发生影响大局稳定的事件和问题,实现了维稳信访"万无一失"的工作目标。

3. 提前化解各类矛盾。通过"枫桥经验"在企业维稳信访工作中的实践,积极为员工群众做好服务,解决员工群众生产生活中遇到的难题,先后建立了 508 个班组"沟通站"、175 个车间"说事点"、12 个工厂"调解室"、1 个公司"调解中心",各级调处机构先后为员工群众提供咨询帮助 837 次,解释相关政策、法律 2000 余条,化解各类纠纷 1300 余起,解决各类问题 773 个,从源头上化解了不稳定因素,实现了小事不出班组、大事不出车间、难事不出工厂,矛盾不上缴。职工满意率明显提升,树立了具有社会责任感的企业形象。

4. 解决疑难信访问题。通过"枫桥经验"在企业维稳信访工作中的实践,开展积案化解,逐案明确涉事部门、信访部门、相关专业部门工作职责,逐人落实化解措施。共召开信访事项协调会 56 次、信访事项对话会 7 次、信访事项听证会 5 次,研究解决各类信访问题 107 个,解决影响突出的历史遗留问题 39 个,解决因缺少政策支持多年悬而未决的遗留问题 4 个,11 名老上访户息访息诉,17 个重点案件案结事了。

五、结论

"枫桥经验"在企业维稳信访工作中的实践,为企业探索出一套维稳信访管理的新模式和新方法,通过突出发挥基层组织的关键作用,丰富矛盾化解的方法手段,提高维稳调处水平,妥善处理各类疑难信访问题,对企业开展维稳信访工作起到了积极正向推动作用,使问题发现在基层、矛盾化解在基层、人员稳定在基层,实现了"小事不出班组,大事不出车间,难事不出工厂"的常态化管理,实现了企业维稳信访工作从被动处置到主动预防的转变,从关注群体到关注个体的转变,从指定政策到影响决策的转变,为企业生产经营及高质量发展营造了和谐稳定的良好环境。

但在实践"枫桥经验"的过程中,还有一些管理措施没能与企业维稳信访工作管理融合,如何不改变企业管理模式或增加企业管理成本,还需要进一步研究和实践。下一步,我们将继续加强维稳信访管理体系建设,优化管理,实践好"枫桥经验",做到事事有人问,事事有人管,打造出符合国有企业特色的"枫桥经验"。

论"枫桥经验"在新时代基层治理中的创新和发展

张铧予[*]

摘　要：党的十九届四中全会提出"构建基层社会治理新格局，推动社会治理和服务重心向基层下移，把更多资源下沉到基层，更好提供精准化、精细化服务"，而"枫桥经验"无疑是新时代夯实基层社会治理的切入点和着力点。

本文从"枫桥经验"的起源开始，以发展中存在的四个问题为导向研究——一是发源地与其他地域发展的断层，二是时代连续性的断层，三是先进思想和行动力的断层，四是自上而下体系机制的断层。基于以上困境提出路径选择，一要健全扎根基层、因地制宜的"枫桥经验"创新模式，二要促进"枫桥经验"与法治思维相融合，三要加快"枫桥经验"与智慧治理的融合，四要推动"枫桥经验"在社会治安治理中的应用。

关键词："枫桥经验"　基层治理　创新发展

引　言

党的十八大以来，各地在以习近平同志为核心的党中央坚强领导下，认真贯彻落实总书记重要指示精神，积极探索社会治理新思路新举措，把"枫桥经验"坚持好、发展好，推动"枫桥经验"从地方走向全国，从乡村"枫桥经验"上升到城镇和社区、从陆地"枫桥经验"衍生到海上、从现实"枫桥经验"发展到网络虚拟世界等，从单一的社会治安元素扩展到经济、政治、

---

[*] 张铧予，现就职于上海市公安局徐汇分局。

文化、社会、生态等各领域，在新的历史时期形成了硕果盈枝的良好态势。

在不断推进国家治理体系和治理能力现代化的今天，坚持和完善共建共治共享的社会治理制度刻不容缓，构建基层社会治理新格局已成为关键一环。赵克志部长在公安部直属机关传达学习党的十九届四中全会精神干部大会上要求："要狠抓基层基础，夯实打牢公安机关社会治理根基。坚持重心下移、警力下沉、保障下倾，大力加强基层基础建设，着力增强基层实力、激发基层活力、提升基层战斗力，推动构建基层社会治理新格局。要坚持和发展新时代'枫桥经验'，完善正确处理新形势下人民内部矛盾有效机制，扎实抓好'枫桥式公安派出所'创建活动。"若能真正将"枫桥经验"与基层治理完美结合，发挥其新时代主力军、排头兵的作用，实现政府治理和社会调节、居民自治良性互动，定能推动社会治理善治迈向更高、更远。

一、"枫桥经验"的理论传承

"枫桥经验"自产生到现如今，其内容可谓历久弥新，其基本模式包括"四前"工作法、"四先四早"工作机制、"大调解"格局和"网格化"管理等内容。它缘起于"四类分子"改造，成熟于十一届三中全会，发展与创新从未止步。在不同历史时期，它的具体细节不尽相同，但大方向、大思路是一致的，都是追溯着古越小镇萌发的思想源泉，一路走来，"枫桥经验"焕发的生机与活力应归功于原始却经典的社会治理理念，应归功于其先进的又"不拘一格"的时代内涵。

20世纪60年代"枫桥经验"从"四类分子"的改造中应运而生的，作为社会治安综合治理的典范、基层治理学习的样板，其工作模式和核心本质都是独特的、新颖的，它的体系架构亦多从基层铺排展开。

（一）"四前"工作法

"四前"工作法强调事前的预防、预测作用，"凡事预则立，不预则废"的道理在此处体现得淋漓尽致。依照工作先后顺序，笔者勾勒框架，如图1所示：

组织建设 → 预测工作 → 预防工作 → 调解工作 → 计划工作

图1 "四前"工作法流程图

（二）"四先四早"工作机制

"四先四早"工作机制也属于事前治理机制，将矛盾纠纷扼杀在摇篮中，这是社会治理的第一步也是关键所在，是社会治理学界一直探索追寻的奥妙。以下笔者简略勾勒"四先四早"工作机制的轮廓（见表1）：

表1　"四先四早"工作机制示意

手段	目标
（先）预防	（早）消化矛盾问题
（先）教育	（早）转化重点对象
（先）控制	（早）防范敏感时期
（先）工作	（早）处理矛盾纠纷

（三）"大调解"格局

"枫桥经验"的成功还源于"大调解"格局的运用。枫桥镇因地制宜，发展出一套三级调解格局，逐层对案件进行调解，群众参与、上下联动，将本级无法解决的问题依序逐级上交，做到小事不出村。

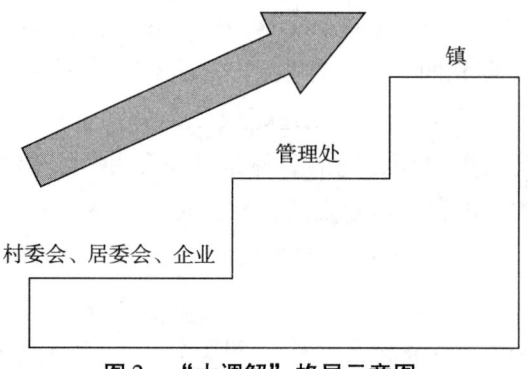

图2　"大调解"格局示意图

（四）"网格化"管理

"网格化"管理保障了"枫桥经验"措施严丝合缝地实施，它分为横向和纵向两部分，体系化全面化地覆盖解决辖区涉及的疑难内容和管辖层级问题。笔者以坐标系形式示意"网格化"管理模式（如图3所示）：

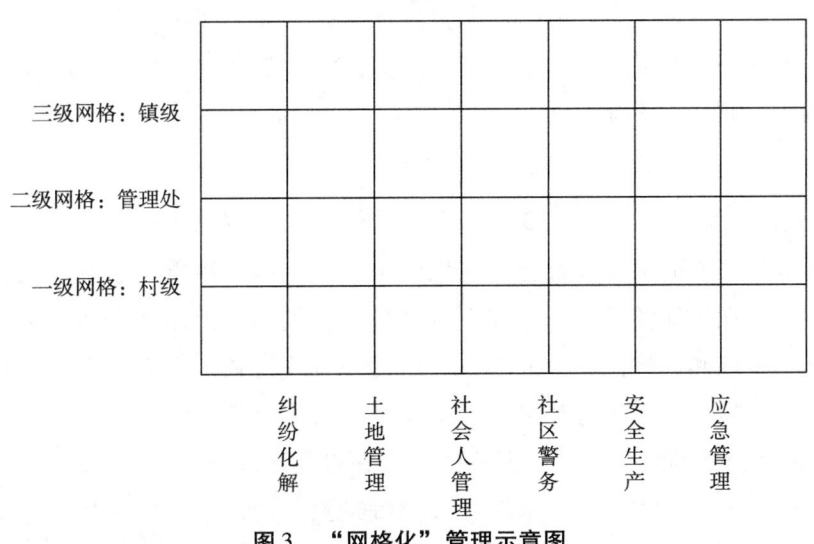

图 3 "网格化"管理示意图

二、"枫桥经验"理论与实践的断层

在某一特定时间节点,一种理论在某地卓有成效,但若想推而广之,在较大范围内应用是有难度的,"枫桥经验"当然也不例外。时光荏苒,退去原有的目标寻求新的工作导向是"枫桥经验"创新和发展亘古不变的课题,然而,这个过程一波三折,充满挑战。

(一)发源地与其他地域发展的断层

党的十九大以来,不平衡不充分的发展矛盾越发严峻,这一方面体现出我国物质生活水平的提升,另一方面却在警示我们地域发展的差异已十分明显且亟待解决。在"枫桥经验"的实施推广中,我们不难发现诸暨领跑全国的态势,乃至浙江全省在弘扬"枫桥经验"的过程中起着中流砥柱的作用,但放眼全国,"枫桥经验"的发展状况参差不齐,有些地方只在某一领域贯彻"枫桥经验"的先进思想,还有些地方照搬照抄诸暨的做法,没有成效便放弃了,甚至有些地方只是"雷声大、雨点小",这其中有经济发展滞后的原因在作祟,但究其根本,还是没有领悟到"枫桥经验"的核心要义和精髓,没有因地制宜,如何让诸暨的"枫桥经验"适用于全国各地是我们一直探索并追寻的问题。

因地制宜是"枫桥经验"走向全国必不可少的要素,现如今"枫桥经验"在全国掀起热潮,无数专家学者对其进行探讨,挖掘其时代价值。纵观全国,几乎各地对"枫桥经验"均有学习,只是程度不同,涉猎深浅有差异,然而,与当地实际发展情况结合得恰到好处的案例却不多见,有的流于形式,没有真正造福基层;有的僵化死板,照搬诸暨实践;还有的根本没有实际可操作性，也没有资金、人员的投入，只是空有一具"枫桥经验"的外壳。只看到普遍性却忽略了特殊性是十分可怕的，没有结合本土特色而进行的"枫桥经验"实践势必不能长远。

（二）时代连续性的断层

"枫桥经验"初见于1963年，在以阶级斗争为纲的年代，当时的工作宗旨和目标早已不适于现今社会，在以阶级斗争为纲、物质生活极大匮乏的年代，它的存在犹如沙漠之花，在全国贫瘠干涸的土地上熠熠生辉。然而，细细品味其中内涵，我们不难发现，它的治理方式比较适合农村乡镇，在一个熟人社会开展矛盾调解与基层治理工作是相对容易的，但要将其移入一个较大规模的城市，无论从理论还是实践都存在难度。

抛开党的十九大以来学术界对"枫桥经验"的讨论，单从其自身发展脉络来看，它中间是存在断层与发展桎梏的。从时间上看，20世纪80年代中后期的"枫桥经验"衍生出了刑满释放人员帮扶政策，再后来又在外来务工人员管理的模式上出现创新，但这些都只是局限于某个领域的，没有全社会大面积铺开的指导思想。50多年来，每逢整十和整五周年纪念时人们才会想起"枫桥经验"，而日常应用最广泛、最广为人知的社会治理形态却往往与之擦肩而过。正因为没有时间上的传承，断断续续地发展使得"枫桥经验"的应用范围始终非常局限，在学术界做出讨论后也只是蜻蜓点水，没有一石激起千层浪的效果。

回首过去的"枫桥经验"，可谓是"雄关漫道真如铁"；现如今摸索前进给"枫桥经验"带来的发展前景和挑战是极大的，当下的"枫桥经验"可以说是"人间正道是沧桑"；新时代，"枫桥经验"有了新的时代内涵，笔者相信从现在开始自上而下的大力传承和发扬，"枫桥经验"的未来定会"直挂云帆济沧海"！

（三）先进思想和行动力的断层

"枫桥经验"顾名思义，是由枫桥镇总结发展而来的经验性思想，历经半个多世纪的沉淀，它有一套较完善的理论模型，随时间推移，枫桥镇一直将此经验传承完善，可以说，"枫桥经验"在当地的发展是呈上升趋势的，乃至诸暨、杭州，甚至浙江全省的推广工作都是成效显著的。可若放眼全国，不难看出其思想和行动力有所脱节。其一，"枫桥经验"的理论的确较为先进，但多为思想引领，真正落到执行部门的实操性内容较少，当年枫桥镇的蓝本也不足以支撑理论跟着实践的创新。其二，在实践中，小范围的"枫桥经验"实施程度尚可，如法院、检察院的"枫桥经验"，但在全社会倡导精细化治理的当下，仅局限于某一地域、某一领域、某一单位的"枫桥经验"依然不是我们想要达到的效果，绣花针似的治理模式应是遍布大街小巷、田间地头的。其三，"枫桥经验"无法大范围铺开与它的创新活力和创新方法是分不开的，各地缺乏调研意识和积极性，只是单纯的学习理论、学习思想，缺乏成熟的体系化架构。

对此，一方面，我们要在经验总结的基础上加强理论提升，将"枫桥经验"上升为"枫桥理论"，同时，各地应提高认知度和重视度，巩固好上层建筑更能指导新时代的基层治理工作。另一方面，总结概括出可在全国复制、推广、实践的"枫桥经验"，使其更具普遍性，在此基础上大兴调研之风，先选取有代表性的地域、单位进行试点，再大范围实施，最后形成经验传承并不断去粗取精，如此形成良性循环。

（四）自上而下体系机制的断层

"枫桥经验"的充分发挥离不开合理有效的机制引导，如此周而复始，达到社会治理善治，但很明显，现如今的机制还是不完备的。其一，社会主体的参与度不高，各主体间存在断层现象，党政机关，社会组织、团体，企事业单位，社区自治组织，公民个人等应携手将"枫桥经验"发挥出最大效能而非仅仅依靠政府部门，高屋建瓴的理论唯有下放到实处才能发挥它原本的效力，培育孵化企业参与到社会治理大格局中，调动社会各界的积极性，一改基层党委、政府唱"独角戏"的局面；其二，社会共治意识的淡薄，基层社区工作人员、专业社工水平有限，空位缺位现象屡有发生，"社区冷漠症"频现，公民个体的共治积极性无法被调动，"被动应付型"社区管理难以向"主动参与型"社区服务转型；其三，基层人才、资金、物质资源缺失严重，社区工作人员专业不对口，化解调处矛盾能力不足，缺少严格体系化的社工培训，有些地区存在社区工作资金不足的情况，导致后续服务难以开展，有些社区因为无法申请专门的场地及其他物质支持导致基层调解站只是空壳招牌。

三、创新"枫桥经验"的路径选择

打造共建共治共享的社会治理制度已经是社会趋势，对此，我们要加强社区治理体系建设。"枫桥经验"已经不再需要针对"四类分子"来维持乡镇治安，亦不需要将其运用到阶级矛盾之中，发挥社会组织作用，化解人民内部矛盾、调处基层纠纷，实现政府治理和社会协调、居民自治良性互动。

新时代，"枫桥经验"在社会治理格局中不仅见于宏观层面，更隐藏在细微之处，时代赋予"枫桥经验"的内涵和历史使命已势不可挡、不可推卸。

(一) 健全扎根基层、因地制宜的"枫桥经验"创新模式

若想因地制宜,便要大兴调研之风,立足地方特点创新和发展"枫桥经验"。"鼠标不能代替脚板",唯有实事求是,深入群众、深入基层,才能总结概括出可复制、可推广的"枫桥经验"。坚持继承发展、去粗取精,由个别县镇试点到大中城市普遍应用,发现当下社会问题探寻新思路,创新调处社会治安矛盾,创新调处社会治理中的其他矛盾,在把握"枫桥经验"基本内核的同时,注入时代特色。随着社会主要矛盾的变化,"枫桥经验"要植根于地区经济发展水平、人民关注焦点,构建符合市场经济条件下可持续发展的运行规律,自我消化矛盾,"小事不出村,大事不出镇",使负外部性降到最低。在区域内部,各级党委、政府要加快整合资源,强化资源重配,积极开发社会资源,借鉴"谁受益,谁出资,谁担责"原则,将国家投入分流,形成政府调控为主、多元投资竞相开放的局面,有关部门成立专门小组,调配专职人员负责辖区"枫桥经验"的实践试点工作,在试点中采取预见性、求实性、及时性和灵活性相结合的原则,合理布局各级力量,充分发挥各阶层在矛盾调处化解中的特点优势,依托诸暨的传统指挥方式,根据经验总结和地方差异进行"图上作业"、动态调整。加强临近区域协作,在因地制宜的治理基础上主动突破地域界限,探索推进经验互通、优势互补、信息共享、平台共建,促进地方协防一体化,坚持就地解决,控制态势,提升社会治理整体效能。

发挥群众的基层治理中的作用,但坚决杜绝西方的"公民社会"形态,不以个人利益为基础形成自治,而应在党和政府的主导下构建自我调节、自我更新、自我完善的服务性、利他性体系。健全人民调解机制,借鉴人民法院诉讼服务工作,拓宽人民调解员的产生方式、面向群体、服务内容和工作形式,采取专职、兼职相结合的形式,健全调解衔接机制,辩证统一人民调解、行政调解、司法调解三方面。针对下岗人员,应健全人性化帮扶机制,完善基层链式扶助体系,横向上,住房、培训、再就业、社保,纵向上,生活水平、思想状况进行跟踪。将权责下放到基层,减少闲散人员,减轻地方负担。利用"枫桥经验"的创新推广促进政府职能的优化升级,群众依靠法律化解矛盾,将政府角色逐渐由裁判员转变为调解员,削弱管理职能,提升服务职能效率,打破行政机构官僚化的作风,扩展具有地方特色和时代特征的"枫桥经验",如"海上枫桥"、"网上枫桥"。

(二) 促进"枫桥经验"与法治思维相融合

民主法治进程推动着"枫桥经验"不断向前,利用地方立法优势,将试点调研中的好做法整理汇总,制定地方规范性文件,形成权威性,将依靠群

众、事前预防、调解格局等核心机制纳入法制化轨道。法治是利益协调保障和权益保障的根本依据，也是化解矛盾和维护稳定的有效手段，树立依法治理理念，树立职权法定原则，有权必有责，落实责任制，通过维权实现维稳。守住法治底线和政治底线，执法公正、司法公正贯穿公民生活始终，坚决杜绝"信访不信法"、"不闹不解决"现象，明晰政府和社会的界限，政社分开，通过基层党组织引导，增强社会组织自治化和法治化水平，树立"有限政府"和"公民社会"理念。构建自治、法治、德治相融合的基层社会治理机制，转变基层治理宗旨，迈向"平安与法治"发展。加强对群众法治理念的教育培养，遇事运用法治思维和法治方式化解，以"民主法治村"、"民主法治社区"为载体，依法建制，提升公民法律素养。

在立法层面上，紧扣当下社会治安治理的疑难问题，因地制宜，特别发挥地方立法优势，出台相应法律法规，立法建制，使社会治安问题的打、防、控、管均有法可依、有章可循；对于实践证明，已经不符合时代要求或者人民群众反映比较集中强烈的法律（规章），要及时进行立、改、废、释，特别是各地自行出台的地方性法规，充分发挥其灵活性特征，以良法促发展；利用"枫桥经验"的社情民意反映渠道广泛听取社会各界的意见，开通下从乡镇社区，上至立法机关的畅通的沟通渠道。在执法层面上，公安机关要按照习总书记"服务人民、执法公正"的要求，增加执法的透明度、公信力，特别是对涉及限制人身自由、财产罚没等行政（刑事）强制措施的，必须做到适用法律适当、执行程序合规；其他行政执法部门，也要严格依照法定权限和法定程序进行社会管理、决策和监督。在司法层面上，要加快"以审判为中心的司法制度"改革，最大限度地维护和保障当事人的合法权益；要努力做好与行政执法的衔接工作，要着力提高办案质量和效率，充分发挥人民调解的作用，将"枫桥经验"中先进的调处化解矛盾的手段方法运用到实践中，减少司法成本。妥善审理治安治理领域的各类案件，对人民关心的社会问题，加大监督力度，提升监督实效。

促进"枫桥经验"与法治思维的快速融合，助推全面依法治国整体战略部署，将"枫桥经验"上升为"枫桥理论"，上升为全国普遍的法治规则。

（三）加快"枫桥经验"与智慧治理的融合

从传统手段向"传统＋智慧"手段转变，学习总结"网上枫桥"，促进社情民意在线上反映，重大事项在线上公示，专家意见在线上听取，听证内容在线上公布，就此使单向管理向双向互动、线下向线上线下融合、单纯部门监管向社会协同转变。在政府组织中，更多依靠大数据、云平台，打破信息壁垒，打破严格僵化的条块格局，提高效率，构建"整体性政府"以有效破解治理"碎片化"问题。在基层治理中，探索"互联网+小区"管理模式，通过社区"政务"线上公开征集等形式，打开居民线上线下信息收集和发布通道，拉近距离，压缩治理流程。构建数字化政社联动机制，形成"一站式"矛盾化解体系，减少政府与公民之间信息不对等现象，创新服务群众模式，构建人本化社会治理服务体系，摒弃传统的管控思维，将维稳等治标措施转为事前预防，扩大服务范围，成立流动人口社会管理局，建立行政服务中心，推进网上办事大厅建设，让信息多跑腿，公民少跑路，切实提升社会治理效能。依靠高尖端技术手段，下大力建设危险预警机制，通过数据分析、动态模拟等方式，做好技术防范。建设人防、物防、技防、心防的智慧化风险防控体系，多措并举，尤其要拓展"心防"工程在实践中的应用范围，针对不同群体，推出差异化服务，推动"心防"工程工作基层化、网络化，增加受众，防止极端恶性事件发生。推进基层智慧化治理与服务，提供完备的数据保障，增强公民满意度、幸福感。

充分释放智慧治理红利，依托"枫桥经验"先进的管理思路和体系框架，构建基层敏感案事件宣传预防及处置窗口，与公安机关等职能部门对接，在风险研判、精准防控、快速出击上下大力，在社区、乡镇做好预防电信诈骗等工作。与时俱进，将"枫桥经验"作为解决网络环境问题的抓手，把社会共治作为立足点，营造"多方合作、敢于创变、群防群治"的新模式，网络空间恰如一个系统性的小社会，需要每一个"社会人"的管理，其中要激发每一个"社会人"的参与意识，冷眼旁观只会使社会治理陷入被动局面，形成"哈定悲剧"。结合当下社会治理的突出问题和瓶颈，让"枫桥经验"走进新领域，融合新时代发展特色，使其更具张力与活力，打通服务群众的"最后一公里"。

（四）推动"枫桥经验"在社会治安治理中的应用

构建多元化社会矛盾化解体系，纵向上，市镇村三级联动，贯彻属地管辖原则，做到矛盾不上交，横向上，针对不同类型的纠纷进行对口调解，在治安防范、污染防治、科教文卫、养老、维权、流动人口管理等热点民生事业上均有所涉及。加强重点行业领域的管控，以社区警务为载体，以社区民警为主导，以社会治保会、保安队、消防志愿者队伍、社区物业公司等群防群治力量为辅助，建立以社区安全为重点的城乡社区防控网，督促建立健全隐患排查治理机制。明确责任主体，负责牵头的部门要坚持"谁主管，谁负责"原则，完善定期协商和部门联动工作机制，形成政府领导、部门联动、公众参与的工作格局。发挥自治组织、社会团体在社会安全防控中作用，将社会组织的触角延伸到科学研究、教育、文体、医疗、就业等领域，利用其自治性、组织性、公益性、专业性和社会中介地位的特点，引导行为、参与治安巡防、解决突发事件，防止自上而下的管理监督断档，弥补体系制度的缺失。

以"枫桥经验"引路基层派出机构，抓住人民满意的现实导向，培养"全科"一线综合执法民警，警力下沉，提高街面见警率。做好窗口服务工作，压缩办事流程，开通线上预约和咨询通道。掌握辖区中重点管控对象，不仅针对流动人员、刑满释放人员等重管理型群体，更要时刻关注精神病人、失独、空巢老人，家庭困难人员等重服务型群体，对于上述两类群体实行登记建档，责任包干。发挥街道司法所在社会治安综合治理机构体系中的重要作用，在最小单位内化解人民内部矛盾，预防和减少犯罪，提供基层法律服务，进行社区矫正和安置帮教。加强科技手段在基层治安治理中的运用，综合大数据分析，健全社会治安防控风险的研判预警机制，按照科技引领、信息支撑的思路，依靠智慧公安的发展完善，深化视频监控网建设以及大数据思维下社会治理实践的探索，打造智慧新小区，运用感知物联网、监控智能分析等实现智能安防全覆盖，将技防与人防、物防结合，极大提升精准打击、快速反应、立体防控的能力和水平。

结 语

党的十九大以来，社会治理理念不断丰富，国家在追求社会治理善治的道路上不断开新路、创新招。2019年12月恰逢党的十九届四中全会胜利召开，笔者以此为契机深入探讨基层社会治理的格局、思路。新时代、新征程，沿着"枫桥经验"的发展轨迹，探究其时代价值与内涵。基层社会治理的发展完善成为当今的重要课题，坚持和发展"枫桥经验"正是为基层注入活力的关键举措，笔者希望通过对"枫桥经验"的理论研究，为社会治理增添新动能，为推进国家治理能力和治理体系现代化添砖加瓦。

草木蔓发，春山可望。"枫桥经验"在不同的历史时期肩负着不同的责任与使命，创新贯穿发展始终，引领着基层治理蓬勃向上，"海上枫桥"、"网络枫桥"应运而生，"五社联动"领跑多元治理，矛盾纠纷的化解调处正在步入良性轨道，社会资源的运用亦有张有弛、整合适度。社会治理没有终点，善治也没有统一的范式或模板，但笔者相信，凭借无数奋斗者的辛勤努力，我们的国家治理、社会治理、基层治理定会百尺竿头更进一步。

社会资源参与群防群治的实践思考

——以宁国市公安局西津"蓝精灵"为例

冯兴吾* 刘 彬** 童 进***

摘 要："枫桥经验"源于公安，根于群众，恒于创新，是"警力有限、民力无穷"的生动诠释。宁国市公安局西津派出所以西津"蓝精灵"为载体，践行新时代"枫桥经验"，开展社会志愿组织参与公安群防群治的实践探索，初步实现了在共建共治共享的格局下打造"平安西津共同体"。新形势下破除发动社会资源投入群防群治工作面临的困境，必须树立群防群治工作新理念、健全工作机制、加强保障建设。

关键词："枫桥经验" 社会资源 群防群治 平安共同体

党的十九大报告提出，要打造共建共治共享的社会治理格局。十九届四中全会审议通过《中共中央关于坚持和完善中国特色社会主义制度、推进国家治理体系和治理能力现代化若干重大问题的决定》要求，"要完善社会治安防控体系。坚持专群结合、群防群治，提高社会治安立体化、法治化、专业化、智能化水平，形成问题联治、工作联动、平安联创的工作机制，提高预测预警预防各类风险能力，增强社会治安防控的整体性、协同性、精准性。"面对我国社会管理形势和社会治安形势发生重大而深刻的变化，社会资源的构成、规模和作用也呈现出新的特点，引导社会资源参与公安机关日常警务和重大警务活动已经成为重要形式，呈现常态化、综合化和规模化的趋势。践行新时代"枫桥经验"，引导社会资源参与群防群治工作，构建平安共同

---

* 冯兴吾，安徽省宣城市公安局党委委员、市纪委监委驻市公安局纪检组组长。
** 刘彬，安徽省宣城市公安局情报指挥中心调研室民警。
*** 童进，安徽省宁国市公安局西津派出所所长。

体,对公安机关而言,既是一种方法的确立,更是一种政治的选择。

一、宁国市公安局西津"蓝精灵"的实践探索

宁国市公安局西津派出所辖区为市委、市政府所在地,是全市政治、经济、文化和商贸中心,总面积54.9平方公里,下辖6个村和7个居委会,实有人口12万余人。现有民警27人、辅警60人,年平均接警量达8000余起,警情案件多、维稳任务重、工作压力大。2016年年初,该所紧密结合文明城市创建需要、杭州G20峰会"护城河"安保工作要求及"平安西津"建设蓝图,借鉴江浙一带的先进理念,结合工作实际,大胆创新、发动群众,主动与宁国市志愿者协会对接,进一步建立健全西津安保志愿者队伍、完善队伍运行规范,开展防范宣传、入户调查、专项整治等多维度活动,充分发挥了其在社会治安防控体系中的辅助和预警作用。该队伍名为"西津安保志愿者",因着装统一为蓝色,被辖区群众亲切称为西津"蓝精灵",已成为一道亮丽的城市安全线。

(一)创新谋划,统筹推进

受人员、经费、保障等多种因素制约,群防群治队伍多数存在虎头蛇尾、难以存活的困境。西津派出所在建设蓝精灵团队时,特别注意整体规划和后续保障,确保始终保持活力。一是选材优。蓝精灵团队注重"人"的素质,队员普遍较为年轻、业余时间多、对社会治安建设充满激情。二是定位准。蓝精灵团队定位为一支随时拉得出、顶得上的机动力量,180余名成员主要任务是协助派出所开展活动安保、入户清查和集中整治,在大型活动安保、夯实社区基础根基、掌控治安信息、化解矛盾纠纷方面发挥着积极作用,很大程度缓解了警力不足的压力。三是机制全。为确保队伍可持续发展,西津派出所先后制定了《蓝精灵团队建设发展规划》、《蓝精灵志愿者管理办法》、《蓝精灵志愿者积分办法》,对活动招募、积分管理、轮换淘汰、队员福利等一系列举措的出台,极大地调动了队员参与活动的积极性,实现了队伍形象和人员素质的双提升。

(二)精致建设,打造品牌

群防群治队伍建设中,只有坚持高标准、高要求,才能提升队员的归属感和认同感,增强团队的凝聚力。在蓝精灵建设中,西津派出所推行集中招募、完善架构、统一标识三步走战略。一是通过发布公告、自愿报名、逐人筛选的方式,于2016年4月举行招募仪式,首批招募100名队员,选举了会长、理事、秘书长,队伍组建基本完成。二是加强队伍精细化管理,将蓝精

灵团队划分为七支小分队，各小分队队长由理事兼任，赋予其发展队员等管理权限。同时，队长与队员双向选择，自愿搭配，极大地增强了队伍的融合度和战斗力。三是统一为队员配备蓝马甲、蓝T恤、蓝帽子、红袖章及专用手电，活动中必须统一着装、规范言行，"蓝精灵"的品牌逐步建立。目前，本着优胜劣汰的原则，队伍2017年成为宣城市四星级志愿者团队，《人民公安报》先后多次专题报道，并在环太湖警务论坛第14届年会上做交流发言。

（三）高效运行，初见成效

蓝精灵志愿者队伍成立以来，在服务实战、夯实基础、治安掌控等方面发挥了较大作用。一是服务基础工作。2019年以来，蓝精灵志愿者发挥人熟、地熟的优势，配合派出所开展入户清查75次、协助登记暂住人员2263人。此外，积极配合开展各类案件警情的预警宣传工作，有效压降了违法犯罪，极大缓解了民警接处警压力。二是配合治安整治。在专项整治活动中，配合派出所劝离围观群众、做好现场舆论引导。2019年来，蓝精灵群体参与各类整治活动12余次，配合派出所持续开展红灯房、棋牌室专项整治，起到了良好的社会效果。在专项整治活动中，蓝精灵志愿者卢宇辉协助公安机关抓获3名湖南道县籍使用假币嫌疑人。三是开展志愿服务。志愿者工作具有志愿性、无偿性、公益性、组织性四大特征。参与志愿工作既是"助人"，亦是"自助"，既是"乐人"，同时也"乐己"。而西津"蓝精灵"作为一支特殊的志愿者队伍，深刻践行着这个信念，奉献着自己的光和热。2016年7月，宣城市宣州区发生较为严重的洪涝灾害。蓝精灵志愿者自发组织捐款共计3000余元，购买大米、食用油和蜡烛捐助灾区。2019年8月10日，受台风"利奇马"影响，宁国市南极、甲路、霞西等乡镇受灾严重，蓝精灵志愿者队员第一时间赶往受灾区域进行抢险救灾，自发组织捐款捐物送往灾区。蓝精灵志愿者还多次自发组织开展慰问百岁老人、慰问困难群众等帮扶活动。四是进行义务巡逻。2019年1月以来，蓝精灵志愿者每个星期六自发组织21名队员，分成三个巡逻小组，对西津辖区背街小巷、治安乱点等一些复杂区域进行义务巡逻，有效地减少了盗窃案件的发生，极大地提高了群众的安全感、满意度。五是参与活动安保。派出所根据活动需要以实战的方式灵活安排相关业务培训，通过精准的业务指导，志愿者们现场执勤能力迅速提升，自成立以来，先后参与完成"全民运动会"、"龙舟赛"、"元宵晚会"等各项保卫活动170余次，成为宁国市城区治安防控的一股重要补充力量，在志愿者们的努力下，西津"蓝精灵"打造了宁国版"朝阳群众"。

二、社会资源参与群防群治工作面临的问题与困难

（一）社会环境存在的主要问题

1. 不同社会阶层诉求不同。不同社会阶层人员具备不尽相同的社会诉求，他们对待公安机关的态度以及参与社会活动的动机和热情也必然不同。当前，我国面临经济转型、社会转轨的关键阶段，受政治、经济、社会、地缘等多重因素影响，占社会人员相当数量的弱势阶层人员，由于没有充分或者较少获得改革开放带来的成果，在物质财富分配中处于不利地位，自卑和失落心里一定程度上影响着他们参与社会活动。而对少部分充分享受到改革开放成果的强势阶层人员来说，他们在物质财富分配中处于有利地位，但他们参与涉及社会公共管理活动的意愿并不强烈，而往往更多地关注或参与维护自身利益的社会活动。

2. 志愿文化土壤存在地区差别。没有市民参与，群防群治工作不可能持续。社会组织参与群防群治工作一定程度上是精神层面的体现，但是却以当地经济发展为基础。宁国市在宣城市属于经济发展相对较好的地区，当地群众物质文化建设较好，群众精神层面追求相对较高，有条件投入群防群治工作，也就有了组建西津蓝精灵志愿服务队伍的基础。而在宣城市其他相对落后县区，社会组织参与群防群治容易被当地群众不理解，甚至有时候遭遇到"白眼"。这种状况应该说在全国不同地方都有不同程度体现。

3. 社会动员机制逐渐弱化。伴随着社会结构的变化，政府、单位、个人之间的关系也发生了深刻的变化，政府对企业事业单位、企事业单位对群众个人的管理控制能力正在逐步削弱，特别是社会成员对企事业单位的依附性大大减弱，这也使得过去以单位为组织架构对社会资源参与群防群治工作的动员、使用和管理的传统模式已经不能适应社会发展的需要。另外，原先在机关、企事业单位以及城市居民委员会、农村村民委员会建立起来的群众自治性治安防范组织，由于缺乏相关保障和部门指导，发挥作用不明显。这使公安机关借用社会资源缺少了有效的操作平台，增加了借用社会资源的成本和难度，直接影响了借用社会资源的效果。

（二）社会组织存在的主要问题

1. 组织结构单一。目前，社会组织参与群防群治队伍基本都是政府和基层组织单一组织的，绝大多数为基层综治组织或派出所组织的义务巡逻队，作用发挥有限。宁国市公安局西津派出所"蓝精灵"可以说是在当地一枝独秀。而像"快递小哥"、"美团骑手"等一些社会资源没有很好融入群防群治工作中。

2. 专业能力不强。群防群治队伍大多为群众自发参与的松散型组织,这些队伍大多数从事安全巡逻、防范宣传等基础防范工作,缺乏专业训练。如西津"蓝精灵"成员部分队员为居民老人,只能起到安全提示、营造声势的作用,缺乏对违法犯罪行为的发现、制止能力;宣城市公安局宣州分局正在推行的物业保安融入大巡防工作中,因多数小区的保安员年龄偏大、文化程度不高,致使小区整体巡防力量薄弱、防范意识不强,无法满足新形势下的安全防范需求。

3. 保障体系不完善。以宁国市为例,群防群治队伍普遍缺乏经费保障,队伍由不拿报酬的热心群众组成,业余性决定了这支队伍不可能全天候、经常性开展工作,难以避免因时间、精力不到位导致防范的疏漏。此外,队员缺乏工伤、意外保险等与风险职业相匹配的待遇保障,存在着明显的后顾之忧,一旦造成因公伤残等事故很难善后。

(三)公安机关内部存在的主要问题

1. 对群防群治工作认识不足。一是重打轻防思想依然存在。犯罪是社会各种消极因素综合作用的产物,对其治理不能单靠"打、管、控、压"的方式和手段,而应该综合运用政治、经济、行政、法律、教育、文化等手段,从根源上消除各类犯罪诱因才能长治久安。但是,在实践中,由于部分公安机关领导及民警与时俱进的思想意识不强,没有主动适应不断发展变化的社会治安新形势,对社会犯罪活动的预防工作和犯罪发案率之间的辩证关系缺乏科学的认识,重打轻防思想严重。二是群众路线观念淡薄。专群结合的工作路线一直以来都是公安工作的根本方法。但是,在开展群防群治工作中,仍然有部分民警没有认识到群众路线的重要作用,缺乏服务群众的宗旨意识和深入群众的工作作风。有些民警甚至常常以"管人者"自居,对人民群众态度冷漠,导致公安机关与群众之间关系紧张,使群防群治工作尤其是警民关系受到了严重损害。三是服务意识不强。部分公安机关领导由于没有认识到群防群治在公安工作中的重要意义,始终没有把群防群治工作摆在战略位置上,部分地区践行新时代"枫桥经验"一定程度上存在应付各种检查和考核的形式主义现象,影响了群防群治工作实效。

2. 群防群治工作机制不健全。一是工作目标不明确。当前,部分公安机关领导认为防范工作投入多、见效慢,在制定全年工作目标时,仍然将打击违法犯罪作为公安工作导向,忽略了安全防范、群众工作和宣传教育等主要任务,使工作目标偏离了正确轨道,造成了"穿新鞋走老路"的尴尬局面。二是考核制度不科学。目前我国一些地方对基层公安工作的考核仍然侧重辖区发案数、破案数等硬指标,导致基层公安机关不得不面临究竟是为了完成硬性指标、把工作重心放在打击工作上,还是为了完成战略目标、把基础工作做好的两难选择。

三、完善社会资源参与公安群防群治工作的建议

（一）树立群防群治工作新理念

一是依法保平安的理念。法治思维是凡事首先要问合法与否的思维。公安机关要把合法性标准贯穿于权力行使的全过程，想问题、做决策、办事情首先要问一下是否合法，而不是问符合不符合哪个领导的想法，合法的才能做，不合法的坚决不做。群防群治队伍是群众性治保组织和辅助性治安力量，在参与社会治理过程中既无执法权又缺防护措施，必须做到有所为有所不为，尽力保障自身安全。同时，在制止不法行为、扭送嫌疑人等见义勇为行为中要坚持正当性和合法性，不能以违法手段对付违法行为。因此，必须强化依法保平安理念，注重对群防群治队伍的法治教育和业务培训，通过加强规范化建设，确保群防群治工作在法制框架下健康运行。二是合力促平安的理念。作为政府与公民对社会公共事务的合作管理，善治需要政府与公安的共同努力，而且随着社会的发展和政治的进步，公民在公共事务管理中的作用将变得日益重要。面对流窜犯罪不断加剧、刑事案发居高不下的治安形势，公安机关必须践行新时代"枫桥经验"，坚持群众路线，牢固树立全社会齐抓共管社会治安的理念，坚持政府牵头、社会组织、民众参与的综合治理模式，充分运用行政、民间、市场等多种手段，大力整合人力资源、多方筹集工作经费，多措并举组建不同形式的群防群治队伍，积极营造有力出力、有钱出钱，共创平安、共享和谐的良好社会氛围。三是适度购买平安的理念。目前建设的群防群治队伍义务奉献虽然能够在一定程度上优化社会治安，但却无法包揽整个社会的安全防范。我们应该认识到，保安服务也是一种商品，不能仅靠无偿提供，而要采取列入财政预算、筹集社会资金相结合的方法出资购买。特别是要切实加大群防群治经费的投入，为义务性质的群防群治队伍提供必要经济补助和安全保障。但同时，我们也要认识到，社会治理本身的逻辑就是多元主体共同参与，如果一味通过政府购买来提供社会服务，虽然能够缓解基层公安机关人手不足的压力，但其本质还是政府买单，仍然是政府包办的逻辑在其中，就与社会治理本身的逻辑背道而驰。在群防群治中，公安机关应起到的是引导作用，而不是包办一切。

（二）健全群防群治工作机制

一是建立外部社会协调机制。公共事务的有效治理必须建立在政府与社会合作的基础之上，形成一种社会均衡机制。良好的社会协调机制不仅可以

减少社会冲突,而且可以推动警民协作关系建设,获取更多民力支持。在价值和利益多元化的今天,虽然公安机关无力改变社会分配格局,但可以发挥自己的职能优势。首先,要以社会公平正义为原则,促进社会动员方式从行政行为向教育、引导、协商等人本行为转变,维护好各阶层群众利益,确保社会稳定;其次,要以人民群众普遍追求的公共安全为切入点,建立健全群防群治组织和依靠社区解决社会治安问题的基层机制,形成党委领导、政府负责、社会协调、公众参与的社会管理格局,并在这一框架下尽可能地调整好各种矛盾关系,把社会利益冲突减少到最低限度。二是建立内部运作机制。首先建立借用社会资源的组织机制。建立或落实借用社会资源的专门机构,加强日常工作和重要决策的指导与协调,提高借用民力的整体效能。其次是建立联系群众工作制度。要着力转变工作作风和工作方式,明确民警借用社会资源的工作内容和主要任务,将主动走访、案件回访、定期述职等群众工作的有效形式常态化、制度化。再次是建立群众工作考评机制。要以最大程度提高借用社会资源效率、最大程度提高群众安全感和满意度为标准,从群众工作的规范、流程、效果等环节上约束和激励民警,树立正确的工作导向。如果借用社会资源不进行重新设计,民力实现的潜在效益就无法得到充分发挥。三是建立资源循环增长机制。在市场经济条件下,公安机关借用社会资源已经不可能通过采取行政命令手段来实现,走市场化道路不失是一种新型的思维模式,即通过政府购买服务以及委托管理的市场运作方法来借用社会资源。但一个有效的社会治理不应当是单纯的交易买卖,而是应该建立起资源循环增长机制,即在这个机制下,能以少量的资金撬动,让政府、企业、社会组织、居民都能有效循环起来,形成合力,进而实现群防群治工作效益最大化。

(三)加强群防群治工作保障建设

一是加强社会资源整合。有的学者对共同体下了一个定义:共同体是个人通过平等的和得到社会成员普遍认同的社会纽带而结合在一起所形成的社会生活群体。对于公安机关而言,充分挖掘和调动人民群众之中蕴藏的强大力量,真正实现群防群治、综合治理,建设与人民群众"同呼吸、共命运、心连心"的平安共同体,首要就要对社会资源进行整合。这一资源主要有四个方面:非营利性的社会组织,如各种行业协会、民间社团和慈善服务等机构;营利性的服务企业,如物业服务、保安服务和家政服务等公司;社区群防群治组织,如治保会、调解委员会等;信息资源,如利用现代信息技术建立社区信息的网络平台等。在实施群防群治的过程中,充分整合和利用好这些资源,可以使辖区少发治安问题或能更妥善地处置已发生的治安问题,对维护社区正常治安秩序有着重大的作用。基层党委、政府要本着从本地社区建设的实际出发，从完善社会服务体系和服务功能的需要出发，因地制宜地对社会资源进行有效整合，其中，民政、公安两部门应当承担对社会相关资源整合的主要职责。基层公安机关要加强对社会组织力量的业务指导和业务培训工作，指导、监督物业服务、保安服务企业等社会资源参与群防群治工作，以充分整合社会志愿者有效开展群防群治工作。二是加强群防群治装备物质保障。首先加强经费保障。要探索建立完善群防群治经费保障的法律法规，从法律层面明确规定群防群治经费由谁保障、如何保障，使群防群治经费保障逐步走上法制化轨道。各地公安机关也要充分发挥主观能动性，争取当地党委、政府和财政部门的支持，加大对群防群治建设经费的投入，尽快建立健全符合当地实际情况的经费保障制度。其次加强装备保障。装备是警务活动有效开展的基础和克敌制胜的利器，装备落后的问题一直都是社区警务开展巡逻工作和打击犯罪活动的软肋，严重影响了群防群治的战斗力。因此，全国公安机关要根据现代警务建设的需要，特别是新形势下维稳工作的需要，为志愿服务者配齐、配好必备装备，增强志愿者防护力、威慑力和战斗力。三是加强志愿者综合素养提升保障。从以往的实践来看，很多地方在春节、重大节庆活动期间，会临时组建诸如夜巡队、联防队等群防群治队伍，但在人员管理、勤务开展等方面，由于人员流动频繁、培训机制缺失等原因，在安全隐患排查、突发事件应对、法律法规应用等方面，临时拼凑组建的队伍往往缺乏专业性，甚至会出现一些"过度执法"的情况，给后续公安机关的介入带来被动性。社会治安防控工作本身具有一定的危险性，而对一名准备参与公安勤务的志愿者而言，如果没有得到系统的培训，不仅意味着志愿者无法正确高效地执勤，也意味着公安机关对志愿者人身安全的不负责任。要制订训练计划，由业务民警、退伍军人组成教官组，对各小组展开业务培训、基本队列训练，增强队员的团队意识，提高综合素质。

三等奖

论"枫桥经验"的法治发展

施俊镇[*]

摘 要："枫桥经验"是基层群众自治与社会治理的生动实践和伟大创造，彰显民主法治精神，蕴涵深厚法治意蕴。基于推进国家治理体系与治理能力现代化的时代背景，推动"枫桥经验"法治发展具有坚实的现实依据与法理动因。因应全面依法治国基本方略，我们必须拓展"枫桥经验"法治发展路径，确保"枫桥经验"创新发展、与时俱进、历久弥坚，不断焕发社会治理的蓬勃生机与活力。

关键词：社会治理 "枫桥经验" 法治 动因 路径

法治是国家治理体系、治理能力的集中体现与重要依托，"社会治理是国家治理过程中的关键环节，关乎我国能否实现现代化治理"。肇始于20世纪60年代的"枫桥经验"历经岁月洗礼、时间积淀，业已成为我国基层社会治理的一面光辉旗帜。"枫桥经验"富含法治的思想精髓与哲理思辨，挖掘"枫桥经验"的法治精神，探讨其法治发展的动力与路径，对于传承发展"枫桥经验"、健全国家治理体系与治理能力、加快法治国家与法治社会建设具有重要的理论和实践意义。

一、"枫桥经验"法治意蕴的法理解析

"枫桥经验"作为一种独具特色的地方治理模式，与法治这一治国理政的

---

[*] 施俊镇，浙江省温州市公安局办公室调研室副主任，浙江省警察协会特邀研究员，法学硕士，研究方向：公安实用法学。

基本方式存在许多共通之处，成为基层社会治理法治化的生动体现，散发浓郁的法治意味。

1. "枫桥经验"体现规则治理。法治社会发展的历史经验表明，法治是规则之治，实现规则的社会治理是建构、践行现代法治社会的理论基石，"规则治理构成了建构现代法治社会的核心理念"。"枫桥经验"自觉运用法律法规、国家政策、规章制度等正式规则治理社会；同时，鉴于法律等正式规则并非解决所有问题的最佳方法，"法治并不排斥非法律制度"，"枫桥经验"充分借助乡土社会地缘、血缘、业缘优势，适用市民公约、乡规民约、风俗习惯等非正式规则实现社会自治。由此，"枫桥经验"运用正式规则与非正式规则，生动展示法治的规则之治的独特魅力。

2. "枫桥经验"遵循程序思维。法治思维是程序思维，程序是克服人治恣意、专横的重要保证，也是吸收对立情绪、保证实体结果妥当的重要途径。"法治的程度，可以主要用国家和人民共同服从程序的状态作为标尺来衡量。"为此，"枫桥经验"作为基层社会自治的实践结晶，高度确立法治倡导的程序参与意识，疏通利益表达渠道，"扩展权力运行空间，吸收社会组织、公民的民主参与"，通过程序的畅通管道与机制的实质运作进行直接、充分、平等的对话，开展理性的意见交涉与沟通，有效吸纳各种利益表达的声音，增强治理决策与纠纷调处方案的认同感与可接受性。

3. "枫桥经验"倚赖大众之治。我国是人民民主专政的社会主义国家，人民是国家的主人。主权在民，这是所有法治国家最基本的宪法原则。立足治理主体角度考量，法治有别君主制、寡头制与独裁制，是奉行多数人统治的民主之治、大众之治。回溯历史的风云嬗变可知，"枫桥经验"本身即是践行群众路线的产物，群众路线贯穿"枫桥经验"的起源、发展与创新的全部历程，是"枫桥经验"长盛不衰的制胜法宝。长期以来，"枫桥经验"始终坚守群众路线，牢牢把握和传承民主之治、大众之治这一法治原则，坚持人民的立场、人民的主体地位，相信群众、发动群众、依靠群众，整合基层群众力量与社会资源，形成社会治理的强大合力，运用大众之治的力量与方法，协力推进预防化解矛盾、防控社会治安、维护社会稳定、参与社会建设、保障合法权益等社会自治工作，有效发挥群众的智慧治理社会。

4. "枫桥经验"因应纠纷化解。由于人类个体不能离群索居，基于生存的本能需要，人类必须结成群体、组成社会，藉此社会纠纷在所难免。正如自然界存在"弱肉强食、生存竞争"自然法则一样，人类社会需要有而且必须有"调整与他人和其他群体之间的纠纷"进而维护人类生存与发展的法。由此可见，某种程度而言，法的需要、法的产生以及法治的发端与发展盖因旨在防范、化解矛盾纠纷，诚如学者所言"法律产生的最直接的原因是社会利益矛盾和利益冲突"。纵观"枫桥经验"的发展历程，我们不难发现，无论肇始时的"矛盾不上交、就地解决"，到"小事不出村、大事不出镇、矛盾不上交"，还是当前运用法治思维和法治方式解决涉及群众切身利益的矛盾与问题，"枫桥经验"始终不脱解决社会纠纷这一法与法治的本色初衷，彰显法治的使命担当。

5. "枫桥经验"顺应司法谦抑。出于追求社会治理自治功能、克服司法固有局限以及缩小国家制定法与民间习惯、常识和情理之间差距冲突的现实需要，司法权高度集中、不可分割的传统观念得以消解，呈现国家权力谦抑性、节制性的应有品格。故而司法逐渐向社会化发展，"纠纷解决从国家和司法机关的垄断下向社会开放"，司法越来越多的纠纷解决功能开始向民间让渡。"枫桥经验"作为解决社会矛盾、促进经济社会协调发展的生动实践，有效提供司法以外更为便捷、更为适宜、更为高效的纠纷解决替代渠道，高度承接法治国家司法谦抑与社会化的发展趋势。

二、"枫桥经验"法治发展的逻辑动因

法治是治国理政的基本方式，"枫桥经验"作为社会自治、民间治理的光辉典范，是我国治国理政的宝贵历史经验。当前，"枫桥经验"践行全面依法治国基本方略、迈向法治发展轨道，既是时代所需，也是实践使然。

1. 生人社会的成长。源自乡土社会、熟人社会的"枫桥经验"，惯于运用道德伦理、公序良俗、风俗习惯等民间规则调整社会关系，讲求人际关系的温良谦恭与隐忍退让，带有浓厚的德治、礼治烙印。然而，伴随我国经济社会转型、人口流动性与城乡一体化加剧，熟人社会悄然瓦解，生人社会逐渐生成，"人们的生活事务超出了家庭、邻里等熟悉圈子，越来越依赖于生活共同体之外的社会组织和公共生活"，邻里之间的"陌路现象"成为社会常态。基于多方目的建立的复杂社会关系（如人情关系）不断淡化，基于非常有限的特殊目的建立的简单社会关系（如市场交易关系）急剧增多，人们彼此关系熟络、利益交错、恩怨纠葛的熟人社会景象渐行渐远，亲情伦理、道德习俗、风俗习惯等民间规则控制社会的能力直线下滑，法律规则的规范作用趋向明显。因此，面对生人社会，"枫桥经验"社会治理的规则适用，应由侧重民间规则转向重视法律规则，更多运用法治思维与法治方式化解矛盾、维护稳定、推动发展。

2. 权力统治的解构。新中国成立以来的相当一段时期，基于巩固政权、发展经济、重构社会需要，我国社会的权力高度集中，"国家权力几乎控制了

公共与私人生活的全部",国家与社会、个人成为高度统一的整体,形成一种"命令与服从"的全能主义管控图景,社会组织力量长期疲软,社会自治能力薄弱。令人欣喜的是,1978年改革开放以来国家权力开始逐渐得到规范与制约,不再统摄政治、经济、社会生活的各个领域,"政府管理由'居高临下型'向'平视型'转变",社会获得更多的自主发展空间,公众获得更多的自主权、自由权与自治权。作为社会自治范式的"枫桥经验"由此迎来广阔前景,尤其1988年6月1日《中华人民共和国村民委员会组织法(试行)》、1990年1月1日《中华人民共和国城市居民委员会组织法》的正式施行,确立村民委员会、居民委员会自我管理、自我教育、自我服务的基层群众性自治组织的法律主体地位,更是奠定"枫桥经验"法治发展坚实的社会基础与法制支撑。

3. 法律伦理的推崇。前已述及,"当前中国社会正处于政治转型、经济转型和文化转型期",传统社会的道德规范、风俗习惯、亲缘意识等大众伦理受到市场经济与理性文化精神的严重削弱,民间社会对主张权利义务对等、依法办事、理性平和与"谨慎地对待情感因素"的法律伦理需求更为强烈,促使"枫桥经验"处理民间纠纷、治理社会淡化大众伦理,更加习惯利益攸关者针尖对麦芒地斤斤计较各自的法定权利义务、纠纷本身的是非曲直,即使和解或调解也讲求事实清楚、分清是非而排斥和稀泥式的谦让或隐忍。

4. 权利时代的来临。就人类天性的一般情况而言,利益是一切社会活动的原始动力。权利表征法律所承认和保护的利益,法治鼓励人们追逐法定权利与利益。得益于改革开放和社会主义市场经济体制确立带来的利益个别化与主体行为自由化,"我们的时代是一个迈向权利的时代,是一个权利倍受关注和尊重的时代,是一个权利话语越来越彰显和张扬的时代",我国公民权利的广度与深度均已发生质的变化,公民的权利状况明显改善,权利意识逐渐增强。传统社会道德的整体主义、重义务履行的价值取向与现代法治原则的个体主义、重权利保障的价值取向之间存在张力,倒逼"枫桥经验"顺应法治发展,出台社会治理决策、调处社会矛盾纠纷更加注重利益攸关者人身权、财产权、人格权等实体权利与知情权、参与权、陈述权等程序权利的维护,体现法治社会、权利时代公民权益的保护需求。

5. 社会治理的勃兴。随着改革开放的不断深入和市场经济体制的确立与发展,我国传统社会刚性约束、偏重秩序、手段单一的管理模式已经无法适应社会持续发展的内在需求,相对政府治理与市场治理的社会治理是"回应我国社会转型重大变化的战略抉择"。鉴于此,基于国家治理体系与治理能力现代化的宏大目标,"枫桥经验"更应回应秩序与活力并存、稳定与发展共存的法治愿景，强调社会公众对公共事务的参与和自治，培育社会公众的主体参与意识和社会责任意识，综合运用民主协商、公众参与、平等互助、强化社会责任、寻求各界认同的现代治理手段，发挥社会自身均衡利益、协调矛盾、维护稳定等方面的治理作用，赢取"枫桥经验"法治发展深厚的生存土壤与动力支撑。

三、"枫桥经验"法治发展的实践路径

现代意义的法治，属于民主政治范畴，是人类治国理政的智慧创造，具有其内在规定性。"枫桥经验"的法治发展必须遵循法治的价值理念与基本要求，找准法治实现路径，助推社会治理法治化与法治社会建设。

1. 兼顾维稳维权的价值取向。维护社会稳定与维护公民权利犹如鸟之双翼、车之两轮，都是法治所追求的价值目标，两者相辅相成、缺一不可。因为没有社会稳定，社会秩序混乱，公民权利就会处于朝不保夕的状态；偏废公民权利保障，形成鸦雀无声的高压秩序，维护社会稳定显得毫无意义。显而易见，维护社会稳定素来是"枫桥经验"的价值追求。基于价值位阶衡量，面对权利时代的来临、法治建设的深入、公民诉求的多元，"枫桥经验"的法治发展必须立足营造社会大局稳定的前提，适度调整工作重心，全力做好维稳工作的同时更加注重公民权益保护与民生改善，"处理好维稳与维权、活力和秩序的关系"。特别是处置群体性事件、化解社会矛盾、执行公共政策等工作，应当坚决克服"摆平就是水平"、"搞定就是稳定"的认识误区，自觉摈弃高压强推、树"反面典型"、拔"钉子户"的权力思维与管理方式，充分顾及公众利益与公民权利维护需求，妥善运用理性对话、集体协商、求同存异、照顾少数、改善服务、淡化管理等柔性方式，切实保障公民个体权利，确保维稳与维权相得益彰。

2. 提升民间规则的规范效力。我们知道，无论何种社会治理方式，都需借助规则的运用。"枫桥经验"是基层社会治理的成功范例，也有赖规则的规范作用。相对国家法适用的刚性强制、程序迟滞与规则缺漏，"枫桥经验"治理社会更加倚重民间法的规则适用。基于法治社会的建构框架，"枫桥经验"治理社会所适用的民间规则存在效力识别与合法性甄别问题，其法治发展亟须提升所需民间规则的规范效力。因此，"枫桥经验"法治发展针对村规民约、居民公约、社团规约等成文民间规则的制定与实施，应当建立健全"备案审查机制，明确备案审查的部门、权限、程序、内容、形式等"，及时纠正抵触宪法、法律、法规和国家政策的民间规则，全面清除侵犯公民人身权利、民主权利与合法财产权利的规则内容。比如，制定或修改的村规民约、居民

公约，分别报送乡（民族乡、镇）人民政府、不设区的市（市辖区）人民政府备案审查。同时，对应国家立法变化，及时修改、补充、废止相关成文民间规则，促进民间法内容紧跟国家立法步伐与法治发展潮流。"枫桥经验"法治发展针对道德伦理、风俗习惯、行业惯例等不成文民间规则的适用，应当严格对照社会公共利益、国家基本政策、道德基本观念、法律基本原则与我国强行性、禁止性法律规范，筛查其合法性与合理性，果断弃用有损公序良俗、背离法治精神的民间规则，严防民间法越俎代庖僭越国家法，增强"枫桥经验"适用民间法的正当性、权威性与实效性，发挥"枫桥经验"民间法治理对国家法治理的补强作用，助推"枫桥经验"民间规则治理体现法治精神、遵循法治原则。

3. 转向"定分""止争"的救济模式。前文提及的法律伦理指涉的纠纷解决、权利救济模式倾向运用证据规则，查明事实真相、明晰责任归属、厘清纠纷双方权利义务关系，通过客观方面的"定分"（确定名分）达致主观方面"止争"（信服息争）的效果。诚如前文所述，"枫桥经验"很大程度源于纠纷化解、权利救济的社会需要，偏好采用道德感化、说理教育、利益衡量等说服方式，减缓纠纷双方对立情绪、消除意见分歧、达成妥协谅解，希冀实现"止争"目标。正如医生治病偏重外在症状消除、忽视内在病灶根除难言功德圆满一样，只重形式意义、结果意义"止争"而淡漠实质意义、前提意义"定分"的权利救济模式形成的纠纷解决方案，终因缺乏事实认定、过错划分、责任分配等客观问题的探究，难以求得纠纷双方心悦诚服，极易导致纠纷再起。其实，某种意义而言，"枫桥经验"青睐有加的调解就是一种典型的重"止争"轻"定分"的纠纷解决、权利救济方式。毋庸置疑，纠纷解决、权利救济是"枫桥经验"的鲜明特色与重要使命，也是"枫桥经验"法治发展的重要内容与关注热点。因此，构建"枫桥经验"项下的权利救济模式，必须充分借鉴法治视角纠纷化解坚持"定分"基础上"止争"的思路与做法，无论程序规则设计还是实体问题处理，都应遵循事实清楚、是非分明的原则，准确查明纠纷事实，分清是非曲直，落实责任承担，发挥纠纷解决、权利救济程序机制的"定分"功能，展开"说理斗争"，依法释事、依理服人，引导纠纷双方认清纠纷真实情况与各自过错程度、法定责任大小，以此积极创造"止争"条件，扩大法制教育、预防次生纠纷的效果，最终达到"定分""止争"完美结合，提升"枫桥经验"化解纠纷、治理社会的法治功效。

4. 凸显实定法律的规则权威。现代法治社会所指"法治"基于法的价值强调"法的统治"（rule of law），主张法是国家与社会的治理权威和行为基准。我国改革开放初期提出的"有法可依、有法必依、执法必严、违法必究"与党的十八大提出的"科学立法、严格执法、公正司法、全民守法",无不表明法律是社会控制的主要手段,要求既定的法律被严格地执行。由此,鉴于"'枫桥经验'发源于20世纪60年代绍兴枫桥的'社教运动'",是基层群众结合实际情况贯彻落实党的政策的工作经验,"枫桥经验"的法治发展必须充分体认法治是规则之治的科学论断,正视法律成为当前我国社会生活基本调解手段的客观现实,顺应法治国家、法治社会建设潮流,突出国家既有实定法律规则的社会治理效用。与时俱进贯彻落实党和国家各项政策的同时,更为注重社会主义法治理念的践行与推广,凡事坚持"法"字当头,强调法律权威与依法办事,注重依法化解矛盾纠纷、治理社会事务,形成"遇有问题找法,解决问题靠法"的社会氛围,提升运用法律规则治理社会的成色与比重,加快"枫桥经验"法治发展进程。

5. 严防民主治理的"多数暴政"。人类长期的历史实践告诫我们,"公众通过协商参与公共事务乃民主的应有之义",但民主只是迄今人类发明的一种较为完善的社会治理方式,却非最优选项。现代法治十分警惕和强调民主的多数票决制可能导致"多数专制"或"多数暴政"。如前所述,"枫桥经验"崇尚民主治理、大众之治,同样需要提防和抑制大众、民主治理潜在的消极性与破坏性的一面,"不要指望民主制度必然带来自由与秩序,必须防范'多数暴政'"。比如,村民会议是村民实现直接民主的基本形式,也是"枫桥经验"实行民主治理的重要载体,其运用少数服从多数的民主决策机制剥夺"外嫁女"土地承包经营权的决议,尽管代表大众意志、貌似民主正当,却是多数人对少数人的"暴政"。因此,"枫桥经验"的法治发展必须深刻认知个体利益的不可"被代表"性、具体实在性,充分关注少数者的个体感受,扬弃简单多数票决制的制度刚性与"为民造福、替民做主"的精英主义思维,切忌"只见森林、不见树木",空泛谈论少数者的个体权益保障,防止假借维护抽象的集体利益的旗号掩盖真切的个体利益。其间,凡是涉及重大公共利益、可能产生重大意见分歧的社会治理规则制定或治理决策出台,比如兴办集体公共事务或公益事业,不仅考虑多数人的利益诉求,更不忽视少数人的需求关切,兼顾各类群体尤其弱势群体的观点主张,寻求各方的最大公约数,妥当平衡多方利益,凸显"有事好商量、众人的事情众人办"的大众之治的法治要义,实现法治权威胜过"多数暴政",确保"枫桥经验"法治发展始终坚持正确方向。

论"枫桥警务模式"对基层社会治理的贡献

陈长风[*]

摘　要：党的十九届四中全会通过了《中共中央关于坚持和完善中国特色社会主义制度、推进国家治理体系和治理能力现代化若干重大问题的决定》，决定提出，完善正确处理新形势下人民内部矛盾有效机制。坚持和发展新时代"枫桥经验"，畅通和规范群众诉求表达、利益协调、权益保障通道，完善信访制度，完善人民调解、行政调解、司法调解联动工作体系，健全社会心理服务体系和危机干预机制，完善社会矛盾纠纷多元预防调处化解综合机制，努力将矛盾化解在基层。本文主要探讨"枫桥警务模式"对基层社会治理的贡献。

关键词：改革　枫桥警务模式　"枫桥经验"　基层社会治理　善治

一、"枫桥经验"和社会治理的相关概念

习近平总书记在全国公安工作会议中强调指出："要坚持打防结合、整体防控，专群结合、群防群治，把'枫桥经验'坚持好、发展好，把党的群众路线坚持好、贯彻好，充分发动群众、组织群众、依靠群众，推进基层社会治理创新，努力建设更高水平的平安中国。"

所谓"枫桥经验"，是指20世纪60年代初，浙江省绍兴市诸暨县枫桥镇干部群众创造了"发动和依靠群众，坚持矛盾不上交，就地解决。实现捕人

---

[*] 陈长风，中国人民公安大学马克思主义学院讲师，南开大学博士，主要从事当代中国史、公安基层党建和政治体制改革的研究。

少，治安好"的基层社会治理经验。这种经验当时得到了毛泽东同志的充分肯定与批示推广。习近平总书记在浙江工作期间又曾多次指导和学习推广"枫桥经验"，如今"枫桥经验"随着时代的发展又演变成了全新的枫桥警务模式，被称为新时代"枫桥经验"。

"治理"是20世纪末产生的一个新术语，随着全球对公共治理的关注日益加深，"治理"的概念也出现了多种说法，直到现在其仍是相对模糊而复杂的概念。

（一）从"统治"到"管理"再到"治理"的演进和演变过程

最早用于分析统治阶层意志执行的术语是统治。统治就是掌握了社会政治权力的阶级对另一个接受权力支配的阶级实行专断的、按照少数权力精英的意志来展开的统领、指挥和管辖的行动。简而言之政治统治是统治阶级运作政权和巩固政权的过程。统治的特点是单向的、压迫性的、强制性的、紧张的、对立的国家行为。统治的价值追求是秩序和稳定。

统治向管理转变是现代政治兴起的一个标志，现代民主政治冲破了传统的少数人掌握国家强制力对多数人进行统领和指挥的"君权神授论"和"世袭政治"，传统的统治观念也必然要被一种新型的观念所取代，这就是管理。管理是指政治统治者的地位保护和阶级压迫功能逐渐淡化，代之以将行政权力主要运用在经济社会发展和民生福利等方面的政治意志执行过程。简而言之政治管理就是统治阶级出于政治统治需要而承担社会职能对社会公共事务进行管理的活动。管理是服务性、柔性的国家行为，其特点是阶级性弱化，它的价值追求是秩序和效率。政治是国家意志的体系，管理则是国家意志的执行。管理淡化了政治统治的性质，强调了公共权力机构为社会福利工作的含义。管理部分摆脱并淡化了统治的单向意志性和政治目的性，但管理仍然属于政府的单方面职能，这点和统治没区别，但由于管理是单向的，缺少被管理者的参与，随着时代的发展，管理的单向性也越来越不能满足公民的自主意识和参与意识的更大要求。20世纪末治理理念的出现填补了管理观念在如何面对被管理对象方面的空白，将管理对象纳入到管理过程中来形成了一种国家与社会关系的新型的政治行动模式。

从社会管理到社会治理，虽只有一字之差，却实现了单向到双向模式的转变，人们参与政治由消极被动到积极主动实现了良性互动，这是一次很大的创新，代表着党在社会建设理念上的大转变。相对于社会管理，社会治理更强调政府治理和社会自我调节、居民自治良性互动，更强调在市场经济条件下发挥经济手段、法律手段、道德手段、宣传教育手段的作用。

统治与管理是相辅相成的关系。治理同管理既有联系也有区别。管理一般是指自上而下的纵向的、垂直的、单向的管理指挥和控制组织的协调活动，而治理则既包括各方面的科学管理，也包括法治、德治、自治、共治等内涵。它更加注重社会多元主体的共同管理。加快从社会管理向社会治理转变，必须着眼于维护最广大人民根本利益，最大限度增加和谐因素，增强社会发展活力，提高社会治理水平，维护国家安全，确保人民安居乐业、社会安全有序。

（二）"治理"的概念和定义

"治理"的概念和定义也有多种，如"在管理国家经济和社会发展中权力的行使方式"，如"个人和机构，公共或私营，在管理公共事务上多种方式的总和"，如"确定如何行使权力，如何给予公民话语权，以及如何在公共利益上作出决策的惯例、制度和程序"。这些定义有助于我们更加明确治理这一概念的内涵。然而，鉴于关系概念的性质，"治理"永远不可能被定义成一个具有普遍有效性的通用方式。

从政治哲学的角度讲，治理作为一种权力行为具有三个层面的意思：首先，人们的利益，亦即物质资源的分配和再分配。其次，人们的能力亦即人力资源的组织和再组织。再者，治理行为无论是执行物质资源分配和再分配的职能，还是执行人力资源组织和再组织的职能，都需要确立合法性和正当性，这个合法性和正当性论证构成了某种意识形态。可以说治理是将无序状态转化为有序状态的政治行为。

治理分为恶治和善治。和谐政治是实现良序的善治，所谓良序即自由与秩序的统一，而自由与秩序的对立则是劣序。治理是以权力为核心的行为，是权力的运作。治理是通过资源配置手段，达到化无序为有序的政治行为。

部分西方学者认为，想把国家治理好的人首先要学会如何治理自己，然后在更高层次上学会如何治理自己的财产，如何治理家业，如何治理自己的领地，最后，他才能成功地治理国家。政府统治意味着由正式权力和警察力量支持活动，以保证其适时制定的政策能够得到执行。治理则是由共同的目标所支持的，这个目标未必出自合法的以及正式规定的职责，而且它也不一定需要依靠强制力量克服挑战而使别人服从。

"全球治理委员会"认为治理是指"各种公共的或私人的个人和机构管理其共同事务的诸多方法的总和，是使相互冲突或不同的利益得以调和，并采取联合行动的持续过程，"这既包括有权迫使人们服从的正式制度和规则，也包括各种人们同意或符合其利益的非正式制度安排。世界经济合作与发展组织的定义是：治理是运用政治权威管理和控制国家资源，以求经济和社会的发展。具体而言，治理指由许多不具备明确的等级关系的个人和组织进行合作以解决冲突的工作方式，它灵活地反映着多样化的规章制度甚至个人态度。

治理理念和相关机制建立并运用到实践中所产生的最优效果就是善治。善治即一种良好的治理，是使公共利益最大化的社会管理过程。它的本质特征为政府与公民对公共生活的合作管理，是政治国家与公民社会的一种新颖关系，是两者的最佳状态。善治是国家权力向公民社会的回归，善治过程是还政于民的过程。善治需要公民的自愿合作和对权威的自觉认同，没有公民的积极参与和合作，至多只有善政。"公民社会"包括"第三部门"、"非政府组织"等是善治产生的基础。善治只有在民主条件下才能真正实现。

二、"治理"概念与"治理模式"在我国不同历史时期的演进

在我国改革开放前，由于国家一直实行计划经济，社会资源由国家统一调配和管理，社会发展缺乏活力，商品由国家统一购销，人们的衣食住行和就业都由国家统一分配，社会运行机制基本是单向的政府管理和个人服从，而对于整个世界的发展局势，全球都没有提出和运用"治理"的理念。后来经过"大跃进"和"人民公社"运动，社会主义建设探索经历了挫折。这期间，毛泽东《在中国共产党全国宣传工作会议上的讲话》指出"整风就是整顿思想作风和工作作风。""文革"前的1962年召开的"七千人大会"提出过"调整、巩固、充实、提高"的"八字方针"来整顿经济秩序。紧接着"枫桥经验"诞生于1963年，其要旨是怎样妥善处理社会治安综合治理的问题，主要内容是"发动和依靠群众，坚持矛盾不上交，就地解决；实现捕人少，治安好"。而毛泽东同志当年在了解到"枫桥经验"之后，非常重视，亲笔作出了如下批示："要各地仿效，经过试点，推广去做。"50多年来，"枫桥经验"为枫桥镇、浙江省乃至全国相关工作提供了宝贵的借鉴和参考。

"整顿"是最早出现的代替"治理"部分涵义的名词。所谓整顿是指使紊乱变整齐，使不健全的健全起来。国家出台"整顿"措施通常是在经济运行出现一定困难之后。实行改革开放以来，传统的计划经济体制已经不适应社会生产力的发展，随着经济体制改革的开展和深入，逐渐为社会主义市场经济所取代，因此"治理"的理念也是社会主义市场经济的产物。中央文件最早提出"治理"的概念是和"整顿"一起的，即20世纪80年代末的"治理整顿"。

（一）20世纪80年代末的"治理整顿"

20世纪80年代中后期随着经济体制改革的进行，经济过热的问题一直没有得到有效遏制，通货膨胀呈明显加剧之势。在这种情况下，1988年夏季又不适当地决定推行价格改革，触发了持续一个月的全国性抢购风潮，使原定于1988年下半年出台的价格和工资改革措施不得不中止实施。面对当时供求关系不平衡、较高的通货膨胀率以及混乱的经济环境，党的十三届三中全会

作出"治理经济环境、整顿经济秩序、全面深化改革"的决定，并决定把1989年、1990年两年改革和建设的重点突出地放到治理经济环境和整顿经济秩序上来。会议还原则性地通过了《关于价格、工资改革的初步方案》，但不急于马上推行，而只是建议国务院在今后五年或较长一段时间内，逐步稳妥地组织实施。但因时届年底，当年已来不及采取更多的实际措施，收效也不明显。

面对严峻的经济形势，1989年11月，中共十三届五中全会作出《关于进一步治理整顿和深化改革的决定》，决定用三年或者更长一点的时间，基本完成治理整顿任务，以克服当前的经济困难，实现国民经济持续、稳定、协调发展。工作重点在继续压缩社会总需求和坚持财政信贷双紧方针的同时，加强农业等基础产业，积极调整经济结构，认真整顿经济秩序特别是流通领域的秩序，千方百计提高经济效益，继续深化改革和扩大开放。到1990年，治理整顿已取得明显效果：通货膨胀得到控制，科技、教育和各项社会事业进一步发展。在治理整顿和深化改革的推动下，到1990年底，"七五"计划胜利实现，计划所规定的国民经济和社会发展的各项指标，绝大部分完成或超额完成，为下一步经济快速发展打下了良好基础。

（二）20世纪90年代提出的"社会治安综合治理"

我国最早的出台有关"治理"概念的政策是在经济领域的"治理整顿"，紧接着政法工作的"综合治理"措施的出台标志着"治理"理念从经济领域逐渐向其他领域推广。中共中央、国务院于1991年2月19日作出了《关于加强社会治安综合治理的决定》，对加强社会治安综合治理的重要性，都作了详细规定。这是中央首次以综合治理为主题向全国发出的正式文件。同年3月2日，第七届全国人民代表大会常务委员会第18次会议通过了《关于加强社会治安综合治理的决定》，以国家最高权力机关的名义，把社会治安综合治理的有关问题用法律形式固定下来。

社会治安综合治理是指在党委、政府统一领导下，在充分发挥政法部门特别是公安机关骨干作用的同时，组织和依靠各部门、各单位和人民群众的力量，综合运用政治的、经济的、行政的、法律的、文化的、教育的等多种手段，通过加强打击、防范、教育、管理、建设、改造等方面的工作，实现从根本上预防和治理违法犯罪，化解不安定因素，维护社会治安持续稳定的一项系统工程。综合治理是党和国家解决社会治安问题的战略方针，也是预防和治理青少年犯罪的正确而有效的途径，是指在各级党委和政府的统一领导下，以政法机关为骨干，依靠人民群众和社会各方面的力量，分工合作，综合运用法律、政治、经济、行政、教育、文化等各种手段，惩罚犯罪，改造罪犯，教育挽救失足者，预防犯罪，达到维护社会治安，保障人民幸福生活，保障社会主义现代化建设顺利进行的目的。浙江省湖州市高新区罗师庄的马长林警务工作站在教育改造失足青少年、帮扶困难弱势群体方面做出了很大的成绩，是"枫桥经验"在省内推广的典范。

（三）党的十八届三中全会提出的"创新社会治理体制"

进入新世纪，随着我国全方位综合性改革的深入，"治理"理念已经由原先的经济和政法领域推广到经济建设、政治建设、文化建设、社会建设和生态文明建设等各个领域，贯穿于全面建成小康社会的全部过程。

2013年中共十八届三中全会通过了《中共中央关于全面深化改革若干重大问题的决定》，提出了创新社会治理，必须着眼于维护最广大人民根本利益，最大限度增加和谐因素，增强社会发展活力，提高社会治理水平，全面推进平安中国建设，维护国家安全，确保人民安居乐业、社会安定有序。该决定指出，要改进社会治理方式，激发社会组织活力，创新有效预防和化解社会矛盾体制，健全公共安全体系。改进社会治理方式。坚持系统治理，加强党委领导，发挥政府主导作用，鼓励和支持社会各方面参与，实现政府治理和社会自我调节、居民自治良性互动。坚持依法治理，加强法治保障，运用法治思维和法治方式化解社会矛盾。坚持综合治理，强化道德约束，规范社会行为，调节利益关系，协调社会关系，解决社会问题。坚持源头治理，标本兼治、重在治本，以网格化管理、社会化服务为方向，健全基层综合服务管理平台，及时反映和协调人民群众各方面各层次利益诉求。

（四）党的十九届四中全会提出的坚持和完善共建共治共享的社会治理制度

党的十九届四中全会通过的《中共中央关于坚持和完善中国特色社会主义制度、推进国家治理体系和治理能力现代化若干重大问题的决定》指出，社会治理是国家治理的重要方面，必须加强和创新社会治理，完善党委领导、政府负责、民主协商、社会协同、公众参与、法治保障、科技支撑的社会治理体系，建设人人有责、人人尽责、人人享有的社会治理共同体，确保人民安居乐业、社会安定有序，建设更高水平的平安中国。

一是完善正确处理新形势下人民内部矛盾有效机制。坚持和发展新时代"枫桥经验"，畅通和规范群众诉求表达、利益协调、权益保障通道，完善信访制度，完善人民调解、行政调解、司法调解联动工作体系，健全社会心理服务体系和危机干预机制，完善社会矛盾纠纷多元预防调处化解综合机制，努力将矛盾化解在基层。

二是完善社会治安防控体系。坚持专群结合、群防群治，提高社会治安立体化、法治化、专业化、智能化水平,形成问题联治、工作联动、平安联创的工作机制,提高预测预警预防各类风险能力,增强社会治安防控的整体性、协同性、精准性。

三是健全公共安全体制机制。完善和落实安全生产责任和管理制度,建立公共安全隐患排查和安全预防控制体系。构建统一指挥、专常兼备、反应灵敏、上下联动的应急管理体制,优化国家应急管理能力体系建设,提高防灾减灾救灾能力。加强和改进食品药品安全监管制度,保障人民身体健康和生命安全。

四是构建基层社会治理新格局。完善群众参与基层社会治理的制度化渠道。健全党组织领导的自治、法治、德治相结合的城乡基层治理体系,健全社区管理和服务机制,推行网格化管理和服务,发挥群团组织、社会组织作用,发挥行业协会商会自律功能,实现政府治理和社会调节、居民自治良性互动,夯实基层社会治理基础。加快推进市域社会治理现代化。推动社会治理和服务重心向基层下移,把更多资源下沉到基层,更好提供精准化、精细化服务。注重发挥家庭家教家风在基层社会治理中的重要作用。加强边疆治理,推进兴边富民。

五是完善国家安全体系。坚持总体国家安全观,统筹发展和安全,坚持人民安全、政治安全、国家利益至上有机统一。以人民安全为宗旨,以政治安全为根本,以经济安全为基础,以军事、科技、文化、社会安全为保障,健全国家安全体系,增强国家安全能力。完善集中统一、高效权威的国家安全领导体制,健全国家安全法律制度体系。加强国家安全人民防线建设,增强全民国家安全意识,建立健全国家安全风险研判、防控协同、防范化解机制。提高防范抵御国家安全风险能力,高度警惕、坚决防范和严厉打击敌对势力渗透、破坏、颠覆、分裂活动。

三、推广新时代"枫桥经验"是提高基层社会治理水平的重要途径

(一)积极转变政府职能、大力推进机关"简政放权"

政府治理模式应该从政府单独治理转变到政府与社会共同治理,这并非是弱化政府在国家和社会管理过程中的角色和作用。相反,在共治格局下,政府的作用应该被提到一个更加关键的位置上,发挥统领全局的作用。随着市场经济体制的不断发展、完善以及国家和社会治理机制的发育成长,政府越来越需要从那些它不应介入、不该插足的领域退出,从那些它"管不了,

也管不好"的领域退出,并在那些最需要政府发挥作用的领域履行职责。因此,在共治模式中,政府部门及其工作人员必须进一步解放思想,彻底摆脱传统计划经济的羁绊,建立服务型政府职能模式。例如,废除一系列不必要的"奇葩"证明,简化政府各个职能部门办理业务的手续。

(二)积极发挥非政府组织与民间社团的作用

增强非政府组织的公共性和独立性,强化社会力量在国家和社会管理中的影响力。非政府组织在国家和社会管理中的作用主要表现在:第一,承担相应的社会管理职能,促进政府职能向宏观与多元管理转变。非政府组织以其特有的非赢利性、志愿性,在现代社会的发展过程中发挥着越来越重要的作用。第二,作为公民与政府的桥梁,促进政府与民众之间的协调沟通,实现社会稳定与民主管理。非政府组织与社会、公民之间有着密切而特殊的关系,可以通过各种不同的方式参加社会管理和公共服务,成为联系政府与社会、公民之间的桥梁和纽带。非政府组织通过发表意见、提出建议、协商对话等渠道影响政府决策过程,增强社会与政府间的信息交流和情感沟通,促进政府与民众在处理经济问题和社会问题上的互动和协调,降低社会管理成本,提高社会治理成效。第三,促进积极的公民精神。非政府组织所倡导的是积极的公民精神,这种精神强调公民应积极主动地介入公共事务,要关爱他人,对社会有责任感。枫桥镇的"红枫义警"志愿者工作站就属于群防群治非政府组织,很好地协助枫桥派出所完成各项任务。

(三)进一步推广枫桥警务模式中的基层治理新理念

一方面全国公安机关进一步落实改革强警的目标,力求公安机关的招录体制与政策更加科学与合理,同时优化警种让更多年轻人充实基层、改善警力不足的现状,积极推广政府服务热线,让广大人民群众更加熟悉了解"110"报警平台的特定范围作用,分流和疏解非警务活动,正确处理好"维稳"和"维权"的关系。另一方面,进一步落实科技兴警的发展方向,做好信息时代的大数据建设,推广高科技手段办案。例如,枫桥派出所等基层公安机关推广使用了"无人警务室"和"自助笔录机",极大地缓解了警力不足的局面。浙江省是经济社会发展水平走在全国前列的较发达省份,枫桥派出所等基层公安机关能得到当地政府的大力支持和充足的经费投入,在一些西部欠发达省份或者偏远山区的基层派出所,短时间内加大经费投入引进高科技办案设备并不现实,但是可以学习借鉴枫桥警务模式中的高效能群众广泛参与联动防控机制,有效弥补财政经费与先进警务装备、设施的不足。

以新时期"枫桥经验"模式推进社区警务创新

于银凯* 高 虹**

近年来,各地公安机关牢固树立"以人民为中心"的发展理念,深入贯彻新时期"枫桥经验",按照"专群并举、警民共建"的工作思路,大力推进社会治理和警务创新,有效维护了社会和谐稳定。而社区警务工作既是社区建设和社区治理的重要组成部分,也是整个公安工作的根基和保障,在全部公安工作中居于基础性、先导性、战略性的重要地位。在新形势下,如何以新时期"枫桥经验"模式,推进社区警务创新,紧密依靠社区管理组织,整合依托社区资源,不断提高联系群众、服务群众、发动群众的能力水平,是当前各级公安机关亟待研究解决的一项重要课题。本文以衡水市公安局桃城分局何庄派出所为样本,就新时期贯彻落实"枫桥经验"的实践探索、推进措施进行探讨。

一、何庄派出所贯彻落实"枫桥经验"的实践探索

多年来,何庄派出所结合自身实际,始终把坚持好、发展好"枫桥经验"作为历史使命与责任担当,全力打造新时代"枫桥经验"的公安队伍,特别是党的十八大以来,何庄派出所紧扣新时代脉搏,顺应社会治理规律,创新群众工作方法,运用法治思维和法治方式,在市局、分局党委的坚强领导下,与当地街道办事处、乡政府、社(村)一起,坚持源头治理确保矛盾不上交;坚持以防为主做到平安不出事;坚持深化改革创新、便民惠民承诺服务不缺

---

* 于银凯,现就职于河北省衡水市公安局桃城分局。
** 高虹,现就职于河北省衡水市公安局桃城分局。

位的新时代"枫桥经验"的要求,从做"小事"、抓"小案"、调"小纠纷"、除"小隐患"入手,实现了警务理念新转变、警务手段新突破、警务方式新拓展、警务能力新提升、展现了"百姓和顺、社区和美、社会和谐"的新景象。

二、何庄派出所在践行枫桥警务模式,加强社区警务工作中的具体实践

（一）坚持民意为本,始终坚持以人民为中心的发展思想,不断提升群众安全感和满意度

习近平总书记指出:"人民对美好生活的向往,就是我们的奋斗目标。"何庄派出所始终坚持以人民为中心,牢固树立"警务围着民意转、民警围着百姓转"的理念,让群众真真切切感受到"安全就在你身边"。

1. 创新"警营体验"模式,让百姓在警营体会中理解公安工作。为最大限度提升群众满意度,树立警察新形象,何庄派出所积极探索,首创"警营体验"活动,通过报名、筛选,让群众随民警作业,24 小时体验基层民警的生活、工作,让参与活动的群众了解基层民警的故事,全方位展现警察为民、爱民、便民、利民的创新举措,体验者通过角色换位,亲身体验警营生活,对基层公安民警的工作有了深入的认识和理解。有群众体验后感慨道:"通过参与警营体验活动,才知道人民警察管的事情好多好细呀,良好的社会治安离不开人民警察的艰辛付出,我为何庄派出所民警点赞,以后我要更加支持咱们公安工作。"其中"衡水晚报"记者袁占林结合其深入何庄派出所体验经历写成了一篇名为"从早忙到晚　大事小事都要管"的专访报道,用生动、质朴的语言展示了对基层派出所民警辛苦工作的理解和支持。我们将参与者的体验感受在微信公众号中予以及时发布,将网络交流与现实互动紧密结合起来,既满足了体验者参与警务活动的热情,更形成了"从参与到理解、支持,到更主动参与"的良性循环。2017 年,中国刑事警察学院夏保成教授带队在所跟踪调研 12 天,将警营体验活动作为一个重要专项课题进行研究,看到何庄派出所当时的办公环境,教授由衷感叹"你们是以最艰苦的条件,作着最无私的贡献",对该所给予最高的褒奖。

2. 长效运行微信公众号,创建"和谐警民关系微信群",24 小时开展警民互动交流。为解决与群众互动的问题,何庄派出所积极利用网络媒体手段,尽量拓宽公开渠道,在微信公众平台"何庄微警"上,定期公开工作信息、宣传安全防范等知识,群众很容易就能了解到派出所民警信息、案件办理、举报电话、户籍办理、安全防范、警务信息等 6 项内容。通过留言功能,民

警能收集到广大网友对公安工作的建议和意见,准确了解群众意见诉求,倒逼民警提升执法办案、服务群众工作质量。为了方便群众交流,每个社区民警都创建了多个"和谐警民关系微信群",24小时在线,群众的大事小情,如咨询户口、居住证等,都可以在群里呼叫社区民警。用区府社区王大姐的话说:"我们不懂什么叫'智慧警务',但我知道在我们需要的时候,民警无时无刻就在身边。"

3. 建立"平安护学岗",让孩子们在学校体会关爱。孩子是每个家庭的希望,对于孩子的成长,每个家庭都倾注了大量心血。为了这些祖国的花朵能健康成长,何庄派出所依托辖区各中小学、幼儿园"平安护学岗",深入组织开展"做自己的首席安全官——平安校园行"主题系列宣传活动,社区民警兼任6个中小学校法治副校长,确保"两个到位"工作落实。一是管理到位:紧紧围绕影响校园内外安全稳定的重点人、重点事,指导校园建立健全门卫守护、值班巡逻、安全检查等各项安全管理制度,强化内部人防、物防、技防建设,指导保安每天在小学校园周边进行巡逻、对于住宿类初高中学校每逢放假和开学时加强对学生上下学途中的安全保护。二是宣传到位:针对未成年人违法犯罪呈逐渐上升趋势,开展安全教育进校园系列活动,包括消防演练、消防大讲堂、反家暴反霸凌宣讲、《国家安全法》宣传等活动,民警们用通俗易懂、贴近生活的语言开展公安知识普及,特别增设了预防青少年犯罪法治课堂,受到广大师生的喜爱和认可。而在每个寒暑假前的最后一课以及开学第一课,一定是我们的法制课。目前,我们正在筹措举办法治演讲比赛、知识竞赛等活动巩固普法效果,进一步深化学生们的法治理念,激发青少年学生学法用法的热情,引导孩子们将心中的法治讲出来,让法治理念深入心中。此外,我们还计划在参加演讲比赛的学生中聘请热心公益选手作为法律服务志愿者,加入宣讲队伍,走进更多的学校,向更多的孩子传递法治理念,开启"以学生指导学生"模式。

4. 建全反家暴工作机制,让居民时刻感到安全。何庄派出所结合《中华人民共和国反家庭暴力法》,积极开展预防和制止家庭暴力的各项工作。2017年4月,社区民警接到丽景社区一号楼楼长的预警信息,称该单元楼内有家庭暴力情况存在,社区民警了解情况后进行了调查,并对受害人丈夫开出了衡水市第一份《家庭暴力告诫书》,该告诫书不但对施暴者是一种震慑、警示和教育,也代表全市反家庭暴力相关措施的贯彻实施迈出了有力一步。

5. 在此基础上,力推"四小警务"强化人本思想,以小见大。一是做"小事",惠民生,集"小服务"为"大服务"。帮扶救助、答疑解惑,这都是公安机关工作中的小事情,却是关乎群众切身利益的大事情,群众居家过日子，发生的多为小事，可小事也会引起大事，按照市局、分局部署，何庄派出所开展了"访千楼万家　创文明城市"服务活动，深入社区、村庄开展法治宣传，提供法律咨询，征求群众意见，助解群众难题。二是抓"小案"，保民安，集"小平安"为"大平安"。打击犯罪是公安机关的主业，盗、抢、骗等民生小案，也许案值不大，但事关群众利益，紧连民心，关系民安，越是"小事"、"小案"越是贴近群众生活，更是群众对安全的直观感受。何庄派出所坚持"小案不小办"原则，对盗窃电动车、手机、钱包等案值较小的侵财类"小案"，坚持做到现场必勘、监控必查、周边必访，并视情况请求上级部门联合取证，使一件件"小案"得以破结，取得了明显战果，街面侵财性发案数同比下降17%，两年多来抓获各类侵财违法犯罪嫌疑人130余人，破案158余起，帮助群众挽回损失30余万元。2019年7月10日，辖区赵女士报称其家中被盗，丢失三条烟。案发后，何庄派出所民警第一时间赶赴现场，通过对作案现场的细致勘验，视频追踪，仅用了24小时便找到了两名嫌疑人落脚的日租房。办案民警锲而不舍，落地核实，最终驱车千里在辽宁抚顺将嫌疑人抓获抓捕并顺利押解回衡水。三是调"小纠纷"，解民结，集"小稳定"为"大稳定"。派出所工作中接触到的群众，大部分是来求助、咨询的，为此，何庄派出所坚持每年开展"争做群众贴心人"的活动，从家庭矛盾、邻里纠纷到治安刑事案件，把群众工作、法治工作做到极致。四是除"小隐患"，排民忧，集"小安全"为"大安全"。何庄派出所立足辖区治安实际，实行安全隐患滚动排查机制，通过日常查、突击查、随机查、反复查，不间断地排查各类安全隐患，竭力杜绝小隐患演变成大危害。

（二）坚持专群联防，创建"资深民警回社区，四位一体"矛盾纠纷化解新机制，切实做到"矛盾不上交"

为了群众、依靠群众，是新时代"枫桥经验"的价值本质。新时代公安机关正处在一种创新发展的良好机遇期，只有大力推进管理创新，才能更好地回应群众呼声、顺应群众意愿、满足群众期盼，真正实现、做到警政联动、警力下沉、警务前移。

如何在繁忙的警务活动、有限的警力条件下，真正做到警力下沉社区、警务移向前沿，尽可能地提高群众见警率、民警管事率和对违法犯罪的震慑力。何庄派出所顺应发展，在全市率先推行了"资深民警回社区"工作机制。让原来在一线工作，因为身体等各方面原因不能在一线坚持工作，又未到退休年龄，但有着丰富工作经验的老民警"回"到社区警务室工作。他们多数在公安战线上摸爬滚打了三十来年，而且不少是从中层岗位上退居二线的，工作经验丰富，但总感觉自己不懂警务科技而无用武之地。我们将这些老同志、老前辈凝聚起来，按住址就近选择社区警务室，发挥他们群众工作经验丰富的优势和甘于奉献的热情，把社区警务室打造成服务群众的前沿阵地。自2015年9月14日以来，衡水市公安局桃城分局共有4批52名资深民警进驻到社区警务室开展工作，何庄派出所辖区共设有6个社区警务室，已有12名老同志光荣退休，目前仍有9名老同志坚守岗位，该所48%的警力下沉到社区，成功调解各类矛盾纠纷240余起，协助破获各类案件22起，消除安全隐患70余处，警务室因资深民警的加入而变得温情满满，成为社区里一道亮丽的风景，被群众亲切地唤为"邻里守望"警务室。

一是反复清查、及时发现社区中存在的各类隐患，并采取措施逐个解决。如广厦社区警务室原民警刘凤岐帮助小区实现了监控全覆盖。丽景名苑社区原民警李向东消除了楼道私拉电缆为电动汽车充电而形成的消防隐患。二是精心化解群众纠纷，为群众排忧解难。资深民警在与群众面对面聊天中，了解邻里之间、楼上楼下的小摩擦，及时调处化解，有效避免"小纠纷"酿成"大祸端"。如丽景名苑小区的张阿姨和李阿姨是老邻居了，因厨房漏水泡坏了家具吵红了脸，两家孩子都动了手。在资深民警张志军以及调解员的多次劝解下，双方握手言和。噪音扰民、遛狗纷争，类似这样的邻里纠纷很多，看似小事，却容易引发治安案件甚至刑事案件，资深民警及时到场后，总能将问题迎刃而解。仅丽景社区一个警务室，就已经受理了30余件，调解成功率达100%。组织开展多种形式的安防宣传，共同打造安全、稳定的小区环境。三是配合包片民警广泛开展治安宣传，了解掌握治安形势，及时发布预警，达到宣传促防范的目标。如裕丰社区警务室民警袁静在社区内组织社区老年人召开防卖保健品诈骗、电信诈骗的宣传讲座，听了典型案例后，许多老人恍然大悟："幸亏你们的及时提醒，否则我一辈子的积蓄就这么打水漂了！"四是积极想办法、找措施，帮助社区解决实际困难。如在何庄新村警务室资深民警闫克实积极的协调下，消防部门、居委会、物业部门联手，将九派香邻小区内长期占据消防通道和公共场所的可燃物、破旧家具等杂物进行了清理，同时将清理出来的部分空间建设了公共自行车棚和充电桩，既解决了小区自行车乱停乱放的问题，又消除了电动自行车在楼道内充电造成的消防隐患。

资深民警回社区这一举措既有效推进了社区警务工作，也缓解了基层警力不足问题，更是"枫桥经验"在城市社区的探索与实践。2017年公安部公安发展战略研究所副所长杨昌军等人对此项工作进行了专题调研；2018年3月，由人民公安报社副总编苏传庚带队的典型经验采访组以《河北衡水警方改革强警、创新惠民》为题对资深民警回社区工作进行了报道。

近年来,在进一步巩固发展"资深民警回社区"成果的同时,何庄派出所注重整合警务资源、创新社会治理,努力夯实资源共享、警民共建共治的治安基础。采取人民调解组织自行调处和警民联调相结合的办法,加强民间社会矛盾纠纷排查和就地化解工作,最大限度地实现"小事不出社(村)、矛盾不上交",最大限度地预防"民转刑"案件发生,有效维护辖区社会稳定。

1. "四位一体"抓好矛盾化解工作。2015年,何庄派出所在全市率先试点"民调入所"、"律师进所"调解模式,每周定期让公益人员、专职律师团队来所参与纠纷调解,形成维护公平正义的第三方力量。与此同时,在社区警务室积极拓展人民调解,建立热心群众调解员—社区工作人员—物业安保人员—民警"四位一体"一条龙纠纷处理流程。两年来,辖区未发生个人极端暴力犯罪案件、重大群体性事件、重大"民转刑"案件以及进京涉公安机关管辖信访问题。

2. "两室合一"优化资源利用效率,社村警务室、综治工作室"二合一"设置,实行"两个架构、一套人马、合署办公"的工作模式。在工作中,实行"下去一把抓、上来再分家",民警按照规定职责开展工作,配合社区干部推进业务工作;社区干部在开展自身工作的同时,协助民警开展人口管理、安全防范、矛盾排查、信息收集等警务工作。实现公安警务与社会综治资源的共建共享。

3. "多方联动"营造共管共治格局,充分发挥社村民警、社村干部、专兼职综治工作者、义务巡逻队的职能作用和社村"五老"人员(老干部、老教师、有威望的老人、老治安积极分子、退伍老兵)人熟、地熟、情况熟的优势,扎实开展管理治安、纠纷排查、矛盾化解、治安巡防等工作,积极营造"各方参与、共管共治"的新格局。

例如,在利华市场、易得电子城成立的"和谐市场警民联调小组"。小组成员他们大部分长期在此经营,对社区情况非常熟悉,且深谙市场规则,调解区域内纠纷比民警更加得心应手,非常利于开展群防群治工作。这支队伍虽然只有6人,但能充分发挥安防工作优势,坚持源头治理,参与治安巡逻、整治市场秩序、协助民警调解纠纷等工作,屡立奇功、屡见奇效。自队伍成立以来,矛盾调解成功率达到100%,市场内的各类安全隐患也能被及时发现,从2018年至今,已保持一年多的纠纷类案件"零"报警。又如,在裕丰社区打造的"无讼社区"品牌,通过挖掘社区退休律师、警察、医生等有一技之长的人才组建"调委会",协调社区做足硬件保障,协助司法所做好岗位培训,从源头化解邻里矛盾纠纷,争创"零发案、零诉讼"的和谐社区。

目前,何庄派出所按照"一室一特色"的新时代"枫桥式派出所警务室"典范,共发动市区居民小区"楼院长"67 人、红袖标义务巡逻队 6 支、微型消防站 10 个、社区治安志愿者 200 余人、专职保安力量 330 人参与治安防范工作,已建立 6 个社区调解室,2 个村庄调解室,2 个专业市场矛盾纠纷调解平台。

(三)坚持科技助力,以防为主,强化大数据运用,切实保障"平安不出事"

把"全时空守护平安"作为坚持发展新时代"枫桥经验"的切入点,何庄派出所在全市高标准首建"智慧社区"立体防控管理指挥平台,努力密织以人民群众为基础、以"脚板+科技"为载体的治安防控网络,实现警务工作高效、畅通、有序运转,辖区社会治安持续保持安全稳定。

1. 警民联防密织"防控网"。由警务室资深老民警引导,挑选身体强壮、德高望重且热心公益的老人组建社区"红袖标,正能量"义务巡逻队,采取"警务室民警巡防、社区居委会、物业公司保安协防、辖区群众轮防"相结合的办法,对重点区域、部位、居民小区开展"社会面民警巡逻、单位保安巡查、社区义务巡逻队巡防"的"三巡"工作模式,努力压降犯罪空间,特别在案件高发的季节以及传统节日,不间断地巡逻和组织群众"邻里守望"。2019 年 7 月的一个凌晨,义务巡逻队人员在巡逻中发现,在丽景名苑小区大门外的一辆汽车玻璃被人砸坏,及时向派出所报了警,为之后民警的侦查破案提供了犯罪时间段线索,同时提供了图像较清晰的视频,民警依据此顺线追踪,将两名犯罪嫌疑人从石家庄新乐市抓获归案。

2. 智慧社区共筑"平安梦"。何庄派出所在信息化、"互联网+"领域下功夫,在全市率先建成了一个通过管车、控门、人脸识别来实现预警信息的"智慧社区"立体防控管理平台,平台以大数据应用可视化为主,全面的社区监控为辅,实现社区"人、屋、车、场、网"等的管理立体化、可视化和可控化,构建管理、防范、控制于一体的社区治安防控体系。社区民警"一标三实"基础信息采集应用工作成效显著。同时,与辖区物业公司对接,将现有的小区居民、车辆等各类信息录入智慧社区的大数据中,运用最新的高空 AR 实景远程实时作战指挥系统,通过布置在社区制高点的多倍可旋转摄像头对小区进行 AR 可视化管理。可对建筑、视频监控、人脸抓拍、车牌识别、重点区域、特殊人员(如孤寡老人、重点关注人员、出租房屋)等进行标记,并对接实时数据,形成小区主体化、层次化的监控。同时,在单元口处增加人脸识别系统,通过部署安装人脸抓拍摄像机设卡,对经过卡口的人员进行人脸抓拍、人脸特征的提取和分析识别,并将数据送入后端人脸信息综合应用平台,实现人脸动态比对预警、人员轨迹分析追踪、人员身份鉴别查询等功能,提升小区安全系数,同时有效提高科技信息化防范和打击犯罪的能力水平，为以后的侦查破案提供了有力的信息支撑。目前，"智慧社区"手机APP正在研发中，届时，民警不仅能利用该APP快速采集基础信息，更能接收到准确的预警信息，1对1管理重点人员，真正做到"平安不出社区"。

3. 警民联调打造"十小"法治和美社区。何庄派出所围绕新时代"平安不出事"的要求，认真落实"抓早抓小、就地化解"的"枫桥经验"，与中华街道办事处共同谋划，以资深民警为主导，按照"打造新时代共建共治共享社会治理格局"的发展理念，以丽景社区为试点，打造了"十小"法治和美社区。"十小"分别涵盖五个方面，分别是法治宣传的"小喇叭"发声，"小阵地"造势；法制教育的"小警钟"生威，"小积分"褒奖；法律援助的"小天平"解疑，"小卡片"帮扶；人民调解的"小圆桌"了事，"小铭牌"说事；技防人防的"小镜头"守护，"小口哨"预警。

丽景警务室法制和美社区的建设，恰恰就是从"小"字上着手，强化法治宣传、对容易引发"民转刑"的婚姻、财产类矛盾纠纷、消防隐患开展重点排查，防止引发重大治安问题。自2018年何庄派出所丽景社区和丽景警务站开展打造"十小"法制和美社区活动以来，10个小区均实现零发案。丽景社区先后被授予全国"青少年零犯罪零受害社区"试点单位，全省和谐社区建设示范单位以及河北省创安小区、河北省文明社区等荣誉称号。可以说，"十个小"构建起了"各方共管、全民共建、红利共享"的法治社区平安创建"大格局"。

（四）坚持优质服务为先，深入扎实开展社区警务，切实做到"服务不缺位"

让人民满意是桃城警务工作孜孜不倦的价值追求，何庄派出所始终把"群众高兴不高兴、答应不答应、满意不满意"作为评判警务工作的根本标准。自2015年衡水公安推出"全开放式户籍制度改革"，衡水取消"二元制"户籍，所有派出所均可一站式、无条件办理户口迁移和临时身份证业务，破解了多年的落户难题。在此基础上，该所聚焦辖区群众的所思所想、所期所盼，用"三颗心"积极探索零距离服务机制，落实服务优化。

1. "尽心"，转变理念"上门服务"。考虑因病在家、行动不便等特殊群体的实际困难，该所民警们采取上门采集、上门送证等方式，主动解决特殊群体的办证难问题。两年以来，该所上门办证21人次，送证上门156人次。

2. "贴心"，适应需求预约"便捷服务"。面对中考、高考以及暑期中办事群众较集中的状况，户籍室全体人员积极落实"放管服"工作，实行一周六天工作制，从日常仪表、文明用语、业务办理、回答群众咨询、接待群众态度等方面进行系统的规范，提前到岗，延时下班，每天办理各项业务百余份。针对正常工作日期间无法前来办事的上班族、学生，在周日和下班时间开辟了预约、加班办证服务"绿色通道",两年来,共计加班办证服务568人次。

3. "暖心",拉近距离"优化服务"。作为公安机关联系群众最直接的窗口和纽带,我们在贯彻落实"最多跑一次"改革措施时,力争将每一件小事做好,把每一个细节做足。全面提升窗口民警、辅警的综合业务能力,培养窗口"全科"警辅人员,实现"一窗受理、集成服务";群众办理户籍、居住证事项所需的全部资料以及不予办理的原因,在显要位置设置屏幕全天滚动播放;忘带身份证件、孩子出生证的办事群众,可通过户籍系统核实识别;应该本人来办理因各种原因来不了,着急找人代办的,通过视频聊天的方式核实确认……真正做到让群众"少跑腿",切实做到一网办、就地办、马上办、一次办。两年来,在业务量大幅上升的同时,该所户政窗口未发生违法违规办理问题,实现了零投诉,群众满意率达98%以上,工作取得初步成效。

大者思远,能者任钜。这一系列社区警务的探索与实践,赋予了新时代"枫桥经验"的新内涵,也正是基层派出所工作实践价值的体现。创新新时代"枫桥经验"没有终点,让平安凝结成"水市"的表情,让谦和积淀为"湖城"的气质,这就是一代又一代桃城民警的初心,更是他们的笃行!

基层治理的实践　平安和谐的绿洲

——传承新时代"枫桥经验"在宁夏公安实践中的创新与发展

陈少宣[*]　朱　敏[**]

摘　要： "枫桥经验"蕴含着丰富的"共建、共享、共治"元素，它已经由20世纪60年代的经验、改革开放时期的典型发展成为推进社会治理现代化的典范。宁夏自治区公安厅坚持党政领导、综治牵头、公安主导、社会参与，全面践行新时代"枫桥经验"，以社区网格为基础，以信息化为支撑，由"发动和依靠群众，坚持矛盾不上交、就地解决，实现捕人少、治安好"发展到"党政动手，依靠群众，立足预防，化解矛盾，维护稳定，促进发展"的共建共治共享社会治理格局。特别是近些年，面对复杂多样的少数民族地区生态环境以及新时代经济社会发展的新特点，宁夏探索实践了一系列加强和创新基层社会治理的新理念新思路新举措，丰富了新时代"枫桥经验"的基本内涵。

关键词： "枫桥经验"　社会治理　平安宁夏　矛盾纠纷

1963年，毛泽东同志批示推广"枫桥经验"。2013年，习近平总书记强调，把"枫桥经验"坚持好、发展好，把党的群众路线坚持好、贯彻好。2019年，党的十九届四中全会将坚持和发展新时代"枫桥经验"，作为坚持和完善共建共治共享的社会治理制度写进《中共中央关于坚持和完善中国特色社会主义制度、推进国家治理体系和治理能力现代化若干重大问题的决定》。这代表着"枫桥经验"已经成为坚持和完善中国特色社会主义制度，推

---

[*] 陈少宣，宁夏警官职业学院院长。
[**] 朱敏，宁夏警官职业学院警察管理系主任。

进国家治理体系和治理能力现代化的有机组成部分,也标志着"枫桥经验"已经由基层社会治理的样本,上升为党和国家制定政策、做出决策的重要依据和基本经验。宁夏回族自治区公安厅、各市公安局和派出所及广大干部群众,积极顺应新时代经济社会发展的新特点和社会主要矛盾的新变化,全力推进"平安宁夏"建设,探索实践了一系列加强和创新基层社会治理的新理念新思路新举措,丰富了新时代"枫桥经验"的基本内涵。

一、"枫桥经验"与公安工作的科学发展

"枫桥经验"源于公安工作,是人民群众在实践中的伟大创造,在化解矛盾、维护稳定、推动经济社会发展中发挥了积极作用,在新形势下依然表现出旺盛的生命力,依然是解决社会问题的重要法宝。"枫桥经验"至今已走过56个春秋,但仍日益显示它的价值和生命力,之所以经久不衰,历久弥新的原因之一,是"枫桥经验"契合了中华文明的基本精神——"和",引领基层社会治理现代化建设。

(一)不断创新发展的"枫桥经验"所蕴含的和谐思想

在"枫桥经验"初创期,即20世纪60年代初,在社会主义教育运动中,枫桥群众创造了"依靠和发动群众,坚持矛盾不上交,就地解决,实现捕人少、治安好"的"枫桥经验",通过立足于教育改造,化解矛盾,化消极因素为积极因素,从而最大限度地调和了阶级矛盾,稳定了当地的社会秩序,团结一切可以团结的人共度时艰。在"枫桥经验"的发展期,即20世纪60年代中期和70年代,枫桥的干部群众创造了改造流窜犯和帮教失足青少年的成功经验;十年动乱结束后,枫桥在全国率先给"四类分子"摘帽,摘掉一顶帽,调动几代人,为全国范围的拨乱反正提供了好的范例;党的十一届三中全会后,随着政治经济形势的巨变,枫桥的广大干部群众针对改革开放新形势下社会治安出现的新情况、新问题,依靠群众维护社会治安,并创造了"党政动手,依靠群众,立足预防,化解矛盾,维护稳定,促进发展,做到小事不出村,大事不出镇,矛盾不上交"的新时期"枫桥经验"。在习近平新时代中国特色社会主义思想指引下,新时代"枫桥经验"更加致力于创造安全稳定的社会环境让老百姓安居乐业,绽放更加绚丽的理论之花。

(二)在公安工作中坚持"枫桥经验"法治化

进入新时代,"枫桥经验"在其发源地枫桥镇的生动实践、成功实践,创造了具有鲜明时代特征的"枫桥样本",创新了以"一二三四五六"为公安特色的枫桥警务模式,形成了可复制可推广的新时代"枫桥经验",体现了

"枫桥经验"强大的实践力量,彰显了其全新的时代价值,实现了由"小事不出村、大事不出镇、矛盾不上交"老"三不"向"矛盾不上交、平安不出事、服务不缺位"新"三不"的跨越,开辟了"枫桥经验"新的发展境界,为基层社会治理提供了枫桥模式。

二、新时代"枫桥经验"在公安基层基础工作中的创新与实践

自治区公安厅坚持党政领导、综治牵头、公安主导、社会参与,全面践行新时代"枫桥经验",以社区网格为基础,以信息化为支撑,由"发动和依靠群众,坚持矛盾不上交、就地解决,实现捕人少、治安好"发展到"党政动手,依靠群众,立足预防,化解矛盾,维护稳定,促进发展"的共建共治共享社会治理格局。

(一) 以社区警务网格化为基础,提升基层社会治理平台建设水平

2016年厅党委作出试点推行"一村(社区)一警"社区警务改革的重大部署,经过2年持续推动落地各项软硬件措施,全区新型社区警务框架基本建立,城乡社区网格化实体化运行体系初步形成,已划分警务区645个,建成规范化社区警务室433个、警务联系站(点)1144个,同时逐步将禁毒专干、社区网格员、治保人员等警务辅助力量18634人纳入社区警务工作,社区警务"1+X+N"模式基本形成。"互联网+社区警务"模式和微信群服务、管理、交流等新型警务手段在全区社区民警中得到普及,智能化在社区服务管理中的作用凸显。2018年全区刑事发案、命案、可防性案件、毒品案件、治安案件、矛盾纠纷警情同比分别下降6.3%、18.6%、8%、53.9%、11%和11.3%;全区发生精神病人肇事肇祸致人死亡案件2起,同比上年下降60%。

2020年春节前夕,全国爆发的新型冠状病毒感染的肺炎疫情席卷全国上下,可以说基层防控,是防止疫情扩散蔓延的关键所在。社区警务网格化整体运行在此次基层抗疫保卫战中充分发挥"主力军"的作用,构筑严密防线,与时间赛跑。社区警务"1+X+N"模式,为此次疫情防控重点人员数据信息排查和社区动态分析研判管控工作提交了最鲜活最真实的数据。宁夏多市、县借助社区警务"1+X+N"模式抽调民警、辅警、辖区镇村党员,区政法委、检察院、司法局抽调党员成立临时党支部,迅速投入基层政法综治力量防控工作。此次疫情防控工作的落实,也为下一步基层治理提供借鉴,从而从治理机制角度开展基层创新。

（二）以"八强八进"为支撑，力推"塞上枫桥"，提升基层社会治理工作综合质效。

"八强八进"，即：强化政治建警，进一步加强党建引领作用；强化基础建设，进一步筑牢综治前沿阵地；强化平安创建，进一步打造和谐宜居社区；强化专群结合，进一步推动联动联防联治；强化矛盾化解，进一步推动源头化解治理；强化科技建设，进一步提升智能防控水平；强化服务创新，进一步提升服务质效；强化基础保障，进一步激发工作活力，全力推动"塞上枫桥"警务品牌活动创建提档增效。

一是织密社区安全防护网，"雪亮工程"点亮平安宁夏。宁夏银川市新华街派出所辖区是银川市南门广场商业圈中心地带，是集旅游、餐饮为一体的具有民族特色的街区，该所利用移动警务工作站，全面加强社区面管控工作，坚持"防为主、巡为上、控为本"，联合新华街综治办、兴庆区市场监督管理局二分局、兴庆区文化旅游局、城管执法中队、永安社区、南关清真寺寺管会、永安社区居委会、党员义务110巡逻队等部门联合参与治理，形成"1+3+9"联动工作机制，负责处置发生在街面的110警情、巡逻防范、查纠交通违法行为、疏导交通、调解纠纷、受理群众求助，确保力量投入不重复、巡防时空不失控、街面警务全覆盖。

二是防微杜渐整改"小隐患"，矛盾纠纷调解"菜单式"。红寺堡区是全国最大的生态扶贫移民集中区，行政区域面积2767平方公里，辖2镇3乡及1个街道办事处，共65个行政村5个城镇社区，安置移民23万余人，主要移民搬迁同心、海原、原州、彭阳、西吉、隆德、泾源7县的生活在贫困带上的贫困户。来自不同地域、不同民族、不同风俗习惯的移民聚集在一起生活，群众融合度不高，移民搬迁中存在先开发区建设，后规范化管理发展模式所带来的矛盾纠纷突出。为切实解决这一问题，红寺堡派出所"菜单式"矛盾纠纷调解法顺应辖区移民多、风俗各异等特点而生，由红寺堡派出所牵头，社会力量、司法力量共同参与的矛盾纠纷调解机制，搭建起了以派出所调解为基础、多方联动为支撑的基层矛盾纠纷调解模式。尽量做到"多调少裁"、"案结事了"。"菜单式"调解法不仅第一时间同有关各方联动化解矛盾纠纷，疏导双方当事人情绪，缓解由此带来的社会压力。同时，对涉及法律事项的，无缝对接专业律师介入，从法律层面为当事人解疑释惑，通过第三方的有效疏导和引导，将矛盾纠纷化解在源头，解决在初始阶段。

三是"网上网下"调解机制，"三加立体"数据警务。根据辖区老旧小区多、出租房屋多、流动人口多，现行案件、矛盾纠纷易发的特点，探索形成"互联网+身边人"、"大数据+铁脚板"、"专业+群防"的"三加立体警务"。第一,创新"互联网+身边人"的矛盾化解模式,携手综合执法、司法、妇联、卫生等部门,联合宁夏家律网法律服务中心,挑选德高望重、邻里信服,有一定调解经验和热情的老党员,成立"义务调节队",形成、完善联动调节机制,打破矛盾纠纷发现、化解的时、空、情隔阂,让调解更有"人情味"。第二,创新"大数据+铁脚板",让治安防控更有"眼色",这是基层治理中探索精准巡控模式。方法是依托"雪亮工程"建设,针对辖区行业场所、街路巷、重点单位、治安乱点等突出部位,整合治安、道路和民用监控探头724路,全面接入警务室"大数据"智能电子屏和社区民警手机APP,实现社区民警足不出户,在警务室或打开手机就可以24小时对辖区重点区域进行"网上巡控"、"指尖巡逻"。第三,"专业+群防"队伍,让社区治理更有"效力",这是形成共建共治共享社会治理新格局的最基层表现。紧紧依靠基层党组织,坚持专群结合,围绕辖区北环批发市场、老旧小区、行业场所等不同地域特点,整合辖区企事业单位、行业场所从业人员、社区老党员等综治力量,建立北环卫士、青山义警等不同形式的队伍,在社区民警的带领下,开展治安巡逻、安全防范宣传、矛盾纠纷化解、群众救助等工作,探索形成信息技术支持下的"专业+群防"巡控模式,全面提升治安管控的效率和水平,形成共建共治共享的社会治理新格局。

(三)以"灵盾工程"为总揽,构建智慧高效综治中心,确保基层社会治理取得实效。

宁夏灵武市以实施"灵盾工程"为总揽,以综治中心建设为抓手,着力构建社会治理服务新体系,实现了便民服务和社会治理的有机融合,走出了践行新时代"枫桥经验"的灵武路径。

一是信息化支撑,构建网络,打造综治中心"智慧大脑"。通过"一号申请(12345便民热线)、一窗受理(社会事务调度中心)、一网通办(社会治理综合服务网络)",市、乡镇(街道、园区)、村(社区)三级系统纵向贯通、智慧公安等14个"智慧灵武"子系统横向联通,实现了社会事务从受理处置、督办考核到调度指挥的一体化、智能化。

二是规范化建设,联动融合,培育综治中心"强健四肢"。设置"一办三中心",即:办公室,负责协调、督导;社会事务调度中心,统筹社会事务受理、派遣、处置、督办;矛盾纠纷调解中心,负责多部门联合调处矛盾纠纷;网格化管理中心,负责城乡网格管理、运行。8个乡镇(街道)、84个村(社区)综治中心规范化建设全面完成,群众诉求和纠纷调解"一站式办理、一条龙对接、一揽子解决"。

三是常态化运行,强化保障,夯实综治中心"动力源泉"。明确了三级综治中心职责权限,吸纳综治、公安、司法、信访、法院、禁毒等相关部门入驻中心,市、乡、村三级综治中心安排工作人员297名。综治中心建设经费纳入财政预算并逐年增加。

四是精细化服务,提升效能,突显综治中心"战斗堡垒"。精细化服务,提升效能,突显综治中心"战斗堡垒"作用,使得灵武市连续七年进入"全国综合实力百强市",2018年位列第84位,取得了经济发展和社会稳定的双丰收。

三、新时代"枫桥经验"在争创全国禁毒示范城市中的创新与实践

人民主体是新时代"枫桥经验"的价值核心。"枫桥经验"的基本精神就是党始终坚持和发展的群众路线,顺应历史发展和时代要求创新群众工作理念、思路、方法,依靠群众就地化解各种社会矛盾和社会风险。传统的公安禁毒工作往往采取"盯死看牢,适时打击"的模式,以控制为主,缺乏沟通、教育和引导功能,虽一时能将问题矛盾压下去,但实际并未从根本上解决,被教育转化对象对社会的不满、怨恨也会越来越深,不和谐因素越拖越重。

(一)源头疏导、和谐化解,争创"无毒城市"

坚持和发展新时代"枫桥经验"的实践表明,平安和谐是全面建成小康社会的重要内容和内在要求,也是创新发展"枫桥经验"的价值取向和目标追求。重点人员教育管控转化工作,以"源头疏导、和谐化解"、"宜小不宜大、宜早不宜迟、宜导不宜控"为指导,从实处着眼、从小处着力,将对立矛盾化解在萌芽状态,从源头最大限度地减少了社会对立面,从而最大限度地增加社会和谐因素。自治区公安厅深入践行"绿色高端和谐宜居"城市发展理念,以创建"无毒城市"为奋斗目标,抢抓全国禁毒示范城市创建有利契机,重点围绕无毒细胞工程建设、毒品预防教育、吸毒人员就业帮扶及矛盾纠纷调处等重点领域,着力打造一批在全区乃至全国叫得响的"银川禁毒"特色品牌,努力实现"走在前、做表率"的工作目标。

2019年4月在全区禁毒工作会议上,会议通报了2018年全区禁毒工作考评情况,对贺兰县等8个自治区禁毒工作示范县区、宁夏医科大学等70个自治区毒品预防教育示范学校和银川市兴庆区文化街街道办事处等80个自治区社区戒毒社区康复示范点进行了命名授牌,系统总结了创建全国禁毒示范省区试点工作取得的成效和经验。外省区查获我区外流贩毒人数年均下降17.3%、吸毒人员三年戒断巩固率提高至55%、新吸毒人员增速下降至2.6%的显著成效,人民群众对涉毒知识综合认知率达到91%、对禁毒工作满意率

达到92.2%。对于禁毒工作,要形成全社会共同参与的禁毒工作格局,深入推进毒品预防教育和社区戒毒康复两大基础工程,探索形成学校毒品预防数字化教学、吸毒人员全流程服务管理等经验模式。

(二)"三治"结合实践新时代"枫桥经验"的公安禁毒工作

在现代基层社会治理体系中,坚持自治为基、法治为本、德治为先,必须注重综合运用自治、法治、德治三种治理方式,发挥"三治"结合的功能和作用。近年来,宁夏在深入推进全民禁毒工作中,充分运用"三治"原则,特别是在实践中形成了吸毒人员"大收戒"、"全流程"社会化管理、"6·27"青少年毒品预防教育工程、建设戒毒康复示范社区、禁毒示范县区创新"12345"工作体系、推广"黑眼睛"工作法精准安置帮教、推行"社区+产业+培训"的帮扶模式等创新经验,走在全国前列,形成了具有宁夏特色的禁毒工作体制机制,创出了一条解决地区性毒品问题的新路子,宁夏更在全国开展禁毒示范省区试点工作。

四、践行"枫桥经验",创新基层社会治理工作的实践思考

(一)坚持党政领导,主动融入大局,是践行"枫桥经验",创新基层社会治理工作的根本所在

首先,在党政关系方面,要进一步完善党委领导、政府负责的制度安排,优化跨部门议事协调机制。其次,在政府与社会关系方面,要进一步完善民主协商、社会协同、公众参与的制度安排,注重发挥社会力量的作用。第三,在治理手段和方式上,要善于运用法治、自治、德治以及科技手段,完善人民内部矛盾处置机制,完善社会治安防控体系,健全公共安全体制机制。

(二)坚持群众路线,围绕群众需求,是践行"枫桥经验",创新基层社会治理工作的核心要义

"枫桥经验"历经56年发展,其精髓在于贯彻执行党的群众观点和群众路线,充分依靠群众化解矛盾,做好社会治安工作。践行新时代"枫桥经验",必须牢固树立以人民为中心的发展理念,坚持走群众路线,以人民群众满意为根本标准,经常倾听群众呼声,切实解决群众反映强烈的热点难点问题,以实际行动赢得群众对基层治理工作的支持和拥护,更好地激发人民群众的积极性、创造力,使人民群众自觉参与社会治理工作,最终实现发展为了人民、发展依靠人民、发展成果由人民共享。

(三)坚持科技助力,加强资源整合,是践行"枫桥经验",创新基层社会治理工作的有力支撑

随着互联网、物联网、云技术的飞速发展,以大数据为代表的数据密集

型科学将成为新一次技术变革的基石。要加强对数据的整合处理、智能研判、深度挖掘和高度共享,构建起"互联网+社会治理"、"互联网+服务"、"互联网+群防群治"、"互联网+调解"等现代警务工作机制,实现警务工作从静态到动态、从粗放到集约、从模糊到精确的转变,使信息化转化为公安战斗力,更好地服务现实斗争、满足群众需求。

(四)坚持创新驱动,注重锤炼提升,是践行"枫桥经验",创新基层社会治理工作的活力之源

"枫桥经验"内涵极为丰富,从毛泽东同志关于正确处理人民内部矛盾的理论,到习近平总书记关于新时代"枫桥经验"的论述,从最初的"依靠群众、矛盾不上交,就地解决"发展到"党政动手,依靠群众,立足预防,化解矛盾,维护稳定,促进发展",是一个"感性具体—思维抽象—思维具体—实践思维—指导实践"的动态过程,是一次次思想革新、实践升华。

转变网络治理逻辑　提升网络治理效能

孙柏霖[*]

摘　要： 网络虚拟社会治理水平是衡量国家治理能力及治理体系现代化的重要指标。中国网络虚拟社会，正引领现实社会各领域产生诸多新的变革。治理网络虚拟社会既要提倡自由，也要保持秩序，要坚持以习近平新时代中国特色社会主义思想为指导，以人民为中心，完善治网制度，发挥"枫桥经验"，强化多方协同，善用先进技术，运用善治理念，全面提升网络治理效能，构建风清气正的互联网虚拟社会，使其与现实社会形成良性互动。

关键词： 虚拟社会　网络治理　治理现代化

目前，基于数字化结构、关系和资源的网络虚拟社会已经形成，并成为与现实社会和实体政治不可分割的一部分，这一结论是建立在网络虚拟社会具有物理空间、社会群体和联系纽带基础上的。在概念上，早期国内研究多使用"网络社会"一词，在传统思维惯性下，网络空间的虚拟行为与现实社会的生活实践是分离甚至对立的，这导致大量研究是基于国家主义视角，论证国家权力渗透网络虚拟社会的必要性与合理性，在非线性思维下，"虚实关系"是互联网环境下人类存在的基本关系，单一线性的科层制官僚体系和没落的集权主义已经难以适应社会转型背景下网络虚拟社会的蓬勃发展。

虚拟社会治理能力及治理体系现代是实现国家治理能力和治理体系现代化的重要内容。网络治理亦或是网络虚拟社会治理指的是"在国家和国际层次上的一系列机制，旨在将有利于网络空间与网络互动的稳定和健康发展的

---

[*] 孙柏霖，现就职于江苏省南京市公安局，中国人民公安大学治安学硕士。

安排制度化，加强网络安全，将网络干扰和破坏减至最小，并部署有助于人类福祉的网络场所"。转变治网逻辑就意味着，治理者要用好"枫桥经验"，追求秩序与自由的辩证统一、虚拟社会公民参与机制更加民主开放、网络治理制度化法治化水平要更高、网络治理主体要从政府主导发展为多方协同、网络要从社会控制的工具演变为社会发展的动力、国际网络治理要从国家对抗走向深度合作。

一、概念的梳理

有研究认为，"网络社会"实际上指的是两个概念，其一是作为一种新社会结构形态的"网络社会"（network society），其二是基于互联网架构的电脑网络空间（cyber space）的"网络社会"（cyber society）。"网络虚拟社会"的命题自20世纪90年代提出，曼纽尔·卡斯特的信息时代三部曲尤其是《网络社会的崛起》的面世，进一步强化了该命题的合理性，并用其来指称互联网作为人类生存新方式的社会性功能。事实上，卡斯特"网络社会"中的网络在抽象层面没有特殊的指代性，并非专指互联网，而是相互连接的结点，也就是前述第一种"网络社会（network society）"，侧重考察社会结构形态所蕴含的网络化逻辑，这种网络化逻辑在前信息化时代就已经存在，只不过囿于技术条件的限制，网络的流动性较低且具有浓厚的地域性烙印。"作为一种历史趋势，信息时代支配性功能与过程日益以网络组织起来。网络建构了我们社会的新社会形态，而网络化逻辑的扩散实质地改变了生产、经验、权力与文化过程中的操作和结果。虽然社会组织的网络形式已经存在于其他时空中，新信息技术范式却为其渗透扩张遍及整个社会结构提供了物质基础……网络化逻辑会导致较高层级的社会决定作用甚至经由网络表现出来的特殊社会利益：流动的权力优于权力的流动。在网络中现身或缺席，以及每个网络相对于其他网络的动态关系，都是我们社会中支配与变迁的关键根源"。卡斯特称这种社会为"网络社会"（network society）。在此意义上的"网络社会"（network society）之"网络"（network）并非专指互联网（internet）或电脑网络（computer network），而是指"一组相互连接的节点（nodes）"，这实际上是一种社会学视角。为避免网络社会在中文上的不同所指造成的概念混淆，本研究把"网络社会"和"虚拟社会"合称为"网络虚拟社会"以指代英文意义上的"赛博社会"（cyber society）。在"网络虚拟社会"概念界定层面，学界虽然对虚拟社会的性质有争议，但在其构成要素上基本达成一致：虚拟社会是计算机网络技术更新升级的结果，现实社会中的人是虚拟社会的主体，而主体间的互动所形成的社会关系是虚拟社会的重要内容。

梳理相关研究发现，目前国外学者在虚拟社会领域的关注焦点主要为：中观层次的特定虚拟实境及虚拟社群的影响与应用研究，集中在中观层面及政治变革视角，中国学者除了沿袭和阐发国外学者的相关理论外，主要集中在技术层面、价值层面和制度层面的策略分析。有一个不同之处在于：中国学者的宏观层次"虚拟社会"视角，即将虚拟社会视为一个与"现实社会"平级的大社会系统，很多时候带着政治意味。虽然有不少学者将虚拟社会和一些相近概念做了辨析，但在大量的文献中存在着"网络社会"与"虚拟社会"混用的现象，或直接合称"网络虚拟社会"，本研究采用这种综合性的观点。

二、网络虚拟社会治理的经验、目标与理念

现实社会的大规模转型推动着国家治理的转型，网络虚拟社会的快速蓬勃发展要求国家治网能力的提升和现代化。当前的网络虚拟社会治理困境是由多种因素共同作用和影响的结果，国际间在互联网领域尚未实现互信，基于意识形态的斗争还广泛存在，网络虚拟社会同样存在财富与资源分配的不公，各类新型网络风险挑战国家安全和社会秩序等，凸显网络作为政治、经济、军事、科技、社会等应用的广泛性和重要性，其有效治理问题理应被高度关注。

（一）国外部分网络大国的经验做法

从全球来看，各主要国家的网络治理起步时间均为 20 世纪 90 年代，各国均将其作为保障国家安全、提升政府效率、树立良好形象、满足公民经济社会服务的国家级内容。90 年代，美国克林顿及其政府成立"国家绩效评估委员会"（简称 NPR），提出"全国信息基础设施"建设方案，1994 年美国政府信息技术服务小组（GITS）提出《政府信息技术服务的前景》报告，1996 年美国发起"重塑政府计划"，提出所有联邦机构要在 2003 年全部实现上网，使民众能够充分获得政府所掌握的各类信息。2000 年，美国政府开通"第一政府"网站，简化各类政务流程。美国总统特朗普 2017 年 8 月做出指示，将"网络司令部"（USCYBERCOM）升级为一级联合作战司令部（unified combatant command），其成为美军第十个联合作战司令部，地位与美国中央司令部等主要作战司令部持平。美国 2019 财政年度国防授权法案再次确认了军方在防范网络攻击和网络作战方面的作用，并将网络安全提升到更加重要的地位。2019 年 5 月 2 日，特朗普签署了《网络安全人才行政令》，加强美国网络安全人才队伍建设。此外，在法律保障上，美国制定了《政府信息公开法》、《个人隐私权保护法》、《美国联邦信息资源管理法》、《网络安全信息共享法

案（2015）》、《IoT 设备网络安全法》等为数众多的网络安全法律法规，对其网络空间治理起着重要保障和规范作用。

英国虽不像美国在网络空间处于第一梯队，却得益于深厚的资本主义基础和长远战略眼光，在网络安全等方面深耕建树。英国《2016—2021 年国家网络安全战略》表明，其希望发展成为网络安全并能够应对网络威胁的国家，在数字世界中繁荣而自信，有能力保护国家免受日益发展的网络威胁，有效应对突发事件，确保本国网络、数据、系统的安全和可恢复性；公民、企业和公共部门具有自我防护的知识和能力。有能力探测、了解、调查和破坏敌对的网络行动，追捕和起诉网络侵犯者，以及必要时在网络空间采取进攻行动，形成科技研发能力全球领先、创新能力强、产业规模不断壮大的网络安全产业，形成持续的人才输送渠道，满足公私领域的需求；拥有先进的分析和专业知识，使英国能应对、克服未来的威胁与挑战。

受意识形态与国家利益影响，俄罗斯长期同美国等西方国家在网络空间存在对抗和冲突。俄罗斯进行"断网"演习，以测试本国网络防御能力，这意味着俄罗斯公民和组织的网络数据只在俄罗斯内部传输，而不经过全球路由节点。为针对美国等对俄罗斯实施网络攻击的指责，在 2017 年 7 月通过的俄联邦《数字经济国家项目》中，数字安全是重点内容之一。上述项目提出，要在 2020 年前建立数字经济安全基础设施框架，确保俄罗斯联邦的"数字主权"。2019 年，俄罗斯通过《主权互联网法》，其主要内容包括：第一，要求互联网运营商安装"应对威胁的技术手段"，指由国家无偿提供给相关运营单位的技术设备。第二，要求经营者必须通知监管机构过境通讯渠道的相关信息。跨境通信线路也需安装"反威胁技术设备"。第三，电信运营商有义务按照监管部门的指令纠正信息通过的路径，只使用在特殊注册表登记的交换点进行数据交换，并向政府提供有关其网络安排方式和使用的 DNS 服务器的信息。第四，如出现对于俄罗斯互联网的威胁，监管机构可以实现对通信网络的中央管理。第五，互联网相关从业者有义务定期参与旨在"确保俄罗斯互联网和公共通信网络可持续性、安全和全面运作"的演习。第六，建立统一国家域名系统，即建设自主地址解析系统，以在紧急时刻取代现有域名服务系统。

此外，日本、新加坡、法国、韩国、澳大利亚等政府均制定了国家级别网络安全和发展战略。综合来看，世界主要网络大国都高度重视网络空间的安全，以技术革新为支撑，以法律为保障，不断加强自身网络管控能力、危机处理能力，加大互联网人才队伍建设投入力度，强调网络空间的军事威慑与反制能力，重视长远网络战略的制定和规划，在网络空间进行主权国家式的活动。

(二) 网络治理的目标是建设网络强国

习近平总书记在向"第五届世界互联网大会"的贺信中强调,世界各国虽然国情不同、互联网发展阶段不同、面临的现实挑战不同,但推动数字经济发展的愿望相同、应对网络安全挑战的利益相同、加强网络空间治理的需求相同,要维护网络空间安全以及网络数据的完整性、安全性、可靠性,提高维护网络空间安全能力,朝着建设网络强国目标不懈努力。因此,我国网络虚拟社会治理的就是解决当前治网过程中遇到的问题、矛盾,强调以造福人民为导向,统筹发展与安全、自由与秩序,努力从网络大国迈向网络强国。

首先是以人民的利益为根本。无论是提出网络数字主权,还是打击网络违法犯罪,党和政府治网的出发点和落脚点都是为了人民利益,是为了让人民能够有一个安全、稳定、有序、健康的网络虚拟社会环境。进入网络时代后,国家治理就必须适应网络虚拟社会的发展,只有适应网络虚拟社会的发展,国家网络治理才能有效,执政党的执政地位才能牢固。人民立场是党的根本立场,为人民服务是党的宗旨,基于以造福人民的治理导向,坚持底线和追求高位相结合,利用互联网实现和发展人民群众的根本利益,努力把互联网这个事关党执政兴国的最大变量,通过科学有效的网络虚拟社会治理变成党带领人民发展中国特色社会主义事业的最大增量。

其次是统筹网络发展与安全。网络虚拟社会能够被有效治理的前提是能够在网络空间有自主发展的权利,有保障自身网络安全的机制和能力。"网络数字主权"的概念提出后,实际上给国家渗入互联网并加以治理提供了理由。正是因为有了主权,才有了发展和安全的权利。2018 年 4 月,习近平总书记在全国网络安全和信息化工作会议中系统阐释了网络强国重要思想,指出要形成多主体参与、多手段结合的综合治网格局,明确网络安全对社会经济稳定运行的重要性,提出要实现信息领域核心技术的突破,强调网信事业的发展对新型工业化、城镇化、农业现代化发展的带动作用。在推进网络空间治理使之服务于经济社会发展的过程中,必须坚持把安全尤其是政治安全作为底线,确保在网络空间治理过程中不发生全局性和颠覆性风险。

再次是平衡网络自由与秩序。网络行为的自由从来都是相对的,网络空间绝不可能是"法外之地",只有网络空间安全、有序、健康,人民群众才能在网络空间中更好地开展生产生活。网络虚拟社会建设的追求实现网络最终自由和虚拟人的全面发展,这是其不同于现实社会的重要一点。目前一些观点有意将"秩序"和"自由"对立开,但二者是联系紧密、互相作用的。在网络虚拟社会,民族国家、意识形态、种族特征、宗教信仰等被融合进扁平化的数字世界,各种传统关系被重塑,给实现"自由而全面的发展"带来了可能。但是,现阶段网络秩序是实现网络自由的必要途径,良好的网络秩序为网络自由的最终实现提供强而有力的保障,网络自由主义者不能忽视所不断出现的各种新型问题。现阶段网络空间的政治、经济和社会规范还不健全,虚拟公民也必然要让渡一部分权利,自发的或委托拥有强制力的国家来保障他们在虚拟社会中的合法利益。平衡网络自由与秩序,就是既要满足人民群众充分利用网络空间进行信息交流、诉求表达、文化传播等权利,也要依法构建充满正能量和良好生态的网络秩序,切实保障广大网民的网络安全以及网络空间中的合法权益。

(三)绝对主权逻辑下的"数字主权"概念

中国强调"数字主权"的概念来实现网络强国战略目标。2015年,中国领导人在第二届世界互联网大会上提出,尊重网络主权是推进全球互联网治理体系变革的一项重要原则。2016年,中国相继颁布了《网络安全法》和《国家网络空间安全战略》,表明了中国在网络空间安全、网络发展问题上的战略立场与主张,细化了网络空间安全治理的具体目标与任务。网络空间主权就意味着,各国有权制定属于自己的网络空间政策法规,自主管理本国网络事务,保障本国虚拟社会数据安全,自主控制网络信息传播,反对所谓的网络霸权主义和双重标准,反对通过网络干涉他国内政,尊重与维护网络空间数字主权。事实上,威斯特伐利亚体系早就从规范层面定义了国家和主权的概念,构成国家的四要素是人民、土地、政府和主权。威斯特伐利亚体系中的主权概念与一定的地理空间相联系,国家对在"疆域内的行为"具有"绝对管理权"。数字主权既是中国主权意识在互联网领域的继承与发展,也是要求各国开展国际间合作和网络空间治理的前提。

网络主权目前在世界上尚无准确定义。在乌镇举办的第六届世界互联网大会上,"网络空间国际规则"分论坛发布了《网络主权:理论与实践》文件,提出"网络主权是国家主权在网络空间的自然延伸,包括独立、平等、管辖和防卫权",各国行使网络主权要遵循"平等、公正、合作、和平、法治"的原则,在相互尊重国家主权的基础上构建公平合理的"网络国际秩序"。这一文件的提出,意味着网络空间将"再度主权化",表明网络自由主义的全面式微。需要注意的是,倡导与实践网络主权,并不意味着封闭或割裂互联网,更不是游离于互联网主流世界之外,而是要在这一基础上构建公正合理的网络空间国际秩序,共同构建网络空间命运共同体。各国应在联合国框架内,本着平等协商、求同存异、互利共赢的基本原则,加强沟通,协调立场,在维护国家网络主权的基础上,制定普遍接受的网络空间国际规则和国家行为准则，凝聚广泛共识，贡献智慧力量，共同构建和平、安全、开放、合作、有序的网络空间。

三、把"枫桥经验"与网络治理相结合

习近平总书记曾就创新群众工作方法作出重要指示，强调把"枫桥经验"坚持好、发展好，把党的群众路线坚持好、贯彻好。所谓"枫桥经验"，就是"发动和依靠群众，坚持矛盾不上交，就地解决。实现捕人少，治安好"。之后，"枫桥经验"得到不断发展，形成了具有鲜明时代特色的"党政动手，依靠群众，预防纠纷，化解矛盾，维护稳定，促进发展"的枫桥新经验，成为新时期把党的群众路线坚持好、贯彻好的典范。正如"社会治理"替代"社会管理"概念，"网络治理"也应逐步替代"网络监管"概念，运用"枫桥经验"，逐步削弱"监督"和"控制"的深层含义表达，这实际上反映的是执政者执政理念和政府职能的转变。为了解决网络虚拟社会中的问题，政府积极在网络空间作为，综合运用技术的、法律的、道德的治理方式来处理问题。在经历过一段时期的网络秩序混乱后，治理者认识到加强互联网空间法律规治和技术治理成为短期内矫正秩序的必要选项。但是，我国网络虚拟社会的治理逻辑还面临多重挑战，表现为：

一是理念上冲击管制主义和集权主义逻辑。在传统现实社会中，国家可以通过精巧的治理术在封闭、静止的物理疆域实现信息垄断和绝对权威。但是网络虚拟社会的特征就是开放、共享，政府权威被降低、解构，并加大了国家垄断网络空间信息资源和话语权的难度。一方面，网民通过网络监督各级政府和国家权力，监督公职人员作风，某种程度上真正实现了宪法所规定的言论自由和监督权。另一方面，在网络技术支持下，网民、专家、媒介在物理分散的前提下实现虚拟聚集，共享知识和信息，冲击了管制主义和集权主义逻辑下的"网民素质低下论"，也客观推动政府职能和作风转变，"防民之口甚于防川"的逻辑被打破。

二是主体上网络社会团体和网民发展壮大。在网络时代，线上线下的社会空间界限愈加模糊，人际关系不再确定。网络社会团体的构成不再基于性别、年龄、职业、地域、学识等指标，而是向共同的爱好、兴趣和价值观发展，有时又基于某个网络热点，形成得快，解散得也快。在现实社会永远不会发生联系的陌生人，却有可能在网络空间是惺惺相惜的挚友。这样一来，传统的基于单位、职业、地域等对民众进行分化、分类的管理逻辑就逐渐失灵，政府介入管理的难度成倍加大。

三是技术方式上不断挑战国家强制和威慑。境外各种势力为干涉、颠覆

他国内政，不断开发新的网络攻击和翻墙工具，在别国互联网空间传播谣言、色情等有害信息。因此，政府也在改进技术治理措施。如积极推进网络实名制，通过技术设置和架构设计具有认证和回溯的功能，控制用户访问和发表言论，监管网络信息发布并加大网络巡查，以此实现对网络环境的净化。此外，国家网络接入管理、媒体管理和内容管理部门，对网民的网络接入、信息发布和利用行为进行严格监控，采取删除信息、屏蔽和封禁等网络强制行为，公安机关在稳定的大前提下对相关违法行为参与者施以罚款、拘留、逮捕等强制措施。

2020年年初，我国武汉爆发新型冠状病毒引起的肺炎疫情，导致数万人感染，上千人死亡。武汉李文亮医生是武汉中心医院的一名医师，他是2019年12月最早预警这场疫情的8名医生之一。回过头看，他的专业性警觉尤其令我们对他产生敬意，他当时发出警报没有立即受到重视，反而被当做造谣者予以训诫。为此，最高人民法院官方微博还特别发文就网络谣言的定性处理表达观点，提示执法机关审慎对待那些没有主观恶意和危害性的网络信息。这件事值得社会尤其是互联网治理者反思，即我们该如何面对大量的互联网信息？怎样在不具备专业知识的情况下科学的鉴别"谣言"？如何在发布权威信息的同时又平息网民愤怒？李文亮医生在发布信息时，就是一个具有专业背景知识的网民（群众），倘若当时能够给予他一定的宽容，这场灾难形势或许不会这么严峻。在疫情防控期间，大量高素质网民赋闲在家，通过各种网络渠道监督政府公共机构运作。与此同时，为避免地方政府的"合谋"欺骗行为，中央政府开通了绕过地方各级党政、直接检具线索问题的网络平台。湖北省、武汉等市的政府机构、红十字会、慈善系统均遭到网民大量质疑，湖北、武汉的党政主官、黄冈卫健委负责人、省市红会负责人因防疫不力被免职，客观上起到了治理效用。

为此，必须要反思当前治网逻辑，朝着相信网民、依靠网民、重视网民参与的方向转变，把网络矛盾化解在小范围内，化解在短时间内，不形成在全国乃至全世界具有影响的重大舆论事件，倾听网民对各类信息的声音，这就是"枫桥经验"在网络治理中的体现。一是要相信人民群众能够善用互联网技术及其资源，始终以人民为中心，以人民的利益为重，不断增强人民群众在网络中的获得感和幸福感，进一步分权和放权，让更多的治理主体成为网络虚拟社会的参与者、建设者，改变集权主义和管制主义逻辑下单方面依靠政府行政力量垄断网络话语权和信息权的局面，从全能全控型的网络治理模式向一核多元的良性治理模式转变。公安机关作为政府组成部门，治网主要主体，当然必须坚决服从命令、执行上级决定，但是在对网络信息鉴别、网民处罚上要慎之又慎，没有主观恶性或恶性不大、只是转发有关信息的，不应当给予实质性处罚，一旦做出相关处理决定，必须是有法可依、事实充分、逻辑严密，坚决不能今天处罚网民、明天因舆论压力大又撤销处罚。二是要重视社会团体、企业及民众的广泛参与，纠正现行治理主体过于行政化的官僚主义倾向，引入部分第三方中间机构发挥监督评价作用，调和官民利益冲突，把握住网络能够让低层级组织和边缘个体获取信息的时代优势，全面降低经济社会运行和协调成本。要学会低下身子征求专家意见，不能一概把负面信息和不利言论当做危害所谓"公共安全"而予以压制，要把互联网的优势和我国的社会制度的优势结合起来，尊重网络参与这一新型民主参与机制，正视民众在互联网上反映的各类合理诉求，健全国家治理体系中的负反馈调节机制，努力实现可持续的、全面的和谐稳定。在武汉疫情防控期间，大量医疗机构、医护人员和市民在网络发布求助信息，与官方的一些表态形成矛盾和冲突，由于绕开了政府渠道，把武汉疫情的真实性和严重性向社会外界透露，给其他地区加强防控提供了参考。三是坚持寻找一种复合治理模式，综合法律的、技术的、道德的治理措施，吸收"多利益攸关方"和"多边主义"的各自优势，在一定时期内通过严刑峻法来处理严峻的网络挑战，但在更长期的未来则要依靠社会、企业、个体自己的力量来建设网络虚拟社会，审慎使用"一刀切"的网络强制手段和运动式治理措施，谨慎做出依靠国家权威和强制力的威慑行为，减少治理层级，将官方的与民间的、个人的与团体的、专业的与业余的意愿和利益均囊括其中，形成利益均衡、权责互担、信息共享的现代网络治理格局。

基层治理者的维稳意识较强，有时不可避免地会因"大局意识"过强而做出某些无法挽回的决策，同时网络监管部门人员力量又较弱，不具备某些高度专业的领域知识，但是完全可以发挥好"枫桥经验"的群众优势，完全可以通过在线的官民互动，寻求到专业领域人员帮助，这样既壮大了自己的力量，避免政府官媒单打独斗，又能够在这种互动中发现真正的"敌人"，找准网络矛盾和冲突的问题之所在，找到妥善的解决之道。

四、网络虚拟社会的多元治理主体及路径

习近平新时代中国特色社会主义思想是当代中国的马克思主义，也是我们目前和今后一段时期管网、治网、用网的根本指导思想。习近平指出，网络空间治理应当以共享共治为原则，推进多主体治理，使国际组织、政府部门、企业、网民等都能有序参与到网络空间治理体系中。在网络虚拟社会治理中，治理本身强调的是网络利益关联方达成共识并共同承担风险责任，突

出参与主体在治理过程中联结成具有紧密内在联系以及整体性特征的运行系统。尽管网络虚拟社会表现出虚拟的特征,但目前推动网络治理的相关主体仍是现实中的各类实体。各治理主体受核心利益、价值观念等影响,存在着交流、对话、合作甚至对抗、博弈等行为,但不同主体都应当承担相应的责任以实现共同的治理目标。在世界范围来看,各类思潮都有所回暖,在部分国家和地区发生了以挑战现行社会体制和秩序为目的的长时间、大规模抗议示威活动,虽未发生大规模流血事件,但强力维稳、消极管控的维稳模式难以从根本上化解社会问题。在中国,党和政府主导的现代化模式使得党和政府在现代化过程中处于关键位置,不可能涤除党和政府的责任而放纵互联网无序生长,需要思考如何避免传统管制方式所引发的普遍反感和对抗情绪,疏解引导网络负面声音,综合运用技术、法律和道德的手段,传递符合社会主义核心价值观的网络文化,实现建设网络强国的伟大战略目标。

(一)政府主导下的多方协同治理主体

网络虚拟社会是一个新兴的社会生态领域,有许多不同与现实社会的特点。我国在现实社会治理中存在着不少问题,如政府追求稳定大于民众的维权诉求,导致社会治理的价值理性迷失,出现了许多治理失误问题;党政机关包揽替代多元协同合作,导致社会治理新格局难以形成;过于强调风险控制,忽视社会层面建设,导致社会治理的路径依赖本末倒置;一些运动式的即兴治理举措多于法律制度规范,导致社会治理体制的法治保障不足等。

互联网最初是排斥国家权威介入的,其诞生之初便被刻上了去政府化的烙印。但是国家和政府正通过法律的、制度的途径,重新确立其在网络虚拟社会的领导权威,这一趋势似乎不可避免。假如从网络是现实的"映射"层面看,"国家—社会—个体"中的后两者已经在网络虚拟社会有了合理存在的依据,那"国家"的参与也是情理之中。在我国,党是所有工作的领导者,是网络治理各项任务的统筹主体,在治理导向、发展战略、宏观规划和重大政策等方面发挥顶层设计作用。网络虚拟社会的良性建设、和谐发展必须符合党和国家的根本意志,各政府主管部门、社会团体和公众都要在党和政府的领导下开展虚拟社会生产生活,确保网络空间治理的正确方向以及切实增强领导保障能力。

(二)互联网企业要担负起更多的社会责任

互联网的出现改变了传统商业经济模式,互联网企业的蓬勃发展带来了巨大经济效益和社会效益。在全国消费升级的大背景下,电子商务成为协调供给侧结构性改革的有效模式。2018 年 1 至 5 月,我国电子商务平台收入

1164亿元，同比增长39.1%。2018年上半年，全国网上零售额达4.08万亿元，同比增长30.1%。网络虚拟社会的兴起，使具有优势的优质商品通过电商途径销售，促进线下消费转移至线上。在线上，网络虚拟社会消费结构从生活消费拓展为在线医疗、在线交通、在线教育等，极大便利了人民生活。伴随着电子商务的发展，中国企业建设了世界领先的物流运输产业链，满足消费者对即时性需求和部分零售产品的实地配送需求。互联网还极大振兴了乡村经济，大量农产品在线上销售，提升了农村经济活力，提高了农民收入水平。互联网还拉动了广大城乡地区的消费，推动基本公共服务和民生服务下沉，拓宽了各地区民众虚拟社交的渠道。除此之外，我国在基础资源、5G通信、量子技术、人工智能、云计算、大数据、区块链、虚拟现实、物联网标识、超级计算等领域发展势头向好，部分领域处于世界领先水平。在武汉战"疫"中，互联网科技企业发挥了重要作用，做出了疫情实时数据分析平台，还依托大数据提供了附近确诊病例的位置范围，是履行其社会责任的一次生动展现。

从治理的角度看，互联网企业要进一步加大科技创新力度，提升网络空间治理的科技保障水平，合理的收集、存储、使用用户数据，确保"虚拟公民"的各类隐私数据安全可靠。在产品投放推送上，互联网企业要避免过度的商业逐利化，要传递更多符合社会主义核心价值观的信息。此外，互联网企业要加入网络强国战略之中，做大做强数字经济，提升运用"互联网+"思维和大数据战略服务社会治理的能力。坚持经济效益与社会效益并重，承担起相应的法律、道德、社会责任，确保自身各类网络产品及平台的运行规范化，配合国家机关打击借助互联网科技平台实施的谣言、色情传播、诈骗等违法犯罪行为，保障网络安全和运行秩序。

（三）建立更加广泛的网络民主参与机制

网络虚拟社会的治理离不开社会各界、团体和网民的参与。我国长期以来受计划行政体制影响，公民个体参与政治生活的意愿、程度和范围都较低，以往包办一切的"单位制"就解决了大部分人生老病死的全部所需。改革开放极大解放了思想，激发了社会创新活力，网络的兴起更是调动起广大人民群众参政议政的热情。"网络参政"就是"网络政治参与"的简称，网络参政作为现实社会的政治参与在虚拟空间的延伸，是指"发生在网络空间，目标指向现实社会政治体系，并以网络为载体和途径参与社会政治生活的一切行为，特指利用互联网进行网络选举、网络对话和讨论、与政党及政界人士和政府进行政治接触以及网络动员等一系列政治参与活动"。研究表明，网络参政的主体包括网民参与和网络共同体参与，良性的网络参与有利于推动网民与政府之间的正向互动，实现网络虚拟社会治理的多主体协同，但恶性的参与则会降低党政部门与网民间的信任度，引发网络群体性事件，甚至反噬现实社会，造成社会秩序动荡。

政府不再是网络虚拟社会主导一切的唯一力量，在信息获取越来越便利的网络世界，通过掌控舆论渠道的方式管控网络越来越难以为继。如前所述，政府管制的惯性和网络自由的属性存在天然冲突，应避免在网络虚拟社会治理过程中施用过多的行政干预手段而引发网民反感。本研究认为，未来聪明的网络治理者应该"隐藏"在网络治理体系幕后，把大量事务性和技术性的治理任务交由社会组织和网民团体，自身则在确保政治安全的前提下转而肩负起保障网络空间的物理安全、信息安全、文化安全的重任，从宏观层次上保证网络虚拟社会有序，这既是对社会主义民主的创新和弘扬，也有助于培育积极健康、主动自发的理性网络生态文化。

（四）加强网络虚拟社会的国际对话与合作

习近平总书记多次呼吁国际社会开展双边、多边的互联网国际交流合作，共同推动互联网全球治理体系变革，共同构建惠及全人类的网络空间命运共同体。目前国际间网络虚拟社会治理机制之所以难以达成共识，是因为还存在"多利益攸关方"和"多边主义"之争。西方发达国家多主张前者，是因为国家、企业、跨政府组织和民间团体是网络各类利益攸关者，绝大多数的基础设施是由私营企业掌握。"多利益攸关方"的极致就是拒绝一切权威向网络空间的渗透。与之相对应的"多边主义"认为，网络治理仍依赖于以政府为主导的多边机构，政府仍然处于网络虚拟社会的顶端。2012 国际电信大会（WCIT）上新版的"国际电信规则"就附有"所有政府应对国际互联网治理拥有平等作用和责任"，这一条款遭到美英等国抵制。

对于广大发展中国家来说，发达国家在网络空间起步早、技术强，拥有更多的信息资源，在治理理念、治理技术、治理工具上都远远强于发展中国家。发展中国家多数强调"多边主义"是为自己争取在网络空间话语权，是为对抗可能出现的网络霸权主义和单边主义。主张"多利益攸关方"理念，实际是把网络空间治理主动权交给了资本企业，边缘化了"无形之手"的作用，具有一定的风险，对于弥合"数字鸿沟"和减缓网络分层趋势的作用不大，只有对话合作才是建立国际网络虚拟社会治理机制的正确选项。

新时代"枫桥经验"对营造共建共治共享社会治理新格局的实践与思考

郑 阳* 王 艳**

摘 要："枫桥经验"是全国政法综治战线的一面旗帜，是对基层治理、群众工作的经验总结。本文结合浙江省诸暨市枫桥镇、湖州市、嘉兴市多个地市公安机关坚持和发展新时代"枫桥经验"的典型做法，从坚持党政领导、践行群众路线、推进智慧公安建设、创新社会治理、建设过硬警队等方面，对中山公安机关坚持和发展新时代"枫桥经验"、营造共建共治共享社会治理新格局提出对策建议。

关键词："枫桥经验" 社会治理 启示思考

"枫桥经验"产生于20世纪60年代，来源于浙江，来源于公安，是对基层治理、对群众工作的经验总结。新时代下，浙江省公安机关坚持以人民为中心，践行群众工作路线，不断坚持和发展新时代"枫桥经验"，不断创新和推广新时代"枫桥经验"，为社会治理注入了新元素、新方法，这对加强新时代中山公安工作、提升社会治理能力现代化水平具有重要的启示和借鉴意义。

一、新时代"枫桥经验"的可鉴经验

（一）新时代"枫桥经验"

1. "枫桥经验"的提出。20世纪60年代初，浙江省枫桥镇干部在对"四类分子"进行教育改造过程中，通过"发动和依靠群众，坚持矛盾不上

---

* 郑阳，现就职于广东省中山市公安局。
** 王艳，现就职于广东省中山市公安局。

交,就地解决。实现捕人少,治安好","枫桥经验"自此诞生。1963年毛泽东同志曾亲笔批示"要各地仿效,经过试点,推广去做",由此,"枫桥经验"得以典型推广。

2. 新时代"枫桥经验"。毛泽东思想诞生了"枫桥经验",习近平新时代中国特色社会主义思想孕育了新时代"枫桥经验"。习近平总书记曾指示强调"把'枫桥经验'坚持好、发展好,把党的群众路线坚持好、贯彻好",由此,"枫桥经验"得以创新和发展。新时代"枫桥经验"坚持以党建为引领,以人民为中心,将自治、法治和德治相结合,走群众路线,致力于打造共建共治共享的社会治理格局,是中央高度认可、社会效果好、群众满意度高参与性强的社会治理模式,是习近平新时代中国特色社会主义思想的有机组成部分,是新时代中国特色社会主义的重大成果。

(二)新时代"枫桥经验"的可鉴经验

1. 坚持矛盾纠纷化解,创新基层警务模式。在推进基层矛盾化解、破解多元化纠纷困局中,浙江省公安机关积极创新警务模式,不断提升矛盾纠纷的处置效率。一是打造新时代公安工作样板——越警管家。民警以"管家"的角色带动群众开展自我管理、日常走访、巡逻守护、警民恳谈等活动,大大提高了社区见警率和矛盾调处的针对性。如,枫桥镇的镇南警务工作站,即是"越警管家"警务模式创新的发源地又是管家式警务工作的标杆,秉承"忠诚、专注、贴心"的管家服务理念,紧盯群众所想、群众所需、群众所盼,真正做到"多元化化解矛盾、全时空守护平安、零距离服务群众"。二是强化源头调解,预警在先、化解在早、处置在小。在熟悉掌握当地人情、社情的基础上,发挥人缘、地缘优势,第一时间排查梳理和妥善处理各类矛盾纠纷。如,枫桥派出所实行"一村一协警"的驻村协警制,选用一些当过村委干部、治保主任等职务,在群众中有公信力、处事客观公正的村警,来加强社区民警和群众的联系。村警作为社区民警的辅助力量,及时将公安政策、法律法规等传达给群众,同时将本村治安信息反馈给社区民警,使社区民警能够及时开展化解矛盾、排除隐患、上门服务等工作,以实现"小事不出村"。三是强化专业调解,提升矛盾纠纷化解水平。建立专业的矛盾纠纷调解平台,如"枫桥镇调解志愿者联合会"、"枫桥老杨调解中心",通过配备调解员和调解车等,以下村调解、上门调解、异地调解等多种形式,实现矛盾纠纷一线化解,还培养了一批优秀的人民调解员,注重典型带路、以旧带新,充实基层调解力量。四是强化多元调解,齐抓共管、化解矛盾。如,枫桥镇依托村委、妇联等现有的组织路径,充分调动各行各业的人力资源,集结当地的乡贤文化名人、医院医护人员、职工骨干等各类精英,建立"枫桥镇心理关爱协会"、"枫桥镇应急志愿者协会"、"枫桥镇消防志愿者协会"等预防化解风险。再如，嘉兴织南派出所的4+N警调对接项目，不仅建立起公安、劳动保障、综治信访、联调律师常态驻点，还号召各类社会力量（平安大姐、商企卫队、金融卫队、商会组织、护校卫队等）积极参与，提供矛盾纠纷调解"一站式"服务。

2. 坚持群防群治，凝聚社会治理力量。从枫桥镇的"红枫义警"到北京的"朝阳群众"，平安类社会组织遍布全国，成为各地亮丽的名片，在公安机关的引领下，充分发挥贴近群众的优势，将维护社会稳定和提升公共服务水平的触角延伸到各个角落。浙江省公安机关以民意需求为导向，充分整合发挥各方社会力量，开展"民力无限"的群防群治工作，共筑平安新模式。一是打造新时代群防队伍，强化警民共治。如，"红枫义警"是一支在派出所民警带动下，由辖区群众自发成立的平安公益类社会组织，秉持"崇法尚义、积安向善"宗旨，积极参与治安巡逻、矛盾化解、法治宣传、爱心救助等活动，真正实现群众参与、群众评判、群众共享。除"红枫义警"外，诸暨全市的平安类社会组织还成立了诸暨市义警总会，实现群防力量的大整合大配置。二是打造新时代警务新战略，创建网格化治理。如，诸暨市建立以镇村（社区）干部为网格长、社区民警为网格警长、专职辅警为网格治安员、网格员和网格志愿者的"五位一体"工作体系，做好情报信息收集等基础性工作，提升基层社会自治能力。"马长林群众工作法"就是其中的典型代表，社区民警马长林将社区纳入网格化管理，开展入户大走访、大宣传活动，还挂牌成立教研室、组建教学团队，手把手教授基层民警组织发动群众能力，推广应用到全市社区警务工作中去。三是群防群治，根本在防。如，湖州市开展"家园卫士"平安创建工程，在全市公安机关发动民警、协辅警到原籍地、现住地派出所报到，利用下班时间或双休日假期，在社区领办任务组织发动平安志愿者参与群防群治，及时对违法犯罪等社会治安问题进行多角度、全方位、多环节的防治，大大提升了社会安全防范密度。

3. 坚持智慧警务，提升智能化防控水平。互联网影响着社会生活的方方面面，切实改变着人们的生产和生活方式。为顺应移动互联网新时代新需要，浙江省公安机关主动拥抱新技术，积极创新"互联网+社会治理"，推动大数据、"智安小区"、精确警务等工程，不断提高基层社会治理的预见性、精准性、高效性。一是实施大数据战略，推动现代科技手段与精确警务深度融合。如，湖州市局以"防为主、防为上"为工作方针，以信息化引领精确警务，推进社会治安防控网、机关企事业单位内部安全防控网、重点行业和重点人员治安防控网等"六张网"建设，实现精确预警、精确打击、精确防范、精确处置等"六个精确"。二是整合警务资源，推动合成作战。如，嘉兴市以情指联勤中心改造为抓手，配置可视化指挥、图墙、三维地图等模块，整合接处警终端、双域警务通等警务资源，以海量大数据作支撑，点对点、可视化指挥调度，实现智能比对、重点人员管控、智能化警情研判等模块功能一体运作，实现联勤联动、快速反应，确保平安不出事。三是强化科技应用，打造智慧社区。围绕社会治理过程中的管理痛点、难点，开发建设"智安小区"。如，嘉兴市嘉善县打造"丰泽四洲e安小区"，充分利用大数据、物联网等信息化手段，通过人脸识别、车牌识别、智能报警等智能防控八大模块，为小区防范化解提供数据支撑，实现小区总体警情大幅度下降。

4. **坚持以人民为中心，深化服务便民改革。**浙江省公安机关坚持以人民为中心，将"最多跑一次"改革作为深化机关作风的抓手，牢固树立机关服务基层的理念，强化机关部门的责任意识、主动意识和服务意识，以内改提升促进公安工作提升。一是优化资源配置，提供一体化便捷服务。以"减层级、减事项、减材料、减环节"为抓手，依法削减和清理各类办事证明，依托"一网通"服务平台，打通群众办事的数据壁垒，实现"一证通办"和"全市通办"。如，诸暨市深化"最多跑一次"改革，全面提档升级镇村两级便民服务中心，全面推行整村代办计划，构建纵向到底的三级便民服务网络。积极推行各项便民举措，群众凭一张身份证即可办理事项三百余个，不出村即可办理涉民事项八十余项，让群众在家门口享受省时、省事、省心的便捷服务，实现数据多跑路、群众少跑腿。二是优化政府职能，提供线上线下共享服务。不断厘清政府与市场、社会、企业的边界，利用信息化技术、公开公示等手段，再造政府办事流程，倒逼公正办事、高效办事、诚信办事，引导转变"办事必上门"的习惯，实现办事大厅不再拥挤。如，开通"越警管家"线上平台，群众可进行线上预约、咨询、办事、查询、监督和参与社会治理。三是优化服务质量，提供暖心便民服务。开展知民情、晓民意活动，通过平台、电话回访，微信微博专题宣传等动态掌握群众意见建议，提供个性化人性化服务。如，建立"越警管家民意感知中心"，在群众办结各类公安业务时会收到评价短信，对不满意件，落实专业的访评员和督办员队伍，回访、跟踪整改、督办反馈。此外，还创新发布办事事项指南，设置老幼孕绿色通道、提供多种便捷的办事付费方式等，大幅提升了群众的满意度和获得感。

5. **坚持党建引领，营造警营文化氛围。**浙江省公安机关将党建工作作为发展"枫桥经验"的重要内容，作为基层社会治理的牛鼻子，积极打造一支以公安机关为主力、具有强大活力的社会治理队伍，更有效地投入到社会治理中。一是加强党建引领，不断激发基层党组织活力。把党的基层组织作为创新社会治理的"主心骨"，深入实施"党建+网格化管理、流动人口管理服务、阵地建设、乡村振兴等内容"，如，枫桥镇打造的"红枫党建"小程序，设置党建要闻、党建故事、在线考试、党费缴纳等模块，成为传递党建资讯、传播党员正能量、焕发基层党组织活力的新平台。如，枫桥镇陈家村流动人口服务站，创新流动人口管理模式，通过多元化激活闲置农房，为外来人口提供良好的居住场所，并配备专门的网格管理员，既实现村集体经济增收，又解决了外来人口的安置和安全管理问题。如，马长林社区把党支部建在社区网格中，积极吸纳网格内分布在各行各业的党员，充分发挥基层党组织在网格化管理中的核心作用，充分发挥党员干部在网格管理服务中的先锋作用，改变公安孤军奋战的工作局面，全方位协调整合和反馈社会治理工作。二是加强精神传承，不断推进参观展馆、示范点建设。为延续和发展新时代枫桥精神，着力打造了"枫桥经验"公安史迹馆、安防体验馆、"红枫义警"工作站等传承型、示范型、开放互动型展馆，还制作了一首脍炙人口的宣传歌曲《爱满枫桥》，伴随着"爱满枫桥，花开幸福千年守候，平安岁月伴你永久。爱满枫桥，和美家园，有你更锦绣"的歌声，让诸暨枫桥传至四方，让"枫桥经验"随风飞扬。三是丰富警营文化，创新宣传活动载体。警营文化是队伍建设的重要组成部分，在公共场所和服务窗口设置宣传栏和文化墙，通过张贴工作理念、宣传标语等，图文并茂地展示荣誉风采，激发为人民服务的活力和热情，此外，依托"枫桥经验"衍生了各种带动工作激发热情的特色口号，如"小事不出村，大事不出镇，矛盾不上交"、"用我们的百倍努力、赢得群众的十分满意"等，各地区敢为人先、争先创优，在全省公安机关形成了你追我赶的浓厚氛围。

二、中山公安秉承发扬新时代"枫桥经验"的实践做法

中山曾连续6届24年获评全国社会治安综合治理优秀地市、4次捧得"长安杯"。新时代，中山公安机关充分借鉴浙江省公安机关的经验做法，坚持和发展新时代"枫桥经验"，不断创新社会治理模式，全面推进市域社会治理现代化，打造中型城市社会治理"中山模式"。

1. 加强党的领导，创建基层党建工作品牌。党政军民学、东西南北中，党是领导一切的。坚持和发展好"枫桥经验"，就要把党的领导作为根本保证，把加强基层党的建设、巩固党的执政基础作为贯穿社会治理和基层建设的一条红线，坚持和发展"党的领导"并落脚到公安机关，就是做到"对党忠诚"。全市公安机关始终牢牢把握"公安姓党"的根本政治属性，牢固树立

"四个意识",坚定"四个自信",做到"两个维护",紧密结合公安机关担负的职责任务,扎实扎好各项重点任务的推进,充分发挥党政领导在现代基层社会治理中的掌舵作用,加强党建规范化建设,深化"平安中山 智慧先锋"等党建工作品牌创建,充分发挥基层先锋模范作用,不断凝聚基层党组织战斗力,努力形成共建共治共享的现代社会治理新格局。

2. 发动群防群治,构建新时代和谐警民关系。基层社会治理的主体就是群众,"枫桥经验"依靠群众就地化解矛盾,依靠群众维护平安稳定,实质就是贯彻落实党的群众路线,让广大群众成为基层社会治理的最大受益者、最广参与者、最终评判者。中山公安充分发挥"派出所国保工作室"、"村居平安书记"的基石作用,选调了326名政治可靠、素质高、能力强、资质深的民警兼任全市279个基层村居"平安书记",为掌握社情、维护治安、化解矛盾等发挥了重要作用。实施领导包接访、包下访、包结访"三包"制度,对一些长期难以解决的历史积案,由党委、政府牵头,相关职能部门参与,综合运用政策劝解、经济补偿、社会救助、法律诉讼等多种手段,确保停访息诉。深化便民服务改革,打通服务群众"最后一公里",推广24小时自助办证服务和平安中山便民APP平台,整合所有便民服务全部对接到"粤省事"微信公众号,实现行政审批服务"马上办"、"网上办"、"自助办"、"就近办"、"一次办"。积极开展"新时代、新担当、新作为"、"警民心连心"、"万警进万家"等活动,着力构建和谐警民关系。

3. 建设智慧公安,完善智能化社会治安治理体系。2016年年底以来,中山市公安局创新提出"智慧公安"、"五智五精"建设思路,制定了"一年起步、两年加速、三年成型"的实施路径,智慧公安建设还荣获了"2018年度中国十大社会治理创新"奖。近年来,先后引入华为、海康威视、公安部三所、北京大学等13家世界名企、高等院校和科研机构,建成了警企联创中心、警务云平台、大数据中心等一批基础项目,率先全省全国在污水验毒、人脸识别系统、摩托车智能防控、5G警务实战应用等领域开展警务技术联合创新应用,"污水验毒"被国际学术权威期刊《Nature》报道。大力推进社会治安视频监控系统、雪亮工程、治安卡口、动态人脸识别系统、摩托车智能防控系统、智慧技防小区等建设,不断完善"三环一点"立体化智能感知网。实践证明,以大数据为基础的警务新模式,实现了警务运行机制和组织架构的深刻变革,构建了现代化社会治安防控体系,破解了传统社会治理过程中的种种难题和层层被动的工作局面,大大提升了公安工作的智能化、精准化、实战化水平,为新时代"枫桥经验"提供了强有力的支撑。

4. 创新治理方式,抓好社会基层基础建设。2019年12月,郭声琨同志在全国市域社会治理现代化工作会议上强调,"以开展市域社会治理现代化试点为抓手,探索具有中国特色、市域特点、时代特征的社会治理新模式"。市域社会治理做得怎么样,事关人民安居乐业、事关社会安定有序、事关国家长治久安。近年来,我市实施了交通畅行、智慧安防进校园等民生实事,"互联网+智慧交通"大数据直接调控交通信号灯使城市拥堵指数从第43位下降至第88位。大力推进网格化治安巡逻防控,夯实基层基础,充分发挥社区网格作用,搭建"市-镇-村"三级架构,把全市24个镇区大网格划分为社区中网格,再到综治小网格进行全面实体化运作。大力开展四标四实基础信息采集,全面摸清了全市房屋、地址、人口、单位等底数,为"数字政府"提供坚实的数据基础,激发了基层社会治理新动能。深入推进"枫桥式"派出所创建,结合"强基工程"、"精准脱困"等工作,全面培育了一批示范公安派出所、标杆警务室和工作成效突出的社区民警,切实履行维护辖区安定,守护一方平安的职责任务,为新时代"枫桥经验"注入新的活力。

5. 推进智管强警,打造队伍管理监督新模式。公安机关是社会治理的主力军,也是"枫桥经验"的主要践行者。中山是典型的市直管镇区的地级市,公安机关长期存在一镇区一分局多机构现象,全市有24个镇区公安分局,麻雀虽小,五脏俱全,但长远来看,队伍庞大,难免存在相关问题风险。在发展"枫桥经验"中,全市公安机关坚持不懈地用习近平新时代中国特色社会主义思想武装头脑,深入学习贯彻习近平总书记重要讲话精神,全面加强党内政治生活,持续推进"两学一做"常态化,驰而不息整顿纠治"四风"突出问题,创新打造了集纪检、党廉、督察、审计、信访、舆情"六位一体"的"智管强警"队伍管理模式,健全完善民警入警、立功受奖、特定年限、退休等公安荣誉仪式制度,切实增强民警的职业认同感、荣誉感和归属感。通过轮岗交流、优秀人才干部提拔等系列措施,着力打造一支信念坚、政治强、本领高、作风硬的新时代公安铁军,为"枫桥经验"延续传承提供重要保障。

三、新时代"枫桥经验"对基层社会治理的启示思考

2018年3月,习近平总书记在参加广东代表团审议时要求广东在四个方面走在全国前列,其中之一是要在营造共建共治共享社会治理格局上走在全国前列。2018年10月,习近平总书记视察广东时强调,要全面推进法治建设,提高社会治理智能化、科学化、精准化水平。2019年10月,党的十九届四中全会指出,必须加强和创新社会治理,完善党委领导、政府负责、民主协商、社会协同、公众参与、法治保障、科技支撑的社会治理体系,建设人

人有责、人人尽责、人人享有的社会治理共同体。同时，强调加快推进市域社会治理现代化。坚持和发展新时代"枫桥经验"，是贯彻落实习近平总书记关于加强和创新社会治理精神的重要举措，有利于加强和巩固党的领导，有利于打造更加完善的社会治理体系，有利于营造共建共治共享的社会治理新格局。

1. 坚持党政领导，营造共建共治共享社会治理格局。要积极推动健全"党政领导、部门联动、社会协同、公众参与"的社会治理体制，凝聚起社会治理的强大合力，营造共建共治共享社会治理格局。一是突出党政主导。各级党委、政府要发挥总揽全局、协调各方的领导核心作用，制定出台坚持和发展新时代"枫桥经验"、创新社会治理的意见和方案，成立专门领导工作小组，统筹政府部门、社会组织、人民群众等各方主体共同推进社会治理。二是突出部门联动。政法部门要统筹指导检察院、法院、公安机关等各政法机关和社区、村委、经联社等基层单位推进社会治理工作，建立联席会议制度，定期召开会议研究部署工作。要完善联合治理、联合执法机制，对涉及不同职能部门职责权限的具体事项，坚持由主责部门牵头，相关部门参与，形成齐抓共管的强大合力。三是突出社会共治。要在坚持党委领导、政府负责的前提下，鼓励和引导企事业单位、社会组织、人民群众积极参与社会治理，增强社会力量参与社会治理的能力和活力。要依法保障人民群众在社会治理事务中实现自我管理、自我服务、自我教育、自我监督，努力形成社会治理人人参与、人人尽责的良好局面。四是突出公安主力。公安机关是发挥社会治理中的主力军、生力军和先锋队，要把坚持和发展新时代"枫桥经验"作为重要内容，与矛盾化解、治安防控、打击犯罪、群众工作等公安工作有机融合在一起，不断提高公安机关维护稳定、平安建设、服务管理的能力和水平，全面提升社会治理智能化、科学化、精准化水平。

2. 坚持群众路线，激发基层社会治理动力。无论时代如何变化，以人民为中心的根本立场不会变，满足人民群众对美好生活的需求不会变，要始终坚持以人民为中心，践行"一切依靠群众、一切为了群众"的群众路线，以人民群众满意为根本标准，强化矛盾纠纷化解、社区警务和服务便民，努力构建新时代和谐警民关系。一是源头化解社会矛盾。深入排查、全面收集掌握基层社会矛盾纠纷和不稳定因素，强化源头防范预警。建立多元调解机制，政法、公安、信访、律师及相关职能部门共同调处化解矛盾纠纷，确保小事不出村、大事不出镇，将矛盾纠纷化解在萌芽状态。二是强化社区警务建设。群众路线能否在基层落实落地，关键在于社区警务。加强社区治理体系建设，推动社会治理中心下移，夯实基层社会治理基石。社区民警要充分发挥基础信息员、组织员、治安员等作用，积极与社区群众打成一片，发动社区和社会组织力量，依托社区警务信息系统，加强社区治安防控管理，提高社区服务能力，形成更为紧密的警民共同体。三是推进服务便民改革。要深化"放管服"改革，借鉴浙江"最多跑一次"改革，推动简政放权、服务便民组织开展警民系列活动，以群众看得见、摸得着、感受得到的实际行动回应群众的新期待新需求。四是深化开展"枫桥式公安派出所"创建活动。全面开展创建"枫桥式公安派出所"活动，是公安部党委坚决贯彻落实习近平总书记重要指示和全国公安工作会议精神的重要部署，对于化解风险隐患、加强基层基础、密切警民关系、巩固基层政权具有重要意义，通过发挥优势、打造样板，切实发挥公安派出所维护一方稳定、保卫一方平安的基石作用。

3. 坚持科技引领，提升基层社会治理效能。以习近平同志为核心的党中央高度重视科技信息化和大数据建设，要积极顺应大数据、云计算、互联网、人工智能等现代信息技术发展趋势，加快推动公安大数据和警务云平台建设，整合共享各类社会管理数据，不断提升社会治安治理智能化水平。一是构建智能化预测预警体系。要针对社会治理领域，充分应用"大数据"等新技术新手段，探索建立社会治理预测预警预防数据中心和运行平台，全面提高动态化信息化条件下对公共安全风险和社会治安管理的预测预警预防能力。二是构建智能化治安防控体系。广泛应用治安视频、电子围栏、警用Wi-Fi、人像识别、射频识别、无人机等科技感知手段，依托智能感知网建设，对"人屋车场网"等要素敏锐感知、深度研判、智能预警，提高社会治安风险感知和动态管控能力。三是构建智能化打击犯罪体系。大力推进合成作战中心建设，建设合成作战线索共享平台和类案系统，研发案件分析预警和研判串并模型，构建合成作战中心对基层公安分局、一点对多点的直通互联合成作战模式。依托线索共享平台和公安大数据库，深度挖掘违法犯罪信息，构建以数据为关键要素的数字侦查打击模式，实现传统"由案到人"的侦查机制向"数据到人、由人到案"的侦查新机制转变，精确高效打击各类违法犯罪。

4. 坚持创新发展，赋予基层社会治理活力。50多年来"枫桥经验"之所以依旧保持着旺盛的生命力和活力，秘诀就在于创新，要不断创新社会治理方式方法，动员和凝聚最广泛的社会力量，形成新型社会治理模式。一是创新群众自治。进一步完善全民参与机制，发动组织各行各业特别是保安员、环卫工、外卖小哥、快递员等社会力量，打造一批群众参与基层治理的时代品牌。大力培育发展行业协会商会类、公益慈善类、城乡社区服务类等社会组织，从单纯的资金支持转向资金扶持、资源链接、能力培训、交流宣传等多样化支持，推动社会组织参与社会治理。积极探索以政府采购、定向委托等方式向社会组织购买服务，以推动社会组织在基层治理中发挥实质作用。二是创新网格管理。继续深化网格化治理，高标准推进"中心+网格化+信息化"工作，整合综治网格和其他专业网格服务管理项目，配备网格长和网格信息员，建设网格社会治理服务综合信息平台，构建"全科网格"，实现一个网格管到底，推动基层网格治理。公安机关要加强与基层网格的协作，全面掌控网格内人、地、物、事、情、组织等信息，提升基层社会治安的掌控力和治理力。三是创新依法治理。要坚持不懈狠抓公安执法规范化建设，全面落实受案立案制度改革和刑事案件"两统一"机制，推动执法视音频联网平台建设，加快执法办案场所和案管中心系统的更新换代，不断完善取保候审、打击黄赌毒、酒驾办理等各项执法管理制度，切实维护社会公平正义。深入探索律师调解工作，推动律师参与公安涉法涉诉信访事项化解工作的常态化、制度化，并让法院、检察院的专业力量提前介入，促进矛盾纠纷的依法化解。四是创新信息采集。要主动打破社会治理过程中情况不明、底数不清的局面，补齐基础信息短板。要确保采集数据全面、准确、鲜活、立体，确保采集队伍管理有序，确保采集措施有力，进而提升城市精细化管理水平。

5. 坚持政治建警，打造忠诚为民担当公安队伍。要坚持把政治建警摆在首位，全面贯彻新时代党的建设总要求，毫不动摇地坚持全面从严治党治警，努力打造一支忠诚干净担当、党和人民满意的过硬公安队伍。一是深化政治建设。始终坚持将政治建设摆在公安工作的首位，严格落实各级公安机关管党治警主体责任，推动全面从严治党、全面从严治警向纵深发展。要大力深化群众路线教育，树立全心全意为人民服务的宗旨意识，打造为民务实清廉的公安队伍。二是深化能力建设。要着力提高民警新形势下群众工作的能力，不断创新群众工作方式方法，着力提高民警执法规范化的能力，不断提升广大民警运用法治思维、法治方式维护稳定、管控治安、服务群众的能力水平。要着力提高民警信息化应用的能力，提升社会治理智能化水平和治理效能。三是深化文化建设。加快推进公安文化展厅、公安文化活动中心、警史陈列馆、文化长廊、文化驿站等场馆设施建设，夯实公安文化基础。加强公安典型选树，推出一批扎根基层的爱民模范典型，树立人民警察在人民群众中的良好形象。

新时代"枫桥经验"对基层社会治理的启示

李 宁[*]

摘 要：新时代"枫桥经验"的核心要义是为了群众、依靠群众，精髓是坚持自治、法治、德治相结合。新时代"枫桥经验"之所以充满生机和活力，就在于把党的领导落实到基层，同时充分发挥人民群众在基层社会治理中的积极性、主动性和创造性。在基层社会治理中坚持和发展新时代"枫桥经验"，就是要在尊重人民群众主体地位的同时，坚持党建引领、多元共治、"三治融合"、综合治理。在坚持源头治理与事中、事后调解相结合的同时，坚持构建"互联网+"智能化社会治理新模式，不断提升基层社会治理质效。

关键词：新时代"枫桥经验"　基层社会治理　多元共治　"三治融合"

基层社会治理是国家治理的重要方面，良好的基层社会治理是社会和谐稳定、人民安居乐业的前提和保障。基层社会治理，既指国家对基层社会的治理，也指基层社会依靠自身的力量，以参与、决策、决定、监督等形式协商共治。在中国特色社会主义建设新时代，"我们要打赢防范化解重大风险攻坚战，必须坚持和完善中国特色社会主义制度、推进国家治理体系和治理能力现代化，运用制度威力应对风险挑战的冲击"。通过回顾"枫桥经验"不断丰富和发展的历史进程，在准确把握"枫桥经验"核心要义与精髓的基础上，从提升国家治理体系和治理能力现代化水平的战略高度坚持和发展新时代"枫桥经验"，就是要为提升城乡基层社会治理质效，为不断迈向"中国之治"的更高境界探寻有效路径。

---

[*] 李宁，北京警察学院警务管理研究所所长，公安管理系副教授，法学博士。

一、历久弥新的"枫桥经验"

1963年6月,中共浙江省委会同宁波地委抽调省地县三级干部和一批大学生组成工作队,到诸暨县枫桥区7个公社进行社会主义教育运动的试点工作。根据调查,7个公社的6.5万人口中有"四类分子"911名。其中有比较严重违法行为的163名,占总数的17.9%。这些"四类分子"主要是在国家遇到暂时困难时制造战争谣言,妄想变天,准备迎接蒋介石"反攻"大陆。更多的是腐蚀拉拢个别基层干部。在敌情未揭露以前,很多干部群众把敌我矛盾当作人民内部矛盾。在揭露了敌情之后,又夸大敌情,要求多斗、多捕。一部分基层干部和群众积极分子提出要对"四类分子"进行"武斗(即打骂体罚)一遍,逮捕一批",认为"这些人不法办,公安局的监狱就白造了"。然而,工作队根据《中央关于依靠群众力量,加强人民民主专政,把绝大多数地、富、反、坏分子改造成为新人的指示》,以及除了行凶、报复、抢劫、杀人、放毒这类民愤很大的现行犯必须立即逮捕法办以外,对于有破坏活动的"四类分子",基本上采取"一个不杀,大部(百分之九十五以上)不捉"的方针。通过发动群众对"四类分子"进行面对面的评审和说理斗争,坚持摆事实、讲道理、不打不骂,并且允许申辩,不仅使群众受到深刻教育,也将严重破坏活动的"四类分子"改造成为参加集体生产劳动和基本守法的新人。1963年10月,毛泽东主席在听取公安部关于枫桥区在社会主义教育运动中制服"四类分子"的情况汇报时,非常赞赏,认为这就叫"矛盾不上交,就地解决",并且指示要好好总结枫桥的经验。

1963年11月22日,毛泽东主席在同当时的公安部副部长汪东兴谈话时指出,从诸暨的经验看,群众起来之后,做的并不比你们差,并不比你们弱,你们不要忘记动员群众。群众工作做好了,可以减少反革命案件,减少刑事犯罪案件。1964年1月,中共中央向各地转发了由浙江省委总结的"枫桥经验",即"发动和依靠群众,坚持矛盾不上交,就地解决,实现捕人少、治安好"。此后,枫桥派出所在中共枫桥区委和诸暨县公安局的双重领导下,带领治保积极分子,运用改造"四类分子"的经验,就地改造流窜犯,为培育、发展"枫桥经验"夯实了基础。"文化大革命"期间,"枫桥经验"一度被批判,枫桥派出所的全体干警也被扫地出门。直到1971年春中共中央重新肯定"枫桥经验",枫桥派出所也于同年9月重建。

改革开放以后,面对新的社会治安形势,枫桥仍然坚持依靠群众预防化解矛盾,依靠群众维护社会治安,并提出了综合治理社会治安的理念,在全国首创综治办,实行政府主导和群众主体相结合。1991年,在总结改革开放以后我国社会治安综合治理基本经验的基础上，中共中央作出《关于加强社会治安综合治理的决定》，明确提出各级党委和政府要结合实际情况，把推广典型经验和重点治理结合起来，使全国的社会治安综合治理工作向前大大推进一步。1996年，枫桥的干部群众创新发展"枫桥经验"，探索出预防化解矛盾"四前"工作法，即"组织建设走在工作前、预测工作走在预防前、预防工作走在调解前、调解工作走在激化前"，实现了社会稳定，促进了经济发展。1998年10月，浙江省委联合调研组在枫桥蹲点调研，总结了"小事不出村、大事不出镇、矛盾不上交"的预防化解矛盾工作经验，成为维护社会稳定的一个典范。2001年9月，中共中央、国务院《关于进一步加强社会治安综合治理的意见》明确提出，"打防结合，预防为主"是做好社会治安综合治理工作的指导方针。要坚持打击与防范并举，治标和治本兼顾，重在防范，重在治本。2004年9月，党的十六届四中全会通过了《中共中央关于加强党的执政能力建设的决定》，强调要坚持打防结合、预防为主，专群结合、依靠群众，加强和完善社会治安综合治理工作机制。这些都是对包括"枫桥经验"在内的全国社会治安综合治理实践经验的深刻总结。

在新的历史时期，"枫桥经验"在维护社会稳定、创新社会管理的过程中有了新的拓展，更加突出为了群众、依靠群众，坚持"党政动手、各负其责、依靠群众、化解矛盾、维护稳定、促进发展"，以加强基层基础工作为主线，强化领导责任，坚持标本兼治，实行综合治理，最大限度地把各类矛盾和问题解决在基层。党的十八大以后，又基本形成了"矛盾不上交、平安不出事、服务不缺位"的"新枫桥经验"。2017年，党的十九大报告提出，要坚持以人民为中心，打造共建共治共享的社会治理格局，健全自治、法治、德治相结合的乡村治理体系。2018年1月，中央政法工作会议明确提出，要以总结推广新时代"枫桥经验"为契机，提升城乡基层社会治理现代化水平。

可以说，从对敌专政为主到处理人民内部矛盾为主，从公安工作专群结合到社会治安综合治理，从就地改造"四类分子"、帮扶教育违法人员到就地化解矛盾纠纷，从政府基层治理到社会协同治理，"枫桥经验"始终充分发挥社会主义制度的优越性，充分发挥党政领导的政治优势，始终与以人民为中心的发展思想相契合，与中国特色社会主义法治理论和社会治理理论的现代治理理念相契合。

二、新时代"枫桥经验"的核心要义与精髓

"枫桥经验"在形成、发展与推广过程中，不仅同一地域不同历史时期的具体内容不同，在同一历史时期不同地域的具体表现形式与基本内容也有区

别。纵观"枫桥经验"的发展历史，始终围绕依靠群众就地化解社会矛盾这一主题来展开。从"枫桥经验"诞生时期的矛盾不上交，依靠群众把绝大多数"四类分子"（即地主、富农、反革命和坏分子）就地改造成为新人，到20世纪70年代帮教失足青少年和一般违法人员，再到新世纪率先开展"枫桥式"平安乡镇建设，在全国首创综治工作中心，实现基层社会管理网格化、法治化，枫桥的创新举措始终是社会治安综合治理以及基层社会治理的"典范"和"样板"。正是由于枫桥的干部群众积极适应时代发展和形势变化，始终坚持一切从实际出发，在实践中不断丰富、完善"枫桥经验"，并赋予其新的时代内涵，才使得"枫桥经验"永葆旺盛的生命力。2017年12月，中央政法委书记郭声琨在浙江调研时指出，毛泽东思想催生了"枫桥经验"，习近平新时代中国特色社会主义思想孕育了新时代的"枫桥经验"。要适应社会主要矛盾的变化，顺应人民日益增长的美好生活需要，特别是人民群众对社会治安环境不断提高的新期待、新要求，推动"枫桥经验"与时俱进，不断焕发新的生机和活力。

习近平总书记在浙江工作期间，就曾强调要充分珍惜"枫桥经验"、大力推广"枫桥经验"、不断创新"枫桥经验"。2013年10月9日，习近平总书记为纪念毛泽东同志批示"枫桥经验"50周年大会作出重要指示，强调各级党委和政府要充分认识"枫桥经验"的重大意义，发扬优良作风，适应时代要求，创新群众工作方法，善于运用法治思维和法治方式解决涉及群众切身利益的矛盾和问题，把"枫桥经验"坚持好、发展好，把党的群众路线坚持好、贯彻好。2019年5月7日，习近平总书记在全国公安工作会议上再次强调，要坚持打防结合、整体防控，专群结合、群防群治，把"枫桥经验"坚持好、发展好，把党的群众路线坚持好、贯彻好，充分发动群众、组织群众、依靠群众，推进基层社会治理创新，努力建设更高水平的平安中国。

"枫桥经验"实质上是对基层干部群众在党和政府的领导下为有效化解社会矛盾纠纷，有效监督改造违法人员，所采取的各种有效治理措施的总结与提炼。"枫桥经验"的核心要义就是为了群众、依靠群众，精髓是坚持自治、法治、德治相结合，重心就是预防，是以新理念、新方式、新办法化解层出不穷的新型矛盾纠纷。只有准确把握"枫桥经验"的核心要义与精髓，在基层社会治理工作中因地制宜、与时俱进，采取更具针对性与可行性的应对之策，才能使"枫桥经验"在不断创新中始终独具特色、永葆活力。

三、新时代"枫桥经验"对基层社会治理的启示

要坚持和发展"枫桥经验"，推进国家治理体系和治理能力现代化，建立

更为先进、更加科学的基层社会治理体系，就必须深刻认识和准确把握新时代"枫桥经验"在创新基层社会治理格局的实践中所体现和遵循的社会治理基本规律和基本要求。针对社会治理所具有的综合性、长期性与反复性的特点，基层社会治理必须构建更加注重系统化、体系化和全流程的治理格局，推进基层社会的协同治理、融合治理、综合治理、全程治理和科学治理，构建最强引导、最大参与、最佳质效的多元化解社会基层矛盾纠纷的新机制，实现社会稳定少对立、社会平安少伤害、社会和谐少矛盾、社会幸福多互助。

（一）坚持协同治理，推进基层治理社会化、多元化

协同治理就是要在加强党政领导的同时，充分发挥基层社会自治功能，推进基层社会治理制度化、民主化、法治化，充分发挥公检法司各政法机关的管理与服务、保护与救助、惩治与化解的职能，鼓励和支持社会各方参与社会治理，实现国家治理与社会治理的良性互动，提高基层社会治理的综合实力与现代化水平。

1. 坚持党建引领，发挥基层党组织在社会治理中的核心作用

"枫桥经验"是党领导人民群众创造的一整套行之有效的社会治理方案。新时代"枫桥经验"之所以充满生机和活力，最根本的措施就在于把党的领导落实到基层，将党的建设贯穿基层社会治理，将党的领导延伸到公安工作各个环节，延伸到基层社会治理各方面，使基层党组织建设与基层社会治理有机衔接、良性互动。

中国共产党在国家政治生活中的领导地位，决定其是国家治理现代化的顶层设计者，也是基层社会治理的规划者和引领者。坚持和完善中国特色社会主义制度、推进国家治理体系和治理能力现代化，是全党的一项重大战略任务。通过推进党的基层组织形式和活动方式创新，扩大基层党组织社会活动覆盖面，提升基层党组织的组织力，将党员的模范带头作用融入到社会建设中，融入到基层社会治理中，也是有效避免基层党组织在基层群众的社会生活中被弱化、虚化、边缘化的有效途径。

2. 坚持依靠群众，确立人民群众在基层社会治理中的主体地位

为了群众、依靠群众，是新时代"枫桥经验"的价值本质和生命力所在。浙江枫桥在基层社会治理中最具生命力和借鉴意义的经验，在于充分发挥人民群众在基层社会治理中的积极性、主动性和创造性。

坚持和发展新时代"枫桥经验"，就是要尊重人民主体地位，大力加强基层基础建设，全面落实民意主导警务理念，把维护好最广大人民根本利益作为公安工作的根本出发点和落脚点，构筑牢固的反恐维稳工作群众基础，有效化解各类矛盾纠纷，有力维护好社会大局持续稳定，推进基层社会治理现

代化。

人民群众在国家治理基层社会的过程中,既是参与者,即参与国家基层治理,又是主导者,即有权决定事关能否有效维护切身利益的基层社会治理的组织形式、治理内容和治理方式。在基层社会治理中,既要强调党和政府在社会治理中的主导作用,又要尊重广大人民群众的主体地位,把政治优势转化为治理优势。只有依靠、发动、组织人民群众开展社会治理,才能更有效地预防和化解各种矛盾纠纷。"枫桥经验"之所以在基层治理中能够发挥很好的政治效果、法律效果与社会效果,很重要的一条经验就是始终坚持党政领导,坚持专群结合,并在不同历史时期不断加以传承、丰富和发展。

3. 坚持多元共治,发挥社会组织在基层社会治理中的积极作用

坚持多元社会主体共同参与、良性互动,打造共建共治共享的基层社会治理格局,需要综合考虑众多治理者及其相互关系,各类治理对象及相应的治理目标,各种治理途径及治理方式。只有对基层社会治理具备更加深刻的思想认识、更加广阔的社会视野、更加清晰的战略定位、更加长远的得失考量,才能制定并落实更为科学有效的应对措施。

坚持专群结合、群防群治,形成问题联治、工作联动、平安联创的工作机制,提高预测预警预防各类风险能力,增强社会治安防控的整体性、协同性、精准性,是党的十九届四中全会对完善社会治安防控体系提出的最新工作要求。社会组织参与社会治理,实现政府治理和社会调节、居民自治良性互动,也是夯实基层社会治理基础的重要途径。近年来,枫桥群众自发组织以"红枫义警"为代表的多种形式的义工社团、公益团队和志愿者组织,主动参与社会治理。枫桥镇党委、政府因势利导,着力推进社会组织化、组织社会化工作,积极引导社会组织和广大群众参与社会治理,均取得良好的社会效果。

(二) 坚持融合治理,构建"三治融合"治理体系

自治、法治、德治"三治融合",是浙江创新发展"枫桥经验"的最新成果,也是基层社会治理的发展方向。坚持自治、法治、德治相结合,就是要鼓励群众对涉及切身利益的基层社会治理问题"说事、议事、主事"。通过"讲事说理"调处纠纷、化解矛盾,倡导就地解决矛盾、彻底消除矛盾。只有坚持自治、法治、德治相结合,坚持情理法交融互补,政治效果、法律效果与社会效果高度一致,才能以良法、善治促进人与人和谐相处,社会才会安定有序。

在基层社会治理中,自治是最易被忽视、最易被误解、最易在工作中跑偏的治理形式。基层社会治理主要是指群众治理,而非"治理群众"。健全自

治、法治、德治相结合的社会治理体系，打造共建共治共享的社会治理格局，关键在体制创新，核心是群众自治。

城市社区与农村村组是基层社会治理的基本单元。居民自治与村民自治都是人民群众直接行使自主权和决定权的有效形式，都直接体现了人民群众作为国家与社会的主人所应有的权力与权利。根据我国《宪法》规定，城市居民委员会和农村村民委员会是基层群众性自治组织。居民委员会、村民委员会通过设立人民调解、治安保卫、公共卫生等委员会，办理本居住地区的公共事务和公益事业，调解民间纠纷，协助维护社会治安，并且向人民政府反映群众的意见、要求和提出建议。因此，要形成社会基层融合治理格局，就必须建立健全并充分发挥居民委员会或村民委员会在社会治理中的发动、组织、实施和监督等方面的积极作用。

在基层社会治理中充分发挥法治建设的保障作用，引导社会成员在法治轨道上主张权利、解决纷争，充分发挥法律法规在处理矛盾纠纷中的定纷止争功能，全面推进科学立法、严格执法、公正司法、全民守法，推进法治中国建设，是可行的，也是非常必要的。面对复杂的社会治安新形势，在社区建设、矛盾调解、犯罪预防、矫治帮教、禁毒禁赌、安全监管等方面，如何依靠社会力量以最小的社会成本、最少的社会伤害、最可持续的方式应对社会治理难题，获得最佳的社会治理效果，是基层社会治理的待解课题。近年来，极少数未成年人及精神病患者实施致人死亡的暴力行为，引发社会广泛关注。对此，如果仅靠社会成员加强自我保护、自我防范是远远不够的。只有借助国家力量，集中开展强制教育或强制治疗，才能最大限度地避免此类悲剧重演。

此外，良好的社会秩序离不开良好的社会风尚。加强和创新社会治理，还必须发挥道德在规范社会行为、维护社会秩序中的基础性和先导性的作用。将培育良好的社会公德作为基层社会治理的基础性工程抓早、抓实、抓好，对于促进讲秩序、强责任、守诚信、重包容社会风尚的形成，对于塑造理性平和、与人为善、积极向上的社会氛围，对于提升基层社会治理的格局与层次，都是非常必要的，也是影响深远的。

（三）坚持综合治理，运用多种手段破解治理难题

综合治理就是要动员和组织全社会的力量，运用政治的、法律的、行政的、经济的、文化的、教育的等多种手段，规范社会行为，调节利益关系，协调社会关系，从根本上预防和减少违法犯罪，维护社会治安秩序，破解社会治理难题。

在充分依靠社会力量有效维护社会治安秩序、及时化解民间矛盾纠纷的

同时，还要善于运用法治思维和法治方式提升解决社会矛盾的能力，拓宽解决社会矛盾的路径。为了建立健全基层社会治理体制机制，枫桥镇在镇政府、行政村建立调解组织，在枫桥公安派出所、检察室、法庭设立矛盾调解室，广泛动员属地干部群众参与，对矛盾双方进行面对面的劝导和调解，防止矛盾升级，促进社会平安和谐。仅枫桥派出所的"枫桥老杨调解中心"，10年间就调处各类矛盾纠纷1335起，成功率达98%，为社会稳定和谐作出了重要贡献。2018年1月，中央政法工作会议在总结推广新时代"枫桥经验"时，也要求强化法治的保障作用，引导社会成员养成在法治轨道上主张权利、解决纷争的习惯。

对待落后群众与违法犯罪人员，既要确保依法惩治的威慑力，又要不断提高教育转化的有效性。在"枫桥经验"形成之初，枫桥的干部群众正确区别敌我矛盾与人民内部矛盾，对确已放弃反动立场的人员以及落后群众，在开展批评教育和必要斗争的同时，坚持"不推一把拉一把，不帮一时帮一世"的原则，使改好率大大提高。近年来，浙江各级法院坚持"教育、感化、挽救"的工作方针，加强与拘留所的案情对接和信息共享，为拘留所全面开展矛盾化解工作提供法律支持，并借力基层组织以及律师、人民调解员参与矛盾化解。

（四）坚持全程治理，将源头治理与事中、事后调解相结合

坚持打防结合、预防为主。预防犯罪是基层社会治理中维护社会治安秩序的先导性措施。创新基层社会治理格局必须坚决纠正"重打轻防"的错误倾向，切实把思想观念、工作重点、警力配置、经费投入、考核奖惩机制等真正落到"预防为主"上来，大力加强社会治安防范工作。

一方面，坚持源头治理。以网格化管理、社会化服务为切入点，坚持标本兼治、重在治本，完善利益协调机制、诉求表达机制和权益保障机制。通过健全基层综合管理与服务平台，及时反映和协调基层群众利益诉求，把矛盾纠纷化解在基层、解决在当地，把治安隐患消除在萌芽状态。在此过程中，还要充分发挥小区物业、社区居委会、乡镇村委会等各种社会治理基本单元和基层组织，在预防和化解社会矛盾中不可替代的独特优势和重要作用。

另一方面，加强事中和事后调解。从预防矛盾产生到矛盾激化后的及时化解，从现场处置到事后惩治到教育改造到回归社会，不仅要进一步完善人民调解组织网络，形成人民调解与行政调解、司法调解相衔接，网上网下结合，法理情融合的多元化调解大格局。近年来，浙江省探索开展社会组织参与纠纷化解、律师调解制度、中立评估机制等矛盾纠纷调解项目，就是要把矛盾风险力争化解在萌芽状态，处理在恶化之前。对已经爆发的矛盾纠纷，

也要在坚持公平公正处理的基础上，尽力消除当事人之间的对立情绪。

（五）坚持科学治理，推进基层社会治理智能化

创新基层社会治理格局必须从总结实践经验上升到建立科学治理理论，从追求"捕人少、治安好"到致力于始终抓住社会主要矛盾，充分调动一切积极因素，采取一切有效手段，挽救一切可以挽救的对象，实现社会治理对策最优、质效最佳，提高动态化、信息化条件下驾驭社会治安局势的能力和水平。

坚持科学治理，就是在信息化与智能化的条件下创新社会治理方式。在信息化时代，"互联网+社会治理"拓展了社会管理的新领域，引领着国家治理的新路向。以"互联网+社会治理"驱动公共服务、公共安全、矛盾化解、风险预警、网格管理等社会治理模式创新，形成全面覆盖、联通共享、动态跟踪、功能齐全的社会治理信息系统，是提高社会治理水平和社会治理效能的需要。习近平总书记曾从党和国家事业发展的高度强调："随着互联网特别是移动互联网发展，社会治理模式正在从单向管理转向双向互动，从线下转向线上线下融合，从单纯的政府监管向更加注重社会协同治理转变。"这"三个转变"就是要构建"互联网+"智能化社会治理新模式。

坚持科学治理，还要坚持以善治为目标，从创新理念、完善政策、健全机制等方面入手，推动创新城乡基层社会治理新模式。打造共建共治共享的社会治理格局，必须对标新时代社会治理的新任务、新目标，运用新时代的新理论、新思想，抓住新时代的新条件，综合新时代的新力量，坚持以群防群治为基点，以预防和化解为重点，构建社会矛盾风险综合防控新体系。按照时间维度、空间维度、社会交往维度和心理维度构建立体化社会治安防控体系，不仅对防范违法犯罪具有良好效果，也是基层社会治理及社会治安综合治理的必然要求。

新时代"枫桥经验"对城市社区警务的影响探析
——以天津市公安局河西分局为例

王若珺[*]

摘　要： 新时代"枫桥经验"的核心内容是长期坚持人民主体，认真践行党的群众路线和与时俱进创新社会治理模式，其精髓所在就是能够正确处理变与不变的关系，这也是"枫桥经验"最应该被学习之处。天津市公安局河西分局在学习"枫桥经验"的过程中很好地抓住了重点，结合自身特点利用"河西力量"平台发动群众密织群防群治网络，并以此为契机大力推进新型社区警务建设。培育社会资本构建熟人社区是"枫桥经验"带来的重要启示，以此打牢公安警务活动的社会基础、构建以预防为主的警务模式、将社区警务战略作为创新警务的着力点，推动警务改革与创新必将促进城市社区警务的发展与成熟。

关键词： 新时代　"枫桥经验"　社区警务　社会资本

自 1963 年毛泽东同志为"发动和依靠群众，坚持矛盾不上交，就地解决，实现捕人少、治安好"的"枫桥经验"做批示，50 多年来"枫桥经验"经久不衰，而且与时俱进，在坚持中求发展，在深化中求创新，成就了新时代的"枫桥经验"。对于新时代"枫桥经验"核心内容的理解主要有二：其一，长期坚持人民主体，认真践行党的群众路线。发动和依靠群众一直是"枫桥经验"的精髓所在、灵魂所在，是党的群众路线在社会治理中的具体体现和实现形式。其二，以互联网技术为代表的新技术发展为"枫桥经验"注入了新的时代元素——积极探索"科技+"、"互联网+"社会治理创新模

---

[*] 王若珺，天津公安警官职业学院教授，研究方向：涉警舆情、社区警务。

式，全力打造"枫桥经验"升级版，提高社会治理社会化、法治化、智能化、专业化水平。可见"枫桥经验"能够历久弥新，影响深远，成为基层治理的典范，其精髓所在就是能够正确处理变与不变的关系。

在学习新时代"枫桥经验"的过程中，天津市公安局河西分局充分认识到这一点。学习不是照搬，也不是模仿，而是结合自身的特点，学出自己的特色：坚持党建引领，积极培育社会资本，发动群众和社会组织广泛参与共治，大力推进"键盘+脚板"，促进新型社区警务模式的改革与提升。

一、学习深化新时代"枫桥经验"创建新型社区警务模式的原因

天津市河西区的基本情况：面积43平方公里，人口100余万，现辖14个街道办事处、144个社区居委会、736个居民小区，是天津市市委市政府所在地，天津市的政治、经济、文化中心，也是大型活动与赛事的举办地。公安河西分局现辖15个派出所，在编民警1437名，辅警950名，社区警务室137个，社区民警157名，平均每人管辖3千余户。在警力严重不足的情况下，如何解决公安警务活动发展的不平衡不充分与人民群众对于安全感、幸福感的新需求之间的矛盾，成为最新最大的挑战。

以善治的标准和要求检视多年来的警务活动，公安河西分局结合警务活动现状，不仅看到实践层面的诸多差距，而且也分析出在观念层面的滞后。综合分析，主要表现为以下三个矛盾：

（一）警务核心价值观同社会公众的普遍价值观存在差异

长期以来，警务核心价值观同社会公众所秉持的普遍价值观存在着时而契合、时而分离的状况，其集中反映在公安机关的公信力水平与社会公众对公安机关认同程度这两个基本表征上。在计划经济和政治控制时期，公安机关人民民主专政工具的性质以及同人民群众同为专政主体的社会地位，使得公安机关拥有极高的公信力，能够得到人民群众的高度认同。因此，各项公安警务活动也得以顺利开展。改革开放以来，由于党和国家工作重心的转移，政府公共管理、公共服务和公共危机应对处置功能凸显，警民之间的政治生态关系发生了深刻的变化：人民群众对公安机关的资源供给弱化了，对公安机关的监督加强了；对公安警务活动效能的期望更高了，公安机关对此给予的回应难度却加大了；国家尊重和保障人权的理念被写进了宪法，社会公众要求有更多的包括人格、尊严以及各项民主权利在内的人权保障，公安机关却未能把人权保障作为警务活动的核心价值，仍然囿于维护社会秩序、打击违法犯罪的窠臼之中。

(二)超强的维稳压力同警务模式中心偏移的矛盾

从20世纪80年代的严打至今,公安机关一直普遍处于巨大的社会管理压力之下,对各类刑事犯罪活动的打击和对各类影响稳定的群体性事件的处置,构成了公安警务活动主要的内容。天津市给自身的定位是"拱卫京畿、首都的护城河",河西区则是天津市委市政府所在地,因此维稳压力一直很大。除在毗邻市委市政府的文化广场设置治安派出所外,还要预设150名机动警力用于突发事件、群体性事件的处置,警力处于严重不足的状态。从警务模式的选择看,在各类刑事犯罪有增无减的形势下,公安机关强调提高破案率,将工作重心定位于打击处理,并试图以此提升群众的安全感,但其效果也并不明显,以至陷入对提升公众安全感无能为力的尴尬境地。

(三)迫切的警民合作需求同社会动员能力不足的矛盾

人民群众是警务工作得以顺利进行的基础。即使在摄像头密布的"天网"覆盖下,各类刑事案件的侦破也仍然离不开社会公众的支持与配合。同时,公安机关推行的各项防范措施也同样要得到社会公众的认同与接受。现在的问题是,在市场经济条件下,社会公众尤其是城市市民呈现出了原子化与碎片化的状态,国家对个人的控制力下降到低谷。与之相联系,公安机关对社会的动员能力每况愈下,显得力不从心。这充分说明,在市场经济体制下,公安机关的社会动员能力明显低弱,甚至于在很多警务活动中只是沿袭长期以来自上而下的方式方法,尚未探索出能够广泛深入开展社会动员的有效途径。

在对三个矛盾的分析中,不难看出从价值观念到体制机制,再到警务模式,现行的警务活动仍然是单位制社会的手段和方法,对此我们将其定义为"打击型警务",意即以侦查破案打击处理为龙头的"一切围着破案转"的警务活动。

如何在深入学习新时代"枫桥经验"过程中扭转这种局面,贯彻落实群众路线,并以此大力推进社区警务,更好地进行基层治理共同治理,实现以人民为中心的警务核心价值追求,是包括公安河西分局在内的公安机关亟待回应的挑战。

二、积极动员各方力量参与共建新型社区警务

公安河西分局党委首先统一了"防控先行,共治警务"的工作思路,又在河西区委区政府的支持下多次以座谈会、动员会的形式与街道、居委会的相关负责同志达成共识,在社区建设上由社区民警与社区其他部门协同配合,双方

成为工作上的互利互惠共同体,达到共管共治共享的目标。具体做法体现在:

(一)以构建"河西力量"为工作中心密织群防群治网络

"河西力量"是公安河西分局把党的群众路线优良传统与互联网新技术相结合,坚持"防控先行、共治警务"为目标导向编织起来的一张触角广泛、反应灵敏、传输快捷的社会信息员网络。"河西力量"自 4 年前启动以来,经历了启动、发力、完善、提升四个阶段,尤其在学习"枫桥经验"过程中更加注重了"河西力量"的建设,至 2018 年其注册用户达 8.3 万人,共收到 2.3 万条信息,发现安全隐患 2800 余处,矛盾纠纷 630 余起,不稳定情况信息 735 条,由此类信息情报抓获各类嫌疑人 390 余人。天津市市委书记李鸿忠对"河西力量"的创建和运行工作做出批示,给予了高度肯定。

公安河西分局把 2019 年作为"河西力量"的提升年,一方面通过组织开展六大活动,达到"六个全覆盖";另一方面则通过这些活动促使派出所民警尤其是专职社区民警广泛接触社会公众并密切群众关系,以达到密切联系群众、密织群防群治网络的目的,具体行动包括:

1. 织网行动:将园林绿化、外卖快递、出租车司机、公众停车、院校学生、行业单位等人员批量纳入"河西力量",最大限度地汇集民力。

2. 守望行动:在重大安保和敏感节点期间,在重点部位和人员密集场所,以"照片打卡"方式,安排"河西力量"信息员开展巡逻值守。

3. 孵化行动:推行积分奖励,以奖代补等激励机制,广泛发动群众加入志愿者队伍,让"河西力量"成为基层社会治理的最广泛参与者。

4. 大宣传活动:组建"河西力量"公益宣传队,以进社区、进学校、进单位为重点,开展公共安全大宣传活动,营造齐抓共管的社会共治氛围。

5. 联动合作活动:与滴滴公司、我爱我家、邮政储蓄等企业开展警企合作,与公益类协会组织开展联动合作,与"社区党员报到"开展党团合作,批量增加"河西力量",建立灵敏高效的社会感知网络。

6. "力量加油站":以"共建平安"为主题,与全区 100 家商家店铺合作,向"河西力量"信息员提供优惠折扣、领取赠品等多样化服务,形成"河西力量"共建力量联盟。

在上述六项活动中,开展"河西力量"织网行动是一项起基础作用的"重头戏",把"河西力量"作为组织发动群众、促进警民关系融合的重要载体,以此作为分局"学枫桥,创首善"的深化推进,作为分局回应群众新期待和开创公安新局面的制胜一招,真正把"河西力量"打造成"压降 110 警情的新方法、密切警民关系的新平台、服务宣传群众的新渠道、创建无黑城市的新举措",并力图做到六个"全覆盖",完成群防群治网络的构建。

一是居民住户全覆盖。将"河西力量警民连心卡"发放到每家每户，在每个楼栋门和社区口张贴"河西力量连心卡（社区公开版）"，对外公布社区民警手机号码和派出所值班电话。要求社区民警和辅警在入户过程中要按照辖区户数30%的比例发展壮大"河西力量"队伍。

二是辖区单位全覆盖。向辖区内每个店铺、单位、公司、企业发放"河西力量警民连心卡"，张贴"河西力量连心卡（单位公开版）"，依托"河西力量"推动单位内部开展自防和十户联防，特别是鼓励卖场超市、门脸店铺、餐饮饭店、宾馆、洗浴娱乐场所、网吧等所有服务场所、服务行业的管理人员、保洁人员、服务人员注册加入"河西力量"。

三是物业保安全覆盖。将辖区所有社区、单位、公共场所的保安人员以及具有保安性质的物业人员全部纳入"河西力量"。

四是社区党员全覆盖。借助党员进社区"双报到"的有利契机，借助"党员报到微信群"，将区内党员全部发展成为"河西力量"，充分调动社区党员参与基层社会治理的主动性与积极性；将居委会干部、网格员、义工全部纳入"河西力量"，组织开展巡逻守望、纠纷化解等"家园卫士"系列活动，参与防范宣传、帮教转化等"红色小号角"系列活动。

五是特殊行业全覆盖。将辖区内银行、储蓄所工作人员发展成为"河西力量"，及时发现、劝阻、拦截受骗群众汇款转账，以遏制电信网络诈骗警情的高发；将卫生清洁、公众停车、出租车、网约车、园林绿化等长期活动在街面、社会面的人员全部发展成为"河西力量"，增强违法犯罪案件和案件线索的发现能力；将快递外卖、收费维修、送奶送报等人员全部发展成为"河西力量"，借助其频繁入户的职业特点，提升其对安全隐患问题的发现能力；将娱乐场所、酒店、旅店及其他特种行业从业人员全部发展成为"河西力量"，筑牢治安工作前沿阵地。

六是医院学校全覆盖。将各级医院、卫生院等医疗机构的医务、行政管理、保卫人员全部发展成为"河西力量"，从源头防范涉医案（事）件的发生；将中小学、幼儿园的教师、安全保卫、行政、后勤等人员全部发展成为"河西力量"；担任学校法制辅导员的民警要深入学校、幼儿园开展"河西力量大手拉小手"活动，推动学生家长加入"河西力量"；将大中专院校的学生与教师发展成为"河西力量"，既开展安全防范宣传，又收集院校动态信息。

以上六个全覆盖织网行动基本涵盖了全区各个领域、各个行业，根据分局相关统计，"河西力量"已有注册人员13万余人，仅2019年3月至4月，"河西力量"信息员就上传了有关恶势力及保护伞、套路贷、卖淫嫖娼场所经营人员不法活动、非正常上访与集访等一批有价值信息，为维护社会稳定、预防和遏制有影响的刑事治安案件作出了重大贡献。

（二）着力实施新型社区警务

新型社区警务的命题是全国公安厅（局）长成都会议上提出的，是通过构建新型的派出所与街道、警务室与居委会紧密捆绑的社区警务机制，将社区警务工作更好地融入基层政权建设，健全基层组织，整合社区资源，着力提升社会治安网格化管理和为民服务水平，有效提高社区管理与治理能力，建立起与新时代公安工作要求相适应的"共融共建共治"的新型社区管理格局。对此，公安河西分局主要在四个方面着力：

1. 设施与人员的落实。针对全区社区民警数量不足，且"想沉沉不下，想做做不实"的现实问题，河西分局首先是加大投入，在设施与人员方面开展工作：在全区设立137个警务室，使社区警务的开展有了专门的场所；同时为社区民警配备笔记本电脑、数字电台、高清执法记录仪等专用警务装备。针对社区民警人员配置不足的现实情况，招录辅警力量，协助社区民警开展各项工作。为了体现党对社区警务的领导，使社区警务在"街道吹哨、部门报到"中发挥出积极响应与主动协调的双重作用，现有的157名社区民警中的98名党员民警已被社区任命为"两委"班子成员；非党员民警则担任居委会主任助理。警务室建设的到位与社区警务人员的落实为新型社区警务的开展奠定了坚实基础，社区民警由已往的"下"社区，转变为如今的"在"社区，大大提高了民警的警务效能。分局的目标是将社区警务室打造成"打击犯罪的前沿阵地"、"治安防范的安全堡垒"、"群众暖心的民生平台"，做到社情民意早知道、早化解、早回复，矛盾纠纷不上交。

2. 社区警务职能任务的新拓展。在创建枫桥式派出所的活动中，公安河西分局党委注意到要实现共建共治共享的社会治安治理格局的构建，必须要开展社区警务与社区建设各项工作的融合，提出在社区建设的八类工作中实行社区民警同其他有关部门如社区网格员、社区工作者共同开展工作，基本上实现社区内"多网合一、一网多格、一格多能"。这八类工作分别是：志愿者服务、预防犯罪、治安防范、矛盾纠纷排查调处、消防安全检查、出租房屋管理、外来人口管理与服务、现住人口信息收集等。这种捆绑式的工作方式在职能上看似"增加"了社区民警的一些"非警务"职能与任务，但在事实上却是增加了参与社区平安工作的有生力量，实现了"1+1>2"的效果。

3. 创设社区警务新机制。为了解决好社区民警"想沉沉不下，想做做不实"的现实问题，公安河西分局专门出台了社区民警弹性错时工作制和现职领导深入警务室工作制度。

新机制要求社区民警必须坚持每周要有四个半天到社区工作，还要有一个晚上即18:30至21:00到社区警务室或入户开展工作,其工作任务包括:以警务室为据点开展防范宣传;入户核查人口情况、登记人口信息、消除户口登记差错,搜集各类情报信息与案件线索;组织治保会、治安积极分子佩戴袖标开展巡逻;调处纠纷。

现职领导下社区制度要求分局领导带头每月抽出一定时间深入警务室指导工作,解决工作中的困难,在警务室接待来访群众,倾听诉求。要求各直属单位的现职领导每周利用半天时间深入社区,根据各所需求,发挥警种优势,履行工作职责,"派出所吹哨,直属单位报到",以此弱化警种界限。要求各派出所现职领导采取各自"包社区"的方式,每周到社区警务室工作一天,接待群众、征求意见、指导社区民警工作。此外,实施警务室值守派出所现职领导"替代制",如遇特殊情况派出所现职领导替代社区民警警务室值守。

4. 强化社区警务管理与服务工作。越秀路惠阳里社区民警韩贵龙在警务点设立了小圆桌、小马扎、小水杯、小手电、小袖标,被称为"五小警务点"。"五小"的设立能够面对面地同社区群众实施良性互动,零距离为社区群众实施服务,以此来落实社区警务室各项功能,真正成为了社区警务消除"最后一公里"梗阻问题的推进力量,是在新时代发扬优良传统、学习"枫桥经验"的一个示范性样本,在各派出所得到大力宣传推广。全区137个社区警务室变成"小派出所",全区15个派出所则作为中心警务站,站、室、点相结合做到把服务送到群众身边,以此提升社区警务效能,向人民群众做出回应。

此外,为解决社区群众"操心事、烦心事、揪心事",切实提升群众的获得感、幸福感、安全感,河西分局还注意在科技强警与延伸服务两个方面做好文章。在公安科技方面,河西区目前已拥有6000余个高清摄像头,基本形成了重点要害部位、道路节点、社区出入口的全覆盖,给广大人民群众服下了一剂平安定心丸;着力于社区的"小平安"建设,"平安智慧社区"正在逐步建设与发展。在延伸服务方面,分局设立流动纠纷调解站,推出"河西大姐"、"老张调解站"等民调品牌;引入律师力量,试点推行"警律协作机制",帮助居民解决纠纷;与河西司法局协作配合,推进"公调对接"机制建设,28名人民调解员全部上岗;在警务室设立"失物招领箱",利用微信公众号发布失物招领信息;融合房管所、排水所等社区服务单位人员,开放式现场办公,零距离为百姓排忧解难,为群众提供有温度的服务。

为了使新型社区警务工作落实落细,分局党委还采取了与之相配套的指导、监督与考核机制。通过"河西力量"的大力拓展和新型社区警务的开展,分局实现了"矛盾不上交、平安不出事、服务不缺位"的高标准目标。全区110警情由几年前高峰的年发26万起下降到12万起,刑事警情由高峰的年发18900余起下降到年发2000余起,有效地维护了河西区的政治和社会秩序的安全稳定。

三、对于城市社区警务的思考与探讨

分析天津市公安局河西分局学习"枫桥经验"创新警务模式的做法,其核心就是学习精髓、因地制宜。"枫桥经验"的产生首先缘于其很好地利用了地缘优势,即枫桥镇从实质上是熟人社区,或者说它具备社区的核心优势。我们通常将农村与城市社区并列,但事实上农村更接近于滕尼斯所做的关于社区的经典定义,即社区是通过血缘、邻里和朋友关系建立起来的人群组合,是一个共同体。可见,农村因为聚集居住时间长、人与人之间的关系稳定,形成了同质性强的特点,从而更具备"社区"的实质性条件,与之相比,城市的居民小区则只是"居住共同体",缺少心理、文化、精神、价值等高层次的共识。那么,在这种巨大差异下,城市社区警务能否学习"枫桥经验",学习什么,又如何学习,显然是值得思考和探索的。

在城市社区警务对"枫桥经验"的学习和创新上,公安河西分局迈出了有力的一步,做出了有益的尝试。在这个过程中,不但解决了"为什么"和"干什么"的问题,也初步探索了更深层次的"怎么干",可以作为城市社区警务的一种模式进行更加深入的剖析和探讨。

(一)积极构建社会资本,打牢公安警务活动的社会基础

实施新型社区警务,实现社区的共建共治,显然需要一个良好的社区作为基础,这也是"枫桥经验"提供的重要启示,因此关键就是培育社会资本。公安河西分局以"河西力量"为工作中心的织网行动实质上就是培养社会资本,构建熟人社区的过程。所谓社会资本指人们解决共同问题的社会信任、关系网络、道德规范等要素的存量,是社会内部的文化调整机制,是通过集体行为所形成的社会联系。简言之,它指的是朋友、同事和更普遍的联系,通过它们你得到了使用其他形式资本的机会。个人的社会资本指的是别人对他的信任;他与其他人的人际交往网络关系;他与周围其他人在价值观或行为规则方面存在的共识。此外,个人在社会中的威望、尊严等也可以成为社会资本。作为个人在社会(社区)中活动所需要的本钱或凭借,必须是或必然是通过后天的努力而形成的,即社会资本的生成方式是嵌入的。社区民警在社区警务中最需要的是他的社会资本。除个人外,群体、组织、国家乃至全社会的所有社会主体都需要社会资本。公安机关作为国家、政府的一级组

织当然也需要社会资本。

由此可见,社会资本的建构不仅是民警个人开展社区警务所必需的"本钱",同时也是社区建设的一个重要目标。社会资本在经济社会发展中同经济资本、人力资本、知识技术资本一样不可或缺。很明显,社会资本关涉到的人与人之间的信任、联系网络以及规范等要素都集中在一个平台,即熟人关系,而熟人关系正如滕尼斯所断言、枫桥镇所实践的主要存在于乡村社会或者说农村社区,城市的居住区社会资本相对贫乏和紧缺:在社会转型时期,原始型的以家庭、单位为联系纽带的社会资本正在衰微,而现代性的以组织、制度为联系的社会资本则刚刚兴起。社区警务的蓬勃开展离不开社区社会资本的建构,从这个意义上说社区或社会关系本身就是一种社会资本,良好的警民关系是公安机关和公安队伍的社会资本,而社区建设的本质就在于社会资本的培育。发扬好群众路线的光荣传统,社区民警必然要着手建构民警、公安机关以及各个社区的社会资本,促进人与人之间的信任,密切人与人之间的网络关系,形成社区内人们的共识,这是新时代"枫桥经验"给我们的重要启示。惟其如此,社区内的公共产品才能获得产生与稳定存在的深厚根基,公安机关才能整合社会治安资源,以落实新型社区警务为重心,构建打防结合,预防为主的新型警务模式。

(二)大力实施社区警务战略是创新警务的着力点

培育社区、社区民警和公安机关的社会资本是实施社区警务的基础,而社区警务是公安机关推进平安建设战略的主要载体,当然更是公安警务改革创新的重要着力点,必须摆在公安警务活动的战略地位上,以极大的精力加以落实和推动。首先要从根本上扭转把社区警务作为公安机关派出民警去"管片"的陈旧观念与做法,把社区警务作为新型警务的重中之重,放在所有警务工作安排中为主为先的位置。其次在警力配置、资金投入、物质保障以及奖惩激励、技能培训等环节给予政策的倾斜。要使社区民警有更多的精力从事社区警务,更好地起到"发酵"性作用,不断开发和增强社区的治安活力,以此实践预防型警务模式,适应社会转型和城市化进程的要求,有效地融入并推进社会的平安建设。

(三)构建以预防为主的警务模式实现城市社区的共建共防共治

社区警务是预防型警务的重要组成部分,而预防型警务无疑是公安机关在新时代背景下回应人民需求的最佳警务模式选择。贝卡利亚指出,"预防犯罪比惩罚犯罪更高明"。他还认为,让人们最大限度地"减少可能遭遇的不幸"和"引导人们享受最大限度的幸福是一切优秀立法的主要目的"。公安警务活动体现的以人为本的核心理念,不仅要通过侦查破案给那些遭受犯罪侵害的人以包括正义和物质赔偿在内的"恢复性"结果,更要通过"深化平安建设,完善立体化治安防控体系"来"依法防范和惩治违法犯罪活动,保障人民生命财产安全"。从这个意义上说,预防和减少发案就是"减少可能遭遇的不幸",就是公安机关"多谋民生之利,多解民生之忧"的要求在警务中的落实。具体而言,这种立体化的治安防控机制是由党委领导和政府负责,经过对专业的警察力量、社区防范力量、职业化安保力量、单位内部治安保卫力量和社会志愿者力量充分整合,依靠视频监控、社区防控、社会面防控、单位内部防控、虚拟网络空间防控以及区域警务协作等手段建立起包括快速反应、社会化警民联动防控和社区警务等多种防控机制相结合的社会治安动态防控体系,最大限度地预防和减少犯罪,确保治安秩序稳定。

新时代公安调解面临的主要挑战与应对策略

叶 剑* 曾 雄**

摘 要： 坚持和发展好"枫桥经验"是公安机关在新时代的历史使命。公安调解工作既有难得的机遇，也面临巨大的挑战。这些挑战主要来自于对公安调解如何彰显价值地位的彰显、适应社会需求的变化、达成多种调解间的协同、发挥新技术优势、培养新生力量、实现好党的领导这些方面。应对的策略主要有：加强党建工作与调解工作深度融合，主动介入矛盾纠纷调解，推动公安调解与其他调解协同创新，优化公安调解警力配置，发挥信息技术优势进行平台建设，以及完善法治体系建设，提升公安调解法治化水平。

关键词： 新时代 公安调解 挑战 策略

从1963年"枫桥经验"得到毛泽东同志批示距今已有56年。作为新中国早期树立的基层社会治理典型，"枫桥经验"主张"发动和依靠群众，坚持矛盾不上交，就地解决"，有效地预防了社会矛盾的升级和扩散，为基层社会治安综合治理探索出了一条具有中国特色的路径。2003年，时任浙江省委书记的习近平就指示要充分珍惜"枫桥经验"，大力推广"枫桥经验"，不断创新"枫桥经验"。党的十八大以来，习近平总书记多次对"枫桥经验"作出重要指示，特别是2019年5月8日，他在全国公安工作会议上强调，把"枫桥经验"坚持好、发展好，把党的群众路线坚持好、贯彻好，充分发动群众、组织群众、依靠群众，推进基层社会治理创新，努力建设更高水平的平安中国。

---

* 叶剑，四川警察学院副调研员，从事警察思想政治教育与基层党建研究。
** 曾雄，四川省公安厅治安总队四级高级警长，从事治安管理、民警执法能力研究。

领会"枫桥经验"的精髓，实现矛盾化解在基层、维护社会安定有序，必须加强并优化公安调解。公安调解是公安机关在基层执法中，依法对矛盾纠纷当事人进行的协商处置、矛盾化解工作。2015年，中央全面深化改革领导小组第十七次会议审议通过的《关于完善矛盾纠纷多元化解机制的意见》提出，矛盾纠纷化解可通过调解、仲裁、行政裁决、行政复议、诉讼等方式进行；其中调解有司法调解、行政调解和人民调解三种主要形式，公安调解是其中行政调解的一种特殊形式，也是实现"矛盾不上交、就地解决"的重要途径。

当前，公安调解面临着难得的机遇。党的十九届四中全会提出要"坚持和完善共建共治共享的社会治理制度"，要"完善正确处理新形势下人民内部矛盾有效机制，完善社会治安防控体系，健全公共安全体制机制，构建基层社会治理新格局，完善国家安全体系"。公安调解在坚持完善中国特色社会主义制度，推进国家治理体系与治理能力现代化的进程中大有作为。但同时，公安调解也面临着巨大的挑战。尽管官方已经不提"四有四必"（有警必出、有难必帮、有险必救、有求必应），但是"有困难找警察"的宣传深入人心，民间纠纷并非自动分层分类地流向人民调解、司法调解和行政调解，大量的矛盾纠纷调解直接流向基层公安部门，基层公安部门在一定意义上成为社会治理"兜底"的部门，调解压力极大。新时代意味着新机遇，新机遇需要迎接新挑战，认真分析公安调解面临的挑战，能够使此项工作的开展有的放矢。

一、公安调解面临的主要挑战

（一）公安调解如何彰显其价值与地位

在《中华人民共和国人民警察法》规定的14项职责中，没有明确提及调解。《中华人民共和国人民警察法》第21条明确规定"人民警察对公民提出解决纠纷的要求，应当给予帮助"。《中华人民共和国治安管理处罚法》第9条规定，"对于因民间纠纷引起的打架斗殴或者损毁他人财物等违反治安管理行为，情节较轻的，公安机关可以调解处理"。以上两句话中的"应当"和"可以"都不是一种强制性要求，公安调解只是一种实践中的可能选项。

公安机关代表公权力进行执法，一般不会主动介入民事纠纷，所以，现行法律中公安机关对于民事纠纷调解是被动作为的。当然，在处理治安案件时，本着矛盾不升级与扩散的原则，治安调解的主动性大得多。2007年颁布的《公安机关治安调解工作规范》中明确了治安调解适用于情节较轻的"因民间纠纷引起的殴打他人、故意伤害、侮辱、诽谤、诬告陷害、故意损毁财物、干扰他人正常生活、侵犯隐私等违反治安管理行为"。

即使进行治安调解，也有严格边界。《公安机关办理行政案件程序规定》

中就明确了雇凶伤害他人的，结伙斗殴或者其他寻衅滋事的，多次实施违反治安管理行为的，当事人明确表示不愿意调解处理的等不宜调解的情形。

由此，公安调解在法律上的非强制性特点突出，再加上理论界对公安调解内涵和外延的认识上存在差异，公安调解难以真正跻身成为公安系统的关键职能与核心工作，抑或得到上下左右更多更强有力的关注去推动其改革创新。

(二) 公安调解如何适应社会需求变化

中国在追求现代化的进程中，不断推进工业化、城镇化建设。整体上，传统的"熟人社会"向新兴的"陌生人社会"转型趋势明显。于是，矛盾纠纷通过邻里乡亲文化共存的需求来自行解决的可能性大大降低，更多求助于法治规则保护自身权益。全社会规则意识、法律意识不断增强。公安机关依法调解、高效调解，在满足社会需求上的重要性更加突出。

同时，公安调解矛盾纠纷的类型也在加剧变化。一方面，传统农村中多发的与宅基地、山林等矛盾纠纷，矛盾上升激化成治安案件的情况，随着农村空心化的出现逐渐减少；城镇中"单位人"身份特征在日常生活中逐渐淡化，单位和组织调解效果减弱；夫妻离婚、抚养赡养等家庭内部纠纷，要么"私了"，要么直接走诉讼程序，这类涉及利益较大、情况复杂的矛盾，公安调解介入以加强法律援助、程序引导为主，实质地主动化解当事人矛盾纠纷，又往往因为双方调解后反悔而失效，处境尴尬。另一方面，随着人们生活环境的加速改变，道路交通事故、医疗纠纷、物业纠纷、劳资纠纷等需要公安调解的矛盾纠纷类型多样，数量增加。许多新的行业、职业的出现，全社会人员流动性不断增大，未来社会发展将产生更多更新的矛盾。当人民群众以自身力量、柔性方式难以化解矛盾纠纷时，在公安机关的指导下，或者直接开展公安调解后能有效化解矛盾。

(三) 公安调解如何与其他调解达成协同

新时期的人民矛盾纠纷普遍具有主体多元化、原因复杂、处理难度大的一些特点，靠单一部门难以承担繁重的调解责任，"三调联动"的机制应运而生，期望实现人民调解、行政调解、司法调解，齐抓共管、多元化解矛盾纠纷的新格局。但这里存在几个问题：

一是"三调联动"的机制如何保障。公安机关在调解过程需要得到专业、及时的司法援助，这涉及7天24小时的全天候保障、涉及相关人员的补贴发放、涉及地方党委、政府对"三调"各主体的业绩考核等问题。近年来，各地方的"三调联动"取得了很大的成绩，但是保障机制，特别是公安调解保障机制尚需加强国家层面的制度化和标准化建设。

二是调解结果的有效适用。人民调解委员会主持的调解，双方当事人以民事合同的形式承认调解结果，司法调解具有更强的、相当于法院判决的法律约束力。公安机关的调解结果，即双方认同的调解协议约束力较低的话，会导致调解无效或反复调解，这就会导致公安调解人员工作压力激增、公共资源大量浪费。如何在保证当事人救济权利实现和保证公权力调解权威性之间达成一种平衡，如何在公安机关调解过程中同时实现司法确认，还需要进一步探索。

三是公安机关调解领域不断扩大。除开治安调解不论，公安调解对于刑事案件中民事责任，以及后期的司法调解等都会产生影响。所以，公安调解需要扩大工作范围、发挥更大作用，成为缓解司法审判、调解压力的重要屏障。同时，公安调解也是人民调解失效时公权力介入的重要途径。罗显斌等研究者认为当前人民调解面临的困境在于："人民调解工作依附于行政逻辑"，"自解决机制演变为一种具有非常行政色彩的'准行政'调解机制"，加上人民调解的"专业性不足"、"发展不平衡不充分"等短板，其难以将矛盾吸附在基层。通俗的表达就是，人民调解的矛盾正不断移送给公安机关进行调解或干预。

整体来看，各种类型的调解还需各自发挥自身优势，相互协同，才能最大可能地构建好基层矛盾纠纷化解机制。

（四）公安调解如何发挥新技术的作用

新时代对公安机关提出了"科技强警"的要求，从公安的侦查、巡防等日常工作来看，新技术运用与迭代很快。公安调解也是新技术运用的重要领域，公安人员在调解工作中用好各种新的技术手段是一项基本能力要求。

以信息技术为代表的新技术已经在公安工作中发挥着巨大的作用，对于调解来说，技术运用主要针对几个需求：一是信息查询。实现从法律法规、当事人背景、相似案例、周边环境等信息迅速查询。二是平台资源对接。纵向上，需要公安系统内有关调解的平台资源对接；横向上，要实现各行政部门间，人民调解和司法调解的相关平台资源在公安调解时的资源共享。三是联合处置。在信息技术支持下，多方合议办公成为可能，多方联动开展即时远程调解将越来越普遍。四是信息留存与跟踪。公安调解工作的全过程必须符合执法规范化的要求，调解信息的留存与跟踪提供了继续调解或者移送矛盾的依据，还能为综合研判社会矛盾纠纷特点与趋势提供参考。

当前公安机关的调解室建设、技术手段运用等，还存在发展不充分、不平衡的状态。技术更新加快又带来软硬件投入大、迭代快的负面效应。如何把先进的技术手段用起来，发挥积极功效，是未来需要多加思考的难题。

（五）公安调解如何培养新生力量

新生力量，主要有组织和人员两个部分。从组织上看，公安机关也需要建立类似人民调解协会或者调解员协会的组织，加强内部调解共同体的打造，对重点难题开展攻关研究，为公安调解积极发声。从个人来看，传统意义上的优秀公安调解人员，必须有扎实的法律功底，敏锐的洞察能力，丰富的实践经验。新时代条件下，公安调解既要将这种传统要求继承好，更要培养年轻同志开展调解的基本素养与能力教育。

一个突出的矛盾是，引入了"律师驻所"等外部平台力量参与调解后，基层民警会碍于专业性、行业性等壁垒，降低自身在调解上的知识与能力要求。众多一线实证研究发现，人民调解呈"L"型发展趋势明显；公安日常接处警工作中，矛盾纠纷调解占比不断增加。因此，新入警的同志不能只想着侦查、破案、立功，需要对其强化公安调解是警务实战重要内容的理念。

（六）公安调解如何实现好党的领导

"枫桥经验"是中国共产党领导人民进行社会主义道路探索初期的社会治理经验。在新时代的背景下，中国特色社会主义最本质的特征就是中国共产党的领导，必须加强党对一切工作的领导。但是在现实工作中，业务工作与党建工作"两张皮"的现象还一定程度存在。其主要原因就是将党建工作窄化、虚化、僵化地加以理解并实践。应该看到，调解工作就是群众工作，是党密切联系群众的重要节点。调解做得好，人民群众就能够依靠党、信任党；漠视调解、调解不力，就会让群众产生疏离感，进而对党不信任。

党的十九大报告强调："加强作风建设，必须紧紧围绕保持党同人民群众的血肉联系，增强群众观念和群众感情，不断厚植党执政的群众基础。凡是群众反映强烈的问题都要严肃认真对待，凡是损害群众利益的行为都要坚决纠正。"党建引领公安调解，是新时代公安机关完善治理体系，提升治理能力的内在要求，也是做实做好公安调解的根本保证。公安调解必须花大力气去研究和实现好党的领导。

二、完善公安调解的应对策略

策略研究往往偏宏观，从现实性上看，公安调解的很多挑战短时间内难以从技术路径上得以突破，以下笔者将结合四川省在创建枫桥式派出所过程中涌现出的公安调解的一些做法和模式，阐述可供大家借鉴的应对策略：

第一，做实党建工作，实现党建工作与调解工作深度融合。

习近平总书记提出坚持党对公安工作的绝对领导，其中自然包含了公安调解工作。党的领导，主要包括政治领导、思想领导、组织领导。这就要求公安调解工作要紧紧围绕不断提升人民群众获得感、幸福感、安全感总目标，忠实践行人民公安为人民的庄严承诺；思想上提升对公安调解工作的重视，以高度团结保证行动上坚定有力；组织上，选拔任用对党忠诚、政治素质过硬的干警实施调解、研究调解、创新调解。

结合目前四川省创建枫桥式派出所的经验来看，业务工作突出，"枫桥经验"发扬好的派出所，都具备党建与调解工作深度融合的特点。一些派出所坚持支部党建与平安社区建设相互融合，推行党员民警兼任社区支部副书记的工作机制，加强与城市商圈党委等非公类党组织联系，将派出所党支部打造成合力化解矛盾纠纷的坚强堡垒。在推广"党建延伸＋社区警务＋社区治理"联创模式中，组建起"党员先锋调解队"，实现基层党建和社区警务、社区治理的深度融合。

第二，加强分析研判，主动介入矛盾纠纷调解。

矛盾纠纷调解是一个大的社会治理工程，作为公安机关来讲，不可能坐等体制机制完善，必须先承担起责任，有所作为。通过公安机关加强分析研判，有意识地掐断可能激化社会矛盾的源头。

四川当前的一些做法包括：在乡村，民警们发挥优良的传统作风，凭借跑不断的腿、合不上的嘴，深入一线排查，防止群众矛盾纠纷隐形化，达到了良好的矛盾预防效果。在都市中引入"高危企业入驻审核机制"，对办公楼宇建立起以不良征信、背景审查、风险防控为核心内容的前置预审机制，以防止多家不良企业"带病"进入辖区运营，有效防范群体性事件发生。利用现有警综平台的数据，开展分阶段、分类别的公安调解效果评估，发现矛盾纠纷存在状态与发展趋势。此外，在街道和乡村强化法治宣传与教育，基层民警主动引导社会成员养成在法治轨道主张权利、解决纠纷的习惯，"法言法语"高频度地亮相在街道社区和网络空间，为社会成员打上一支"依法办事"预防针。

第三，整合多方资源，推动公安调解与其他调解协同创新。

多元共治就是依靠多个调解主体，共同推进社会治安综合治理。要实现矛盾不上交，就地解决，公安调解必须依靠广大人民群众共同参与。所以，一方面需要继续优化"三调联动"机制，多方形成合力；另一方面，必须要深入群众，相信群众、依靠群众，在群众路线指引下创新公安调解。

四川省内众多基层派出所主动构建含城管、公安、市场监管、税务、交警等部门和商户及居民代表组成的"商居联盟"或者"联防自治组织"。通过承担了较多"首问责任"的公安机关来牵头，完善人民调解，达到街区共商共建共享的良好治理格局。

推动"三个驻所"帮助矛盾纠纷调解。这包括：一是由派出所选聘热心调解工作并具有丰富法制和基层工作经验的退休公安人员驻所"义务调解"；二是根据警情类别邀请专业律师驻所"辅助调解"；三是主动与县司法局衔接"公调对接"，由县司法局派出2人驻所，就符合公安机关调解范围的治安案件进行"专职调解"。

"5·12"灾后重建的调解工作中，很多派出所因地制宜探索出多元化解之路，将初期面对劳资、安置矛盾，当前面临的邻里纠纷、治安防控矛盾分阶段有重点地予以关注。

在少数民族地区的公安调解，充分尊重少数民族习俗，如在羌族聚居地，建立"尔姆调解室"，传承羌族人民"尔姆孜巴"议话坪调解古习俗，邀请羌人敬仰和信任的"释比"、"老命"等长者，建立"三羌共治"（羌人、羌风、羌俗）矛盾化解机制。

综合运用了基层社区自治手段、少数民族传统习俗、专业的法律援助力量等多方资源，构建起一个有效的人民矛盾纠纷调解系统。

第四，培养调解骨干，优化公安调解警力配置。

要能准确预判矛盾纠纷的出现和演变趋势、联动各方实现矛盾纠纷的多元共治，需要公安人员具备较强的政治素质和业务素质。所以，为矛盾纠纷调解培养和配置优质高效的警力是传承和发展"枫桥经验"的必然要求。

四川公安在培养上一方面通过九大战训基地对全体民警的轮训，将问题调研能力、群众工作方法、调解能力提升作为重要课程内容设置；另一方面在实践中，发挥优秀民警的以老带新、示范引领作用。全省建立起如退休民警江志敏的"老党员工作站"、民警魏光的"老魏工作室"、"唐璐警务工作室"、辅警李云的"李云联调室"等一大批各具特色的公安调解机构，对基层民警产生较大的教育辐射作用。

在优化公安调解的警力配置上，强调优质高效。优质，即民警自身素质能力是过硬的，符合"对党忠诚、服务人民、执法公正、纪律严明"的要求，纠纷调解时能够把握公平正义的原则，切实维护人民群众的合法权益；这一点上，出面主持调解的这些民警在该社区乃至全社会都称得上道德行为标杆。高效，即民警善于总结梳理自身的经验，能准确判断矛盾的性质和阶段，同时能运用多种工具、整合多方资源，快速地介入并完成矛盾纠纷调解。前面提到诸多调解工作室的负责民警，都具有很强的思考力、行动力、学习力。如"唐路警务工作室"在全国商业街圈中，首创以商圈警务需求为特色的全时空、立体化综合性共建共治信息交流服务平台，采取微党建、微管理、微服务、微防范、微宣传的"五微工作法"，拓宽民意收集渠道，使派出所能全天候、多层次地掌握商圈矛盾纠纷动态。他们日复一日、年复一年的艰辛付出和不断探索，为社会稳定作出了巨大的贡献。

第五，发挥信息技术优势，建设高效的调解平台。

在持续推进基层派出所标准化建设中，增强公安调解的硬软件的投入。通过加强信息技术为代表的新技术的运用，发挥其优势整合公安调解各方资源，统整起高效的人民矛盾纠纷调解平台。

从四川来看，比较急需的是法律援助平台的建设。比如，在城市法律资源丰富的地方，实现"律师驻所"调解不难，但是在广大的乡村，包括那些肩负着脱贫攻坚任务的偏远地区，法律援助资源的短缺依然还存在不小的问题。解决这一问题一是要通过技术手段，把资源引流到基层，建立起公安调解信息资源库、交互式多人会议视频系统、矛盾纠纷调解呼叫中心等软硬件设施；二是在联动机制下，实现多方数据共享，建立全天候公安调解问诊反馈机制；三是要做实民警公安调解继续教育工作，发挥传统优势，培训他们在调解中熟练运用信息技术。在区域内乃至全国建立起高效的调解平台，能够让公安调解上到更高的台阶。

第六，完善法治体系建设，提升公安调解法治化水平。

党的十九届四中全会提出坚持和完善中国特色社会主义法治体系，提高党依法治国、依法执政能力。公安调解，乃至整个大调解格局与机制的优化都有赖于完善法治体系建设。从国家层面来看，需要在《中华人民共和国人民警察法》、《中华人民共和国人民调解法》、《中华人民共和国治安管理处罚法》等法律中，将公安调解与其他行政调解、人民调解和司法调解，在职责、功能，适用对象与范围等方面进一步区别和明确，并由此传导到《公安机关办理行政案件程序规定》等各项部门规章的修订。从地方层面来看，需要出台包含公安调解在内的"三调联动"地方法规，细化矛盾纠纷调解中各自的职责、权限、考核、评估等内容，在人、财、物等方面为公安调解提供切实保障。

四川省在已经制定《四川省公安机关行政调解工作规范》的基础上，各地方因地制宜出台类似《关于建立完善人民调解与治安行政调解衔接联动机制的实施办法》、《人民调解工作个案补贴办法》等地方性法规与规章，使"公调对接"能够真正落地生根。调解中难以消化的如合同纠纷中拒不履约的"硬骨头"，地方出台相关办法，由公安机关联动司法机关和其他兄弟单位一起进行解决，通知法院到场进行司法确认，法院启动强制执行一站式办理。法治的完善需要在实践中不断探索，随着公安机关改革发展的不断深入、社会治理体系与治理能力现代化建设的推进，法治思维指引下的公安调解会收获更多的成果，进而提升公安调解法治化水平。

新自由社群主义下的警务治理

牛 旭[*]

摘 要：我们生活在一个"治理术"的时代，不相应建立一套警务治理的知识，就不可能有相应的警务治理术。"枫桥经验"下的社区警务某种意义上可以看成是新自由社群主义下（neoliberal communitarianism）的警务治理。首先它是警民的伙伴关系，操控警务的权力，在某种程度上已逐渐由政府和市民共享。其次，通过政府的财政支持，预防性社区重建方兴未艾，公民正在被感召为"积极负责任"的公民，成为社会治安的生力军。最后，通过赋权于社会和个人，国家采取保持一定距离治理的策略。同时，采取风险管理的方式，对不同风险，采取不同的警务对待，尤其对高风险者采取密集监控和选择性监禁的策略。

关键词：警务 治理术 新自由社群主义 积极负责任公民

一、福柯的治理理念

福柯认为，我们生活在一个"治理术"的时代，国家的治理化就是使国家幸存下来的因素。只有以治理术的一般手法为基础，我们才能理解国家的持续存有（survival）与局限。

对于治理我们要问的是："How to govern oneself, how to be governed, how to govern others, by whom the people will accept being governed, how to become the best possible governor?"（我们如何治理自我，怎样被治理，怎样治理他

---

[*] 牛旭，陕西警官职业学院学报编辑部主任，副教授。

者，通过谁人们将甘心情愿地被治理，怎样成为可能的最好的治理者？）

治理（governmentality）可以理解成：（1）通过理性、技术等来使个人的主体性被规范化，从而使对崇尚自由的现代社会的施行管理成为可能。治理也可被用于指称：

①治理术（the "art of government"）；

②治理理性（governmental rationality）；

③怎样管理，通过什么样可算计的方式来指导我们的行为（the "how" of governing, that is, the calculated means of directing how we behave and act）；

④一个社会通过怎样的技术和策略来掌控（the techniques and strategies by which a society is rendered governable）。

从语义学上讲，治理（governmentality）由管领"governing"（governer）和思维模式"mentalite"（modes of thought）两部分组成。可见，在研究权力技术时，如果不分析其背后的政治理性便无法对权力技术有深刻的理解。

如果依据福柯的"问题化"（problematic）来解读"治理"，其实就是反思治理着的实践与实践着的治理之间的距离。正如他在生物政治的诞生时所说的："我想研究治理术，也就是说，最佳的治理方式，同时，反思可能更好的治理方式"。

这种治理实践非常类似于中国的内圣外王，就是先修身，然后将修身齐家的内圣功夫外推于治国平天下的外王实现。也就是说，一方面，想把国家治理好的人，首先要学会如何治理好自己。另一方面，再将这种修己功夫，立己立人，达己达人。治理实际上就是针对具体问题而发展出的一系列知识形式和战略布署。它是一种实践，是依据一定的真理制度引导他人乃至自己可能的行动范围（conduct of conduct）。为了实现这一目标，一方面导致了一系列治理特有的机制（apparatuses）的形成，另一方面则导致了一整套知识（savoirs）的发展。

二、社区警务治理

（一）警务治理

警务治理是从政府对犯罪治理的全权负责，到"放管服"下警民结成伙伴关系，利用社区警务平台创造性地合作、共同解决社会所面临的犯罪和社会失序、社区颓败等问题的新治理理路。它背后的治理理性是新自由主义，主导的思想是认为："只有赋予个人以最大的自由，才能实现社会福祉最大化。"其最大的特点是"自由的治理"。它的核心问题是："如何在赋予人更大的自由的同时维持社会秩序？"其解决这一两难的办法仍然是诉诸市场：

"个人成为自己的经理人,将社会风险个人化。"正如福柯所说的"与个体自由相伴相生的,是'安全配置',其目的是克服从全体居民自由中滋生出来的风险,成全与保障个人自由"。枫桥经验下的社区警务可以看成新自由主义治理的中国版,政府希望通过社区之手培育负责任的公民,从而实现将政府责任卸载给社会,通过负责任的全体公民来实现社会的精巧治理,政府有所为、有所不为,从而实现垂拱而治之目的。

(二)社区警务——警民合作的新契约

当代警务面临的一大挑战,就是警察在寻求自身在现代社会中的准确定位。首先,警务不再被警察所垄断,非政府主导的警务方兴未艾。其次,警察面临前所未有的身份危机。不再有信心认为自己对犯罪的控制是有效的,他们焦虑地检视自己的所有表现:目标、战略、组织、管理、纪律以及可靠性。

各国政府面临着 Garland 所说的"犯罪困境":一方面是高犯罪率,另一方面是国家缺乏处理这些犯罪的资源。因此,各国政府普遍动员"包括地方政府和私营部门在内的公民个人和民间社会,共同预防和打击犯罪"。这种"社会动员"意味着像私人组织和"社会"都负有预防和打击犯罪的广泛职责。一再有人主张,要预防犯罪,需要在"政府负首要职责"、"活跃的公民社会"和"公民自己责任"之间重新进行责任划分。

在这种情况下,警民的伙伴关系于焉乎生。它强调警民创造性地合作、共同解决社会所面临的犯罪和社会失序、社区颓败等问题。这一模式相信要达到社会祥和安定之福祉全靠警民建立起新型的伙伴关系,其中社区应该能发出更多的声音,指出哪些是社区警务的当务之急,并且身体力行,与警察携手来提升社区的生活质量,也就是说,警务活动不再只是警察部门的事,更是社区自己的事,警民要相互合作,研究社区犯罪问题的症结,而后有的放矢地共同解决问题。具体而言:

"①强调在社区与警方之间建立有效的工作伙伴关系;②警察的成功不仅取决于他们自身技能和能力的发展,还取决于建立有能力的社区;③社区的作用不仅仅是通告警方犯罪和其他问题,而是积极帮助保持自己的社区安全和免于犯罪(预防性的社区);④这可能涉及也可能不涉及警方;⑤警方确认他们为社区和法律而工作;⑥警方寻求更广泛的社会咨询,问计于民,根据社区顾虑所在的先后而采取行动;⑦适用于解决问题式警务(problem solving policing)的目标也同样适用于社区警务,即:犯罪侦查,预防犯罪,减少恐惧和维持秩序。"

因此,社区警务是一种组织策略,包含警察决策程序及组织文化的改变。

其运作的元素包括咨询（consultation）、调适（adaptation）、动员（mobilization）以及问题解决（problem-solving）。即警察机关系统性地咨询社区民众，针对地方的需求，规划并调整有关资源，动员社区居民共建平安社区，共谋解决社区治安问题。这显示出操控警务的权力，在某个程度上已逐渐由政府的手中转移到人民的身上，也意味着警察与公众之间新的合作契约。

三、警务治理之理性（governmental rationality）——新自由社群主义（neoliberal communitarianism）

（一）新自由主义治理

1. 新自由主义治理的核心——打造自我负责的主体（an entrepreneur of himself）

自1975年以来，随着福利国家的衰败和新自由主义治理的崛起，现代社会中的层级官僚作为政策的推进工具的作用日渐式微。一些改革者把福利国家的危机归结于官僚体制缺乏效率。新自由主义开出的药方是政府本身也应市场化。政府和其他市场主体一样通过竞争来为社会提供公共服务——这直接造就了现代警务的"企管化倾向"。此外，警务私营化也得到空前发展。

新自由主义政府的角色仅限于为维持市场运转而进行最小的干预，即"小政府，大社会"。市场延伸到社会的各个领域，没有社会关系不可以用市场理性来加以解读的。新自由主义的悖论在于：只有赋予个人以最大的自由，才能实现社会福祉最大化。它的核心问题是：如何在赋予人更大的自由的同时维持社会的秩序呢？

新自由主义解决这一两难的办法仍然是诉诸市场：个人成为自己的经理人，把社会风险个人化。正如福柯所说的"与个体自由相伴相生的，是'安全配置'，其目的是克服从全体居民自由中滋生出来的风险，成全与保障个人自由"。像英国前首相撒切尔夫人说的："Economics are the method; the object is to change the soul"。要让人的心灵管控住人的身体。

2. 新自由主义治理下的犯罪政策——风险管理（risks management）

在福柯的名著《规训与惩罚》中，刑罚思想经历了从彰显司法权力的"断头台"（即惩罚）到规训权力的"监狱"（即矫治）——一个从罪犯身体到灵魂的转变。而随着"生物权力"（biopower）的粉墨登场，新自由主义刑罚政策，以风险评估为基础进行犯罪的风险管理，着眼于犯罪未发之时的预测和管理上。

因此，"犯罪控制情结"成为后现代社会的精神分裂症，对受害者、反社会行为和社会安全问题的担忧日益主导着社会政策。今天我们拥抱一种30年前想都不敢想的社会控制（social control）文化。这包括：在有监控的商店买东西，宁愿待在家里而不走出户外，对家庭、社会和道德沦丧的担忧。

如今人们谈及犯罪时，适用的语言都是"防卫"和"战争"（the war on crime）——"敌人刑法"（enemy penology）的概念。过去在自由的名义下可容忍的偏差行为现在都有了犯罪的恶名。在已过去的半个世纪中我们看到，对下层人（underclass）的敌视，不断增加的监禁人口，频繁地处决犯人——对不那么幸运的人的控制成为首要任务。

这种惩罚主要是为保护社会而对某些犯罪人进行长时间的监禁，其目的并非想要重新社会化这些人，而是对其进行仓储式管理。将社会风险最小化，采用的是将这些高风险的犯罪人监禁在监狱中，如在美国就表现为大规模的监禁。这些监禁措施以声称"必须捍卫社会"之名而得到合法化。其次，这些措施是被"科学地"合法化的，因为研究显示它"对犯罪率的降低有着积极的影响"。

（二）社群主义——重建社区价值，重建公民的身份认同

从某种意义上说，新自由主义警务是有局限的，还不足以全面描述警务治理理性和技术。因为打击犯罪并不能从根本上解决犯罪的根本问题。而个人与社会即是造成犯罪的原因，同时也是解决问题的答案。重塑公民个人责任和社区价值，将个人束缚在他的身份认同上，并赋予其真理法则，乃是不战而屈的妙计。因为认同一种自我身份，自我即成为自身的监牢。我们一生都在不断地追寻自我正身（self-identity），他是我们生存的律法、道路和鹄的，我们不停地问"我这样做是否符合我的自我正身"，从而正身即成了我的一种枷锁。

面对新自由主义犯罪治理的困境，社区主义者转而求助于对公民的道德及其对遵从社会规范方面的关切，并强烈吁求社会和个人为共同为恢复公共秩序而精诚团结。有人认为，很长时间以来，片面地强调公民的权利，却忽视了公民对其他公民和整个"社区"的义务，正是社区颓败，犯罪增多的渊薮；也有人认为，"有些人已经忘记了自己作为公民的守法义务，有些人现在只把'守法'作为行为方式的选择之一"。因此，现在人们有一种对犯罪有更少容忍而更多惩罚的态度。这种"从本质上改善的治安状况的努力将使公民铭记为了维护我们良好的社会秩序，我们应该承担的义务和享有的权利"。国家的刑罚从福利救济变成了保险救济（the sovereign stick of punishment transformed from ultimum remedium into premium remedium）。

重建社区价值，重建公民的身份认同。正是政府通过赋予公民"积极身

份",通过公民和社会的自我管理,而保持一定距离治理(governance at a distance)的技术。公民"积极身份"、"社区"的治安责任和政府的维持社会秩序成了维护"法律与秩序"(law and order)的三驾马车。

从中我们看到了许多国家采取措施,提供财政支持,积极地召唤公民参与建设预防性的社区,宣扬社区价值,共建社会平安社区,以促进社会和谐整合与凝聚。

(三)新自由社群主义——解决社会问题的整体进路

新自由社群主义(neoliberal communitarianism)可以被认为是一种将新自由主义治理的主要特征与社群治理的特征相结合的策略。它结合了新公共管理的策略并将责任外包。此外,它还通过"积极公民身份"的标签,通过大数据精算区分出"积极负责公民"和"被动消极公民"乃至于"有犯罪风险公民"。从而区分出谁是我们可以依靠的力量,谁是我们需要团结的力量,谁是我们需要警惕、预防甚至打击的对象。

这涉及重新定义国家与公民之间的关系,也在战略层面改变了国家与主权之间的关系。自由越来越被定义为人们愿意成为简·雅各布斯(Jane Jacobs)所说的"街道上的眼睛",如果再与国家机构相合作,更将成为有效的"国家的眼睛"。

首先,在新自由社群主义中,个人、社区和国家可以交替地成为社会问题的来源或解决方案。例如,某人是危害"社区"的"风险公民",或者因"社区"的颓败而处于受害风险之中,可以通过加强个人责任来加以修正。因此,高风险人群与社区的价值观相背离,或者,缺乏社区积极参与的意识和社会责任感。通过"积极的"、"负责任的"公民进行社会治理意味着新自由主义需要强调"个人责任"。其次,新自由社群主义指的是一种社区文化的同化主义,要用社会主流的价值观来同化"他者"。第三,新自由社群主义也指国家通过大规模监禁和选择性监禁来保护社会。最后,它还指通过主动、有效和网络化的状态,可以保持贴身或远距离进行社会控制,就像村委会、居委会这样的组织,在保持对居民照顾的同时也是切近的监护。

非常明显的是"公民责任化"(responsibilization,即塑造负责任的公民)的技术是具有双面神(Janus-faced)的特点。

"公民责任化"(responsibilization)可进一步发展为促进型责任化(facilitative responsibilization)和压制型责任化(repressive responsibilization)两种形态。

促进型责任化假定一个已经自治化的公民,一个充分社会化的公民,就像一个训练有素的士兵,只要召唤,随时可以拿起武器保卫社会。实际上这些人是国家治理依赖的中坚力量,是《中国社会各阶级分析》中"谁是我们的敌人?"中的"我们"。此外,压制型责任化主要致力于干预。针对"被动消极公民",将其询唤成为"负责任的公民"。促进型责任化发生在社区中存在很高的受害风险,应动员大家起来共同对抗和打击犯罪。压制型责任则发生在当个别公民本身就是犯罪风险时,这需要对其加强纪律干预。

新自由社群主义是一种政府战略,政府秉持对重罪严打政策,而将治理犯罪基本责任细分给个人和社区。这里国家扮演着了多重角色:它像是以打击犯罪为业的企业,是个人和社区负起打击预防犯罪责任的促进者,整个社会道德的坚守者,"社区秩序"的捍卫者,犯罪的惩罚者。

需要澄清的是:新的治理并非认为在预防犯罪中过去的政治或文化发展路径依赖不起任何作用,或者说"旧式"的福利刑罚政策已被击败并消失了。而是说,福利刑罚主义是被"重新移植"到的新的治理框架中。

在组织层面上,无论是新自由主义治理还是社群主义治理对社会问题的整体进路都诉诸"机制协同",他针对的是对应官僚机制建立起来的福利刑罚思想,因为自1970年代以来,福利刑罚理念引起越来越多的质疑,被斥为双重失败,因其不仅仅无力预防越来越多的犯罪,而且对这种失败还给不出答案。其被视为应对犯罪和社会治安失败的典型。

值得注意的是,在组织和监管方面,新自由主义和社群主义表现得互相兼容。新自由社群主义已经成为公民身份表达中的一种差异化策略。首先,它重塑了公民与国家之间的关系。其次,它沿着这些新路线区分好公民和有缺陷的公民。第三,它导致公民形象的三分:①负责任的公民;②低风险公民;③高危公民。"高危公民"非促进型责任人,也非压制型责任人,而是被选择性监禁、被社会排斥的人。公民身份的三种形象表明,随着政府越来越远离福利刑罚的概念,治理的自我反思发生了重大变化。

四、结语

福柯曾说:"在很长一段时期,整个西方存在一种趋势,比起所有其他权力形式(主权、纪律等)来说,这种可称为'治理'的权力形式日益占据了突出的地位(pre-eminence),这种趋势,一方面导致了一系列治理特有的措置(apparatuses)的形成,另一方面则导致了一整套知识(savoirs)的发展。"

我们警务治理特有的措置和知识(savoirs)是什么?枫桥警务模式,在某种意义上可以看成是新自由社群主义下的具有中国特色的警务治理。尽管它也像西方国家那样旨在建设新型的警民伙伴关系,培育负责任的公民整体,建设预防性的社区,利用"放管服",将原来政府机关独占的一部分警务权力

"转让"给社会和个人,协同共担社会治安的责任,但它的发动、运行、修正等都有着一套自己的逻辑,值得后续深入地研究。

无论如何,新自由社群主义治理术中的"公民责任化"(responsibilization)(即塑造负责人的公民)这一治理技术,值得我们认真对待和借鉴。它重塑了国家、社区和公民之间的关系,也丰富了主权的内涵,使国家对社会的治理能够与时俱进,使"保持一定距离的治理"成为可能。

新时代"枫桥经验"下县域社会治理的实践与思考

——以昆山模式为蓝本

秦开鑫[*]

摘 要： 党的十九届四中全会聚焦坚持和完善中国特色社会主义制度、推进国家治理体系和治理能力现代化这一主题，深刻擘画了"中国之治"的宏伟蓝图。作为江苏开展社会主义现代化建设试点的地区之一，昆山坚持"打造与经济社会发展水平相匹配的社会治理格局"总定位，突出"融、法、人、智"四个关键字，厚植执政之基，打造法治之城，力促共建共享，探索出一条符合县域城市特性、具有时代特点、体现昆山特色的社会治理创新发展之路。结合新时代"枫桥经验"的发展变化，要始终坚持情报、主动、问题、融合、效果"五个导向"，突出时代性、把握规律性、增强实战性，进一步理顺体系架构，调优实施路径，打通关键环节，努力推进社会综合治理的现代化进程。

关键词： 县域社会治理 "枫桥经验" 现代化 网络空间治理

党的十九大报告指出，全面深化改革总目标是完善和发展中国特色社会主义制度、推进国家治理体系和治理能力现代化。党的十九届四中全会聚焦这一主题，立足当下，着眼长远，深刻擘画了"中国之治"的宏伟蓝图。2019年年初，江苏省委、省政府出台《关于在苏南部分县（市、区）开展社会主义现代化建设试点工作的实施方案》，昆山作为6个试点地区之一，被赋予为江苏乃至全国探路社会主义现代化建设的重任。面对外来人口占比约七成、非公企业占比超95%、群众诉求显著提升的严峻挑战，昆山厚植执政之

---

[*] 秦开鑫，江苏省昆山市公安局办公室副主任，法学学士。

基,打造法治之城,力促共建共享,探索出一套治理体系和治理能力现代化的"昆山之道",连续15年位居全国百强县首位,被评为江苏省2018年度推进高质量发展先进县(市、区)。作为全国县域经济发展的排头兵,昆山在社会经济高速发展的同时,也会比其他地区更早地面对城市治理的全新问题,如何正确应对处理这些新情况、新挑战,不仅是检验高质量发展和现代化试点的重要指标,也是提升人民群众安全感和满意度的关键所在。习近平总书记多次指出:"要推进社会治理现代化,坚持和发展'枫桥经验',健全平安建设社会协同机制,从源头上提升维护社会稳定能力和水平。"笔者试以昆山模式为蓝本,结合新时代"枫桥经验"的新内涵,对县域社会治理作如下分析和思考。

一、昆山在县域社会治理方面的探索实践

近年来,昆山坚持"打造与经济社会发展水平相匹配的社会治理格局"总定位,着力破解自身发展中遇到的各种社会治理难题,按照上级有关部署要求,制定《加强和创新社会治理三年提升工程实施方案(2018—2020年)》,全面系统推进社会治理"昆山之路"新探索,走出了一条符合县域城市特性、具有时代特点、体现昆山特色的社会治理创新发展之路。其主要做法可以概括为融、法、人、智"四个关键字":

(一)在治理架构上,突出一个"融"字

坚持政治引领、突出联动融合,是昆山创新社会治理的核心特点。针对昆山人口体量大、矛盾纠纷多的问题,紧盯"共建共治共享"发展方向,以党建创新引领治理转型,不断增强社会治理聚合力。一是推动党建+治理"双向融合"。完善党委总揽、协调各方的治理体制,将支部建设延伸到网格上、楼道里,把党的政治优势和组织优势转化为治理优势和服务优势,在扫黑除恶、"331"专项行动以及安全隐患排查整治等重点工作中,创新"行动支部"组织形式,建强基层"行动堡垒";在社会治理网格中,由村(社区)党支部书记担任网格长,延伸基层党组织"神经末梢",把矛盾和风险化解在一线,打造精细治理新亮点。二是推动综治+警务"双网融合"。在全国率先探索综治网格警务网格"双网融合",依托市公安局指挥中心建立市警务网格联动中心,对接市综治网格化联动中心;各区镇依托现有网格化联动分中心和派出所综合指挥室,升级打造综治警务网格联动分中心;各村(社区)推进网格化联动工作站和警务室一体化建设,实现社会治理三级网格"双网合一",同时按照"依托警务协管员建立专职网格员"的工作思路,增招500余名警务协管员实现全市1577个网格全覆盖。三是推动网格+物管"双员融

合"。将住宅小区物业服务融入网格化管理,实行"网格员+物管员"双员配置,建立网格队伍协同巡查制度,引导物业服务人员当好法治宣传员、民情调查员、矛盾调解员,同时制定"多元参与"小区共治机制,物业公司、街道、社区民警、业委会等定期召开调度会,共商共议,有效解决小区"群租房"、车库住人、非机动车违规充电、"僵尸车"乱停放等难题,打通了社会治理的"最后一公里"。

(二)在治理模式上,突出一个"法"字

坚持法治思维、突出法治保障,是昆山创新社会治理的基本定力。法治是社会治理的最优模式,为妥善解决社会发展和人民群众生产生活直接相关的各类突出问题,昆山充分发挥法治建设保障作用,努力将崇法重契植根于昆山的城市精神,内化为群众的行为自觉。一是推动法律服务均等化。在江苏全省首创"律师进所"、"公调对接"、"庭所对接"等机制,通过律师"直接介入"、"会商参谋"、"源头干预"等方式引导当事人依法维权,推动矛盾纠纷化解法治化,按照新出台的《昆山市"法律服务进综治网格"工作实施意见》,全市59名法官、64名检察官联系挂钩网格,256名警官、79名法律顾问、491名人民调解员"三官一律一员"全面下沉,组建网格法律服务团,在村(社区)统筹设立法律服务工作站,使法律服务触角进一步延伸到网格。此外,昆山新提拔领导干部上任前,必须要在法律中心进行考核,合格后才能上岗。二是推动村规民约法治化。昆山所有的社区全部聘请法律顾问,有些还邀请顾问列席村(居)委会、参与群众调解,确保依法办事。同时注重弘扬公序良俗,以千灯古镇为例,该镇炎武社区将顾炎武"贵廉"、"有耻"、"责任担当"等名言典故融入村规民约,形成"移旧俗,不铺张,红白喜事从俭操;常活动,多锻炼,文明娱乐不吵闹"等十二条朗朗上口的约定。目前,这个安置22个村、2500余户动迁农民的"村改社区"和谐安定,无一处违章建筑,无一条黑色广告,无一方环境破坏,有效推进法治、德治、自治有机融合。三是推动重大决策制度化。作为一个县处级架构的城市,面对社会主要矛盾的变化,如何更好地满足人民日益增长的美好生活需要,不断促进社会公平正义呢?用制度管理代替松散、随意决策,无疑是减少矛盾对立的重要手段。以教育为例,为有效解决随迁子女在流入地上学问题,昆山在充分借鉴珠三角等地经验做法的基础上,推出新市民子女公办学校积分入学制,将见义勇为、劳动模范等作为加分项,将违法犯罪等作为扣分项,每年发布积分入学办法指标内容及积分办法,公开透明、规范有序,因子女就学问题引发的涉稳事件逐年减少。

（三）在治理要素上，突出一个"人"字

坚持因情施策、突出以人为本，是昆山创新社会治理的全新路径。社会治理的核心是对人的服务管理。随着落户政策的逐步放开，昆山户籍人口上升态势明显，2019年增量超前两年增量的总和，全市居住三年以上以及半年以下的流动人口所占比重"双增长"，长期在昆人员的稳定性以及短期来昆人员的流动性"双增强"，如何管理服务好近300万的实有人口，是考验昆山社会治理能力的重要指标。一方面，针对流动人口占比大，创新推行流动人口素质提升"六个一"工程，聚焦入城、入住、入职、入户、入学等重点环节，通过构建一套覆盖流动人口工作、生活区域及周边市情市貌宣传教育的工作机制，编发一套涵盖流动人口求职、入学、落户等服务政策的培训教材，搭建一个集手机电脑等多种终端网络教育的培训平台，组建一支既有本地居民又有流动人口、爱昆护昆教育培训的师资队伍，构建一个"政府＋企业＋社会"三方协作的共建体系，制定一套运用于在昆落户、积分入学等公共服务的考核办法，推动实现流动人口市情知晓、法治理念、文明素养、职业技能、安全意识"五个提升"及流动人口受刑事行政处罚数、受侵害数"双下降"。另一方面，针对实有人口成分多，创新推行"等着你——暨送爱回家公益活动"，借鉴央视《等着我》公益寻人节目创意，结合昆山外来人口违法犯罪占比较大的现实问题，在法律法规的框架下，以长期混迹于本地且有作案可能的特殊群体、尤其是未成年群体为重点，通过政策教育、思想感化、劝返回家、共同帮教等方式，建立由送爱单位、人员家属、原籍地派出所、社区村委共同组成的"多位一体"工作组，共同落实教育管控职责。自2017年下半年以来，通过送返原籍、家属接回、购票离开等方式累计帮助4000余人"重新回家"，实现了犯罪减少、"治病救人"的双重效果。

（四）在治理方式上，突出一个"智"字

坚持科技支撑、突出智慧赋能，是昆山创新社会治理的强大引擎。党的十九届四中全会有一项重大的制度创新就是在社会治理体系中增加了"科技支撑"等要求，作为改革发展的排头兵，昆山正在全力打造"科创之城"，通过持续推动"枫桥经验"与现代科技深度融合，以科技驱动为引擎的智能化治理方式正初显成效。一是推动风险防控智能化。以环保领域专项维稳工作为载体和试点，聚焦风险感知、管理、评估、化解的四个环节，以数据流牵引业务流、管理流有机融合，建立数据赋能专项维稳工作平台，推动形成从情报搜集、分析研判到指令处置、核查反馈，再到重新评估决策的工作闭环，提升预测预警预防能力水平，打造数据赋能维护稳定"样板工程"，被江苏省

委政法委确定为防范化解重大风险"四项机制"典型案例,目前正向商城商铺、投资金融等领域拓展应用。二是推动城市管理智能化。成立数字化城市管理监督指挥中心,利用现代科技技术,再造城市管理流程,逐步实现了精确、敏捷、高效的全新管理模式,让"城市管理像绣花一样精细",荣获苏州市城市管理工作唯一一等奖,被住建部通报表扬。比如在基础设施管理上,昆山每一个路灯、每一个垃圾桶都有"身份证",详细记载着它们的属性,极大地方便了查找维修;又比如在公共区域管理上,大数据监测发现昆山张浦镇港浦路两边划车案件有所增加,调查发现该区域停车位严重不足,停车矛盾突出,后经改造增加停车位后,划车案件显著减少。三是推动社区治理智能化。在织密小区监控安防体系基础上,创新开展"雪亮社区"建设,充分运作智能人像对比、车牌识别设备的现代技术,结合小区实有人口(含照片)、车辆底数排摸工作,实现对"社区概况"、"人员在册登记"、"重点人员管控"和"出入小区敏感行为"等情况的动态实时掌握,有效辅助人口管理、停车管理,为社区治理插上了科技翅膀。

二、新时代"枫桥经验"对加强和创新社会治理的启示

当前,中国特色社会主义已经进入了新时代,"枫桥经验"的基本理念正在从以维护社会稳定为重点向以人民为中心的理念转变,基本定位正在从基层预防化解矛盾的做法向基层社会治理模式转变,基本路径正在从群防群治向构建自治、法治、德治相融合的基层社会治理机制转变,基本手段正在从以人防、物防、技防为主的"三防"到建立健全人防、物防、技防、制度防"四防并举"的社会风险防控体系转变,基本方式正在从传统方式向"传统+智慧"方式治理转变,基本目标正在从"小治安"到"大治安"转变。

在社会主要矛盾已经发生深刻变化的大背景下,尽管我们的经济社会发展水平已经有了明显提高,但与人民日益增长的美好生活需要还有差距,不平衡不充分发展的情况仍然存在,必须要坚持和发扬新时代"枫桥经验",不断增强社会治理的探索性、创新性和引领性,重点要坚持"五个导向"。

(一)必须坚持情报导向,把预测预警预防放在更加突出的位置

情报是行动的主导。习近平总书记在省部级主要领导干部坚持底线思维着力防范化解重大风险专题研讨班上强调:"要强化风险意识,常观大势、常思大局,科学预见形势发展走势和隐藏其中的风险挑战,做到未雨绸缪。"要做到未雨绸缪、预测预警预防,关键要有情报的支撑。虽然我们常把"情报主导"挂在嘴边,但是情报割裂、信息孤岛、力量分散等问题仍然存在,并且直接影响到情报的整合、研判、评估和流转处置。坚持情报主导,重点要

抓好两个方面工作，一方面要在数据赋能上求创新、求突破，要坚持数据文化理念，用数据说话、靠数据分析、凭数据预测，充分利用大数据平台，综合分析各领域、各层级的风险因素和苗头，提高对风险的感知、预测、防范能力，有针对性地制定应对策略。另一方面要在合成作战上求创新、求突破，要坚持联动融合理念，统筹整合各方面力量资源，协调衔接社会治理各环节，实现情报集中、力量集中、集约合成、高效运作，使有限的资源发挥出最大效应，使社会治理发挥出整体效能。

（二）必须坚持主动导向，把防控关口前移放在更加突出的位置

抓早控小是防范风险的有效途径，也是以最小代价取得最大效果的重要策略。习近平总书记指出："预判风险所在是防范风险的前提，把握风险走向是谋求战略主动的关键。要加强战略预判和风险预警，见微知著、未雨绸缪，力争把风险化解在源头。"近年来，昆山坚持以大事牵引理念为主导，在事先防范、关口前移、预测预警方面做了有益的探索实践，妥善化解处置了一批重大涉稳风险隐患。但从处置过程看，仍然存在源头情报获取不足、重点对象管控方法单一、特殊群体稳控能力不强、两级专班运作机制不畅等问题，导致主动防范、整体牵引的实战效能没有充分发挥。在当前严峻复杂的社会治安形势下，必须紧盯危机发生的酝酿、初始、爆发、扩散、失控五个重要阶段，加强风险研判，加强源头治理，提早干预，努力将矛盾纠纷化解在基层、化解在萌芽状态，避免小问题拖成大问题，避免一般性问题演变成突出问题。要充分借鉴各地维稳工作的经验做法，突出"大情报、小行动"，化"防守"为"进攻"，变"被动"为"主动"，降低维稳工作风险，提升维稳工作质态。

（三）必须坚持问题导向，把虚拟社会治理放在更加突出的位置

坚持问题导向是马克思主义的鲜明特点。习近平总书记指出："每个时代总有属于它自己的问题，只要科学地认识、准确地把握、正确地解决这些问题，就能够把我们的社会不断推向前进。"当前社会治理的任务十分繁重，但我们可利用的力量、资源、手段相对有限，不可能"眉毛胡子一把抓"，必须始终坚持问题导向，抓主要矛盾和关键难点。除了现实社会治理外，党的十九大报告首次提出"建立网络综合治理体系"，特别是随着"互联网+"时代的到来和区块链、5G等新技术的迅猛发展，意识形态领域许多新情况新问题往往因网而生、因网而增，网络空间已经成为社会治理的另一个"主战场"，但是我们在应对策略、关键手段以及融入网络社会、提前获取情报等方面，仍然存在短板和不足。坚持问题导向，重点要抓好两个方面工作，一方

面要加强互联网内容建设，坚持传播弘扬正能量这一总要求，科学认识网络传播规律，做强网上正面宣传，用习近平新时代中国特色社会主义思想团结、凝聚亿万网名，形成社会共识。另一方面要加强互联网综合治理，坚持网上网下一体，推动政府部门社会治理职能向网络虚拟社会延伸，通过大情报搜集汇总、大数据分析监测等手段，不断提升从互联网海量信息中发现问题、处理问题的能力水平，努力推动互联网这个最大变量变成社会治理的最大增量。

（四）必须坚持融合导向，把共建共治共享放在更加突出的位置

互联互通、融合发展，打造共建共治共享的社会治理格局，是新时代"枫桥经验"的显著特征。在经济全球化、区域一体化的时代背景下，各类风险跨界性、关联性增强，没有哪类风险不需要综合施策，没有哪个地方和部门不需要协调配合。近年来，昆山主动适应形势变化，以融合理念为引领，较早启动了综合执法队伍建设，组建了市政府直属正科级事业单位——社会综合治理联动中心，实现城市管理、民生服务和社会治理相关事项的数据汇集、指挥集成、力量聚合和执法联动。但是上下联动的治理体系、综治+警务"双网融合"机制还不够完善，综合治理的系统性、整体性、协同性还不够强。要坚持融合导向，发挥好社会综合治理联动中心统筹协调优势，统筹各方资源，搭建好社会治理工作平台，把社会治理的重心放到基层，结合服务供给、矛盾化解、安全防范等各项工作需求，分门别类制定基层社会治理标准体系，完善城乡社区网格化服务管理规范和责任清单，推动基层社会治理触角向每个角落延伸，实现大事全网联动、小事一格解决。

（五）必须坚持效果导向，把闭环高效处置放在更加突出的位置

新时代"枫桥经验"无论如何发展变化，其最终的落脚点都是要将风险隐患和矛盾纠纷化解在基层，解决在当地。习近平总书记指出："要在抓改革落实上下更大气力，既要关注整体面上改革推进落实情况，也要善于从小处切口、点上发力，确保问题发现一个就能解决一个。"前文也提到，当前社会治理面临的问题错综复杂，单独依靠一个部门或一个地方很难解决，必须紧盯社会治理的实际效果和终极目标，构建闭环化运作的社会治理体系，按照"减存量、控增量、防变量"的思路，努力使问题不累积、不扩散、不升级，确保每一个问题都能得到有效解决。要建立风险管控责任分担制度，科学界定、合理分配各层级、各部门的风险管控责任，编制责任清单和流程清单，形成风险防控的整体合力。同时要强化督查问责，发挥"综治考评"风向标作用，切实推动压实责任。

三、新时代"枫桥经验"下县域社会治理的路径探究

2009年，习近平总书记在江苏调研时指出"像昆山这样的地方，包括苏州，现代化应该是一个可以去勾画的目标。"2014年，习近平总书记视察江苏，提出了"强富美高"的宏伟蓝图和"五个迈上新台阶"的实践路径。江苏省委常委、苏州市委书记蓝绍敏对昆山提出了践行"四闯四责"的殷切希望，要求昆山勇当新时代高质量发展和现代化试点走在前列的热血尖兵，勇闯"无人区"，作出"无问之答"、提出"无解之解"。应当说，这些年昆山在县域社会治理方面开展了有益的探索和实践，为打造新时代"枫桥经验"下社会治理的样板标杆奠定了坚实基础。结合"昆山蓝本"，笔者认为，新时代坚持和发展"枫桥经验"，必须始终坚持情报、主动、问题、融合、效果"五个导向"，突出时代性、把握规律性、增强实战性，进一步理顺体系架构，调优实施路径，打通关键环节，努力推进社会治理的现代化进程。

（一）突出时代性，科学设计社会治理的体系架构

科学前瞻的框架结构是确保工作落地高效、持续发展的基础和动力。要坚持党委领导、政府主导的基本原则，由政法委牵头、公安主建，推动形成部门协同、社会参与的社会综合治理体系架构。一要建立横向到边、纵向到底的组织体系。在市政府社会综合治理联动中心高效运作的基础上，要加快构建市、区镇、村（社区）三级管理体系，建立各级社会综合治理的工作专班，政法各部门、信访、司法、民政、交通、教育等相关部门要参与专班运作，形成工作整体合力。对上，为市委市政府全面掌控动态市情，开展指挥决策提供参考；向下，根据研判分析的工作提示和领导批示指示精神，抓好督导落实和结果反馈。二要建立定期研判、高效流转的工作机制。要明确各级综合治理联动中心的职责任务，逐步建立完善组织协调、情报研判、线索处置等工作机制，定期开展研判分析，各区镇、村级工作专班每天要汇总社会治理工作情况报市级专班评估分析，市级专班要研判全市社会稳定总体形势、分析存在的突出问题，并提出初步应对建议，每天向市委市政府报送工作专刊，并结合党委、政府领导批示要求，转发相关职能部门督办催办，进而形成社会治理事项发现、受理、分流、处置、跟踪、督办、反馈、评价的处置流程。三是建立分级分类、闭环处置的应对策略。按照"大事不出镇、小事不出村"的要求，市级专班可以根据待办事项的紧急、难易程度，分级制定A、B、C三类要求，通过工作指令单的形式发布，分别提出立马办理、限期办结、长期办理等处置要求，并结合处置反馈情况再会商研究，直至问题得到有效解决，实现所有问题闭环化处置。

（二）把握规律性，厘清把准社会治理的实施路径

网络空间治理，是新时代"枫桥经验"下社会治理的新难题。要深入研究网络社会信息传播规律，既要发挥好主动介入、正面引导、及时干预等正向作用，又要把握网络社会身份虚拟、信息传播快、影响面广等特点，将现实社会治理体系全面融入到网络空间，推动社情民意在网上了解、矛盾纠纷在网上解决、正面能量在网上聚合，推动社会治理从单向管理向双向互动、线下向线上线下融合、单一部门监管向社会协同转变，积极打造"网上'枫桥经验'"。重点要解决好三个问题：一是整合情报资源，解决治理什么的问题。首先要搞清楚社会治理的问题在哪里，重点是什么，要突出顶层设计，打通数据和情报壁垒，确保各类网络舆情、群众诉求能够第一时间搜集上来，再通过数据标签分类管理，快速形成工作清单。在具体方法上，一方面要充分发挥"信、访、网、电"主渠道作用，统筹用好书记信箱、市长信箱、智慧城市、12345便民服务等平台载体以及信访投诉、报警电话等数据资源，既畅通群众诉求表达渠道，也为矛盾纠纷排查整治提供了源源不断的情报资源；另一方面要充分发挥各区镇、村联动中心"平安网格"作用，指导所有的网格员，包括党员干部、公安民警、辅警等机关部门工作人员进入各大网络社交群，每天了解群内动态，提交专业部门研判分析，对发言强烈、维权意识强烈可能要组建骨干群或核心群的，要提前掌握规律，实现情报先达。二是优化运转模式，解决怎么治理的问题。以某专项维稳事件为例，在维稳工作前期就对相关地区概况进行了摸底调查，特别是对涉事地周边5公里范围内的调查，把每家每户的情况了解到，包括有哪些人，从事什么职业，电话号码、车牌号码是多少，有多少学校、多少医院，小区房价多少，有无出现房价下降等，同时把经常上访、信访、打12345举报投诉等情况排摸上来作为基础数据支撑，同时组织动员平安网格力量进入维权群、讨论群等，第一时间获取情报，在公安专业手段支撑下，实时监控有关情况，针对串联维权、买文化衫、做标语等行动性情报线索，提前做好预案，安排好处置力量。三是明确主体责任，解决反复治理的问题。要从源头上落实主体责任，确保问题隐患不再反复出现或造成积重难返，重点要突出精准高效的治理原则，针对群众反映强烈、意见相对集中的征地拆迁补偿、群租房屋管理、包租返租、积分入学、涉众型经济案件、电信网络诈骗、环保投诉、精神病患者肇事、公交及学校安防等方面问题，要责成相关部门研究形成专门治理方案，并向社会征询意见，对已经发生的问题要举一反三，杜绝再次出现同类情况。总体上要把握好"提前做"这一原则，及时排查掌握社会治理过程中出现的新问题、新诉求，变上访为下访，推动管理处置责任下移。

(三) 增强实战性，切实打通社会治理的关键环节

高标准推进社会治理体系和治理能力现代化建设，必须精细谋划、精准发力，在抓好关键环节和支撑保障中，确保建设高起点展开、高质量完成。一要让数据成为赋能社会治理的持续动力。要彻底解决数据割裂、分类存储、互不关联等制约数据价值发挥的一系列问题，借鉴昆山市城市安全管控指挥中心的经验做法，加快推进"城市大脑"三年提升工程建设，统筹管理涉及社会治理的各类基础数据和情报线索，利用大数据、云计算等最新技术手段，让数据说话，用数据决策，持续释放基础数据效能、提升基础数据价值，为社会治理提供源源不断、精准精细的数据情报。二要让平台成为助推社会治理的强大引擎。要加快推动新时代"枫桥经验"与现代科技深度融合，动态跟踪研判社会治理模式发展的新变化、新趋势，推进基层公共决策科学化，对各类基础数据要预设一些类别进行归纳处置，比如提及修路的，要标注到交通、规划等部门；提及化工区整治的，要标注到环保、住建等部门，再通过平台的建设及完善，对社会矛盾风险作定性定量分析和精准预测预警，提升社会治理精细化程度。三要让人才成为主导社会治理的攻坚力量。人才是加强和创新社会治理的第一资源，也是攻克治理难题、破解发展瓶颈的中坚力量。要高度重视社会治理人才的发现和培养，通过组建工作专班、开展集中攻坚、深入一线调研、组织专门行动等形式，让人才在经风雨中壮筋骨。要大力倡导"刀在石上磨，人在事上练"的奋斗精神，用"创新的奋斗"、"实干的奋斗"、"争先的奋斗"，努力闯出一条具有时代特征的县域社会治理创新之路，切实提升社会治理的前瞻性、综合性、实战性，为建设更高水平、更高质量的平安城市作出新的贡献。

在新时期"枫桥经验"指引下完善治安调解制度

曾 郁* 龚亭亭**

摘 要：新时代"枫桥经验"是习近平新时代中国特色社会主义思想的重要组成部分。"枫桥经验"产生在诸暨枫桥，源于公安工作，"依靠群众就地化解矛盾"是"枫桥经验"的精髓。治安调解是我国公安机关化解纠纷的特有工作方式之一，面对复杂的治安形势、各类矛盾纠纷，公安机关的治安调解制度需要进一步明确治安调解范围、树立"调解优先"的原则、赋予调解协议一定法律效力，发挥治安调解的优势，让纷争止于基层。

新时代"枫桥经验"是习近平新时代中国特色社会主义思想的重要组成部分，是化解矛盾、促进和谐的基层社会治理机制和方法。"枫桥经验"产生在诸暨枫桥，源于公安工作，"依靠群众就地化解矛盾"是"枫桥经验"的精髓。而治安调解作为公安机关化解纠纷的特有工作方式之一，存在治安调解范围不明确、未树立"调解优先"的原则、调解协议缺乏法律效力等问题。针对这些问题，本文着重探讨了如何在新时期"枫桥经验"指引下，完善治安调解制度，发挥治安调解化解基层矛盾的优势，实现"矛盾不上交、平安不出事"。

关键词："枫桥经验" 治安调解 制度完善

"依靠群众就地化解矛盾"是"枫桥经验"的精髓。"枫桥经验"产生在诸暨枫桥，源于公安工作。治安调解是我国公安机关解决纠纷的特有工作方

---

* 曾郁，广东司法警官职业学院讲师，研究方向：治安学，犯罪预防。
** 龚亭亭，广东司法警官职业学院副教授，研究方向：刑法学，犯罪预防。

式之一，通过"多调少裁"，特别是在处理基层群众纠纷中大量被运用，在促进纠纷及时解决、防止矛盾激化、维护社会的和谐稳定中起到了重要作用。但当前公安机关的治安调解却面临着调解范围不明确、启动治安调解的程序不严格、调解协议的法律效力不强等现实困境。在"枫桥经验"的视域下，面对复杂的治安形势、各类矛盾纠纷，要求我们用法治的思维解决违法犯罪问题，用和谐的方式化解人民内部矛盾，借鉴"枫桥经验"来完善治安管理制度。

一、"枫桥经验"对治安调解制度完善的启示

（一）"枫桥经验"中的多元解纷机制

当前，我国处于经济社会发展过程中矛盾纠纷易发多发期，群众对矛盾纠纷化解的要求也越来越高，基层正是矛盾化解的重要阵地。"枫桥经验"形成于社会主义建设时期，发展于改革开放新时期，创新于中国特色社会主义新时代，经历从社会管制到社会管理，再到社会治理经验的两次历史性飞跃。1963年，在农村社会主义教育运动中，浙江省诸暨市枫桥镇干部群众创造的"依靠群众、发动群众，就地化解矛盾"的"枫桥经验"化解了各类民间纠纷，毛泽东主席作出批示，"要各地仿效，经过试点，推广去做"。2003年11月，习近平同志担任浙江省委书记后，在纪念毛泽东同志批示"枫桥经验"40周年暨创新"枫桥经验"大会上发表重要讲话，明确要求充分珍惜、大力推广、不断创新"枫桥经验"，最大限度地发挥"枫桥经验"的积极作用，促进经济、社会和人的全面发展。2013年10月9日，习近平总书记作出重要指示，要求各级党委、政府把"枫桥经验"坚持好、发展好，把党的群众路线坚持好、贯彻好。党的十九大报告指出要"打造共建、共治、共享的社会治理格局，提高社会治理社会化、法治化、智能化、专业化水平"。

"依靠群众就地化解矛盾"是"枫桥经验"的精髓。无论矛盾怎么变，不上交、就地化解，始终是枫桥最宝贵的经验。在枫桥，由地方党委牵头，成立联合调解中心，整合公检法司等部门资源，引入派出所、司法所、法庭、检察室等专业机构和"枫桥大妈"、"红枫义警"等志愿者团体，村民有了纠纷，由联合调解中心统筹协调，不但调解效率高了，而且群众对纠纷调解结果的满意度也大大提高了。从"枫桥经验"化解矛盾纠纷的实践情况来看，基层社会纠纷的多元性，决定了解决纠纷方式也必须是多元的。

新时期"枫桥经验"的着眼点已由诞生时的"实现捕人少、治安好"演变为"维护稳定、促进和谐"，又有了"矛盾不上交、平安不出事、服务不缺位"的新内涵。"枫桥经验"正是这样一种具有典型意义和示范作用的多元化

纠纷解决机制。它不但在预防化解社会矛盾、维护社会和谐稳定方面发挥着积极的作用，还由此形成了一套基层多元化法治治理的成功经验。

（二）治安调解

治安调解是指公安机关依据法律法规对因民间纠纷引起的打架斗殴或损毁他人财物等情节轻微的违反治安管理行为及其损害后果，在当事人自愿的基础上，通过采取说服教育等方法，促使当事人互谅互让，通过协商达成协议，解决纠纷、处理治安案件的方式。治安调解属于行政调解中的一类，是以公安机关放弃对当事人的处罚权为前提办理治安案件、化解矛盾纠纷的特有方式。

根据《治安管理处罚法》、《公安机关治安调解工作规范》（以下简称《工作规范》）及《公安机关办理行政案件程序规定》（以下简称《程序规定》）的规定，对符合治安调解条件的治安案件，双方当人事同意的情况下，由公安民警主持，调解并达成协议并履行公安机关对违反治安管理的行为不再处罚的纠纷解决方式。治安调解是以公安机关放弃追究违反治安管理行为人的行政责任为前提，解决因民间纠纷引起打架斗殴或者损毁他人财物等违反治安管理行为的一种方式。治安调解在处理基层矛盾，促进纠纷化解，维护社会稳定发挥着重要作用。同时对节省公安机关的办案成本，促进受害人权益快速救济也有非常积极的作用。

（三）"枫桥经验"与治安调解制度设置目的相契合

有学者曾指出，中国的问题首先是基层的问题，基层社会的矛盾更加集中、突出、激烈、直接和鲜活。我国遍布城乡的公安派出所，正是化解基层各类矛盾，恢复社会秩序，维护社会稳定的排头兵，纠纷解决、化解矛盾、预防犯罪也是他们的工作重点。治安调解是公安派出所解决纠纷、化解矛盾的重要工作方式之一。特别是我国社会正处于社会结构的激速转型期，各类社会矛盾纠纷频发，甚至激化。公安机关对因民事纠纷引起的治安案件尽可能通过调解方式处理，利用治安调解高效化解纠纷，防止矛盾激化，避免因民事纠纷引起的治安案件转化成刑事案件，从而维护良好的社会治安秩序。

经过50多年的发展演变，现今的"枫桥经验"已经具有了十分丰富的内涵，"枫桥经验"在化解矛盾纠纷、维护基层社会秩序等方面有其明显的优势，它以预防和化解社会矛盾为切入点、以社会治安综合治理为主要治理方式、以平安创建打造稳定的社会环境为目标，这正好与公安机关的工作目标是一致的。

"枫桥经验"的"就地化解矛盾"与治安调解"解纷止争于基层"的目

标是一致的。从实践中可看出，治安调解的结果对当事人与警察来说是双赢的。对当事人而言，通过调解实现纠纷控制，避免了纠纷的激化、升级，让日常生活及时恢复平静；警察则是通过调解纠纷消除治安秩序中的隐患，防止纠纷转化成严重的治安案件或刑事案件，腾出更多警力资源投入到其他维护社会良好秩序的公安工作中去。

二、治安调解制度的现实困境

在实践中，治安调解制度存在着调解范围不明确、调解程序的启动不严格、调解协议的法律效力不强等问题。

（一）治安调解的范围较为笼统

根据《治安管理处罚法》、《程序规定》及《工作规范》的规定，对于因民间纠纷引起的殴打他人、故意伤害、侮辱、诽谤、诬告陷害、故意损毁财物、干扰他人正常生活、侵犯隐私、非法侵入住宅等违反治安管理行为，情节较轻，可以调解处理。治安调解的案件在性质上是否适用治安处罚；案件性质与情节满足治安调解的条件后，是否要对案件进行治安调解，公安机关有最终的自由决定权。在实践中，仍然存在缩小治安调解范围或者扩大范围调解的情况。把治安调解的范围扩大，会导致与其他纠纷调解机制之间的权限划分不清；如果把治安调解的范围缩小，可能使得治安调解制度存在的必要性受到怀疑。

1. 缩小调解范围。缩小调解范围常常表现为将治安调解的范围缩小到仅限于治安管理处罚法规定的因民间纠纷引起的打架斗殴、损毁他人财物这两类违反治安管理行为，其他符合治安调解条件的治安案件则不予调解处理。甚至有个别公安机关为了追求打击处理指标，即使符合治安调解的条件，仍不愿意调解，甚至认为调解不成功还得处罚，是浪费警力，不如直接处罚。针对治安调解的范围，2006年1月23日公安部印发的《公安机关执行〈中华人民共和国治安管理处罚法〉有关问题的解释》指出，对治安调解的范围，公安机关应本着化解社会矛盾、维护社会稳定构建和谐社会的要求，依法尽量予以调解，所以说缩小调解范围是不符合治安调解立法意图的。

2. 扩大调解范围。扩大调解范围有三种情况：第一是只要因民间纠纷引起的违反治安管理的行为都进行调解，对行为的主客观方面一律不考虑；第二是只要是治安案件都先进行调解处理，不管案件的起因是不是因民间纠纷引起的；第三是对法律明确禁止调解处理的案件，如已经造成轻伤甚至重伤构成犯罪的刑事案件等，按治安案件调解处理。这三种扩大范围调解的情形中，第一种表现最普遍，第三种在实践中较少，但一旦发生影响极坏。扩大范围进行治安调解的现象在乡镇一级的派出所比较突出。

（二）治安调解的启动条件不合理

根据《治安管理处罚法》和《工作规范》的规定，对符合治安调解的治安案件公安机关"可以"调解处理。因为不是"应当"调解，公安机关对是否进行调解有最终决定权。例如，对于同样符合治安调解条件的案件，双方当事人都同意调解的，由于法律规定是"可以"调解，但没有"可以调解"的标准可以参考，出现不同的民警对同样的案件，有的选择调解处理有的则选择处罚处理。在实践当中对治安案件的处理存在想调解就调解，不想调解就不调解的随意性。这种随意性带来的后果很严重，原本应当调解的案件没有调解，按照法律规定不应当调解的案件反而调解处理了，不但违背了设立治安调解制度的目的，甚至会引发负面的社会效应，因为其中自由裁量空间过大，为权力寻租留下可能。

（三）治安调解协议缺乏法律效力

根据《治安管理处罚法》第9条、《工作规范》第12条及《程序规定》第185条的规定：调解达成协议并履行的，公安机关不再予以治安处罚；当事人无正当理由不履行或者不完全履行调解协议的，应当对违反治安管理行为人依法予以处罚，对违法行为造成的损害赔偿纠纷，公安机关可以进行调解，调解不成的，应当告知当事人向人民法院提起民事诉讼。由于治安调解协议既没有强制执行力也没有相当于合同的效力，协议履行与否完全依靠当事人的自觉，若不履行调解协议，没有任何法律责任，案件只是重新回到治安管理处罚程序上来，民事赔偿通过诉讼的方式进行。在实践当中，治安调解成功达成调解协议后反悔、不履行或不完全履行的现象不在少数。因为调解协议不履行没有任何法律后果，这种先选择治安调解，因协议不被履行又从治安调解返回到治安管理处罚的结果，不但造成公安机关的警力浪费，还削弱了民警开展治安调解的积极性，甚至违背了诚实信用的社会基本原则，损害了守约方的利益和对治安调解制度的信心和信任。

三、在"枫桥经验"视域下治安调解的完善路径

纠纷解决的目的在于实现、保障或恢复权利，解决冲突，化解矛盾，恢复社会平衡协调的状态。如果因治安调解范围不明确、程序过于随意、调解协议因不履行或不完全履行导致整个调解的失败，不但不利于化解矛盾、恢复社会平衡，还将损害执法部门的公信力。

（一）明确治安调解的适用范围

根据《治安管理处罚法》第9条的规定，对于因民间纠纷引起的打架斗

殴或者损毁他人财物等违反治安管理行为，情节较轻的，公安机关可以调解处理。也就是说适用治安调解的案件必须满足三个条件：一是因民间纠纷引起的；二是构成违反治安管理的行为；三是情节较轻的。首先要界定"民间纠纷"，根据《程序规定》、《工作规范》的规定，民间纠纷的主体不应仅限于自然人之间，还应包括自然人与法人、其他组织之间。自然人之间既包括有一定亲密关系的人之间也包括陌生人之间。其次要界定哪些违反治安管理的行为可以适用治安调解。法律上除了肯定性判断和否定性判断之外，还需要公安机关对个案进行盖然性判断，这类案件无论从《程序规定》"其他适用调解处理更易化解矛盾"这一概括条款来理解，还是从治安调解制度的立法意图来看，除了法律明确禁止治安调解范围，只要是适用治安调解更有利于化解矛盾、恢复原有秩序，就应当纳入治安调解的案件范围。最后是如何理解"情节较轻"。这里"情节较轻"不是界定"罪与非罪"意义上的"情节较轻"，而是对已经构成违反治安管理行为的主客观方面的考量，包括行为人的主观态度、违法的动机、手段的恶劣程序，社会危害性的大小，后果严重与否，实施次数等。如果当事人的主观态度、违法目的、违法手段恶劣，即使并未造成严重后果，也不应适用调解。对于造成严重后果的也并非一律不得调解，根据《公安机关办理伤害案件规定》的有关规定，《刑法》第13条和《刑事诉讼法》第15条关于故意伤害他人致轻伤，情节显著轻微、危害不大，不认为是犯罪的，以及被害人伤情达不到轻伤的，应当依法予以治安管理处罚，经双方当事人同意，公安机关可以依法调解处理。

（二）树立"治安调解优先"的原则

树立"治安调解优先"的原则，不但符合治安调解制度的立法意图，而且公安机关通过调解，能有效化解矛盾纠纷，恢复社会平衡协调的状态。第一，根据《治安管理处罚法》的规定，对符合治安调解的治安案件，可以调解，至于是否调解，决定权在公安机关。对符合治安调解条件的案件，双方当事人都同意调解的，公安机关如何认定案件"可以"调解处理呢？从治安调解制度的立法机关意图看，公安机关对因民间纠纷引起的治安案件进行调解，双方达成协议并履行，公安机关对违反治安管理的行为不再处罚，体现的是国家公权力对私权和个人意思自治的尊重，是化解社会矛盾的柔性行政行为，所以，树立"治安调解优先"的原则是符合国家的立法意图的。第二，公安派出所的日常工作中，很重要的任务是预防矛盾纠纷的发生和激化，及时调解已经发生的纠纷，使群众的矛盾得到及时解决，维护好社会治安秩序，实现"基层稳、社会定"，为社会的和谐稳定夯实基础。建议在《治安管理处罚法》修订时，增加"治安调解优先"的原则，对符合条件的治安案件优先选择调解，促进实现"矛盾不上交、服务不缺位、平安不出事、警民双满意"的基层治理目标。

（三）赋予治安调解协议法律效力

赋予治安调解法律效力，不但是"解纷止争"，增强调解结果的确定性，更是对法律规则的信仰和公民契约精神的培养。从调解的效力上看，治安调解协议是完全依靠当事人自觉履行的调解。司法调解是有执行力的调解、人民调解是可申请司法确认、具有合同效力的调解。司法调解协议具有强制执行力，义务方不履行义务，权利方可以向法院申请强制执行。人民调解委员会调解达成的协议具有合同效力，可申请法院司法确认，经确认有效的，对方当事人拒绝履行或者拒绝全部履行的，当事人可以向人民法院申请强制执行。依据我国现行法律的规定，治安调解达成协议并履行的，公安机关对违反治安管理的行为不再处罚；治安调解未达成协议或者达成协议后履行之前反悔的，公安机关重新启动治安处罚程序，对违反治安管理行为人依法予以处罚。法律没有授权公安机关对治安调解达成的协议有强制执行的权力，甚至调解达成的协议连一般合同的法律效力都没有。调解协议是双方当事人自愿、意思表示真实达成的，具备了合同成立有效的条件。若当事人不履行，协议当然就无效，但由此将出现三个弊端，一是浪费了大量的警力资源，以及当事人的时间和精力，打击了民警对治安案件选择调解处理的积极性；二是以国家公权力参与调解达成的协议因当事人的不履行而等同于一张废纸，严重损害了公安机关的权威性；三是对自愿、真实意思表示达成的协议反悔，虽没有任何法律后果，但不利于现代法治社会公民契约精神的培养。建议在《治安管理处罚法》修订时赋予治安调解协议一定的法律效力，至少调解协议具有合同的效力，对无正当理由不履行协议的可由当事人向申请法院确认效力，经司法确认的协议可向法院申请强制执行。只有这样才能提高警民双方对治安调解的积极性、增强公安机关的权威性、培养公民的诚实守信的意识。

（四）构建多方联动纠纷调解机制

"和谐"与"秩序"是中国古代先哲孜孜以求的目标和梦想。范愉教授指出：人类社会的纠纷解决机制自古以来就是多元化的，现代法治社会同样存在多元化的需要，重视和积极发展各种非诉讼纠纷解决机制（ADR）已成为一种世界性的时代潮流。顺应时代发展潮流，"枫桥经验"从初期的"捕人少、治安好"到新时期的"矛盾少、治安好"，从"社会管理"到"社会治理"转向多元合作解决机制。在新时期"枫桥经验"指引下，公安机关充分发挥自身优势，整合社会调解力量，建立多方联动纠纷调解机制，及时"化纷解争"实现"案结事了",维护基层社会的和谐稳定。

根据《人民警察法》第21条的规定:"人民警察对公民提出解决纠纷的要求,应当给予帮助;对公民的报警案件,应当及时查处。"基层派出所,对110的指令、群众报案求助或其他单位移送来的矛盾纠纷,无论是民事纠纷还是治安纠纷,都要全面受理。往往一个看似简单的纠纷却要耗费公安民警的大量精力,有时还出现调解成功后因当事人反悔不履行调解协议,又要重新启动处罚程序的情况。如果所有向公安机关求助的纠纷都由公安机关来调解的话,会因为调解主体过于单薄、调解人员的专业知识不够、基层警力紧张等原因造成调解不及时或群众对调解结果不满,这些情况不利于矛盾纠纷的真正化解,甚至还使群众对公安机关产生不满情绪。因此,要建立"多方联动纠纷调解机制",由地方党委牵头,成立联合调解中心,整合公检法司等部门资源,引入派出所、司法所、法庭、检察室等专业机构和志愿者团体,一旦有纠纷,由联合调解中心会统筹协调,及时化解矛盾。

"多方联动纠纷调解机制"的模式下,"警调衔接"是当前公安机关较多采用的纠纷化解模式。当公安机关接到110的指令、群众报案求助或其他单位移送来的矛盾纠纷,由派出所先期处警,做好前期的调查取证工作,对一般的矛盾纠纷进行现场调解,将双方诉求难以达成一致的矛盾纠纷,移交给驻所的人民调解室。驻所调解室接受案件后,首先进行案件审核,对不符合调解条件的不予受理并告知当事人解决途径;其次对符合调解条件的案件展开调查后进行调解;最后,调解成功的达成调解协议,由人民调解委员会出具调解协议书,并将调解结果反馈给公安机关。调解不成功的,终止调解程序,属于民间纠纷的,告知当事人向法院起诉;属于劳资纠纷的,告知当事人向劳动仲裁部门申请劳动仲裁;属民间纠纷引发治安案件的,移交派出所依照治安案件处罚程序进行处理。

通过建立"多方联动纠纷调解机制",整合社会调解力量,建立专门的联合调解中心,分层递进、繁简分流,提高解纷效率,真正实现"矛盾不上交、平安不出事",同时还能有效减轻基层公安派出所的负担,把本来已经非常紧张的警力释放出来去完成其他警务工作。"警调衔接"是对"多元合作,共建共享"现代纠纷解决理念的成功探索,辅以专业化的调解人员、规范化的调解程序、平等自愿的标准要求,使得调解工作取得良好效果。

"枫桥经验"诞生于诸暨,源于公安工作,而新时期"枫桥经验"则在公安实践中,构建"警调衔接"纠纷化解机制,完善治安调解制度,明确治安调解的范围,树立调解优先的原则,赋予治安调解协议法律效力,更好地发挥治安调解制度在解决纠纷、化解矛盾,维护社会和谐、稳定的作用。

以信息化爱民警务实现社区治理

——吉林省长春市东盛路派出所调研报告

赵 颖[*]

摘 要：东盛路派出所传承了70多年的公安模范传统，有效地把人民为中心的发展思想与主动的警务工作相结合，坚持了以人民为中心的发展思想，增强了工作预见性、主动性，探索了"脚板+网络"的服务群众模式，坚持"信息+基础"的现代警务机制，坚持"打防结合"，靠平安建设聚民心，依警民共建保平安，实现社区警务立体防控大跨越。

关键词："枫桥经验" "十面红旗" 爱民 防控

党的十八大以来，党中央强调要与时俱进发扬"枫桥经验"的优良传统，提出一系列社会治理的新理念新思想新战略。随之在全国范围内进行了由乡村治理向城镇社区治理延伸的"市域社会治理现代化试点"，强调要加快推进社会治理现代化，打造新时代"枫桥经验"城市版，努力建设更高水平的平安中国。东盛路派出所坐落于吉林省长春市民丰大街699号，包括三个社区，辖区面积2.4平方公里。派出所成立于1948年10月，有着70年的光荣历史，早在五六十年代就被树为全国公安战线"十面红旗"之一，是全国闻名的爱民模范派出所，是经过不同历史时期考验的先进典型。在新的历史时期，派出所发扬传统、转变观念、创新思路，推动信息化建设，成为群众路线的坚定执行者，爱民宗旨的忠诚传播者，群众平安的坚强守护者。1999年被国务院命名为"人民满意派出所"；2003年被共青团中央、公安部授予"青年文

---

[*] 赵颖，中国人民公安大学马克思主义学院教授，硕士生导师，公安院校大学生思想政治教育研究中心主任，哲学硕士。

明号";2007 年被吉林省公安厅评为"吉林省模范公安基层单位";2009 年被省公安厅评为"百姓心中的最佳服务窗口";2010 年,被公安部评为"全国基层执法示范所队";2012 年被公安部评为"全国清剿火患突出单位"。2014 年被吉林省厅评为"全省先进基层单位",2015 年两次荣立集体三等功,多年来,东盛路派出所在各项公安工作上取得了可喜成绩,受区以上机关表彰共计 237 次。笔者于 2018 年春季,到吉林省长春市东盛路派出所进行调研,了解这一优秀派出所秉承优良传统、打造新时代"枫桥经验"城市版、实现社区治理的主要做法。

一、积极控制与爱民为本:"枫桥经验"的价值内涵

"枫桥经验"是政法综治的一面旗帜,在党的领导下,"小事不出村、大事不出镇、矛盾不上交"这一经验有效地把人民为中心的发展思想与主动的警务工作相结合,坚持以人民为中心,增强了工作预见性、主动性。在警务实践中,各地公安机关往往利用当地的资源,结合当地的实践情况,实现"枫桥经验"的现实转化,提升了社区治理效能。笔者调研收集东盛路派出所的材料,与派出所同志进行交流,最为深刻的有三点:一是党建引领,二是坚持爱民为本,三是主动防控。这三点正是"枫桥经验"的最重要的价值目标。

第一,党建引领:发挥基层党组织的中坚作用,是"枫桥经验"的灵魂。党的十九大明确提出"打造共建共治共享社会治理格局"的新时代治国理政思路,要完善"党委领导、政府负责、社会协同、公众参与、法治保障"的社会治理体制,强调在党的领导下,形成多元主体协同共治、让社会充满活力的新局面。坚持党建引领,是新时代"枫桥经验"的灵魂。基层治理创新实践的"领头雁"正是基层党组织。党建引领,一方面发挥好基层党组织战斗堡垒作为用和党员先锋模范作用,强调党和政府的战略思维与政治定力,要真心为谋发展,谋大事,为群众办实事、解难事;另一方面,融合好党建工作和社会治理,发扬党的优良作风,确立人民群众在基层治理中的主体地位,让人民群众更有获得感、幸福感、安全感,焕发人民群众自我管理、自我服务、自我提升的热情。

第二,爱民为本:人民主体是新时代"枫桥经验"的核心价值。依靠人民群众解决基层问题是"枫桥经验"的灵魂,也是中国共产党的一贯作风,是党的群众观点和群众路线在现实工作中的生动体现。2015 年中央政治局常委会议在《关于全面深化公安改革若干重大问题的框架意见》中指出要着力推进公安行政管理改革,提高管理效能和服务水平,从政策上、制度上推出更多惠民、利民、便民新举措,提高人民群众的满意度。2019 年全国公安工

作会议特别强调,公安机关要"履行好党和人民赋予的新时代职责使命,努力使人民群众安全感更加充实、更有保障、更可持续";"要坚持打防结合、整体防控,专群结合、群防群治,把'枫桥经验'坚持好、发和展好,把党的群众路线坚持好、贯彻好,充分发动群众、组织群众、依靠群众,推进基层社会治理创新,努力建设更高水平的平安中国"。这对公安机关的职能而言,就是要不断强化服务职能建设,根据当下工作要求和重心变化调整职能重心,将公安工作的重心转移到服务民众的工作上来。

第三,主动防控:防控化解矛盾风险,维护社会和谐稳定和国家安定有序,保障人民安居乐业,是"枫桥经验"的基础目标。把工作做到前面,增强工作的预见性和主动性,"小事不出村,大事不出镇,矛盾不上交,就地解决"实现"捕人少,治安好",是"枫桥经验"的主要做法。党的十八大以来,以习近平同志为核心的党中央对平安中国建设高度重视。十九大报告中再次提出,"建设平安中国,加强和创新社会治理,维护社会和谐稳定,确保国家长治久安、人民安居乐业"。"枫桥经验",特别强调基层基础工作,强调系统治理,把矛盾化解在基层,主动防控风险,这成为新时代"平安中国"建设治理理念。在具体工作中,基层民警通过实实在在的基层工作,了解并疏导人民群众的不满情绪,努力消解人民群众的误会,解决人民群众的切实困难,尊重民意、化解民忧、维护民利,疏通源头,提早主动解决上访、告状、网络舆情等问题,保证社会和谐稳定的基础。

党建引领、爱民为本、主动防控三大核心价值,是中国农村本土创造的基层基础治理"枫桥经验"。而这些价值追求在新公共服务理论与国家能力理论里皆有强调。

20世纪80年代开始盛行的新公共服务理论特别强调公民权的重要性,认为政府的服务对象是公民,必须认真听取民众的诉求,满足民众的利益需求,政府或公务员的首要任务是帮助公民明确表达并实现其公共利益,而不是试图去控制或驾驭社会。这一理论对于公安工作具有极大的借鉴意义。国家能力理论特别强调国家的有效性。20世纪六七十年代的"回归国家学派"就是其典型代表。"回归国家学派"强调国家目标、意志的实现,强调要有效地使国家在社会发展中充分发挥主导作用,有效地实现对社会的统治与管理,维护社会生产方式的正常进行,进而推动社会进步和社会变革。依照这一理论,必须强调国家对社会的主导控制。

两大理论分别强调控制与民众的利益,为社会治理提出了不同的治理方案,为公安工作提供了借鉴。依照国家能力理论,必须高度重视公安机关掌控社会的能力,实现有效的、积极的、系统的社会控制。在实现有效控制的同时还需要依照新公共服务理论的基本主张做出如下调整：一是转变观念，重新界定警察职能。从世界范围来看，西方四次警务革命的历史告诉我们，警察的职能随着国家和社会的主要矛盾的变化而变化，从1829年罗伯特·比尔建立伦敦大都市警察到欧美警察专业化运动，从警察专业化到警察现代化再到社区警务，警察的职能也经历了不同的变化阶段，但其职能变化的规律却是一致的，即从重视政治镇压到重视打击犯罪，再到将职能重心转到服务民众的变化过程。这正是新公共服务的基本思路。二是要开展主动警务工作，从事发之后被动处理各类矛盾、纠纷，转变为提前预防、提前关注，进而创造共享利益和共同责任。三是要在职责清晰的同时实现与政府各部门间的联动，及时回应民众诉求，更好地为人民服务。

东盛派出所广泛应用互联网、大数据、智能化等信息技术，特别强调在党的领导下的社区积极治理控制和爱民服务的结合，探索了"市域'枫桥经验'"，增强了工作的预见性和主动性。

二、"信息+基础"：实现社区警务立体防控大跨越，增强派出所警务的预见性，提高预测预警预防能力

伴随着改革开放以来国家的强劲发展，"国家治理体系和治理能力现代化建设"成为当代中国政治发展战略支撑点。增强警务工作现代化建设，增强公安工作预见性和主动性，增强智慧警务的社区治理成为市域派出所社会治理现代化的改革特色。当前，我国正处于重要战略机遇期，各种社会矛盾凸显、刑事犯罪高发，维护国家安全和社会稳定工作面临的形势相当严峻。"公共安全连着千家万户，确保公共安全事关人民群众生命财产安全，事关改革发展稳定大局。要牢固树立安全发展理念，自觉把维护公共安全放在维护最广大人民根本利益中来认识，扎实做好公共安全工作，努力为人民安居乐业、社会安定有序、国家长治久安编织全方位、立体化的公共安全网。"东盛派出所紧紧围绕基础管理、基础巡防、基础信息采集、执法办案、服务群众五大基础工作，全面实现派出所警务转型升级，有效实现主动社区管理。

第一，强化立体防控体系建设，提升平安建设能力。随着全区经济发展，管辖范围内治安形势发生了变化，出现了"三个增多"的特点，即商户纠纷引发的矛盾纠纷增多，发生在行业场所内的治安案件增多，案件违法嫌疑人为外来人口的情况增多。一是坚持"网格布警、屯警街面、划块而治、综合执法"的警务模式。白天将辖区划分为3个警务区，每个警务区1车5警10员，分三个时段深入社区，有警接警处警，无警情时开展基础工作；夜间划分为2个前夜巡区和1个后夜巡区，与白天警务区实现24小时无缝衔接，由

市局和分局机关派驻6名警力帮助承担2个巡区的巡防任务，保证社区民警有更多精力沉入社区。二是坚持"武装巡逻、动中备勤、应急联动、高效处置"的勤务机制。为巡逻车配齐灭火器、防爆头盔、钢叉、执法记录仪、笔记本电脑、移动警务终端等12种装备，提升了反恐处突能力。三是坚持"空中有天网、街面有巡防、重点部位有技防、商圈有联防"的立体防控格局。充分利用辖区联网监控探头、红外报警器，组建联防队，实现联防联治。

第二，推进信息研判建设，推进风险防控化解，提升信息主导警务能力。派出所从"指挥调度、信息研判、图像监控、勤务督导、数据监管"五个方面规范所内信息研判，为警务活动提供科学依据。一是完善情报信息搜集力量，实现"网格力量全覆盖"。在分局的协调下，区政府为社区民警配备了20名专职信息员，分布在辖区各网格内，每名民警保证2名信息员配合开展基础工作。二是整合各类信息源，完善综合性研判指挥。依托"三网联控"，将公安网、外网、视频专网（三网）接入研判室，利用视频监控平台、4G社区警务车移动探头、公安内网各类信息平台，同时汇总信息并研判。依托"三机协同"，整合内外通讯资源，通过350兆对讲机，外线电话，移动网络对讲机，建立所内与4G社区警务车的时时对讲，进一步完善指挥调度功能。三是建立研判机制，固化信息引领警务的工作模式。健全勤务指挥制度，每日值班领导担任指挥长，通过视频平台和4G社区警务车的可视探头调度指挥"两张网"巡防和接处警，实现"视频巡防和鼠标巡防"，提高了巡防接处警的有效性、准确性；健全日研判周会商制度，将辖区案件统计分析，定期编制研判报告，明确重点部位、重点发案时段，有针对性地开展防范打击。

第三，超前预判，加强矛盾纠纷排查化解，提前处置，维护社会稳定。随着国家经济改革的深入，近年来民企纠纷事件越来越多，成为困扰企业发展，破坏社会安定的一大因素。面对这类问题，派出所坚持理性公正，敢于担当，积极化解，对管内重点单位出现的民企纠纷类事件，坚持矛盾不上交，保持公正立场，为双方着想，多次将可能引发严重后果的事件解决在初始阶段。管内亚泰集团是吉林省的大型支柱性企业，在全国五百强中排名靠前，也是市局分局服务的重点企业。集团下属企业龙达宾馆内部装修与附近居民产生矛盾，引发纠纷，并出现了严重的混乱局面。所领导和民警深入居民家中，逐户走访，逐人谈话，反复协调，最终双方达成共识。此外，针对物业弃管小区难点问题，派出所从维护社会治安稳定大局的角度出发，派出所和社区干部一起组织召开居民代表会，发动群众推荐物业公司接管。民警提前介入，了解双方的诉求，找准矛盾的焦点，积极疏导，防止矛盾激化，积极参与处置了几个物业弃管小区的问题。

三、"脚板 + 网络":强化爱民理念传承,增强服务的主动性,提升警务工作能力

新公共服务理论要求政府进行三个转变。首先,是角色的转变,即要求政府尽可能多地为公民和社会提供服务,改变了过去凌驾于社会和人民之上的观念,从权力执行者转变为社会服务者。其次,是服务理念的转变。新公共服务理论明确指出要转变过去"头疼医头,脚疼医脚"的被动局面,要求各级执政、执法人员应致力于建立集体、共享的公共利益观念。最后,是责任范围的转变。要关注宪法、法律、社区价值观以及公民利益。发端于我国农村的"枫桥经验"在实践中回应了新公共服务理论基本主张,在角色转变、服务理念和责任范围方面都强调了人民群众的根本利益。老一辈东盛民警过去通过"脚板 + 扁担"方式,建立起警民鱼水深情,获得了"人民满意派出所"荣誉称号。派出所在传统基础上飞跃,主动拥抱新科技,采取"脚板 + 网络",建立传统加现代的服务群众新机制,利用网络问需于民、问计于民、问效于民,与群众进行看不见的"零距离"交流探讨、释疑解惑,真心倾听群众平时不愿说、不想说、不敢说的声音,真情帮助解决群众认为不好办、难以办、办不了的事情,力所能及地多为群众提供方便优质服务,把"面对面"的服务扩大到"键对键"的新形式,增强了派出所服务的主动性,提升警务服务群众的能力。

第一,以信息化手段为载体,建立"脚板 + 网络"服务群众新模式。一是搭建了警民沟通网络平台,拓宽民意指导警务渠道。派出所借力互联网资源,建立了"一微五群",方便民警及时掌握社情民意,有的放矢地开展工作,真正把民意指导警务落到实处。"一微五群"包括派出所微博,流动人口管理群、行业场所管理群(宾馆旅店业群和洗浴业群)、小区业主群、企业单位群。通过这些方式,充分赋予群众知情权、话语权、参与权、评判权,实现与群众"面对面"、"键对键"结合,大幅度提升警民互动。二是将"互联网 + 公安"平台落地生根,让数据多跑腿、让民警和群众少跑路。派出所把户籍办理、行业管理、治安防范常识等发布到网上,方便迅捷,直接有效。居民办事有不明白的事项,在网上均能查询,特殊事项还可以在网上预约时间办理。群众对派出所工作有什么意见要求,随时在网上提出,方便民警及时掌握社情民意,真正把民意指导警务落到实处。

第二,以警务进社区为有效手段,服务前置贴近群众。派出所把社区警务队作为紧密联系群众的常态力量,在巡防工作中深入社区,警务前移。在亚泰、万通社区建立了两个较为规范的警务室,在亚泰集团建立了驻企警务

室，社区警务队沉到警务室开展各项工作。一是实现服务前置化。首先要在社区建立规范的警务室，也就是老百姓"家门口的派出所"，民警在社区内办公，目的就是要和群众零距离接触，警力下沉，服务前置。二是实现服务系统化。与社区委员会和物业部门联动合署办公，使社区民警的个人服务变成有组织的服务。同时帮助加强社区基层治保组织建设，夯实了社区警务的根基。三是实现服务扩大化。社区民警为群众服务打破分内、分外的界限，群众遇到的困难，就地就近积极协调有关部门帮助解决。

第三，以强化"三送三到位"为有力措施，全力助推辖区企业健康发展。派出所辖区现有三个社区，企事业单位11家，金融单位21家，中小学校两家，行业场所117家，大型商场4家，小旅店、小公寓53家。派出所积极开展了"送平安、送法律、送服务"，确保维护企业安全到位、提升企业法律素质到位、提供优质高效服务到位。一是强化"送平安"，维护企业安全到位。派出所与企业建立警企共建小组，建立企业警务室；在企业周边治安重点部位划定"必巡点"，组建治安联防队。指导企业安装红外报警器、周界点视频探头。及时处理各类涉企刑事案件，有力维护了企业治安环境。二是强化"送法律"，提升企业法律素质到位。深入企业开展法制宣传，及时提供法律咨询。制作了防诈骗提示卡，开展消防安全培训、火灾逃生演练；在重点企业设立兼职"法制副经理"，为企业开展法制培训。三是强化"送服务"，提供优质高效服务到位。通过开辟网上服务、实行预约服务、完善企业用工核查等措施，针对辖区企业需求，不断优化服务方式，最大限度地为企业办实事、解难题。

东盛派出所依托信息化技术开展爱民警务工作，实现社区治理，主动加强与群众沟通交流，真正做到"察民生、访民意、解民情"，"履行好维护国家政治安全、确保社会大局稳定、促进社会公平正义、保障人民安居乐业的主要任务，努力创造安全的政治环境、稳定的社会环境、公正的法治环境、优质的服务环境"，表现出突出的三大特点。一是党建引领。充分发挥基层党组织的战斗堡垒作用，发挥其凝聚群众、组织群众的中坚作用。二是主动防控。群众看公安，首先看平安。在工作中，东盛路派出所采取多样化宣传手段，把防范提示送到居民家门口；组建治安志愿者服务队，填补治安管控"真空"；建立商圈治安联盟，不断完善群防群治机制；化解矛盾，调处纠纷，靠多办实事解民忧；坚持以防为主、打防结合方针，把事前预防做好做实。三是坚持爱民为本。东盛路派出所从群众关注的问题出发，从解决服务群众的热点难点入手，发扬爱民传统，创新新举措，以为民务实清廉的工作作风不断提升派出所工作新水平。这三点正是"枫桥经验"最重要的价值目标。

创新"枫桥经验"化解家庭内部矛盾

徐文新* 姜志超** 梅雪松***

摘 要：当前，我国社会利益关系日趋复杂，各类社会矛盾和问题交织叠加，导致家庭矛盾纠纷数量不断升高，涉及离婚、家暴、未成年人犯罪、婚内问题上访等问题的热门事件频繁进入公众视线。家庭矛盾的特殊性、复杂性、隐蔽性决定了家庭矛盾化解方法不能千篇一律。党的十九大报告指出要主动化解社会矛盾，学习推广"枫桥经验"，推动社会治理重心下移。"枫桥经验"重视不安定因素源头化解，强调自治、法治和德治"三治"融合，坚持"疏堵结合，以疏为主"的多元化解方法，可为家庭矛盾纠纷调解提供经验借鉴。

关键词："枫桥经验" 矛盾纠纷多元化解 家庭矛盾纠纷化解体系

"家是最小国，国是千万家"。作为社会最小细胞，家庭内部关系的和谐，是社会和谐的重要基础。近年来，随着发展进入转型期、改革进入攻坚期，各种利益深度调整，各种诉求加速汇聚，各种矛盾明显加剧。我国部分家庭的家庭观念、婚姻关系、血缘关系及家庭生活等方方面面深受影响，造成了家庭观念的后退，家庭矛盾纠纷呈现易发、多发特点，并日趋复杂、不断激化，给社会治理带来新的挑战。

---

* 徐文新，辽宁省警察协会副主席。
** 姜志超，辽宁省公安厅警务指挥部综合处负责人。
*** 梅雪松，辽宁省高级人民法院督察处主任科员。

一、社会发展矛盾突显,家庭矛盾纠纷的社会危害性不断升高

当前,我国社会利益关系日趋复杂,社会阶层结构分化加剧,各门各类社会矛盾和问题交织叠加,家庭矛盾纠纷数量呈不断升高态势。

1. 家庭矛盾纠纷致使离婚率居高不下。自2003年以来,全国离婚率已连续16年持续上升。2018年,全国离婚率达到了38%,东北三省排名全国前三,黑龙江省更是达到了最高的63%。2015年,辽宁省通过法院诉讼离婚的案件有54201起,2016年有55922起,2017年有57411起,2018年有58943起,2019年1月至9月有44521起,呈逐年上升态势。这其中,因家庭矛盾纠纷导致的离婚诉讼案件占了相当大的比例,问题客观存在,不容忽视。

2. 家庭矛盾纠纷致使家暴案件多发频发。据不完全统计,有23.5%的家庭存在不同程度的家庭暴力。北京市请求判决离婚的案例中,原告为家暴受害人的比率达到了81.9%。面对家庭暴行,女性则是平均被虐待35次才选择报警。2015年以来,辽宁省公安机关年均接报家庭暴力警情5100余件,解救遭受家庭暴力侵害妇女1500余人,立各类案件300余起。家庭矛盾纠纷成为家暴案件多发频发的直接诱因。

3. 家庭矛盾纠纷致使未成年人犯罪呈现低龄化。1991年,日本的一项调查发现,77.7%的犯罪青少年属于无父母,25.9%的犯罪青少年生长在单亲家庭,只有1.4%的犯罪青少年生活在完整的家庭之中。美国的监狱中,有57%的少年犯人来自单亲家庭。我国的情况也不容乐观,不满16周岁的未成年人犯罪所占比例呈逐年小幅上升趋势,未成年罪犯来自单亲家庭、外来人员、无业人员家庭的占比达70%。2018年,辽宁省沈阳市发生涉未成年人犯罪322起,涉及未成年人1210人。不良的家庭结构,不当的家庭教养方式,不完善的家庭经济文化环境,导致未成年人犯罪低龄化问题凸显,为社会治理埋下了危险的种子。

4. 家庭矛盾纠纷极易转化为社会矛盾。目前,辽宁省涉民生领域个体访人数为23965人。其中,部分访民上访是因为经济纠纷、财产分配、拆迁赔款、涉军问题等产生的家庭矛盾,但这类矛盾存在着对家庭来说"难以启齿"的各种原因,导致家庭成员不愿通过法律、调解渠道解决问题,转而上访、闹访、缠访。电影《我不是潘金莲》中"李雪莲"的上访原因就很有代表性。因家庭矛盾纠纷转化形成的社会矛盾呈现出触点多、燃点低、对抗强、化解难的特点,极易引发连锁反应,形成不安定因素。

二、厘清问题、抓住关键,准确把握家庭矛盾纠纷化解核心

和谐家庭、人人向往,现实问题、不容回避。随着我国经济不断发展、

文化领域日趋多元、国际交流愈加频繁，产生家庭矛盾的原因也趋于多种多样。梳理其核心因素，不乏以下几种。

1. 恋爱价值"功利化"。作为人际吸引的最高形式，爱情在现代社会不断发展的物质水平的带动下，也发生了巨大的变化。恋爱功利化现象逐渐普遍，即恋爱不以单纯的情感吸引而仅仅为了功名利禄和自身利益，受到金钱、地位、名利等因素的约束。一些人过分注重家庭条件，还存在门当户对的思想，造成爱情观扭曲、恋爱价值观偏差，不注重内在美，片面功利化，造成以后家庭的各种矛盾纠纷。

2. 家庭成员"个性化"。现代社会尊重人的个体价值，人的个性得到张扬。然而，在家庭生活中过分强调个性，必定影响家庭关系的协调。家庭中夫妻关系的维系，主要靠双方彼此认同的价值观念和行为准则，这就要求夫妻双方在心理、情感和文化素养上应同步发展。但许多家庭，婚后仍过分强调个性，经常抱怨对方不能满足自己的心理需求，很少考虑如何去适应对方或彼此适应，忽略了夫妻感情的培养和交流，致使双方出现观念和情感的落差，最终导致感情的破裂。

3. 市场经济"压力大"。随着改革开放的不断深入和企业体制的优化转型，不少家庭成员面临着分流、下岗以及快节奏、高效能、高风险职业带来的经济压力和精神压力。不少夫妻本来怀着美好的向往进入婚姻，但由于不善于化解社会压力和家庭矛盾，致使本该有希望挽救的婚姻一步步走向"死亡胡同"。市场经济对家庭婚姻关系的冲击，还表现在利益驱动迫使现代人的婚恋观、价值观受到影响，以能否赚到大钱作为择偶标准，以赚钱多少决定夫妻在家中的地位，为了金钱不惜作为第三者破坏他人家庭，有了钱就寻找刺激等现象屡见不鲜。

4. 社会关爱"不健全"。家庭矛盾的深化，往往有其"产生—积累—爆发"的过程，如果能在矛盾出现之初给予必要的疏导，可能杜绝不必要的后果发生。在现实社会中，家人的忽视、邻里的陌生、社会的漠视，致使家庭纠纷没有引起足够的重视，麻痹大意，导致矛盾进一步激化。

这些原因促使家庭矛盾具有普遍性、多生性、易变性、连锁性和复杂性，具体到每个家庭的矛盾又有其特殊性。"家家有本难念的经"，"清官难断家务事"。既要有法制强制约束，又要靠民间智慧、公序良俗，如何有效化解新形势下的各类家庭矛盾纠纷，成为势在必行的时代命题。

诞生于20世纪60年代的"枫桥经验"，以"发动和依靠群众，坚持矛盾不上交，就地解决"著称，且历久弥新。习近平总书记在新时期对"枫桥经验"的重要指示，凸显了其与时俱进的优势。"枫桥经验"经过历史和实践检验，将自治、法治、德治等"三治"并举，具有旺盛的生命力，在社会治理的方方面面都发挥着积极的作用。作为社会治理的结晶、民间理性的体现，"枫桥经验"不仅是社会治理的重要经验，更成为了化解家庭矛盾纠纷的一大法宝。

三、传承经典、创新完善，不断发展家庭矛盾纠纷调解体系

借鉴和发扬"枫桥经验"，在批判地继承传统方法基础上，创新化解家庭矛盾方法，以实现家庭矛盾尤其是夫妻矛盾不上交。摆事实、讲道理，就地解决、当场解决，将家庭矛盾解决在初始阶段，使家庭矛盾不升级、不激化、不"外溢"，最大限度降低家庭矛盾的不良影响。

1. 戴上道德自律的"紧箍咒"。个人生活蜕化变质、生活作风不检点、生活情趣不健康，这些家庭个体"为人处世"的基本规则与操守的缺失，往往成为家庭矛盾的"导火索"。几千年来，中国家庭的和谐、矛盾的预防，靠的是"家道"，守的是"家风"。"积善之家，必有余庆；积不善之家，必有余殃"。一个家庭或者家族里面的家庭成员或者家族成员，只有长期按照家训、家规、家教发语行事，这个家庭或者家族才能形成一种独具特色的"家风"。家风好，家道兴盛、和顺美满，家庭成员的身心健康才能得以顺利地成长，才能对社会风气起到正面引导和促进作用。同时，家庭成员在处理家庭矛盾时，要确保家庭成员之间平等、相互尊重，合理使用家庭权力，用主动、积极适应的态度，引导家庭主动挖掘家庭矛盾产生的原因，寻求解决问题的出路，由此才能保证家庭成员相互之间和谐相处。

2. 唱响传统文化的"主旋律"。习近平总书记指出，"中华文明经历了五千多年的历史变迁，但始终一脉相承，积淀着中华民族最深层的精神追求，代表着中华民族独特的精神标识，为中华民族生生不息、发展壮大提供了丰厚滋养。"中华优秀传统文化提倡的讲仁爱、守诚信、崇正义、尚和合、求大同，是开启人们心智的金手指，是润泽心灵成长的无公害食品，是开启生活幸福、获得事业成功的人生指南。学习和弘扬中国优秀传统文化，能够帮助家庭成员分清荣辱是非，明辨善恶美丑，促进和睦家庭，孝顺父母，善育子女。学习和弘扬中国优秀传统文化，也会形成家庭成员为家庭谋幸福、为他人送温暖、为社会作贡献的文明风尚，使社会凝聚更多正能量，营造和谐社会氛围。因此，要积极传播中华民族传统美德，传递尊老爱幼、男女平等、夫妻和睦、勤俭持家、邻里团结的观念，倡导忠诚、责任、亲情、学习、公益的理念，才能引导全体家庭成员用心经营、精心铸造和谐家庭，推动家庭核心成员以身作则树标杆、以德修身、以德齐家，营造夫妻合力、代代接力、

持续发力的良好氛围。

3. 下好舆论引领的"先手棋"。目前，我国家庭矛盾受夫妻家庭责任观念淡薄、缺乏法律维权意识、夫妻之间缺乏有效的沟通、市场经济条件下带来的个人经济压力和精神压力较大等因素影响较大。要围绕法制、道德等宣传要素，构建网上网下同心圆，把握宣传的"时度效"，创新宣传理念、内容、方法、手段，深度预防、有效疏导家庭矛盾。通过主动深入基层、贴近群众，关注群众反映的、易引起家庭矛盾的案（事）件，积极开展"以事说防社区行"、"以事说防进万家"活动，不断开展精准宣传，通过"去官腔、去灌输、加体验、加参与"的方式，持续进行引导，广泛进行传播，形成平安文化氛围，降低家庭矛盾发生、升级的概率。

4. 打好社会治理的"组合拳"。由于家庭矛盾产生原因的复杂性，家庭仅仅依靠自身的力量很难摆脱陷入矛盾冲突的困境。因此，需要在实际生活中借助于"外力"打破这种矛盾的状态，需要政府、社区以及非政府组织力量的介入。开对"药方子"，才能治好"病根子"。要围绕退役军人安置、劳资社保、邻里纠纷、感情纠葛、债务纠纷等可能引起家庭纠纷的重点问题，在党委、政府领导下，整合有关部门和基层组织力量，结合基础信息采集应用等工作，全面滚动排查、调处化解影响社会稳定的家庭矛盾纠纷和风险隐患，预防减少家庭矛盾纠纷激化升级。创建基层治理平台和全科网格服务管理体系，采取"警调衔接"、"民调入所"、"律师进所"等举措，形成多部门协同、法理情融合的矛盾纠纷多元化解机制。搭建网络调解平台，创新开展网上调解，依托微信、QQ等工具随时随地调解，降低调解成本，提高调解效率。同时，公安、民政等部门需主动配合，推行村（居）委主职干部兼任治保、调解主任制度，压实村（居）委矛盾纠纷调处责任，形成主职干部主抓、"两委"班子成员分工负责、群众积极参与的村（居）委治理格局。

5. 架起社区共治的"连心桥"。家庭矛盾的预防、化解，需要做好社区治理工作，需要打通同群众连接的"最后一公里"。要完善好全方位服务群众机制和常态化警民沟通机制，定期开展入户走访，探索社区民警"错时上班"和24小时勤务，实行自助、预约、代办、上门服务等举措，把派出所排查化解矛盾落实到走访群众、调处纠纷、整治隐患、侦办案件等警务活动全过程，实现矛盾就地化解、风险即时防控，做到"多元化化解矛盾、全时空守护平安、零距离服务群众"，以"小平安"累计"大平安"、以"小和谐"助推"大和谐"。

四、学习"枫桥经验"对化解家庭矛盾纠纷的几点启示

"枫桥经验"是实践积累出的精神产品，它因时代的不同而具有不同的内

涵。学习好"枫桥经验"必须在加强实践经验总结和规律特点研究的基础上，立足当前、着眼长远，紧紧抓住根本性、基础性、源头性问题，始终坚持问题导向和民意导向，以先进的理念、系统的思维、开阔的视野，把握"枫桥经验"的精神实质，在继承中创新、在创新中完善。有如下几点启示，需要在实践中认真思考，不断创新和深化。

启示之一：学习"枫桥经验"，必须以民为本。历史和现实都雄辩地证明，人民群众中蕴藏着无穷无尽的智慧。各种矛盾纠纷产生在群众中间，他们才是最了解问题症结的人，最恰当的解决方法当然也应该来自群众。"枫桥经验"的特色是发动群众、组织群众、依靠群众，做到民事民议、民事民办、民事民管，必须用群众路线的立场、观点、方法指导工作实践。

启示之二：学习"枫桥经验"，必须文化推动。"枫桥经验"的成形得益于地方文化，又丰富发展了地方文化。每年都有来自全国各地的许多单位到枫桥参观学习，他们看后都觉得"枫桥经验"效果好。但他们不知道的是：在枫桥，好多事情是大家一直在这么做的，几乎已经成为习惯。"枫桥经验"的产生、发展有赖于当地的山水文化、耕读文化、理学文化乃至村落文化、校园文化、企业文化等的滋养。文化在建构机制、化解社会多元化矛盾中可以发挥黏合、催化、升华、定型的效用。中国幅员辽阔，每个地方都有各自的特点。正像马列主义引入中国必须结合具体国情一样，学习、借鉴"枫桥经验"也必须把握其中的精神实质，而不能徒学外在形式，做买椟还珠的傻事。

启示之三：学习"枫桥经验"，必须数据驱动。主动适应信息化、大数据、云计算、物联网等时代发展要求，借助新技术革命和智慧城市建设的强大驱动力，将传统意义上的人流、物流、资金流、信息流演变为信息化的社会流，通过大数据，将各类不安定因素、不稳定苗头，纳入防控体系的视线范畴。把"互联网+群众工作"当作大数据工作模式下贯彻"枫桥经验"的重要渠道，更加注重运用现代科技手段和新媒体，把"脚板走访"与"网络传输"，"面对面"与"键对键"的群众工作方法有机结合起来，构建方便群众、畅通民意、维护民生的网上群众工作平台，不断推动更多社情民意在网上了解、更多矛盾纠纷在网上化解，真正实现网"络"人心。

启示之四：学习"枫桥经验"，必须党政统领。"枫桥经验"用其数十载的经验指示众人：社会矛盾的化解离不开党政联合，离不开多方联动。党委、政府担负着主体责任，必须作为党委、政府的一件大事来抓。党委、政府要充分发挥统揽全局的核心作用，在政策上支持、经费上保障、工作上协调，形成"党政领导、部门联动、社会参与"的大格局。形成"九牛爬坡、一齐用力"的"大合唱"。

启示之五：学习"枫桥经验"，必须抓早抓小。"基层治理，化解矛盾"是"枫桥经验"的根本定位，以抓早抓小、就地解决矛盾为出发点和立足点，是枫桥人使"枫桥经验"得以持续发展的重要因素。必须做到实现社会治安关口前移，做到防范问题于未然、发现问题于萌芽、解决问题在基层，以小治安推动大平安，不断提升社会治安掌控力。以社会每个家庭为基础，以每个家庭成员为主角，在努力化解家庭矛盾纠纷中，既要尽力而为，又要量力而行，着力解决人民群众最关心、最直接、最现实的利益问题。

启示之六：学习"枫桥经验"，必须耐心细心。社会上矛盾纠纷的存在是大量的、长期的，只要有人的地方，都会有矛盾纠纷。但人性中都有一些共同共通的东西，每个人的内心都有一套基本一致的评判是非善恶的标杆。况且，大量的矛盾纠纷都属于人民内部矛盾。因而，化解家庭矛盾纠纷非常重要的一条就是要怀着善心，备着耐心，认真细心，以真情感动人心。通过精细管理、贴心服务，夯实平安建设的基层基础，使广大人民群众既成为社会和谐稳定的受益者，又成为平安中国的建设者，从而有效增强人民群众的认同感，增加主体意识和共同体意识。

总之，学习领会借鉴新时代"枫桥经验"，针对家庭中的新旧矛盾，创新应用解决家庭问题的理念和方法，是防止家庭矛盾升级，确保家庭和谐、生活美满的有效途径，是确保社会大局稳定的必要前提。

以新时代"枫桥经验"推进农村基层治安治理创新

缪金祥[*]

摘　要：近年来，随着精准扶贫、"乡村振兴"的实施，农村地区经济水平大幅提高，广大农民生活条件得到极大改善，但影响农村社会治安稳定的问题也逐渐显现，在一定程度上影响了发展稳定大局。农村基层社会治理应打造共建共治共享的社会治理格局为目标，以理念、体制机制、方式手段创新为动力，以现代科学技术为引领，加快社会治安防控体系建设，推动农村社会治安良性循环，在深化平安建设上彰显新作为。

关键词：新时期"枫桥经验"　农村基层社会　社会治理创新

加强和创新社会治理，是推进国家治理体系和治理能力现代化的重要内容，是人民安居乐业、社会安定有序、国家长治久安的重要保障。当前，各地公安机关认真贯彻习总书记系列重要讲话精神和治国理政新理念新思想新战略，牢牢把握推进国家治理体系和治理能力现代化的总要求，坚持一手抓保安全、护稳定，一手抓打基础、谋长远，不断提高社会治理系统化、科学化、智能化、法治化水平，人民群众安全感不断增强。农村稳则天下安，如何更好地实施乡村社会治理，充分发挥公安机关在构建和维护和谐稳定社会中的应用作用，已成为基层公安机关必须破解的一个重要而紧迫的课题。

一、当前农村地区影响稳定的主要因素

1. 社会矛盾日益复杂。随着农村经济结构的调整，经济利益的再分配，

---

[*] 缪金祥，江苏警官学院现代警务研究中心教授，硕士生导师，公安部现代警务改革研究所学术交流部主任。

各类社会矛盾进一步暴露,呈现以下特点:一是矛盾种类多样。以往农村矛盾纠纷一般是个体间的矛盾,现在则主要表现为村民与村级组织、村民与政府职能部门、村民与党委之间的矛盾。农村地区的宅基地、感情婚姻、山林水利等纠纷交织叠加,由于得不到及时解决,少数当事方往往采取过激方式处理,打架斗殴、伤害案件时有发生。二是对抗日趋强烈。一些农村居民信"神"不信科学,思想固执保守,且易影响周边亲朋特别是未成年人;少数农村居民虽法治观念较差,但维权意识较强,涉及自身利益时往往断章取义、偏执偏激,缠访、闹访、无理访等现象一直存在。农村矛盾纠纷由"一对一"向"群体性"转化,内容由简单趋向复杂,如扶贫政策、拆迁安置、项目建设等往往涉及一个村或多个村组的群众利益,一人有矛盾,一群人上访。部分群众抱着"我穷我有理、我病我有理、我老我有理"的想法,采取围堵、躺卧、阻拦等方式向村委会、政府施压,且教育无效、处理不怕、打击无法(老、病、残人员)。

2. 治安治理形势日益严峻。一是侵财案件影响大。农村经济发展打破了传统地域之间的地理界隔,加之农村治安防控力量薄弱,大部分村民警惕性与识别性差,一些不法分子和极少数留守贪财人员选择在农村行窃行骗,致使农村侵财案件上升。二是电信、网络诈骗和金融领域犯罪日趋增多,受害者大多为文化程度不高的农村地区群众,且破案率较低、受害群众多、经济损失大。三是受经济、素质、观念等因素制约,农村地区交通、消防、内部单位、安全生产等领域硬件投入不足,思想认识不够问题普遍存在,各类不安全、不稳定、不确定隐患不容忽视,各类事故居高不下。大部分村集体经济发展落后,特别是广大农村居民对水、电、路、网的改造升级需求迫切,上级财力支持有限,致使农村"两委"干部的工作事权与财权不匹配、社会治理的相关制度缺乏物质载体。

3. 新的问题日益显现。一是农村青壮年大量外出务工,留守力量中老人、妇女、儿童占很大比例,治安防范意识弱,给不法分子留下可乘之机;夫妻双方异地分居,极易造成感情疏远、出现伦理道德问题,进而引发打架斗殴、伤害杀人等案件。二是非正常上访仍然是影响社会稳定的突出问题,缠访、闹访、越级访现象比较突出,消耗了党委、政府、公安机关大量时间、金钱与精力;有的借"举报"为名在网上恶意炒作、投诉敏感问题,还有少数信访对象与境内外所谓的"维权人士"勾联,丑化党委、政府形象,造成负面影响。三是肇事肇祸精神病人、扬言报复社会、可能铤而走险等重点人员的稳控工作压力较大,个人极端案事件的风险时刻存在。四是公共服务不能满足需求。农村地区在医疗、教育、文化等基本公共服务方面数量不足、质量有限，难以吸引在外务工人员返乡生活、创业。而基层政府部门特别是村"两委"为了提高工作效率，更多只是依照现行制度，缺乏人文的柔性与耐性，导致当前农村社会治理的举措与群众的美好愿望存在一定差距。

4. 基层组织弱化。一是难以有效组织力量开展治安防控工作。随着市场经济的发展，一些村干部热衷于搞项目、接工程、办企业，对本村的矛盾纠纷、热点问题和重大事件不了解、不掌握，对自己的份内工作不管不问，致使大量民事纠纷不能及时调解，大量不安定因素不能及时发现、发现问题无人问津，积小成大、积少成多，留下治安隐患。还有少数村干部一心谋私，在执行低保、扶贫等政策中优亲厚友，严重影响了基层干部在群众心目中的形象，导致农村基层组织在群众中的威信和影响力下降。二是法治建设统筹力度不够。目前，农村地区的法律顾问多为兼职或挂靠，只见公示牌不见人；村组干部几乎没有接受过专业的法治培训，且日常法治宣传形式单一、载体落后，从而直接影响法治宣传效果，基层治理多以指示、命令、动员等行政手段在推进，一提法治建设，大多数人都认为是政法机关甚至是公安机关的事，"唱独角戏"现象未从根本上改变。

二、农村基层社会治理中贯彻落实"枫桥经验"存在的问题

1. 认识上有缺陷。历久弥新的"枫桥经验"源自浙江省枫桥镇"发动和依靠群众，坚持矛盾不上交、就地解决，实现捕人少、治安好"的有益做法。近年来，全国各地积极探索社会治理新模式，不断推出社会管理新举措，使新时期"枫桥经验"的内涵得到丰富和发展。但从目前来看，个别地方和部门还不能充分认识学习推广"枫桥经验"的重要意义，不能全面掌握"枫桥经验"的丰富内涵，不能深刻领悟新时期"枫桥经验"的精神本质，不能制定出切合本地实际的工作措施，有的甚至出现认识上的盲点和行动上的误区。

2. 落实上有偏颇。目前，公安机关在"枫桥经验"的落实上还存在诸多短板和偏颇。比如，有的片面注重现代科技在公安工作中的应用，忽视"发动群众、依靠群众"的传统做法；有的人民群众发动不起来，社会积极因素调动不起来，以人民群众为主体的共建共治共享格局建立不起来。一些基层所队在治安管理、矛盾纠纷调处化解中无法有效发动和依靠人民群众，没能建立起群众自治和警民联调格局，很多地方的村规民约形同虚设，人民群众的自防自治和社会各方的共建共治作用没能得到充分发挥。

3. 推进上有难度。推进新时期"枫桥经验"的实践与发展，必须构建系统化的社会治理组织体系和工作运行机制，充分发挥党委、政府主导、综治协调、群众主体作用。但是，目前许多社村基层治保组织"名存实亡"，民调

组织履职不力，群众主体作用发挥不好。一些地方经费投入不足、科技强警力度不够，直接影响了贯彻落实"枫桥经验"、强化社会治安防控工作的成效。

三、以新时期"枫桥经验"推进农村基层社会治理

公安机关社会治理创新工作，本质上就是公安机关对社会治安管理的创新。目的就是立足维护稳定、服务民生，围绕共建共治共享目标，遵循治理社会化、机制规范化、专业智能化思路，紧紧抓住"人"这个最核心的要素，走群众路线，依靠群众共建平安；紧紧抓住规范化建设这个根本，实现管理有序，执法公正，推动公安工作可持续发展；紧紧抓住向科技要战斗力这个方向，依托智慧乡村建设，创新工作方法，搭建大数据警务建模，靶向制导，提高专业效能。

1. 全面落实派驻，"做大"公安。当前，各级公安机关主要领导均兼任政府部门的职能领导，在实际工作中能够彰显体制优势，发挥重要作用。但是社会管理部门间协作程度仍然较低，信息共享不到位与沟通协调不及时等情况仍然大量存在，与信息时代瞬息万变的社会服务要求极不对称。政府其他负责行政许可和行政执法的管理部门发现被管理者构成犯罪才移交公安机关依法追究的现实运作模式质效较低，信息共享困难。笔者认为，"信息共享"不是简单的传递信息，而是谋划、规划、实施的全过程共享，体系、架构、职责的全领域贯穿。因此，党委、政府全面落实好公安派驻是当前探索社会治理创新的一个有效途径，展开说，就是在各级提供行政服务和参与行政执法的社会治理部门中全面落实公安派驻，并演变发展至互相派驻，提升大格局，摒弃小自我，充分认知"公安不仅靠公安"，树立公安大职责理念，以做大做强公共安全队伍来迎接治理新挑战，提高社会治理社会化、法治化、智能化、专业化水平。充分发挥基层政府、政法部门、仲裁组织、村"两委"等职能作用，建立集巡防、帮教、应急、调解、普法于一体的工作机制，引导村民积极有序参与农村社会治理，努力使基层基础更扎实、防范网络更健全、平安根基更牢固。多在年轻村民、科技能人、致富能手中发展党员，充分利用互联网、新媒体优势，创新组织生活形式，利用村民大会、公示栏、广播、微信、QQ 等，及时宣传解读党的相关政策、国家法律法规，加强村级"五务"公开，引导广大村民了解关注，保障村民依法参与管理村级事务的权利，鼓励村民自觉参加各类文化生活。

2. 争取社会支持，"强大"公安。社会管理离不开社会各界的支持和协作，需要他们从理念、文化、技术、资金等方面给予支持。哲学家可以把群

众思维从"这个城市、这个社区"转变为"我的城市、我的社区";设计师可以描绘出"我的城市、我的社区"的美好蓝图;乡贤智士可以进一步引导社会公德;社会精英、社会活动家、企业家、慈善家都可以为了美好明天发挥聪明才智。社会进步是社会共同参与治理的必然结果,但它需要方向引领和积极响应辅以推动。从公安机关层面来说,打造一支拥有强大实力的公安队伍是应对当前快速变化的社会治理新形势的有效手段,"工善其事,先利其器",因此,必须广泛发动社会力量,加大资金投入,努力实现公安"四大"。一是实现"大信息"。进一步实现信息引领对公安工作的全覆盖,拓宽信息收集渠道,畅通信息传递脉络,灵敏信息反应传感,逐步建立以全覆盖信息为抓手的新型社会治理方式,快速打击犯罪,精准服务群众。二是实现"大科技"。科技的快速发展,造成犯罪手段的变更和进一步升级,例如,线上支付的普及造成扒窃案件的下降,却也造成了网络金融犯罪的井喷式增长。"钱宝系"案件给了我们深刻的启示,公安机关必须要走在科技前沿,提前采取科技防范或至少实现同步预警,才能在打击犯罪的攻坚战中不落下风。狠抓"雪亮工程"建设契机,更新升级公安自建视频监控设备,提高视频监控点位密度,特别是要按照智能防控的思路,在重点部位、区域,安装人脸识别等符合现代化警务实战需求的视频监控设备。督促沿街商铺、学校、医院、邮局等行业单位安装或更新视频监控设备,确保社会面监控能为我所用。探索打通数据壁垒,建立与政府相关职能部门交换信息资源的平台,实现社会信息资源和公安信息资源在更高层面的共采共享。丰富已经启用的公安交通治安智能管理监控平台,吸收违法交规次数多、问题严重和用作非法用途的重点车辆。三是实现"大调解"。很多矛盾宜顺不宜激、宜解不宜结,因此必须进一步做好统筹,发展社会公调组织,以"多调少罚"和惩戒式社会服务达到和谐化解的目标,尽可能减少容易造成对立的限制自由、金钱惩罚的行政处罚,避免社会对立引发的次生矛盾。坚持把排查矛盾纠纷作为走访网格、了解社情民意的重要内容,社区民警积极用好网格员、治安积极分子、治安信息员等力量,深入摸排涉访涉稳情报信息,及时发现各类矛盾纠纷。学习借鉴"枫桥经验",实行法治、德治、自治相结合,派出所和村居及司法、民政、信访等部门触发联动,构建矛盾纠纷联动化调处网络。四是实现"大联动"。应当坚持未雨绸缪、防微杜渐,进一步建立政府牵头、部门联动、社会广泛参与的健全应急管理联合指挥机制,有效应对自然灾害、事故灾难、公共卫生事件、社会安全事件,提升危机管理和抗风险能力。

3. 引导公众参与,"创大"公安。以人民群众安全感、幸福感和获得感为根本标准,有机结合治安工作专业化与社会化,围绕建设最安全乡村目标,全力维护社会长治久安，共创公共安全。一方面，要多元化提供公共安全产品。遵循"警力有限，民力无穷"思路，改变公安机关大包大揽的社会治安治理模式，坚持培育发展与监督管理并重，鼓励、吸纳、引导社会组织、社会力量参与治安工作。进一步探索市场运作的作用，试行治安承包、鼓励资本投入、发展行业协会等多种供给主体和方式，缓解需求多样与供给不足的矛盾，减少政府成本。深化"无事镇村"创建，突出党政机关、银行、学校、医院、敬老院、自来水公司、超市、集镇等重点目标单位和重点部位、重点行业，抓实源头监管、面上查控、宣传教育、打击处理等环节，加强网格内治安清查和交通、消防、危化品安全隐患排查，按照"分网格、堵漏洞、治隐患、块块清"的要求，联动相关职能部门，发动村居等基层力量，全面推进治安安全风险隐患"清零"，确保了辖区不发生有影响的重大刑事案件和公共安全事故。另一方面，要载体化调动社会群众参与。人是社会治理的核心要素，应该运用开放的思维来管理开放背景下的社会人员，借助市场手段来处理市场经济下的社会问题。从西方文化看，应该把保护我的社区家园变成公众共识，广泛调动人民群众参与社会治理的积极性，进一步激发社会活力，促进人与人、人与社会和谐相处。从中国"大能力才有大责任"传统认知看，当前实际运作的治安志愿者、夕阳红巡逻队等尚且停留在形式运作层面，其深层次原因即为"能力与责任"的传统认知使群众根深蒂固地认为手中有"剑"心中才能有责，从而难以真正调动群众参与积极性。具体来说：一是群众武装的合理性与合法性。笔者对无锡、常州等苏南城市和广州、深圳、湛江等两广重点城市进行了调研，发现苏南地区可见防卫式武装巡逻，具体表现为佩戴绳子（非警械，所以未用"警绳"名称，功能相同）以及防卫橡胶棍，主要行使基本防卫和群众扭送职能，并不完全具有攻击性；两广地区因多发飞车抢夺等恶性案件，近年来一贯配备有长棍、盾牌等防卫工具，一般情况下主要承担震慑职能，当发生恶性案件时，则会立即转变为进攻职能。由此看来，基于基本防卫的群众武装是有一定可行性和合理性的。从合法性角度再来分析，法律法规明文规定的警械和武器必然不能作为群众日常的武装标准，笔者通过分析相关法律条文发现，可以通过名称规定和法律规避实现合理武装，比如橡胶棍，其不必然是警械，正常持有也不违反《治安管理处罚法》等相关法律，且杀伤性较小、防卫职能较为突出。二是巡逻方式的多样性和交叉性。目前，巡逻方式采取车巡、摩巡、电巡、步巡四种模式，对重点部位、主要干道和支街背巷进行立体化巡逻。但是目前仍然存在警力不足、装备不足情况，很难实现巡防的全时空覆盖。对此，笔者建议，群众自治巡防队并不必须采取步巡模式，而是综合加入官方配备巡逻工具（如自行车等）和自我工具补充两种方式，官方配备很容易理解，在这里重点阐述自我工具补充。自我工具补充，即为群众不论在何场合、何时间使用何工具出行，公安机关都鼓励其通过佩戴、粘贴专门标志来显示其群防群治参与者的身份，并且允许其在合理合法范围内参与治理、参与处置，真正做到向社会借力借势借资源，与群众共建共治共发展，在做到"风吹草动"即能"捕风捉影"的同时，也可以有效促进社会共治工作的落实，实现"和事佬"和"热心肠"越来越多的良好局面，有效实现了警力零增长情况下的警务效能提升，具体为，将一摩两辅警巡防模式改变为一摩一辅警、一群众巡防模式，在确保合法性和提升荣誉感的同时，有效实现了警力零增长情况下的巡防网络织密。形成"专业力量＋群防群治＋视频图像"的立体化、信息化、网格化巡防布局，基本实现"人防进网格、技防全覆盖、巡防无盲区"。引进智能化巡逻防控系统和可视化巡防终端，巡逻处警人员人手配备一台可视化巡防终端，终端具有卫星定位、实时对讲、视频回传等功能，配合巡逻防控智能化系统，实现对网格内巡逻处警及群防群治力量的互联互通、可视管理。派出所勤务指挥室应用系统，对重大警情实行视频指挥调度，对网络化巡防勤务进行轨迹回看，真正实现"一键调度"、"一呼百应"、"一网考评"。三是工作机制的完整性和实际性。工作好不好，关键在机制，根基在管理。对于各类参与群防群治的志愿者，应当登记并按照年龄、身份、性别进行编号，便于区分和管理。在初始阶段，应当"以形助行"，全面调动群众参与热情；在有一定群众基础的背景下，可改变原有模式，变发动群众参与为经资格审查后加入，进一步提升荣誉感和队伍纯洁度。为民警树立正确的人生观、价值观，让广大基层一线民警愿意清清白白从警，公平公正办事，愿意工作在农村、发展在农村、建功在农村；聚焦能力提升，坚持"一警多能"的思路，围绕规范执法、侦查破案、社区工作、交通管理、服务群众、现代化警务平台应用等几个方面加强培训，不断提升单个民警的实战能力，从而激发出更强的整体合力。同时要注重发现、培育治安信息员，要加强技能培训，并加大物力、财力投入，同时要建章立制，规范管理，严格考核，确保其能真正为我所用。另一方面，要充分考虑实际情况，通过物质、精神双渠道进行鼓励，严管厚爱、通情达理正确使用惩罚措施，制定一整套科学可行的运作保障机制和奖惩措施。例如，依托微信平台开通"线索举报"和参与公安机关"红包悬赏"模块，实现"社会警察"和"正义力量"越来越多；开展"积分行动"，小积分可以置换大服务，小行动可以积累大诚信，小付出可以收获大礼遇，让参与群众切实感觉到当好人、做好事、有好报。

打造"红管家"党建联盟 创新社区治理新模式
——以浙江省杭州市临安区"临里红管家"党建联盟为例

吕云平[*]

摘 要:"临里红管家"党建联盟,是众多"红管家"模式中出色和鲜亮的代表,有着协同议事机制、问题领办机制、监督评议机制;以坚持党建统领、坚持民意引领、坚持共建共治共享、体现地方特色为创设理念;借鉴、学习和推广"临里红管家"党建联盟,有助于更好地发挥党员作用、提升党员形象,能够更好地加强党的基层组织建设,更好地在基层社会治理中加强和改进党的领导,更好地构建基层社会治理新格局,进而更好地发展新时代"枫桥经验"。

关键词:临里红管家 党建联盟 运作机制 创设理念

实现基层治理现代化,党建是关键。推进基层治理现代化,就必须适应基层治理的新变化新要求,切实发挥基层党组织的战斗堡垒作用。通过增强基层党组织的堡垒作用、核心作用,实现党组织对社会组织的政治引领,构建服务基层治理的沟通和协调机制。通过改进工作机制,对社会组织进行统领整合,提高基层党组织、基层社会管理和基层公共服务的工作效率。近年来,我国城乡基层党组织不断探索创新,健全社区管理和服务机制,形成了不少行之有效的社区治理理念、方法和手段,"红管家"模式就是其中之一。如安徽省合肥市包河区的"红管家"服务驿站、浙江省德清县和衢州市柯城区的楼道"红管家"等,都是城市基层党建和民主政治建设的有益探索和创新之举。各种"红管家"模式通过党员的先锋模范作用和党组织的战斗堡垒作用,最大限度地服务群众,激发了广大居民群众参与自治的积极性,实现

---

[*] 吕云平,浙江警察学院科研处处长、教授。

了相互信任、自管自治的良性循环，不断完善共建共治共享的社会治理制度。浙江省杭州市临安区以"临里红管家"党建联盟践行新时代"枫桥经验"，成为众多"红管家"模式中出色和鲜亮的代表。

一、"临里红管家"党建联盟的运作机制

社区物业管理是城市基层治理的"难题"和"痛点"之一。如何破解这个问题，浙江省杭州市临安区在实践中探索出了一种有特色的"红管家"模式——"临里红管家"党建联盟。该联盟以街道、社区、业委会、物业企业、共建单位、联动单位作为六支主要力量，把社区、业委会、物业企业、业主代表和辖区社会组织中的党员集结起来，共同组建党建联盟，进小区参与物业、业委会事务和矛盾调解、为民服务等公益活动，使党组织、党员的影响力和战斗力有机转化生成为基层社区的治理力。根据杭州市临安区《锦北街道"临里红管家"党建联盟工作手册》和竹林社区党委负责同志的介绍，"临里红管家"党建联盟的主要运作机制有以下三个方面。

（一）协同议事机制

协同议事，是由社区、业委会、物业企业提出议题，或根据上级督查整改的要求，"临里红管家"党建联盟通过民主协商，确定议题，为民服务。按照协同共商，明确责任，分类处理的原则，按不同途径分别领办予以解决，实行"居民点单、社区下单、共建单位接单"。物业维修、卫生保洁、纠纷调解等小区日常事务，由物业企业或业委会领办处理；业委会换届选举、动用大额维修基金、物业服务企业变更等重大事项，在联盟的主持下，根据有关法律法规，按照规定的程序进行；涉及需要有关部门协调解决的问题，由共建单位领办解决。不管是哪个途径解决的问题，都要公开议事结果，并做好台账资料。

（二）问题领办机制

问题领办，是由"临里红管家"党建联盟受理问题，召开联席会议，提出领办意见，由相关单位（团体）领办问题。无论是业委会、物业企业，还是共建单位、功能小组领办的问题，都要向"临里红管家"党建联盟反馈领办结果，同时"临里红管家"党建联盟进行过程跟踪。一般在每月10日的"城市党建日"领办问题，对于简单问题，要即行即改；对于复杂问题，原则上一个月内办理完毕，暂未办结的要说明延迟办结的原因，无法办结的要及时向"临里红管家"党建联盟或上级单位提出，"临里红管家"党建联盟及时将办理结果反馈业主或相关团体。

(三) 监督评议机制

监督评议，是由"临里红管家"党建联盟对"居民点单、社区下单、共建单位接单"的执行情况进行监督，督促相关单位信息公开和工作落实，并反馈相关情况。对业委会，监督关于小区的决策、重大项目规范和执行情况、定期向业主公开资金使用情况等，将监督评议结果反馈给社区，作为业委会和委员评先评优的重要依据。对于物业企业，监督其物业服务情况、执行业委会决议落实情况、经营性收入及使用情况，将监督评议结果反馈物业行业协会，作为物业服务企业信用信息管理的重要依据。对于共建单位、联动单位，监督问题领办过程，动态监测掌握领办进度，督促工作落实，将监督评议结果反馈给组织部门，作为共建单位大党建考核的重要依据。

根据"临里红管家"党建联盟推进建设规划，先在每个社区建设一个"临里红管家"党建联盟样板。在试点的基础上，再逐步推开推广。

二、"临里红管家"党建联盟的基本理念解析

"临里红管家"运作半年多来，已经产生了良好的效果，得到了居民群众的赞誉和拥护。之所以有这样的良好效果，是因为其在党的创新理论指导下，坚持、发展"枫桥经验"。"枫桥经验"是党的"一切依靠群众，一切为了群众，从群众中来，到群众中去，把党的正确主张变为群众的自觉行动"的群众路线的生动写照。"枫桥经验"是人民群众创造的，也是人民群众发展的，从"文革"前的"依靠和发动群众，坚持矛盾不上交，就地解决，实现捕人少，治安好"，到"文革"后的"摘掉一顶帽，调动几代人"；从进入新世纪的"小事不出村，大事不出镇，矛盾不上交"，到进入新时代的"矛盾不上交，平安不出事，服务不缺位"，无不闪耀着人民群众的智慧。习近平总书记强调，要"把'枫桥经验'坚持好、发展好，把党的群众路线坚持好、贯彻好"。"临里红管家"党建联盟，就是从新时代"枫桥经验"的真谛出发，尤其是从"服务不缺位"的要素出发，来坚持和发展"枫桥经验"，坚持和贯彻群众路线，畅通和规范了群众诉求表达、利益协调、权益保障渠道。其基本理念如下。

(一) 坚持党建统领

党政军民学、东西南北中，党是领导一切的。中国共产党领导是中国特色社会主义最本质的特征，"党建统领"也是"临里红管家"党建联盟最鲜亮的底色，"临里红管家"的"红"就代表"党建统领"。其一，"临里红管家"党建联盟由区委组织部推进和考核。这标志着坚持党的全面领导，把党

的领导落实到国家治理各领域各方面各环节。社会治理是国家治理的重要方面，一刻也不能脱离党的领导。其二，联盟的所有"红管家"都是共产党员。通过在职党员进社区、作奉献，发挥党员先锋模范作用，使"红管家"成为"共产党员"树立起的一面争先创优的旗帜，体现了把"不忘初心、牢记使命"作为加强党的建设的永恒课题和全体党员、干部的终生课题。

（二）坚持民意引领

"临里红管家"党建联盟透射着以人民为中心的思想光芒，坚持践行全心全意为人民服务的根本宗旨，把党的群众路线贯彻到治国理政的全部活动之中，把人民对美好生活的向往作为奋斗目标。群众需要什么，"临里红管家"党建联盟就为群众做什么，"居民点单、社区下单、共建单位接单"的程序，是把居民群众当成自己工作的裁决者和评判者，由居民群众来评判服务水平和服务成效，是"时代是出卷人，我们是答卷人，人民是阅卷人"的生动写照。

（三）坚持共建共治共享

党的十九届四中全会提出，必须加强和创新社会治理，完善党委领导、政府负责、民主协商、社会协同、公众参与、法治保障、科技支撑的社会治理体系，建设人人有责、人人尽责、人人享有的社会治理共同体，确保人民安居乐业、社会安定有序，建设更高水平的平安中国。要健全党组织领导的自治、法治、德治相结合的城乡基层治理体系，健全社区管理和服务机制。"临里红管家"党建联盟，在党委领导、政府负责的前提下，坚持民主协商、社会协同、公众参与，坚持自治、法治、德治相结合，重视社会治理和服务重心向基层转移，把更多的资源下沉到基层，打通了社区服务和治理的最后一步路，为居民群众更好提供了精细化的服务。

（四）体现地方特色

联盟名称具有地域性和亲切感，"临里红管家"这个名称，一是反映了地域性。临安可以简称"临"，"里"是街坊、家乡、邻居的意思，所谓五家为邻，五邻为里。因此，"临里"可以理解为"临安里弄"的简称，反映了这个"红管家"模式是临安的模式。二是"临里"又跟"邻里"谐音，体现了"管家"的服务对象是邻里，就是邻居、乡亲，让人产生浓浓的亲切感。临安区在2019年4月10日举行了"临里红管家"党建联盟LOGO发布会，LOGO主要由三个"L"型外边图案、六边形、"临"字图案及"'临里红管家'党建联盟"文字组成。LOGO图案的主色调为红色，象征党组织和党员；红色"L"型图案共有三个，分别代表"临安"、"临里"、"联盟"。图案和谐、美观,代表着临安对和美小区建设的追求和努力。

三、"临里红管家"党建联盟模式的推广意义

"临里红管家"党建联盟是一种行之有效的"红管家"模式,具有借鉴、学习和推广意义。

(一)能够更好发挥党员作用提升党员形象

深入挖掘社区内党员资源,进一步发挥社区内党员在基层党组织建设中的基础性作用。杭州市临安区推行"临里红管家"和"城市党建日"活动后,安排党员干部到社区报到服务,围绕居民需求共同商议解决难点问题,通过综合运用民主、法治、协商等方式,化解社会矛盾,维护居民合法权益,使居民群众实实在在得到了实惠、享受了服务,也使居民群众对党的领导更加拥护。对党员的先锋模范作用更加认同。同时,也培养在职党员社区认同和身份认同,激发参与社区治理热情,进一步发挥在职党员个人专业性优势,增强基层党组织新动能。

(二)能够更好加强党的基层组织建设

夯实基层治理的地基,是推进国家治理体系和治理能力现代化的全局性、基础性工作。习近平总书记强调,要加强党的基层组织建设,把资源、服务、管理下沉基层、做实基层,把每个基层党组织建设成为坚强战斗堡垒。临安以"临里红管家"为载体,健全党的基层组织,优化基层组织设置,形成以街道党工委为核心,社区党委为基础,社区内居民党小组等各类党组织为网络,其他基层党组织为补充的区域化大党建新格局,推进街道党工委、社区党委、社区居民党小组,向小区、楼院、楼门等基层社区自治单元纵向延伸,将基层党组织建设工作延伸到最基层。基层党组织体系和基层自治组织体系下沉,形成相互匹配的基层党组织引领基层社区治理的党建格局,进而丰富党的机体细胞,激发基层党组织新活力。

(三)能够更好在基层社会治理中加强和改进党的领导

我党除了工人阶级和最广大人民群众的利益,没有自己的特殊利益,任何时候都把群众的利益放在第一位。坚持党建引领,充分发挥基层党组织的战斗堡垒作用,是"枫桥经验"的政治优势。一个地方"枫桥经验"运用得好不好,基层治理得好不好,与基层党组织能不能很好地发挥其领导核心作用密切相关。中国特色社会主义的本质特征是中国共产党的领导,党的领导要通过各级党组织特别是基层组织卓有成效的工作来实现。创新基层社会治理,根本在于通过加强基层党的建设,把党的领导深深根植于人民群众之中,

实现党领导社会治理、依靠群众加强社会治理。"红管家"模式，无论是基本理念、运作机制，还是工作方式、结果追求，都与"枫桥经验"的精髓和表现形式相统一，都能够进一步加强和改进党对基层社会治理全过程的全面领导。

（四）能够更好构建基层社会治理新格局

"基层党建＋社会治理"的深度融合，解决了以往工作中存在的基层力量不强、部门合力不够、治理重心偏高、社会参与渠道不畅等一系列问题。如果把"红管家"模式与平安城市创建活动结合起来，与维护和发展"枫桥经验"结合起来，与信息化、智能化建设结合起来，就可以不断完善基层社会治理工作，完善共建共治共享的社会治理制度，更好地构建基层社会治理新格局。

四、结束语

从构建基层社会治理新格局的要求出发，需要进一步加强"基层党建＋社会治理"的深度融合，在坚持党的全面领导的前提下，充分发挥基层党组织、党员和人民群众的聪明智慧，开展多种形式的城乡基层治理建设工作。"临里红管家"作为"红管家"模式出色和鲜亮的代表，具有先进的理念和科学的运作机制，是新时代基层社会治理行之有效的模式和方法手段，有着借鉴学习和推广的意义。

特约稿

以新时代"枫桥经验"引领社区警务战略发展

张跃进[*]

摘　要：作为社会治理体系和治理能力现代化在基层重要实践的新时代"枫桥经验",对基层警务治理特别是新时代社区警务具有重要引领作用。根据相关课题研究,以新时代"枫桥经验"引领城乡社区警务战略发展,必须更新观念、主动融入,积极推动社区警务与基层社会治理"双网"融合;必须科学布局、明晰职责,真正实现重心下移夯实基层基础;必须合理考核、有力保障,正确引导社区民警立足岗位建功立业;必须强化培训、提升素质,有效支撑社区警务战略发展;必须积极作为、创新实践,筑牢平安稳定第一道防线,努力探索建立有利于新时代社区警务战略发展的现代警务机制。

关键词："枫桥经验"　社区警务　战略发展

党的十九届四中全会将坚持和发展新时代"枫桥经验",作为坚持和完善共建共治共享的社会治理制度的重要方面,并进一步提出了明确要求。新时代"枫桥经验"已经成为推进基层社会治理现代化的一面旗帜,理应作为新时代的社区警务战略发展的重要引领。根据2019年公安部公安发展战略研究所城市警务研究中心牵头组织,包括邱娥国等全国15位英模社区民警参加的,深入推进新时代城乡社区警务战略的课题研究,以新时代"枫桥经验"引领推进城乡社区警务战略发展,应重点把握好以下几个方面:

---

[*] 张跃进,公安部公安发展战略研究所副所长、城市警务研究中心主任,中国人民大学、中国刑警学院和苏州大学硕士研究生导师。

一、必须更新观念、主动融入,积极推动社区警务与基层社会治理"双网"融合

从社会管理到社会治理,尽管只是一字之差,却反映了新时代国家和社会治理理念与方式的重大调整。因为,传统意义上的社会管理,强调的是依靠各级党委、政府及其基层组织,通过行政命令、行政推动、行政强制等管控方式来实现社会的平安稳定;现代意义上的社会治理,更多地强调在党委、政府的领导和主导下,依靠各级各部门、社会团体、社会组织,组织发动广大人民群众一起,通过沟通、协商和合作的方式,借鉴现代治理的思维与方法来维护社会稳定和治安次序,形成共建共治共享的社会治理格局。新时代"枫桥经验"的核心所在,既强调坚持党的领导,发挥基层党组织引领群众、凝聚群众、组织群众的中坚作用,又强调在党的领导下,构建形成多元主体协同共治、让社会充满活力的新局面。

社区警务工作,也历来倡导在党委、政府领导下,依靠各级各部门和社会各方面力量来维护社区一方平安。但现实中,也确有一些社区民警对党建引领下的社会治理认知还不到位。在课题调研中,我们发现有些社区民警在这方面认识有些偏颇,认为"我是社区唯一的公务员,是代表政府和公安机关依法实施执法管理职责,没有必要去听从社区党组织的指挥"、"我们社区民警的任务就是按照上级的要求做事,社区的事跟我们关系不大,也不是我的任务",等等,以至于有些社区警务工作一定程度上游离于基层社会治理格局。

新时代的社区警务工作,应该是社区民警立足于社区,积极开展各项宣传工作,动员和组织社区群众,实行警民合作,不断增强社区民众参与社区各项纠纷矛盾化解、治安安全管理、预防违法犯罪的意识和能力,维护一方平安,努力营造居民群众安全和谐环境的现代警务形态和模式。因而,社区警务工作与基层社会治理是完全一致的,而要做好这些工作光靠社区民警是不够的,必须紧紧依靠基层党政组织来组织发动辖区各个部门、各个方面以及居民群众的力量,共同维护一方平安。因此,要通过有效的教育引导,让广大社区民警真正了解和理解新时代"枫桥经验"的核心所在,迅速适应从"管理"到"治理"的转变,更加主动地融入基层社会治理大局,并善于依靠社区党组织更加广泛地组织发动居民群众共建共治,最大限度地整合各类平安建设的资源,实行社区警务与基层社会治理"双网"融合,共同构建更高水平的社区平安。

二、必须科学布局、明晰责任，真正实现重心下移，夯实基层基础

习近平总书记在 2019 年 5 月的全国公安工作会议上，在强调有效推进警务改革的方法路径时，提出"要推行扁平化管理，把机关做精、把警种做优、把基层做强、把基础做实，加快构建职能科学、事权清晰、指挥顺畅、运行高效的公安机关机构职能体系。要树立大抓基层、大抓基础的导向，推动重心下移、警力下沉、保障下倾，增强基层实力、激发基层活力、提升基层战斗力。要深化同机构改革配套的相关政策制度改革，优化职能配置、机构设置、力量资源配置，加强机构人员职能整合、业务工作融合、机制流程衔接"。这一重要指示，实际上是提出了警方的"供给侧结构性改革"要求，即通过对公安机关的机关、警种和基层的三者职能和运行方式等的改革调整，形成更加有利于警务事业健康有序发展的警务布局，关键和立足点在于做强基层做实基础。因为，这样的警务布局的好处在于，通过做精机关、做优专业警种，把维稳反恐、破案打击、大型安保等专业性的任务承担起来，有效给基层减负，从而让基层有人手有时间有精力做基层基础工作，同时基层基础建设强了，又反过来助力支撑机关专业警种的工作，形成良性发展的格局。新时代"枫桥经验"的重要精髓，就是坚持"小事不出村，大事不出镇，矛盾不上交，就地解决"，通过扎实有效的基层基础精神来实现维护社会和谐稳定的基础目标，改革优化警务布局无疑有助于基层基础建设。

这几年，各地越来越重视基层基础建设，也取得了明显成效。但是，由于警务布局的不够合理，机关、警种和派出所及社区在警务职责任务界定上不够明晰和科学，一定程度上制约了基层基础建设。在课题调研中，基层反映了这样一些问题：第一，最大的压力是"属地管理"无限责任。无论是基层的领导骨干，还是基层社区民警，都认为现在什么都强调"属地管理"和把责任都压到基层，出了问题首先追究基层的责任，好像基层是万能的，而上级只要开会部署了、强调了就没有责任，这样显失公允，基层警力抱怨纷纷。第二，最纠结是人力、资源短缺和缺乏手段。俗话说"上有千条线，下有一根针"，现在上级机关部门可谓每一个条线都给基层布置任务，要应对上级部门多头布置的工作任务，基层普遍存在人手不够、精力不济和手段单一，所承担的责任和任务与人力、资源和手段不成正比。第三，最渴望是有组织开展工作的自主权。基层反映，现在上级机关和部门一个劲地给基层下任务，弄得基层包括社区民警一天到晚忙于应付，很少有自己经营"一亩三分地"的自主权，影响了社区民警在社区的深耕细作和长远发展。第四，最需要加

强的是基层基础建设包括基础数据采集。基层反映，上级机关部门往往只提出目标任务，而不太重视源头治理和基础建设，以至于某些突出治安问题只能依靠专项行动和集中整治，并导致问题此起彼伏和治理工作很少常态长效。现在进入了大数据时代，只有基层基础工作做实做强了，并且把基础工作的数据输入信息平台，加上匹配相应的工作机制，才能对警务治理乃至整个社会治理提供有效的数据支撑，使工作步入常态长效，否则再好再智能的系统模型也很难发挥应有的功能与作用。

鉴于当前社区警务战略发展中普遍遇到牵涉警务布局改革调整这一绕不开的问题，各地尤其是城市警方必须在下一步的全面深化警务改革中，认真贯彻执行习近平总书记有关的重要指示和公安部的相关部署，下决心改革调整警务布局，明确界定机关、专业警种和派出所三者的职责任务，尤其是把机关、专业警种应该承担的维稳反恐、破案打击、重大安保等主业切实扛起来，真正为基层派出所和社区民警减负降压，让基层派出所尤其是社区民警集中人手、时间和精力做好基层基础工作，夯实基层警务治理基础。

三、必须合理考核、有力保障，正确引导社区民警立足岗位建功立业

社区警务工作水准需要通过一定绩效数据来体现，一定的绩效考核也有效引导了社区警务工作。当绩效考核指标、办法与结果运用比较科学合理时，有助于夯实基层基础，从根本上推动社区的高质量平安建设；反之，可能引导社区警务工作偏离应有轨道，并削弱基层基础建设，从而影响了基层警务治理能效。与此同时，新时期的社区警务工作，也需要相应的工作条件来支撑，让社区民警能够更加热心安心于立足岗位，干事创业。

随着全面深化警务改革尤其是以服务基层为重点的警务体制变革，各地都在努力推动重心下移、警力下沉、保障下倾，警员职务序列套改也为基层一线的社区民警带来了福音，这些都有助于调动社区民警的积极性和能动性。但是，目前一些地方存在不科学不合理的警务绩效考核，以及一些基层单位尤其是社区民警工作条件还不理想，制约了新时代社区警务战略发展。第一，不够合理的绩效考核。一些上级警务机关、部门为了推动和督促基层工作，往往采取下达刚性的数字指标的办法，诸如"发案数"、"破案数"、"打击处理数"等，以至于基层为了一些数字指标"奔波忙碌"加班加点，甚至"挖空心思"搞数字凑数字，有些派出所忙不过来也让社区民警帮助完成绩效指标，一定程度上影响了社区警务工作的警力和精力，削弱了抓早抓小源头治理和预防各类矛盾问题的能力。第二，不够科学的组织指导工作方法。一些

上级机关部门往往习惯于"开会部署下达任务——严格的检查督查——绩效考核定名次"等传统的组织指导工作方法，有时任务刚刚部署下来就要结果，检查督查一个接一个，甚至主观评估某些绩效数字并指责基层特别是社区警务工作。以至于有些基层派出所和社区民警的工作重在应付上级机关、部门的检查考核，而不是实打实地做基层基础工作。第三，不够完善的系统平台。相当多的城市警方的智慧警务，还没有形成统一集成、彼此关联的系统，各自为政，数据不共享情况比较普遍，赋能效果特别是为基层派出所和社区民警工作赋能不够，甚至诸多警种部门多头让基层采集数据，客观上增加了不必要的负担。此外，社区民警、辅警配备偏少和相应的工作条件不达标，也是制约社区警务战略发展的原因。

预防在先、源头化解矛盾、减少发案和犯罪，实现"少捕、少抓、一个不杀"，这是"枫桥经验"所倡导的绩效观。为了创造让社区警务安心扎根社区立足岗位干事创业，各地尤其是市县警方应改革警务绩效考核方式，建立科学的警务绩效考核和激励机制，尤其对社区民警要以实实在在的基础工作作为其警务绩效考核的主要标准和内容，同时要建立引导社区民警心系社区、保民平安和服务群众的激励机制，诸如优先选拔优秀社区民警提干、对在社区警务工作中成绩显著的民警给予褒奖倾斜等，以激励社区民警全身心和能动地做好社区警务工作。与此同时，围绕"有条件干事"，要赋予基层尤其是社区民警一定的工作主导权，让社区民警自主谋划和安排警务工作，包括警务作息时间安排；要建立与基层派出所和社区民警职责任务相匹配的人财物保障机制。除了充实加强社区警力之外，要报请当地党委、政府和财政支持，配备一定数量的警务辅助人员包括户口协管员，同时要加强警务室等基础建设，并为社区民警配备警用电脑等必要的装备，以及为社区民警工作提供必要的环境和条件；要在加快智慧警务建设中，重视为基层特别是社区民警赋能。多数基础数据应实现一次性采集、多警种多部门共享，避免基层重复采集数据等不必要的警务成本付出，同时要善于运用智能手段关联基础数据，尽最大可能把社区民警采集数据的工作量降下来，把社区民警忙于在室内应付平台系统的精力解放出来，以更多的时间和精力深入社区联系沟通居民群众，做实基础工作。

四、必须强化培训、提升素质，有效支撑社区警务战略发展

新时代的社区警务工作，要求社区民警既要当好社区平安稳定的战斗员，还应发挥好社区警务治理组织指挥者的作用。社区民警不仅要具有一般警察的综合素质，而且要具备有效整合和组织带领社区各种维护治安稳定力量的

领导力素养,以及发挥其作为党和政府联系人民群众桥梁的特殊素养。社区民警的素质能力强弱,至关重要。

近年来,各地警方已越来越重视社区民警的培训,社区民警的素质能力也有一定程度的提升。但是,社区民警的素质能力与新时代基层社会治理现代化不相适应的问题依然比较突出。究其原因,主要是民警职业培训尤其是社区民警的专业培训不到位。一些基层派出所领导包括有些社区民警反映,现在最缺乏的是思维理念和方法路径。首先是因为,现在民警的教育训练主要是教基本的警务技能和常规的警务知识,对警务工作中特别是需要掌握的科学思维方式和先进的警务理念讲得不多,以至于缺乏正确观察理解和分析思考问题的方法,对如何创新创意破解警务工作中的疑难杂症,更是缺乏开锁的"钥匙"。比如全面理解和熟练运用"以人民为中心的发展思想",这是新时代社区警务工作天天都涉及的命题。对此,一些基层民警仍然似懂非懂,并没有真正把握,总是认为"我们警察干的事都是为了人民群众",并没有全面掌握"以人民为中心发展思想"也是新时代"枫桥经验"的核心理念,它包括了"一切为了人民群众"、"一切相信人民群众"、"一切依靠人民群众"和"组织发动人民群众"等要点,以至于在具体的警务工作中,时常发生其出发点是为了人民群众,但实际只考虑了部分群众,而且其他几个要点全然不顾了,由此在组织开展警务工作中,仍然采取简单化的、刚性的行政命令,侵犯了群众利益甚至伤害了群众感情。此外,有些上级机关和部门只给基层派出所和社区民警下任务提要求,没有给出相应的方法和路径,只说应该干什么,没讲应该怎么干,一些基层民警特别是新民警感觉无所适从。

无论是新时代"枫桥经验"的全面推广,还是新时代社区警务的战略实施,都必须有高素质的社区民警队伍作保证。因此,各地尤其是市县警方应围绕"有能力干事",强化对基层民警尤其是社区民警素质能力培训,重点是科学思维、组织管理、群众工作、基本技能包括科技信息技术等诸方面。尤其要借鉴国内外职业培训的理论与经验,系统设计与新时代警察社会治理现代化相适应、与警察职业生涯发展相匹配的职业培训课程体系,科学组织课程教材,加快选拔培养教师教官,采取契合警察学员生理心理特点和易于接受掌握的培训方式方法,并用2至3年时间,分期分批对全体社区民警包括有关的所队领导进行系统轮训,全面提升社区民警的思维素质、政治素质、业务素质、心理素质和实际工作能力,为有效实施新时代社区警务战略提供必要的人才资源和素质能力保证。

五、必须积极作为、创新实践,努力构筑平安稳定第一道防线

社区民警处于警务工作的最前沿,也是"神经末端",社区警务工作是否扎实有效直接影响到警务治理现代化的进程。"矛盾不上交、平安不出事、服务不缺位",这是社会治理现代化在基层的生动实践,也是新时代"枫桥经验"对基层警务工作的目标要求。与此同时,推进自治、法治、德治"三治"融合,又是新时代"枫桥经验"有关基层社会治理的根本方法。各地尤其是市县警方应组织引导基层派出所尤其是社区民警,全面落实新时代"枫桥经验"有关基层社会治理的目标要求和根本方法,更加积极作为,勇于创新实践,充分发挥好基层社会治理尤其是警务治理主力军的作用。

首先,必须引导和组织社区民警聚焦"三不"目标要求。要组织引导社区民警善于通过基层民情沟通会、民意恳谈会、民心交流会、纠纷调解会等人民群众愿意和能够接受的形式,把社区平安建设的决策过程变成尊重民意、化解民忧、维护民利的过程,疏导人民群众的不满情绪,消解人民群众的误会,解答人民群众的疑问,解决人民群众的切实困难,把矛盾化解在基层,既保证社区的和谐稳定,也解决了困扰基层的上访、告状、有害网络舆情等"末端"问题。要在属地党政组织的统一领导下,有效发动辖区的企事业单位、社会组织和居民群众一起,强化群防群治和居民群众自治共治,促进民事民议、民事民办、民事民管,落实人防、物防和技防措施,推动社区社会治理和高质量的平安建设。要贯彻"脚板+键盘"精神(即既发扬优良传统又借助科技信息化手段),利用社区民警的职业优势,广泛联系沟通居民群众,尽可能为辖区居民群众提供便捷的服务,和谐警民关系,增强群众的获得感和满意度。

与此同时,必须引导和组织社区民警在警务工作中,创新实践"三治融合"方法路径。无论是居民自治,还是德治、法治,归根到底需要文化的力量,推动"三治融合"很重要的是社区安全文化建设。因为,安全文化包括人们的安全意识(理念)、安全行为习惯、安全管理和安全物态四个范畴组成,无论是人们的自防能力薄弱,还是社会稳定、违法犯罪等安全风险,说到底是安全文化的缺失。诸如,危害国家安全的泄密甚至被策反利用的问题,各种利益诉求引发的非法聚集影响社会稳定的问题,法轮功等邪教组织继续蛊惑滋事的问题,恐怖袭击和个人极端报复危害社会的问题,民间非法集资甚至集资诈骗频发导致巨额损失的问题,电信网络诈骗高发频发的问题,群死群伤恶性安全事故时有发生的问题,等等。无一不是主体安全(包括法治、道德)意识出了问题。因此,要引导和组织社区民警依托社区创新有效的平台载体,教育引导居民群众确立安全文化意识,养成良好的行为习惯,在积极参与社会治理活动的同时,自觉遵纪守法,从源头上有效地预防减少各类社会矛盾、治安问题和违法犯罪。浙江省杭州市上城分局通过建立"公民警校"和平安建设志愿者联盟的办法,持续开展社区居民的安全文化教育培训。他们在54个社区都建立了"公民警校",由社区民警担任校长,组织辖区的律师、教师等有教学经验的者担任教员,分局统一规范提供每个月的教育宣传教材。与此同时,由社区民警牵头组织"反恐"、"反诈骗"、"御街"、"医院安全"、"校园安全"等系列平安志愿者联盟,将辖区平安志愿者编入这些联盟,在民警和有关部门、行业单位的组织下,广泛深入地开展平安实践活动,让参与平安系列联盟活动的志愿者和居民们在应用人防、物防和技防等实践中,增强安全意识、确立先进的安全理念、学会安全知识技能和养成规范的安全行为。通过连续5年多的运行,该区不仅取得了各类社会矛盾、刑事发案、治安警情等公共安全问题逐年较大幅度下降的显性成果,而且实现了居民群众由最初对警察等执法者的排斥心理转到逐步习惯进而乐意接纳,并自觉接受安全教育的转变;由最初对安全防范宣传的被动认知到逐步在头脑里构筑起安全防线的转变;由城市社会治理和平安建设的"旁观者"、"局外人"到"实践者"、"合作者"、"利益共同体"角色转变,为辖区高质量的平安建设打下了良好基础。上海、深圳等地的"少年警校"和宁夏银川等地的"母亲学校"等类似社区安全文化建设载体,也开展得有声有色,推动基层社会治理的效应日益凸显。这些有助于推动"三治融合"的载体平台和经验,都值得借鉴和推广。

新时代"枫桥经验"与基层社会治理创新征文获奖名单

序号	等次	题目	作者
1	一等奖	"枫桥经验"下基层治理法治化的路径探索——以社会组织的法治功能为视角	姬艳涛
2	一等奖	新时代"枫桥经验"的城市化适应性分析	师容
3	一等奖	韧性治理:"枫桥经验"的现代治理术	刘蔚
4	一等奖	在"三个认同"中创新推进基层社会治理	黄华安
5	一等奖	试论"枫桥经验"的三重文化意蕴	沈秋伟
6	二等奖	融警务:新时代社会治理现代化的公安样本——基于打造新时代"枫桥经验"升级版的实践与探索	陈福连
7	二等奖	从"枫桥经验"谈新时代农村道路交通安全治理体制的构建	包庆瑶 何烈云
8	二等奖	深化基层社会治理现代化:南京公安民意110的探索与实践	宋雅言 张练
9	二等奖	新时代"枫桥经验"的创新发展与平安西藏建设——基于西藏日喀则市的实证研究	吴磊
10	二等奖	关于城乡社区网格治理"2+N"模式暨"社区(乡村)110"的实践与思考	漳州市公安局课题组
11	二等奖	新时代"枫桥经验"的公安实践与市域社会治理现代化——以辽宁本溪城市民生警务战略为样本	王会奇 李英霞
12	二等奖	"枫桥经验"之于公安基层治理工作的适切性研究	高山
13	二等奖	"枫桥经验"在企业维稳信访工作中的实践	汤长江 吕春阳 王小利 徐成 冯治中 单东雪
14	二等奖	论"枫桥经验"在新时代基层治理中的创新和发展	张铧予
15	二等奖	社会资源参与群防群治的实践思考——以宁国市公安局西津"蓝精灵"为例	冯兴吾 刘彬 童进
16	三等奖	论"枫桥经验"的法治发展	施俊镇
17	三等奖	论"枫桥警务模式"对基层社会治理的贡献	陈长凤
18	三等奖	以新时期"枫桥经验"模式推进社区警务创新	于银凯 高虹

序号	等次	题目	作者
19	三等奖	基层治理的实践 平安和谐的绿洲 ——传承新时代"枫桥经验"在宁夏公安实践中的创新与发展	陈少宣　朱敏
20	三等奖	网络虚拟社会治理理念与路径研究	孙柏霖
21	三等奖	新时代"枫桥经验"对营造共建共治共享社会治理新格局的启示与思考	郑阳　王艳
22	三等奖	新时代"枫桥经验"对基层社会治理的启示	李宁
23	三等奖	新时代"枫桥经验"对城市社区警务的影响探析 ——以天津市公安局河西分局为例	王若珺
24	三等奖	新时代公安调解面临的主要挑战与应对策略	叶剑　曾雄
25	三等奖	新自由社群主义下的警务治理	牛旭
26	三等奖	新时代"枫桥经验"下县域城市社会治理的实践与思考 ——以昆山社会治理模式为蓝本	秦开鑫
27	三等奖	在新时期"枫桥经验"指引下完善治安调解制度	曾郁　龚亭亭
28	三等奖	以爱民警务实现社区治理 ——吉林省长春市东盛路派出所调研报告	赵颖
29	三等奖	创新"枫桥经验"化解家庭内部矛盾	徐文新　姜志超 梅雪松
30	三等奖	以新时期"枫桥经验"推进农村基层社会治理创新	缪金祥
31	三等奖	"红管家"是新时代党建统领的基层社会治理有效模式 ——以浙江省杭州市临安区"临里红管家"党建联盟为例	吕云平
32	特约稿	以新时代"枫桥经验"引领社区警务战略发展	张跃进